М.М.БАХТИН

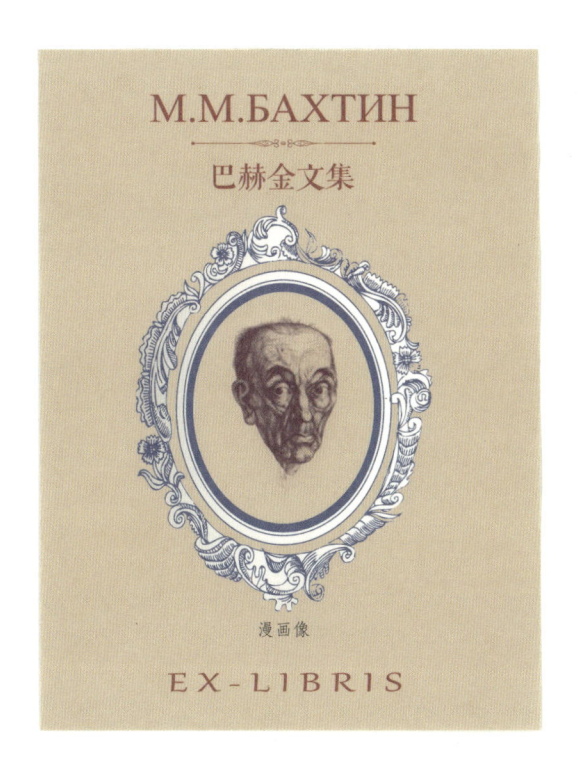

巴赫金文集

漫画像

EX-LIBRIS

М.М.БАХТИН

巴赫金文集

〔苏〕米哈伊尔·巴赫金 著

钱中文 主编

第三卷

白春仁　苗　澍　张建华
黄　玫　何　芳　汪嘉斐
卢小合　凌建侯　史铁强
潘月琴　钱中文　译

陕西师范大学出版总社　西安

图书代号　WX24N1108

图书在版编目（CIP）数据

巴赫金文集. 第三卷 /（苏）米哈伊尔·巴赫金著；钱中文主编. —西安：陕西师范大学出版总社有限公司，2024.8
ISBN 978-7-5695-4092-5

Ⅰ. ①巴⋯　Ⅱ. ①米⋯ ②钱⋯　Ⅲ. ①巴赫金(Bakhtin, Mikhail Mikhailovich 1895-1975) —文集　Ⅳ. ① C52

中国国家版本馆 CIP 数据核字（2024）第 018669 号

巴赫金文集　第三卷
BAHEJIN WENJI　DI-SAN JUAN

〔苏〕米哈伊尔·巴赫金　著

钱中文　主编

出 版 人	刘东风
出版统筹	杨　沁
特约编辑	李江华　黄　勇
责任编辑	胡　彤
责任校对	王　越
封面设计	高　洁
版式设计	李宝新
出版发行	陕西师范大学出版总社 （西安市长安南路 199 号　邮编 710062）
网　　址	http://www.snupg.com
印　　刷	三河市宏达印刷有限公司
开　　本	710 mm×1000 mm　1/16
印　　张	27.25
字　　数	365 千
版　　次	2024 年 8 月第 1 版
印　　次	2024 年 8 月第 1 次印刷
书　　号	ISBN 978-7-5695-4092-5
定　　价	158.00 元

读者购书、书店添货或发现印装质量问题，请与本社联系、调换。
电话：(029) 85308697

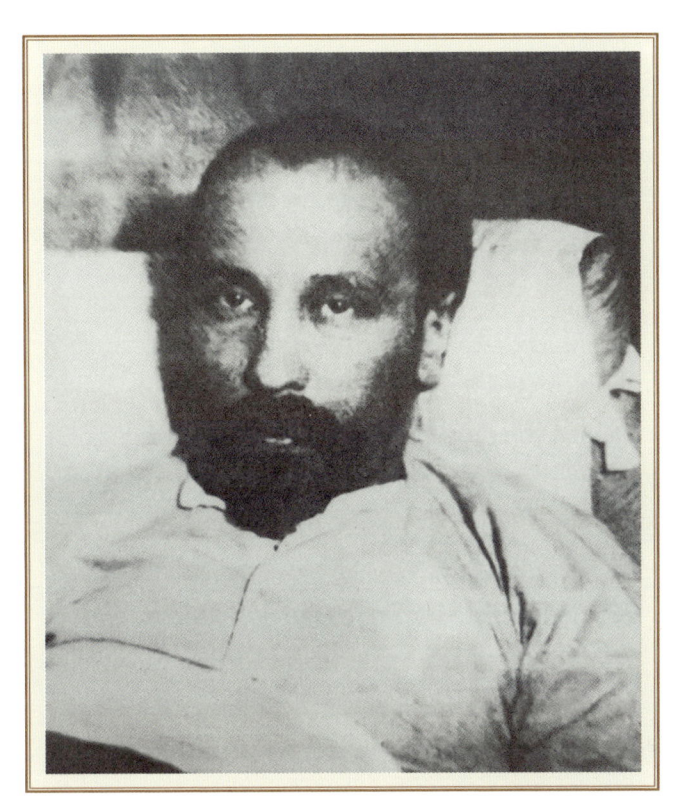

巴赫金在哈萨克斯坦（1930 年）

《巴赫金文集》编辑委员会

主　编　钱中文
副主编　白春仁　卢小合
委　员　钱中文　白春仁　卢小合　周启超
　　　　　张　杰　夏忠宪　万海松

目 录

论人文科学的哲学基础 ………………………………… 1
拉伯雷与果戈理 …………………………………………… 6
讽刺 ………………………………………………………… 17
史诗历史上的《伊戈尔远征记》 ………………………… 41
陀思妥耶夫斯基小说类型(体裁类型)的历史 ………… 44
果戈理之笑的历史传统和民间渊源问题 ……………… 47
长篇小说理论问题　笑的理论问题 …………………… 50
演讲体以其某种虚假性 ………………………………… 65
《镜中人》 ………………………………………………… 73
自我意识与自我评价问题 ……………………………… 74
关于福楼拜 ……………………………………………… 82
关于长篇小说的修辞 …………………………………… 90
中学俄语课上的修辞问题 ……………………………… 93
多语现象作为小说话语发展的前提 …………………… 108
言语体裁问题 …………………………………………… 110
《言语体裁问题》相关笔记存稿 ………………………… 151
文学作品中的语言 ……………………………………… 223

1

《玛丽·都铎》	234
几点建议	242
感伤主义问题	244
文本问题	246
1961年笔记	266
陀思妥耶夫斯基——1961年	298
1962—1963年笔记	311
唯灵论者(陀思妥耶夫斯基问题)	315
工作笔记	318
平斯基　莎士比亚戏剧　基本因素	382
答《新世界》编辑部问	393
关于陀思妥耶夫斯基长篇小说的复调性	401
题注	410

论人文科学的哲学基础

认识物与认识人。这两者需要作为两个极端来说明。一个是纯粹死的东西,它只有外表,只为他人而存在,能够被这个他人(认识者)以单方面的行动完全彻底地揭示出来。这种没有自己不可割让不可吞噬的内核的物,只可能成为实际利用的对象。第二个极端,就是在上帝面前思考上帝①,是对话,是提问,是祈祷。个人需要自由的自我袒露。这里有着内在的吞不进吃不掉的核心,这里总保持着一定距离;对这个内核只可能采取绝对无私的态度;个人在向他人袒露自己的同时,又总是保留着自我。认识者在这里提问,不是看着一个死物来问自己和第三者,而是问被认识者本人。好感和喜爱具有的意义。这里的标准,不是认识的准确性,而是揳入的深度。这里认识的目标,在于个人特性。这是一个作出发现、袒露心迹、了解情况、告知事情的领域。在这里,秘密是重要的,假话(而不是错误)也是重要的。在这里,傲慢和屈辱等等都是重要的。极端的死物是并不存在的,那只是一个抽象的(假定的)因素。任何一个整体(自然界和属于这一整体的一切现象)在某种程度上都带有人格性。

双向的深入认识的复杂性。认识者的积极性与袒露者的积极性(对话性)。善于认识与善于表现自己。这里我们看到的是表现和对

---

① 意谓即使有上帝在场,人也要有自己的思考,而不与之融为一体,同平常人更是不相融合而需对话。——译者

表现的认识(理解)。外在与内在的复杂辩证关系。个人不仅有其环境和周围,而且还有自己的视野。认识者视野与被认识者视野的相互作用[?]。表现所含的诸因素(身体作为并非僵死的物性、面孔、眼睛)。这些因素中交织结合着两个意识(我与他人),在这里我是为他人而存在并借助于他人而存在。具体意识的历史,他人(有爱心的他人)在这一历史中的作用。自己在他人身上的反映。为自己而死与为他人而死。记忆。

周围与视野的相互关系、我与他人的相互关系,与这一关系相联系的文艺学和艺术学中的具体问题;区域的问题;戏剧的表现。深入他人(与他人融合)与保持距离(自己的位置),以求得认识的超视。表现个人与表现集体、人民、时代、历史本身,连同它们的视野和周围。问题不在于个人对表现与理解具有自觉性。人民、历史、自然等的自我袒露及其表现的形式。

人文科学的对象,是表现的和说话的存在。这个存在任何时候都不等同于自己,所以它的内涵和意义是不可穷尽的。面具[?]、舞台、场景、理想的空间等等,都是表现代表性的(而不是独一性的和物质性的)存在、表现对这一存在的无私态度所使用的种种形式。准确性,它的意义所在和它的界限。准确性要求的是死物与其自身相等。对于实际地掌握死物来说,需要这个准确性。自我揭示的存在却不能受到强制和束缚。这个存在是自由的,所以不提供任何的保证。因此这里的认识不能向我们赠予和保证任何东西,比如说长生不死;这个长生不死不能成为对我们生命有实际意义的准确判定的一个事实。"相信心灵的话吧!从上天得不到什么保证。"向我们认识活动自由地展现开来的整体存在、人的心灵存在,无论在其任何一个重要方面,都不受这种认识行为的束缚。不能把认识死物的一些范畴,移用到它们的身上(这是形而上学的过失)。心灵自由地向我们述说自己的长生不死,但却不能证实它。科学要寻找那种在任何的变化之中(死物的变化或功能的变化)保持不变的东西。存在的形成,是一种自由的形成。这种自由是可以研究的,但无法用认识的行为(对死物的认识)去束缚它。各种文学形式的具体问题:自传体、口头流传作品(在仇敌意识中和在后代意识中的自我反映)等等。

记忆的问题在哲学中占有一席中心的地位。

某种自由的因素,是任何的表现都要具备的。绝对不由自主的表现,则不是这样。不过,表现是两方面的存在,因为这一存在只能在两个意识(我与他人)的相互作用中实现;相互渗透而保持距离;这是两个意识相逢之处,是它们内在地交往的区域。

内在地自我观照(自为之我)与在镜中观照自己(为他人之我,从他人视角中看的我),两者之间哲学上和道德上的差别。纯粹从自为之我的角度出发,能否观照并理解自己的外表。

旧日(过去)那实际的物的方面,是无法改变的,但旧日的内涵方面、表现的述说的方面却是可以改变的,因为这个方面是不可完成的,是不等同于自身的(它是自由的)。在旧日这种永远不停的变化之中,记忆的作用。认识——这是理解过去连同它的不可完成性(不等同于自身)。认识中的大无畏因素。在表现中、在自我揭示中、在袒露心迹中、在话语中的恐惧与恐吓(严肃性)。认识者的相应的谦逊因素。虔敬态度。

理解的问题。理解是看到含义,但不是现象学的观照,而是看到感受和表现的生动内涵,是看到内在领悟了的、可说是自我领悟了的现象。

表现是领会了内涵的物质,或者说是物质化了的含义,是贯穿于必然性中的自由因素。可施爱抚的外在的与内在的躯体。心灵的不同层面能外化的程度亦不同。艺术上不能外化的心灵内核(自为之我)。被认识对象的回应积极性。

表现哲学。表现是两个意识相会之处。理解的对话性。

心灵的外壳没有自己的价值,要靠他人施恩和爱抚。心灵不可言传的内核,只可能反映在绝对同情的镜子里。

　　严肃性问题①。严肃性的外在表现因素:紧皱的眉毛、吓人的目光、拧起的皱纹等等;这些都是恐惧或恐吓的成分,是准备攻击或防卫,是劝人屈服[?],是表现无可逃避、必须如此、绝对性、不容争议等等。危险使人严肃。躲过危险,便发出笑声。必然性是严肃的,而自由则在笑。求助是严肃的,笑则向来不求助什么,不过赠予可以伴以笑声。严肃性是讲求实际的,广义上也是自私的。严肃性使事物停滞、稳定,严肃性面向现成的事物、在顽强与自卫中完成了的事物。严肃性不是一种从容不迫而自信的力量(这种力量是要笑的),它是遭到威胁的力量;因此它也是威胁或乞怜他人的弱者。被看作是一个无所不能、征服一切的整体的自然,并不是严肃的,而是淡漠的,或者干脆是微笑的("灿笑"②),甚至放声朗笑。这个整体不可以看成是严肃的,要知道在它身外不存在仇敌,它是淡漠而快活的;一切终结和含义都不在它之外,而在其中。它不期待什么,要知道期待导致严肃。笑能消除未来(期待)的重负,能摆脱未来的操劳,未来于是不再成为威胁。

　　一切有文化的人莫不具有一种向往:接近人群,深入人群,与之结合,融化于其间;不单是同人民,是同民众人群,同广场上的人群,进入特别的亲昵交往中,不要有任何的距离、等级和规矩;这是进入巨大的躯体。戴着假面的亲昵之"你",面具是超乎等级之外的。戏剧中和长篇小说(莱蒙托夫、托尔斯泰、《魔山》等)中的假面狂欢场面(也有舞会、节庆、演戏的场面)。《别尔金小说》是很重要的散文体作品,其中有骗局、粗鄙、偶然性、越轨行为。

　　拉伯雷也有助于阐明小说起源、历史、理论等方面的非常深刻的

---

① "严肃性"问题是由思考拉伯雷创作引起的。但作者在这里把它同人文科学的认识论联系了起来。巴赫金认为"严肃"与"笑"这一对范畴是独立的又相互制约的思维形式和认识形式,并主要在文艺学和语言学领域中阐发了这一点。可参看论陀思妥耶夫斯基和拉伯雷的专著,以及其他的一系列文章。——译者
② 可能来自普希金诗句:"无动于衷的淡漠自然,露出永恒的灿笑。"——原编者

问题。这些问题正是我们顺便要在这里提出来的,而且可以预先指出问题的要点:绰号、粗鄙[？]、不同语言的分界等等。利用大量材料系统地研究这些问题,我们准备留在别的地方。

白春仁　译

拉伯雷与果戈理
——论语言艺术与民间的笑文化

在论拉伯雷的书中①,我们力求说明这位伟大艺术家的基本创作原则,是由历史上民间的笑文化所决定的。现代文艺学的一个主要不足,在于它企图把包括文艺复兴时期在内的整个文学全纳入到官方文化的框架内。其实,拉伯雷的作品只有放到民间文化的巨流中才能真正地理解。民间文化在其发展的所有阶段上,都是同官方文化相对立的,并形成了自己看待世界的独特观点和形象反映世界的独特形式。

文学理论和美学的研究出发点,一般是对最近三个世纪的文学中笑谑表现的狭隘而贫乏的理解;并且试图把文艺复兴的笑同样塞进这种狭义理解的笑与谑之中。然而这样的认识甚至对于理解莫里哀,都是远远不够的。

拉伯雷是数千年民间笑谑的继承者和完成者。他的作品是理解全欧笑文化最有力、最深刻、最独特表现的一把无可替代的钥匙。

这里我们要讨论的是现代笑文学中最重要的一个现象——果戈理的创作。我们关注的,只是作品中民间笑文化的因素。

我们不拟涉及拉伯雷对果戈理的直接影响和间接影响(通过斯特恩和法国自然主义派)的问题。对我们来说这里重要的是果戈理作品

① 指作者据学位论文发表的《弗·拉伯雷的创作与中世纪和文艺复兴时期的民间文化》一书。——译者

的这样一些特点，它们同拉伯雷无关，而是来源于同家乡土壤上民间节庆形式的关系。

《狄康卡近郊夜话》中的多数故事，都是用果戈理十分熟悉的乌克兰民间节庆生活和集市生活组织起来的，如《索罗奇集市》《五月之夜》《圣诞节前夜》《伊万·库巴尔日的前夕》。节日本身的题材、悠闲快乐的节庆气氛，决定了这些故事的情节、形象和语调。节日、相关的各种迷信、特殊的自在快乐的气氛，使生活脱离开常轨，使不可能变为可能（包括达成过去不可能实现的婚姻）。在上述的纯粹节庆故事以及其他一些故事里，鬼怪的嬉戏起着非常重要的作用。这类鬼事就其性质、情调、功能来说，与狂欢节上的地狱形象、与дьяблерий（魔鬼）有着深刻的相似①。吃喝和性生活在这些故事里，具有节庆的、谢肉节狂欢的性质。还需强调种种换装、欺骗，以至殴打、脱冕等所起的巨大作用。最后，这些作品中的果戈理之笑，是纯粹的民间节庆之笑。这笑带有两重性，而且是自发的物质性的笑。果戈理之笑的这一民间基础，尽管后来发生了重要的演变，却一直保持到最后。

《夜话》的前言（特别是第一部的前言），在结构和风格上很接近拉伯雷的前言。前言语气是同读者非常亲昵的调侃。第一部的前言一开始就是相当长的一段责骂（当然不是作者的责骂，而是设想中读者的责骂）："狄康卡近郊夜话？什么夜话？亏一个什么养蜂人想得出来！……"后面又有很典型的一些骂语（"一个破衣烂衫的男孩子，一看就是坏小子，正在后院挖什么东西……"），赌咒发誓，诅咒（"就是死了也不成"，"让他爸爸叫鬼推到河里去！"）。还有这样很典型的形象："法马·戈里高列维奇的手没有攥起表示轻蔑的拳头，倒是伸出去抓了一个面包。"前言里插进了一个拉丁化中学生的故事（试与拉伯雷作品中车厢里大学生的情节相比较）。最后前言又描写了一通食物，亦即饮宴的种种形象。

---

① 需要强调指出，《不翼而飞的信》里写地狱中的抓傻瓜，完全是一种狂欢节的形象。——原编者

我们再从《索罗奇集市》里引述一段有代表性的描写,是老人的(几近于死亡的)跳舞。"一切全舞了起来。可要是看一眼那些老太婆们,心底不由会产生一种更奇怪、更难测的感觉。她们苍老的脸上无动于衷,却挤在欢笑生动的新人中间。真是毫无表情!连孩童般的兴奋,连一丝的同情都没有。只是眩晕好像一台无生命的机器在运转,促使她们轻轻晃着脑袋,跟随欢乐的人们跳舞着,一点也不理睬这对年轻人。"

《米尔戈罗德》《塔拉斯·布尔巴》则表现出怪诞现实主义的特征。怪诞现实主义的传统在乌克兰(如在白俄罗斯一样)十分强大而且极富生命力。传统的发源地,主要是宗教学校和神学院(基辅有一个自己的"神圣之丘",代表着类似的传统)。漫游的学生和低级的僧侣,"曼德罗执事",在整个乌克兰境内传播了引人入胜的口头文学,如滑稽故事、笑话、幽默小品、讽拟语法等等。在乌克兰,学校里的课间休息时间有着特别的权利,可以自由活动,这对发展文化起到了重要的作用。到果戈理时代甚至后来,怪诞现实主义传统在学校(不仅是宗教学校)里还很强大。在乌克兰平民知识分子(主要来自僧侣阶层)的餐桌谈话中,这种传统也是很强大的。果戈理不可能不直接了解到生动口语中的这一传统。此外他也从书面来源中接受了这一传统。最后,怪诞现实主义的一些主要因素,他又借鉴自纳列日内,后者的作品深刻体现着这种现实主义。学生们课间的自由笑谑,很接近《夜话》中那种民间节庆之笑;但同时乌克兰学生的笑谑,又是西方复活节之笑在遥远基辅的回声。由于这个缘故,乌克兰民间节庆文学的因素,与学校怪诞现实主义因素有机地协调地融合在《维依》《塔拉斯·布尔巴》这两部作品中;这正如三个世纪前类似因素有机地融合于拉伯雷的长篇小说之中一样。一个叫赫马·布罗特的神学校学生,不知来自何方,却有着民主的倾向,能把拉丁语智慧同民间笑谑结合起来,有着勇士的力量、惊人的胃口和渴求——这样一个人物异常接近西方的同伴,接近巴奴日,特别与约翰兄弟相似。

如果仔细分析《塔拉斯·布尔巴》，就可发现拉伯雷似的形象，如欢乐的勇士、流血殴斗和饮宴的夸张描绘；在对自由谢奇的独特制度与生活的描写当中，不难看到民间节庆上那种乌托邦主义的深刻影响，以及乌克兰自己的农神节的深刻印记。《塔拉斯·布尔巴》还有许多狂欢节的因素，如小说一开头写学生们来后奥斯塔普和父亲的拳斗（接近农神节上的"乌托邦拳斗"）。

在果戈理的彼得堡小说和整个后来的创作中，我们还可找到民间笑文化的其他因素，而且首先见于风格本身。这里有着广场戏台的民间滑稽剧形式的直接影响，是毫无疑问的。《鼻子》里的形象和风格，自然同斯特恩有关，同斯特恩的文学作品有关。这些形象在当年是风行一时的。不过，与此同时，这个夸张的鼻子，极力想独立生活的鼻子，以及这个鼻子主题，是果戈理从我们俄国的普里奇涅拉戏台上，从彼特卢什卡戏台上找到的。他还在戏台上发现了招徕观众的讲话风格（这讲话穿插于剧情之中），如讽刺语调的吹擂和夸赞，如有悖逻辑和故作荒唐的说法（кокалан 因素）。在果戈理的风格和形象性方面的这一切现象里，都体现着斯特恩思想（由此也还有间接的拉伯雷的影响）同民间滑稽的直接影响结合到了一起。

所谓 кокалан 因素，不论是个别的违背逻辑的说法，还是较为复杂的荒谬言辞，在果戈理作品里是极其普遍的。尤其常见于争讼和办事拖沓的描写中，在闲言碎语和背地议论的描写中，例如官吏们对乞乞科夫的猜测，诺兹德廖夫就此的滔滔高论，两位女士的谈话，乞乞科夫同地主们商谈购买死农奴，等等。这些因素同民间滑稽戏形式以及荒诞现实主义形式的关系，是毋庸置疑的。

最后还要谈到一点。细致地分析会发现，《死魂灵》所依赖的基础，是欢快地（狂欢般地）游历地狱、漫游死亡国度的形式。《死魂灵》非常像拉伯雷小说的第四卷，即庞大固埃的旅行。自然，果戈理小说的构思本身和题名（《死魂灵》）含有阴间成分，不是没有原因的。《死魂灵》的世界,是欢快的地狱世界。这个世界从外表看更像凯维多的地狱①,但就内在本质来说却接近拉伯雷第四卷的世界。我们可在其中找到狂欢"地狱"的种种渣滓,又能发现一系列传达骂人的隐喻的形象。细心地分析,可以在这里揭示出许多狂欢地狱的传统因素,世上底层和躯体下部的传统因素。乞乞科夫的"旅行"本身("漫游"),就是一种行动的时空体类型。不言而喻,《死魂灵》这一深刻的传统基础,得到了另一种性质、另一种传统的大量材料的补充变得丰富而复杂了。

在果戈理的创作中,我们几乎可以找到民间节庆文化的所有因素。果戈理擅长狂欢节的世界感受,当然在大多数情况下带有浪漫主义色彩。这种世界感受在他的作品中得到了各种不同的表现形式。我们在这里只举一个著名的例子,就是以纯粹狂欢节般的感受来描写驾车疾驰的俄罗斯人。"哪个俄罗斯人不喜欢驾车奔跑?他的心总想飞旋,总想漫游,几时会说:'不走啦!见鬼去吧!'他怎么能不爱疾驰呢!"稍后一些又有:"大道向前飞奔,一眼望不到边,不知引向何方。在这疾速的奔跑中,隐藏着某种恐惧,景物尚不清晰就顷刻消逝。……"值得我们注意的,是事物间一切静态的界线全被打破。果戈理对"道路"所特有的感受屡屡出现,它同样带有纯狂欢节的性质。

果戈理也不拒绝荒诞的躯体观。在《死魂灵》第一卷的草稿中有这么一段十分典型:"说来也是,世上什么样的面孔没有呢?有一张脸,就准同别人的不一样。有人当了指挥官要改造鼻子,有的要改造嘴唇,还有的要改造嘴巴。因为那嘴巴扩张领土,甚至侵犯到眼睛、耳朵和鼻子本身;于是鼻子缩成了大衣纽扣。有人下巴特别长,不得不随时用手帕捂着,不然全要流满口水。还有多少根本就没有人样儿的呀!有的简直是穿了外衣的癞狗,你会奇怪它干吗要挂根手杖,那样

---

① 参见凯维多著《幻象》(写于1607—1613年,出版于1627年)。书中写经过地狱的有各种阶级和职业的人物,某些罪过和弱点的代表。但讽刺几乎无深刻和真正的两重性。——原编者

子像是见了什么人便会打过去……"

在果戈理作品中,我们又可发现他真是一贯始终地总把人名改造成绰号。他在《死魂灵》第二卷里给一个城市起名叫 тьфуславль(狗屁光荣。——译者),如论说般清晰地揭示了这绰号又捧又骂的双重性本质。我们还看到一些鲜明的形象,以亲昵的口气把捧与骂结合起来(夸赞的诅咒),如说:"见你的鬼去吧,草原!你可真美!"

果戈理感觉到了自己的笑谑是对世界的一种直观认识,具有普遍性,可同时在 19 世纪"严肃"文化的条件下又不能为这种笑谑找到应有的一席之地,也得不到理论上的论证和阐释。当他发表议论解释自己为什么要笑的时候,他显然不敢彻底揭示这笑的本质,它的普遍而广泛的民间性。他时常用那个时代的狭隘道德来为自己的笑辩解。他的辩解要迁就读者对象的理解水平,所以便不由自主地降低了、局限了他那笑谑作品迸发出来的巨大的改造力,有时是真诚地想把它规范在官方的框架之内。这种笑的最初效果,外在的"讥讽性"的消极效果,冲击打破了习惯的理解,让直接的观察者看不到这种力量的积极本质。果戈理在《剧院散场》(1842)里问道:"为什么我心里这么悲苦?"他自己回答说:"谁都没有在我的戏剧中发现一个真诚的面孔。"他指出:"这个真诚高尚的面孔便是笑。"他还继续写道:"它之所以高尚,是因为尽管世人认为它意义低下,却还决心挺身而出。"

正是这个"低下"、粗俗、民间的性质,据果戈理看来使这种笑谑具有了"高尚的面孔"。他还可以补充一句:这是神圣的面孔,因为在古代民间喜剧的民众笑谑中天神们就是这么笑的。对于当时已有的和可能的种种解释来说,这种笑(即把笑的事实视为一个剧中人物)是无法说明的。

果戈理在文中又说:"其实不然。笑比起人们想象的要重要得多,深刻得多。这个笑,不是一时恼怒产生的,不是肝火旺盛造成的。这又不是人们嬉闹解闷的轻松之笑。这笑完全来自人的美好本性,因为人的内心深处有它用之不竭的源泉……

"有人说：笑惹人气恼。不，这是不公正的。只有阴暗的东西才惹人气恼，而笑是美好的。有许多东西如果赤裸裸展现出来，是会惹人气恼的；然而如果有笑的力量来支持，便会给人的心理上带来平和……可是人们听不出这种笑的强大威力。世人只是说，可笑的全是低下的；只有用严厉而激昂的语调说出，才能称得起是高尚的。"

果戈理在民间的笑文化土壤上培育起来的"积极的""美好的""崇高的"笑，没能得到人们的理解（直到今天在许多方面仍然如此）。正是这种与讽刺家之笑[①]迥然不同的笑，决定了果戈理作品的主要特点。不妨说是内心本性促使他发出"天神般"的笑，可他觉得不能不用当代人们狭隘的道德观来为自己的笑作出辩解。

不过，这种笑在果戈理的诗艺中，在语言的建构本身，获得了充分的展现。这个语言自由地吸纳了民间的非标准语的言语生活（民间非标准的语层）。果戈理采纳了未曾上书发表过的言语领域。他的笔记本里写满了奇怪的费解的、音与义双关的词语。他甚至打算出版一本自己编的《俄语释义辞典》，并在序言中写道："我特别觉得需要这么一部辞典，因为在我们社会里那种远离乡土和民众精神的异样生活中，固有的俄语词本来的意义都被歪曲了，有些被强加了别的意义，有些则全被忘记了。"果戈理尖锐地感到，民间言语应同僵死的、外表化的语言层次做斗争。文艺复兴时所特有的一种理解，即不存在一个统一的权威的无可争议的语言，反映在他的创作中，体现为把种种言语领域全面组织起来，通过笑谑达到相互作用。我们在他的用词中，经常观察到被遗忘或被禁止的词义重又出现。

被遗忘在过去的词义，又开始相互交往，钻出自己的圈子，寻找机会用于别处。词语的意义联系过去只存在于特定话语的语境中，存在于产生这种联系的情境中以及与此密切相关的特定言语领域中。此时在新的条件下它们有可能获得新生，应用于改变了的生活中。不然

[①] 此处所指的"讽刺"（сатира），是用于论拉伯雷一书中准确界定的含义上。——原编者

的话,它们不会被人发觉,也便不复存在。它们在过去没存留下来,一般说没有得到抽象的意义语境的巩固(没得到加工而进入文学出版物),似乎只为唯一一次实际运用而生便又永远消逝了。它们在抽象的规范的语言中是毫无权利进入世界观体系的,因为这不是概念性词义的体系,这是活生生的话语本身。它们一般是表现非标准语的、非事务性的、非严肃性的情境(人们有时会笑,会唱,会骂架,会过节,会欢宴,总之是脱离开常轨),所以无法充当严肃的官方语言的代表。但这类情境和这些语词不会死亡,尽管书籍可能忘记它们,或者甚至回避它们。

所以,重返民间的活语言是非常必要的,而且人们都清晰地感到,像果戈理这样的民众意识的天才表现者,在自己创作中已经实现了这一点。这里打消了一种通常形成于规范圈子里的幼稚见解,似乎存在着笔直向前的运动。事实说明,向前迈出的任何重要的一步,都伴随有向初始("源头")的反顾,确切说是对初始的更新。只有记忆而非遗忘,能促使向前迈进。记忆能反顾初始并更新初始。当然,就连"向前""向后"这两个术语,在这种理解里也消除了自己封闭的绝对性,而是通过相互的作用揭示出运动的实际上离奇的本质;这后一点得到了哲学的研究,并有各样不同的解释(由埃利亚派到柏格森)。在语言方面,这种反顾意味着恢复记忆所储存的语言全部含义。而恢复与更新的手段之一,便是民间的笑文化,正是后者在果戈理作品中得到了十分鲜明的体现。

果戈理在作品中组织笑的语言,目的不在于简单地指称个别的消极现象,而在于揭示世界这一整体的一个特殊的方面。

从这个意义上说,笑的领域在果戈理作品中成为交往的领域。在这里,矛盾的事物、互不相容的事物结合了起来,作为相互的联系活跃起来。话语会造成各种言语体裁(它们几乎总是远离书面文字的)互相交往的总体印象。在这样的语境中,连普通的闲谈(女人闲话)听起来都像是言谈的课题,都在似乎毫无意义的口角中获得了重要性。

在这个语言中不断出现背离标准语规范的情形,因适应另一些事物而冲破词语的正式的直接的"得体的"表面意义。进餐的过程,以至一切物质的躯体的生活表现,某种奇特的鼻子形状,身上的疙瘩,如此等等,为了表现自身全都要求语言作出某些新的变化、组合,要敢于不规规矩矩地表达,要敢于触动成规。事情很明白:要想不触动成规是不可能的。于是出现了意义的分裂,含义由一个极端跳到另一个极端;既想达到平衡,同时又想有所突破,便导致词语可笑地滑稽化,从而揭示出词语多面的本质和获得更新的途径。

为了达到这一目的,才有那种不拘形迹的狂舞,在人的身上才透露着动物的特征。果戈理特别注重手势表情和吵骂的手段,不鄙夷民间笑谑语言的任何独有的特点。没有制服和官衔的生活,以异常的力量吸引着果戈理,虽然他在少年时也曾梦想过制服和官衔。笑谑的被践踏的权利,在他身上找到了自己的辩护士和代言人,虽然他一生都在想着严肃的悲剧性的道德文学。

我们于是看到了两个世界的相互冲突和相互作用。一个世界是相当合法的,官方的,用官衔和制服组织起来的,表现为对"都城生活"的向往。另一个世界则是一切都极可笑而又极不严肃,这里唯有笑是严肃的。这个世界带来的怪诞荒谬,原来恰是真正能从内部连接另一个外在世界的要素。这是来自民间的欢快的荒诞,它在言语中有着许多相应的表现手段,都得到了果戈理的准确的描述。

果戈理的世界,因此是永远处于交往领域的世界(如同一切笑谑的描绘一样)。在这个领域中,所有的东西重又变得具体可感,用言语手段描写的食物简直能调动起人的胃口;也可以对某些动作进行分析性的描述,但都不破坏动作的整体性。一切全成了真实的、现代的、实际存在的东西。

很能说明问题的是,果戈理想要说出的东西,凡属重要的都不是在回忆的领域中出现的。例如,乞乞科夫的过去是在远离搜寻"死魂灵"的领域里,在另一个言语层上交代出来的,这里没有笑谑。而到了认真揭示他的性格的地方，起作用的已是笑的力量，这是不断促进与周围一切联合、交锋、交往的笑。

重要的一点是，这个笑的世界总是为新的相互作用敞开着大门。一般对整体的传统理解，对整体的要素的传统理解（要素只是在整体中才能获得自己的意义），在这里则需要重新认识，需要看得更深些。问题在于，每一这样的要素同时又代表着另外某一个整体（如民间文化的整体），而且首先是在另一整体中获得自己的意义。因此，果戈理世界的整体性，从根本上说就不是封闭的，不是自我满足的整体性。

只有借助于民间文化，果戈理的时代才同"大时间"①联系起来。

民间文化使狂欢化了的集体形象获得了深度和联系，例如涅瓦大街、官吏、办公室、厅（在《外套》开头有骂语——"卑鄙扯淡厅"）。只有在民间文化中才可理解快乐的丧命，才可理解果戈理写的快乐的死亡，如丢了烟袋的布尔巴，快乐的英勇精神，阿卡基·阿卡基耶维奇临死的变化（死前呓语中的叫骂和抗拒），他死后的奇遇。狂欢化的集体，从本质上说是民间笑谑从"真正的""严肃的""应有的"生活里摘取出来的。不存在与笑谑相对立的严肃立场。笑是"唯一的一个积极的主人公"。

由此可见，果戈理的怪诞不是简单地突破规范，而是否定任何企图变得绝对永恒的那些抽象的僵化的规范。这种怪诞要否定"不言而喻"之事的显而易见性，要否定"不言而喻"的世界；它要表现真理的意外性和不可预料。它似乎在说：期待善行，不应求之于固定而习惯之东西，应该求之于"奇迹"。这种怪诞蕴含着人民的更新和向上的思想。

收购死农奴以及对乞乞科夫此举的不同反应，从这个意义上说同样表明了：这些全都属于民间对生与死关系的看法，属于狂欢节式对生与死的嘲弄。这里同样有着狂欢节上戏弄死亡、戏弄生与死界限的因素（如索巴可维奇议论说活人没啥用处，如科罗鲍契卡在死人面前

---

① "大时间"又译"长远的时间"，是巴赫金提出的术语。——译者

15

的恐惧,如谚语"死人能够支板墙",等等)。狂欢节的游艺,故意使微末之事同严肃、可怕之事相遇。狂欢节上戏弄对无限和永恒的理解(如无止境的官司,无止境的荒谬,等等)。同样地,乞乞科夫的旅行也是永无止境的。

在这样的背景上,我们可以更准确地与农奴制的真实形象和情节(买卖人口)相比较。这些真实的形象和情节,是随农奴制的结束而告结束的。但果戈理的形象和情节场面却是不朽的,它们处于大时间里。属于小时间的现象,可以是纯粹反面的现象,只是叫人痛恨的现象;然而它到了大时间里就成了双重的现象,作为存在的参与者总是值得珍爱的。所有这些泼留什金、索巴可维奇之流,在原来那个层面上只能是被人消灭,只能是被人仇视,或者只能是得到人的赞许;他们在这个层面上实际已经不再存在。如今他们转到了另一个层面上来,在这里他们是永存的,他们与永远发展而不死亡的存在紧密联系在一起。

笑面的讽刺家从来都不是快活的。从根本上说他是阴沉而忧郁的。在果戈理作品中笑却是战胜一切的。具体说,他创造出一种特别的对庸俗的净化。

果戈理的笑谑问题,只有在研究民间笑文化的基础上才能正确地提出和解决。

1940 年,1970 年

白春仁　译

讽　刺

一、сатира（讽刺）一词用来表示三种现象。（1）特定的抒情兼叙事的微型诗歌体裁，形成发展于罗马时期（奈维乌斯、恩尼乌斯、卢齐利乌斯、贺拉斯、佩尔西乌斯、尤维那利斯），后来在一批新古典主义作家手中得以复兴（雷尼耶、布瓦洛、康杰米尔等的讽刺作品）。（2）另一种不很确定的混合性（但以散文为主）纯对话体裁，出现在希腊化时期，取哲理交谈的形式（比奥，杰列特）；后由昔尼克派的梅尼普改造定型（公元前3世纪），遂称"梅尼普讽刺"。它的希腊文的晚期范例，我们可在卢奇安的创作（公元2世纪）中见到；以拉丁文流传至今的，有发禄的讽刺作品片段（*Saturae Menippeae*），塞内加的讽刺作品 Апоколокинтозис（Отыквление），最后还有彼得罗尼乌斯的讽刺小说（《萨蒂里孔》）。这种讽刺形式直接孕育了欧洲小说中一种最重要的变体，在古希腊罗马时期以彼得罗尼乌斯的《萨蒂里孔》为代表，部分地也包括阿普列乌斯的《金驴记》，在现代则以拉伯雷的小说《巨人传》和塞万提斯的小说《堂吉诃德》为代表。除此之外，"梅尼普讽刺"的形式在现代还体现为优秀的政治讽刺作品 *Satire Ménippée*（1594）和别罗阿里德·德·维尔维里的著名喜剧性对话《生活中取胜之法》。（3）作者对自己描绘对象（即所写现实）的一种确定（基本上是否定的）态度，它决定了艺术描绘手段的选择和形象的总体性质。在这种意义上，讽刺已不局限于前指的两种特定体裁，而可以使用任何的体裁:叙事的、戏剧的、抒情的。我们在下列形式中可以看到对现实及其各种现象的讽刺性描绘:民间创作中的短小体裁——存在大量含有讽刺的谚语、俗语,民间对性格的形容语,即对各国、省、市居民的讽刺性简短评语(如古法语的"blasons":"最好的醉汉——在英国"或"最愚蠢的人——在不列颠"),民间笑话,民间滑稽对话(以希腊为盛),宫廷小丑和民间(城市)小丑的即兴短小表演,模拟剧,喜剧,闹剧,幕间剧;还有故事——民间故事和文学故事(如蒂克、霍夫曼、萨尔蒂科夫·谢德林、托尔斯泰的讽刺故事),叙事长诗(如最古老的希腊讽刺史诗——《小傻瓜马尔吉特之歌》,赫西奥德的《工作与时日》中有很大的讽刺因素),抒情歌——民间的(如法国的街头讽刺歌)和文学的(贝朗瑞、巴比耶、涅克拉索夫的讽刺歌);更有一般的抒情诗(海涅、涅克拉索夫、马雅可夫斯基)、短篇、中篇、长篇小说和特写。在这个囊括各种体裁与形式的讽刺作品(民间的与文学的)的汪洋大海中,罗马讽刺和梅尼普讽刺的特殊体裁只不过是一些小岛(尽管它们的历史作用是十分巨大的)。сатира一词的三个意义就是如此。

二、讽刺的历史与理论,研究得非常薄弱。得到系统而严谨的研究的,实际上只有罗马讽刺。甚至梅尼普讽刺,它的民间文学渊源以及在欧洲小说形成中的历史作用,研究得也还远远不够。至于跨体裁的讽刺,即表现于多种多样体裁中的情况研究得极差。讽刺的发展史不是某种体裁的发展史,讽刺牵涉到所有的体裁,而且是在体裁发展的最关键时刻。体现在某种体裁中的对现实的讽刺态度,能够改造和更新这种体裁。讽刺的因素能给任何一种体裁带来当代现实的审视,鲜明的针对性,政治上和思想上的迫切性。讽刺的因素通常是与模仿取笑和滑稽谐戏密不可分的,它能使体裁摆脱趣味索然的格式,过时而毫无意义的传统成分。它以此更新体裁,使其不僵死在教条的规格中,使其不致成为纯粹的一种程式。讽刺在各国标准语的历史上也起到了同样的更新作用:它以日常生活中的杂语充实标准语,它嘲笑陈腐的语言形式和修辞形式。众所周知,讽刺作品(短篇小说,讽刺剧,滑稽剧,政治和宗教的抨击文,拉伯雷《巨人传》一类的长篇小说)在现代诸标准语的形成史上,在18世纪下半期标准语的更新进程中起了多么大的作用(讽刺杂志,讽刺性和讽刺幽默性小说,抨击性文章)。为了正确理解与评价讽刺在更新标准语与体裁过程中所起的作用,必须经常关注讽刺与讽拟体的联系。历史上,讽刺与讽拟这两个概念是不可分的:一切重要的讽拟,都总具有讽刺性;而一切重要的讽刺,又总与讽拟和谐戏过时的体裁、风格和语言结合在一起(只需举出充满讽拟和谐戏的梅尼普讽刺、《蒙昧者书简》,拉伯雷与塞万提斯的长篇小说就可明白)。这样一来,讽刺的历史乃是由所有其他体裁,尤其是长篇小说发展史上最重要的关键性的篇章所组成。(长篇小说是讽刺哺育出来的,后来又靠讽刺和讽拟因素而得以更新)还可举出假面喜剧为例,它也起着更新的作用。决定了这种作用的,是民间的讽刺面具,以及短小的丑角体裁——笑话,喜剧性的争论,民间对方言的取笑,等等。这种假面喜剧对整个现代戏剧创作产生了巨大的更新作用。(而且不仅是对戏剧,还可以举出它的形式对浪漫主义讽刺的影响,特别是对霍夫曼的影响,或者间接地对果戈理的影响)特别需要强调指出讽刺在现实主义发展史上起到的十分重要的作用。讽刺发展史上的所有这些问题,都研究得非常不够。文学史家们更多的是研究某一讽刺作家抽象的思想,或是从作品中为当时的历史现实引导出幼稚的现实主义的结论。

讽刺理论的研究,也不容乐观。讽刺所处的跨体裁的独特地位,尤其增加了对它进行理论研究的难度。在文学理论和诗学中,讽刺一般作为抒情体裁出现,亦即仅含罗马讽刺体和新古典主义对它的模仿之作。把讽刺归于抒情类这种做法,是司空见惯的现象。如戈尔菲利德这样界定它:"以其真正的形式而论,讽刺是纯粹的抒情——愤慨之情。"但着眼于现代讽刺,尤其是讽刺小说的研究者们却倾向于将其视作纯叙事的现象。少数人认为,讽刺因素就其本身而言,是非艺术的政论体混杂到了文学之中。对讽刺与幽默的关系,看法也多歧异。一些人把两者严加区分,甚至认为它们在某些方面相互对立;另一些人则把幽默仅视作讽刺的一种,是和缓的、善意的讽刺。笑在讽刺中的作用和性质,都未加界定。讽刺与讽拟的相互关系也未说明。从理论上研究讽刺,应该是历史的、系统的研究,而且尤其重要的是揭示讽刺同民间文学的渊源,确定民间口头创作中讽刺形象的特殊性质。

三、讽刺并非作为一种体裁,而是作为创作者对其所写现实的一种独特态度,在这个意义上的最好的定义,出于席勒之手。我们以此作为出发点。这个定义是:"在讽刺中现实作为缺憾是与作为最高现实的理想相对立的[……],因此现实在讽刺中必然成为拒不接受的对象。"这一定义正确地强调了两点:讽刺对现实的态度,对不完善现实的否定。按照席勒的说法,这种缺憾是相对于理想这个"最高现实"才揭示出来的。这里反映了席勒定义的理想主义局限性:"理想"被视作某种静止的、永恒的和抽象的东西,而不是美好新事物(蕴含于被否定的现实中的未来)要到来的历史必然性。必须强调一点(席勒没有提到,讽刺性否定具有形象的性质)。这一点把作为艺术现象的讽刺同各种政论形式区分开来。总之,讽刺是对当代现实各个不同方面的形象性否定,它必然地包含着肯定美好现实的积极因素,形式各有不同,具体和明晰的程度各有不同。对讽刺下的这一初步的和笼统的定义,一如所有此类定义,不可避免地显得抽象而贫乏。只有对丰富多彩的讽刺形式做一历史的评述,才能将这一定义具体化并充实丰富。

四、形象性否定亦即讽刺的最古老的民间文学形式,就是民间节庆中的讥笑和秽语形式。这些形式最初带有宗教仪式的性质。这曾是一种仪式上的笑(S. Peinach 定义为"rire rituel")。不过,这种讥笑和秽语最初的仪式和魔力含义只有靠科学研究才能恢复(或多或少地合乎实际)。而我们据文物所了解到的民间节庆笑谑的所有形式,都已是经过艺术的加工和思想的改造。这已是成型的形象性否定的形式,其中包括肯定的因素。这是讽刺所具有的民俗内核。让我们举出一些重要的事实。在古希腊的打谷节和其他节日里,女人们不停地互相嘲笑,骂着下流话,喊叫伴着猥亵的姿势。这种对骂称作αιαχρολoρια(即秽语意)。普卢塔克讲述了维奥蒂亚地方的杰达雷节(他的原作未保留下来,是由艾弗谢必转述的)。节日期间表演虚拟的婚礼仪式,伴随着笑谑,最后以燃毁木雕像而结束。帕夫萨尼也介绍过类似的节日。这是典型的农耕之神复生的节日。笑在这里与死亡形象,与自然生命力的复苏形象联系在一起。特别有趣也特别重要的,是西罗多德讲的得墨特耳节。过节时妇女合唱,互相嘲笑。这里的嘲笑当然也与生命的死亡和复苏主题相关。至今还有证据,说明希腊婚礼上有笑谑的表现。有这样一个说明问题的有趣传说,一方面解释了笑与下流话的关系,另一方面也说出了笑与复苏的关系。这个传说反映在荷马的得墨特耳之歌中。在彼尔谢弗娜被劫至地府之后,悲怆欲绝的女神得墨特耳不吃不喝,直到雅姆布用一个下流的手势把她逗笑。

在罗马时期我们也能找到民间节日上的羞辱和取笑。贺拉斯在自己的一封信件中描述了收获节的情景,其间人们随意地以对话方式嘲弄和羞辱别人。奥维德也提到过类似的节日,还有人所共知的罗马的凯旋戏笑,也采取对话的形式。最后还应提及农神节,此时法定地允许笑谑,对丑角扮装的君主(旧皇、旧岁)有组织地施以嘲笑和羞辱。

所有这些笑闹的节日,无论是希腊的,还是罗马的,都与时间——季节的交替与农耕的周期有着重要的联系。笑谑仿佛是记录这交替的事实,记录旧事物死亡与新事物诞生的事实。所以,节庆之笑一方面是嘲讽、戏骂、羞辱(将逝的死亡、冬天、旧岁),另一方面同时又是欣喜、欢呼、迎接(复苏、春天、新绿、新岁)。这不是单纯的嘲笑,而是对旧的否定与对新、对美的肯定紧密交融。这种体现于笑的形象中的否定,具有自发的辩证性质。

据古人们自己证实,这种民间节庆的笑骂形式,正是讽刺文学形式产生的根源。亚里士多德认为喜剧起源于抑扬格的辱骂歌曲,并且指出了这类歌曲的对话性质。发禄在其论悲剧起源的著作里,在各种节庆中,如科彼塔利亚、鲁珀耳卡利亚牧神节等,发现了悲剧的萌芽。最后李维乌斯提到源于古罗马丰收曲的民间戏剧萨图拉的存在。当然,应该以批判的态度对待所有这些古人(尤其是李维乌斯)的说法。但毋庸置疑的是,古希腊罗马讽刺文学的形象性否定,与民间节日笑谑与辱骂有着内在的深刻的联系。而且在古希腊罗马讽刺的进一步发展中,这种讽刺也没有断绝自己同当时的民间节庆的笑谑形式的联系(例如马尔提阿利斯的讽刺短诗创作和彼得罗尼乌斯的萨图拉小说,就同农神节有着非常重要的联系)。

我们观察到民间节庆的笑谑和羞辱有六个基本特点,它们可见于后来古希腊罗马讽刺创作的所有较重要的作品(以至于后来欧洲讽刺文学发展的各个时期)。(1)讥笑辱骂的对话性(合唱人群之间的互相嘲笑);(2)这种讥笑具有模仿与滑稽的因素;(3)讥笑的广泛性(针对神祇、老国王和整个统治制度,如农神节);(4)笑与物质的躯体的生殖本性相联系(羞辱);(5)讥笑同时间和季节的交替,同复苏和去旧图新有着重要的关系;(6)讥笑的自发的辩证性,讥笑中是嘲笑(针对旧的)和喜悦(针对新的)的结合。在被讥笑的旧事物形象中,人民讥笑统治制度和它的压迫方式;在新事物的形象中,人民寄托了自己最美好的夙愿与追求。

五、古典时期的希腊没有特别的专门的讽刺体裁。对所写事物的讽刺态度(即形象性否定),在这里是通过极不相同的各种体裁来实现的。这里非常早地出现了民间的喜剧性讽刺性史诗作品《小傻瓜马尔吉特之歌》(古人认为这是荷马所作,亚里士多德视其为喜剧);《马尔吉特》是欧洲第一部傻瓜讽刺的代表作,是中世纪和文艺复兴时期最通行的讽刺形式之一。傻瓜在这种形式的讽刺中大多担负着三个功能:(1)别人嘲笑他;(2)他嘲笑别人;(3)他用作嘲笑周围现实的手段,是反映这一现实的愚蠢特征的一面镜子。傻瓜往往集骗子与幼稚的呆子的特点于一身。头脑简单的呆子不懂得社会现实中愚蠢虚伪的陈规戒律——习俗、法律、信仰(这一点对完成第三种功能,即揭露周围现实尤其重要)。依据流传至今的十分贫乏的见证和片段来看,马尔吉特多半就是这样的人。很早以前还出现了对英雄史诗的精彩讽拟——《鼠蛙之战》。这篇作品证明,早在公元前7至6世纪,希腊人就掌握了高超的讽拟艺术。在《鼠蛙之战》里,嘲讽的对象是史诗语言本身,即仿古英雄史诗的体裁与风格。因而,这个讽拟是对占统治地位却已走向衰亡的时代风格的讽刺(以形象来否定,任何真正的讽拟与滑稽化莫不如此)。讥笑在这里不单纯是嘲弄,所以希腊人才把这篇讽拟作品归给荷马本人。最后,在赫西奥德的长诗《工作与时日》中也有强烈的讽刺因素(讽刺地描写法庭、政权、农村的艰辛,还穿插有讽刺寓言等)。很能说明问题的是,正是在这里讲出了四种时代的神话;它反映了对时间、对时代与人世(时代与人世代表着价值世界)更替的深刻的讽刺态度,反映了对现实的深刻的讽刺和谴责(对"黑铁时代"出色的说明),把"理想",把善、公正、富足的乌托邦王国,从未来移到过去(即"黄金时代")(这是一般神话世界观特有的,也是古希腊罗马讽刺特有的),在这里也得到了鲜明的表现。在抒情作品方面,讽刺因素(形象性否定)决定了希腊抑扬格诗体的特点(阿尔基洛科斯、希波纳克特)。抑扬格直接起源于民间节庆的讥笑和羞辱。在这一诗格里,对话的针对性、粗鲁的骂人话、下流话、咒人死亡,衰老与腐朽的形象结合到了一起。抑扬格总对当代的现实和迫切问题做出反应,它包含生活的细节,描写被嘲笑者的形象,甚至有作者本人的讽刺性形象(如阿尔基洛科斯)。从这个意义上来说,抑扬格与希腊所有其他抒情体裁截然不同。后者有许多成规,有脱离当代现实的崇高风格。

但讽刺因素最突出的表现,还是在希腊的喜剧和滑稽模拟剧这些形式中(可惜的是希腊喜剧的丰富遗产几乎全都没流传到我们今天;古典时期的作品我们只掌握阿里斯多芬的喜剧)。西西里岛和南意大利的喜剧创作中,讽刺形式尤为丰富。在弗里尼赫和埃斯库罗斯时代,当喜剧在阿提卡州还带有抑扬格歌曲的性质时,在希腊库扎市已

23

经创造出有完备对话和重要讽刺内容的喜剧。这种喜剧的创造者是来自科斯岛的爱比哈尔姆。它的基础是民间节庆笑谑和西西里民间小丑喜剧形式。也基于同样的民间讽刺创作,还产生了文学的滑稽模拟剧,它的创造者是与爱比哈尔姆同时代而稍晚的索夫龙。在爱比哈尔姆的喜剧和索夫龙的滑稽模拟剧中,错综复杂的情节退居次要位置,让位给纯粹的讽刺画面和民间节庆性质的讽刺对话。爱比哈尔姆创立了(准确说是加工了)典型的民间节庆争论:《土地和海洋的争论》《逻各斯和逻各娜的争论》。在爱比哈尔姆的创作中,崇高神话的滑稽改编与讽刺的场面相互交织;据古人说,是他第一个把寄生虫和醉鬼的形象搬上了舞台。在即兴对话或半对话形式中,把现实生活的形象与讽拟、滑稽化结合,与秽语和辱骂结合,这种情形也出现在дейкеласты 和 фаллофоры 在希腊全国的演出中(有关情况我们取自阿菲涅伊著作)。

阿里斯多芬的喜剧已经是相当成熟有力的社会政治性讽刺,不过它也植根于民间节庆的笑谑和辱骂。在它的传统结构中,包括民间节日的可笑争论,讽刺辩论的辱骂。喜剧本身从整体上看,一定意义上可说是对悲剧的讽拟;此外,它的内容中充满了讽拟和滑稽化(主要是针对欧里庇得斯的作品),充斥着辱骂和下流话(与物质的躯体的生殖本性相关)。作为嘲笑和辱骂对象的,是现在、当代现实以及它的一切实际而迫切的问题(社会的、政治的、一般意识形态的、文学的问题)。对这个当代现实的形象性否定,有着鲜明的怪诞性质,其中鞭辟入里的嘲笑与生殖力,与物质躯体的庞大、更新、再生的欢快主题相结合;垂死的和退走的旧事物孕育着新事物,但这个新事物没有化为现实中的具体形象,它只是潜在于笑谑的欢乐里,在物质躯体本性和生殖力的形象(污秽形象)中。

六、罗马通常被认为是讽刺的故乡。昆体良的见解是众所周知的:"Satira tota nostra est."这话只适用于文学讽刺的特定而独立的体裁。民间口头创作和一般文学体裁中的讽刺因素,在希腊是相当发达的，并对罗马的讽刺体裁的发展给予了重要的影响。

сатира(讽刺)这个词本身就来源于拉丁文"Satura"，它最初表示盛满各种祭品的盘子，后来表示肉饼、馅饼，最后是各种"杂拌"（在此意上也用于标题，表示涉及几种事物）。这个词转而用于文学体裁，看来原因是它带有混合的特点，也不排除希腊语词"satyri"的影响（莫姆先、尚茨、迪特里希等学者这样认为）。如果李维乌斯所说属实，那就曾经存在过与丰收曲相联系的戏剧性讽刺（许多学者对它的存在抱怀疑态度）。第一个写讽刺作品的人是奈维乌斯（文学创作大约始于公元前235年）。他的讽刺多半使用对话的形式，并表现了政治现实；其中也包括个人间的辱骂（针对梅捷勒）。恩尼乌斯（前239—前169）也创作过讽刺作品。这些作品中同样含有对话的因素，这一点可从他的作品片段及其间关于生与死的争论（这是典型的民间节庆争论）得到证实。但罗马讽刺这一体裁的真正创造者是卢齐利乌斯。流传至今的大量作品片段和他人的见证（其中包括贺拉斯），使我们能相当全面地了解他的讽刺作品的特点。这些特点是：(1)讽刺的基础是对话，而对话的类型不是情节戏剧性的，也不是哲学研讨式的，而是生活交谈式的。作者自己谈话，也让自己的人物说话（例如小西庇阿在第十四册中即以说话人面目出现），并且描绘对话的场面（如第一册中众神的两次集会，第二册中的法庭审判）；(2)讽刺中包含文字的讽拟成分（如模仿矫揉造作的悲剧性英雄化），文学的辩论成分（就文体、语法、书写等问题，收于第十册）；(3)讽刺中引入了自传和回忆的成分（第三册讲述了作者从罗马到西西里海峡的旅行）；(4)讽刺的基本内容是形象地否定现实（它的种种体现：政治腐败与贪污、金钱的威力、虚荣、奢侈和娇气、暴发户、迷恋希腊、宗教偏见等）。讽刺家敏锐地感受自己的"时代"，感受现在、当代现实（这里的时间不同于其他体裁中的，不是统一的理想化的时间），感受当代的局限性和暂时性（即腐朽变质而应退走消亡的东西）；(5)讽刺的积极出发点，它的"理想"，体现在理想的过去中，这就是古罗马的美德。卢齐利乌斯就是这样界定古罗马讽刺的体裁特征的。

贺拉斯把罗马讽刺体的艺术形式提高到了一个新的完美水平。但对当代的抨击,在奥古斯都时代较之卢齐利乌斯,有所减弱和缓和。

贺拉斯的讽刺是多次谈话相互连接起来的一个精巧体系:我们从一次谈话转换进入另一次谈话,它们环环相扣,交谈者不断更替。例如在第一册的第六篇讽刺中,作者起初与梅采纳特交谈,接着季里乌斯(Tillius)加入到谈话中来,后来话头重新转到梅采纳特,之后又是季里乌斯;中间我们还置身到一个大会上,听到未报姓名的人们激昂的话语。在另一篇讽刺(第一册第四篇)中,先是克里西卜在说话,然后是不知姓名的人,最后是诗人的父亲。在这个不间断的自由交谈的过程中,总有一些谈话人的形象时而出现,时而消失,他们性格鲜明或具典型性,描写得都比较清晰。这种交谈式对话,与情节没有联系(不像在戏剧中那样),也摆脱了(希腊人的古典哲学对话那种)严格的哲学分析的约束,在贺拉斯作品中起着刻画性格、思考问题和描绘对象的功能;有时候也稍微带有讽拟的性质。话语在这个相互衔接的交谈体系中,承担着直接的描述与表现的功能;也就是说,它一方面要描述、思索,同时它本身也被描述、被展示出来,成为有特色的、典型的、笑谑的话语。总体上说,贺拉斯讽刺作品的自由交谈语言(这也包括长短句抒情诗和书信的语言),就其性质说极端接近长篇小说的语言。贺拉斯本人就把自己的讽刺作品(和书信一样)称作"sermones"(谈话)。

与卢齐利乌斯相比,贺拉斯作品中的自传和回忆因素更加突出。作者与梅采纳特的关系得到了详细的刻画。第一册第五篇讽刺中,有作者与梅采纳特去布鲁季济旅行的日记。在同一本书的第六篇讽刺里,出现了作者父亲的形象,而且转述了他父亲的嘱咐。

贺拉斯讽刺的特点,是对当代现实的敏感,进而在总体上对时间有一种区分的感觉。正是时代、我的时代、我的同代人、我这时代的生活习俗、我这时代的事件和文学,成为贺拉斯讽刺作品的真正主人公。如果说这个主人公(即我的时代、当代现实、现在)没有在充分的意义上遭到嘲弄,那人们至少是面带着微笑来讲这个主人公的;人们并不把他英雄化,不宣扬他,不赞颂他(如在颂诗中那样),而只是谈论他,无拘无束地快乐讥笑地谈论他。当代的现实在贺拉斯的讽刺作品中,是自由讥讽的对象。农神节里那种对现存制度和统治思想的自由嘲笑,在这里减弱而变为微笑。但对当代现实的这种讽刺感受,其民间节庆的渊源是显而易见的。

罗马讽刺体的最后一个重要的发展阶段,是尤维那利斯(青年佩尔西的苍白而抽象的讽刺,未能提供任何重要的东西)。从艺术形式的角度看,尤维那利斯的讽刺是一种退化。但同时与前人相比,它尤为鲜明地表现出罗马讽刺的民间节庆(民间口头文学)的基础。

尤维那利斯作品中,针对被否定的现实(当代现实),出现了一种新的语调——愤怒。他自己承认愤怒是他的讽刺的基本推动力和组织者。愤怒仿佛取代了讽刺笑谑的位置。因此,他的讽刺被称为"鞭挞"。但事实上愤怒根本没有替代笑谑。确切些说,愤怒是尤维那利斯讽刺的附加的雄辩色彩;因为讽刺作品的形式结构与形象都是由笑谑组织起来的,虽然表面上笑并没有出声,因而有时外表上笑被愤怒之情所取代。在尤维那利斯的整个讽刺中,朗诵者的演说激情与民间笑谑的讽刺传统在不断地斗争。里别克尝试把作为讽刺家的真正的尤维那利斯同雄辩家区分开来,其根据就在这个两重性中(里别克只承认前九篇和第十一篇讽刺是真正的尤维那利斯作品,即便在这里他也发现有别的雄辩家的歪曲)。尤维那利斯的讽刺保持着交谈对话的性质,虽然多少被演说化了。他对当代现实、对时代的感受是极其敏锐的。他不理解,怎么能拿虚拟的神话情节来写大部头的长诗。时代坏到"不能不写讽刺"(第一篇讽刺)的地步。对当代现实的形象否定,上起皇帝的宫殿(指多米提亚努斯,见第四篇讽刺),下至罗马生活的日常琐细(如第六篇讽刺中罗马贵妇如何消磨早上时光)。他在第一篇讽刺结尾处的申明,是很典型的:"我要尝试一下在多大程度上可以反对那些尸骨埋在弗拉明土地和拉丁土地上的人。"这说明他只抨击死者,亦即旧的时代、多米提亚努斯的时代(他创作于图拉真时期)。这个申明有双重含义:(1)在帝国罗马的条件下(即使是在比较宽松的图拉真统治下),这种申明还是必不可少的;(2)民间节庆上对垂死、逝去的旧事物(如冬天、旧岁、昔日皇帝)的嘲笑、辱骂,以及民间节庆上传统的自由,在这里都为尤维那利斯所采用。与民间节庆的笑谑形式相关联,还应该理解尤维那利斯的秽语(传统上笑谑和辱骂一方面与死相联系,另一方面又与生殖繁衍力及物质躯体的本质相联系)。

罗马讽刺的体裁就是这样。这种讽刺吸取了在那些严格拘谨的崇高体裁中没有立足之地的东西:日常的对话、书信、自传回忆成分,来自生活的直接印象;但首先,也是最重要的,是吸取了当代生动的现实。讽刺不受神话和俗规的约束,摆脱了崇高的语调与官方的评价体系,也就是说摆脱了其他一切体裁所必须遵守的东西。讽刺不囿于各种崇高体裁中那种与人相脱离的假定性的时间。讽刺体裁的这种自由和它特有的对现实时代的感受,是由它与民间文学的笑谑羞辱的关系所决定的。顺便还想指出,马尔提亚的讽刺短诗是同农神节相联系的。

七、希腊化时期与罗马希腊化时期的"梅尼普讽刺",也是受民间节庆的笑谑决定的。它的基础是古代对话式互嘲互骂、古代喜剧式争论(агон)(如生与死、冬与夏、老与少之争)与昔尼克哲学的特殊结合。除此之外,对梅尼普讽刺,特别是其晚期形式的发展产生重要影响的,还有喜剧和神话剧。最后,这种讽刺也融入了很重要的情节因素;这是它与乌托邦国惊险旅行的体裁相结合(乌托邦自古便喜采用民间节日形式)、与模仿下地狱上天堂的讽刺体相结合的结果。民众视统治制度和统治思想为一时的衰老垂死之物而施以辛辣的嘲弄,乌托邦,物质躯体的生殖本质的形象与秽语(生殖力和复活),惊险旅行和奇遇,哲学思想和学究气,讽拟与滑稽化(针对神话、悲剧、史诗、哲学体裁和演讲体),不同体裁与风格的混合,诗体(主要是讽拟诗与小说)的混合,各种不同类型对话与叙述、书信的结合——所有这些都在梅尼普讽刺的整个发展过程中决定着它的构成;这里包括梅尼普、发禄、塞内加、彼得罗尼乌斯、卢奇安诸人。而且,所有这些因素我们都能在拉伯雷的小说中,部分地在《堂吉诃德》中找到。尤其具有重要意义的是,梅尼普讽刺中广泛地反映了思想的现实。各种思潮、统治的思想、道德、信仰等的确立与演变,都不可能在严谨的体裁中体现出来。这些体裁要求有最大限度的无可争议性和稳定性,这里没有展现"真理"的历史相对性的余地。因此,梅尼普讽刺才能够孕育出一种最重要的欧洲小说。不过在古希腊罗马的毫无前途的奴隶制条件下,这种讽刺所蕴藏的潜力不可能全面地发挥出来。

八、中世纪的讽刺。中世纪讽刺的根基,在地方的民间口头文学。但罗马笑谑文化即神话剧和农神节(它们的传统以各种形式持续了整个中世纪)的影响,也有相当重要的意义。中世纪尽管多少带有保留,却一直尊重天真傻瓜的自由,给民间节庆笑谑提供了相当广阔的天地。"愚人节"和"驴节"就在教堂里由低层僧侣主持举办。非常典型的一个现象是所谓的"risus paschalis",即复活节之笑;复活节期间按照传统允许教堂中有笑声,传教士在教堂讲坛上允许自己随便开个玩笑,讲些趣闻。"Risus paschalis"(复活节之笑)是民间文学的笑谑(或可能是农神节笑谑)被基督教化了的形式(即使之适应基督教的观念)。中世纪非常多的讽拟和讽刺作品,都是在这种合法化了的笑谑荫庇下成长起来的。圣诞节之笑也具有相当大的讽刺效力。与复活节之笑不同,它不是通过故事,而是通过歌唱体现出来的。曾经创作出大量的圣诞节歌曲,其中宗教圣诞题材与民间旧死新生的欢乐主题相互交织。在这类歌曲中,常常是对旧事物的嘲笑占着主导地位;尤其是在法国,圣诞歌曲(Noël)成了街头革命歌曲的最流行的体裁之一。在中世纪的其他节日里,笑谑和嘲讽也在一定程度上具有了合法性,得到容忍。中世纪有极丰富的讽拟作品(用拉丁语和其他民族语言写的),都同节日和休息有关。以影响而论具有特别重要意义的(在中世纪晚期),是狂欢节和与之相关的笑谑形式(拉伯雷和塞万提斯的长篇小说就有强烈的狂欢化性质)。

　　中世纪的讽刺作品极其丰富多样。除极丰富的讽拟作品(它们毫无疑问具有讽刺意义)之外,讽刺因素体现在以下几种基本形式中:(1)傻瓜的讽刺;(2)骗子的讽刺;(3)对贪食和酗酒的讽刺;(4)狭义上的阶层讽刺;(5)讽刺诗。此外讽刺因素在中世纪文学的其他体裁中也有所表现,如教堂剧、描写流浪艺人和歌手的史诗、神秘剧的дьяблерий(魔鬼)、《玫瑰传奇》第二部(若望·德·墨恩)、道德剧、寓言剧、讽刺闹剧。

　　中世纪(以及文艺复兴时期)讽刺中的傻瓜形象,来源于民间口头文学。他集否定和肯定于一身,他的愚钝(简单、幼稚、无私、不理解社会恶习)原本是一种揭露统治思想(统治者头脑)的非官方的睿智。但与此同时傻瓜又体现着纯粹反面的愚蠢。不过,即使在后一种情况下,被嘲笑的也不仅是他自己,而是他周围的整个现实。如在12世纪的一部长诗《傻瓜的镜子》中,主人公是一头叫布鲁涅卢斯的驴(这是很平常的、动物演傻瓜的形象)。它逃离了主人,在萨莱诺治病,在巴黎索尔蓬纳神学院学习神学,创立了自己的僧团。驴子到处都感觉如鱼得水。结果是嘲笑了萨莱诺的庸医、索尔蓬纳的愚昧、僧侣的荒唐。傻瓜的两重性形象在中世纪晚期的讽刺闹剧中起到了巨大的讽刺作用。

　　中世纪的骗子讽刺,并不总能与傻瓜讽刺明确区分开来。傻瓜与骗子的形象往往融合为一。骗子同样也是不仅自己被嘲笑被揭露,他更多的是作为周围现实的一块试金石,是对他混入和接触的那些中世纪组织和阶层的一块试金石。在《阿密斯神甫》、关于狐狸的故事《列那狐传奇》、骗子的滑稽故事中,骗子的作用就是如此。与傻瓜一样,不是日常生活中的嘲弄者,而是民间文学的一个形象,是具有双重意义的某种现实主义的象征,是否定骗子世界的一面讽刺镜子。只是在骗子小说的晚期形式中,骗子才成为一个日常生活中的形象。

　　贪食和狂饮在中世纪讽刺中,有着同样的象征现实的独特性质。

在民间文学和民间节庆形象体系中,吃喝是同丰收、复活和全民丰裕相联系的(与这个正面主题相关的还有大腹便便的形象)。在阶级现实的条件下,这些形象获得了新的意义:借助他们来嘲讽神职人员的贪婪与寄生,食物和饮品的丰盛转化为贪食和酗酒。古代的积极的夸张,获得了消极的意义。不过这个过程不可能彻底完成:吃与喝的形象仍保留着双重的含义,对贪食和寄生的嘲笑同积极地(欢快地)强调物质躯体的本源相结合。讽刺作品《某神甫的一天》就是这样,其中描写他如何打发时间,除了无休止地吃喝,就是用一切办法清洗自己的肠胃(他的一天就是以此开始的)。另一篇出色的讽刺 Tructatus Garsiae Tholetani(11世纪),描述了以教皇为首的罗马教廷无休止的狂饮无度。这类讽刺形象带有荒诞的性质:他们被夸张到了极点,而且这种夸张既有否定的性质(寄生虫的贪婪与暴食),同时也有积极的性质(物质充裕丰富的含义)。

阶层间的相互嘲笑,在中世纪讽刺作品中起着巨大的作用。神甫、修士、骑士、农夫的讽刺性形象,多少有些模式化,因为在阶层特征的背后有个人的独特面孔(只是到了文艺复兴时期的讽刺中,这些形象才真正充满生机)。

所有上述四种讽刺都与民间创作相关联。所以,否定的形象在这里都是由笑谑组织起来的。它们很具体,有双重的意义(其中否定与肯定相结合,嘲笑与欢乐相结合),具有广泛性,不排除污秽语言,讽刺在这里与讽拟相互交织。这几类讽刺到中世纪晚期在下列作品中得到了完成:《叶乌连施皮格尔》之类的民间作品、布兰特的《愚人船》、后期的《列那狐传奇》、讽刺闹剧、滑稽剧和短篇小说。与此不同,讽刺诗则同民间笑谑无关,它的基础是抽象的政治或道德倾向(如瓦尔特·封·弗格尔瓦德的讽刺诗就是如此,它们有很高的艺术性,是真正的愤怒抒情诗)。

九、文艺复兴时期讽刺达到了前所未有的繁荣,这一时期创造了无与伦比的讽刺的典范。文艺复兴所特有的对时代的敏锐而自觉的感受，世界历史上的时代更替，促使讽刺成了这一时代最重要的体裁。对旧事物的嘲弄羞辱和对新事物的欣然欢迎（这是自古以来讽刺的民间节庆基础），到文艺复兴时期增添了具体的得到充分理解的历史内容和含义。文艺复兴时代利用了中世纪讽刺和讽拟的所有形式，古希腊罗马讽刺的所有形式（尤其是梅尼普体讽刺——卢奇安、彼得罗尼乌斯、塞内加），又直接从民间节庆笑谑形式（如狂欢节、下层民众的幽默、短小的言语体裁）这个取之不尽的源泉中汲取营养。

拉伯雷的长篇小说，是古希腊罗马和中世纪所有讽刺形式在他那个时代的狂欢节形式基础上实现的完美综合。借助这些形式，他得以异常鲜明而深刻地展现出在他所处的当代现实中旧世界（"哥特式时代"）的死亡和新世界的诞生。他的所有形象都带有自发的辩证性，因为它们揭示了新事物直接产生于旧事物的死亡这一历史过程的整体性。他的笑声同时既是无情的嘲讽，又是欢呼；在他的风格中，夸赞和辱骂不可分割地结合在一起（两者相互转换）。

对文艺复兴来说，讽刺与讽拟的有机结合是一个特点。《蒙昧者书简》是纯粹的讽拟，同时这也是描绘行将消亡的中世纪的一个出色的讽刺形象。在塞万提斯的长篇小说中，讽刺也是这样的有机成分。文艺复兴的讽刺，正如任何重要的和真正的讽刺一样，让被嘲笑的世界本身来说话。消亡中的世界（旧的政权、旧的制度、旧的思想），通过它的代表人物主观上认真地继续起着自己的作用，但客观上它已陷入丑角的境地，他的奢求只能引人发笑。文艺复兴的讽刺恰恰利用了这一狂欢节的情境。拉伯雷在小说的一系列片段中运用了它，塞万提斯和《愚昧者书简》的作者也运用了它。政论抨击和新教抨击的文章作者们同样运用了它。例如一篇最出色的新教抨击文《论各宗教的差异》（马尔尼克斯·德·圣阿尔德贡德著），就是用神学论文的形式写成的（篇幅极大），是以一个正统的天主教徒的口吻、新教的敌人的口吻出现的。假托的作者十分幼稚地揭露自己的宗教，办法则是一贯始终地维护它的全部荒谬和迷信，他把它展现出来给人作笑料。由于这种结构方式,马尔尼克斯的神学论文有着艺术讽刺的意义(例如他对德·科斯特的《季里·乌连施皮格尔》就产生了决定性的影响)。联盟时期的优秀政治讽刺作品 Satire Ménippée,也是按照这个原则写成的。这部作品是反对联盟的。起初写集市骗子叫卖神效的药物"vertu catholicon",然后描绘了联盟成员会议,会上成员们通过径直袒露的讲话揭穿了自己和自己的政治。

傻瓜讽刺在鹿特丹的《愚蠢颂》中,在汉斯·萨克斯的某些谢肉节戏剧中,以高度的人道主义精神得到了完成。骗子的讽刺则见于早期西班牙骗子小说中,在塞万提斯和格里美豪森的骗子小说中(在所有这些作品里,骗子还没有成为纯粹的日常生活中的人物)。贪食与酗酒的讽刺,则完成在德国的"墓园诗派"作品中(卡斯巴尔、舍伊特、菲沙尔特)。在文艺复兴时期的所有这些现象中,民间节庆笑谑和与之相关的傻瓜、骗子、食物和饮品、生殖力等形象,都提高到了意识形态上的理解,充满了历史内容,并用来体现那一时代的新的历史意识。

十、17世纪讽刺创作急剧减少。新的国家制度的稳定,新的统治的社会集团的稳定(这集团决定着对文学的要求与品位),新古典主义法则的形成——所有这些在文学中把讽刺推到了次要地位,并改变了它的性质。笑丧失了自己的激进性和普遍性,它只限于用在局部的现象上,用在个别的弊端上和社会的底层。笑与历史(历史人物与事件),笑和哲学思想(世界观)变得互不相容。罗马讽刺体(贺拉斯和尤维那利斯)成为主要的模仿对象。雷尼耶与布瓦洛的讽刺就是这样。文艺复兴讽刺的因素(拉伯雷和塞万提斯的影响),只见于这一时期的长篇小说中,如索莱尔和斯卡龙的作品。只有喜剧因素受到植根于民间节庆传统的强大而有益的影响,在莫里哀的创作中达到了讽刺的巅峰。

启蒙时期重又为讽刺的发展提供了极为适宜的土壤。讽刺又变得激进而普遍。贺拉斯与尤维那利斯的影响,被彼得罗尼乌斯与卢奇安的新的影响所取代。伟大的文艺复兴讽刺的某些形式得以复苏。

伏尔泰的讽刺小说(尤其是《老实人或乐观主义》)就是如此。这里利用头脑简单的人或另一种文化的人之不理解,来揭露和嘲讽当代现实中毫无意义而行将消亡的形式——社会的、政治的、意识形态的形式。在伏尔泰的《密克罗梅嘎斯》中,尤其是在斯威夫特的创作中,荒诞的讽刺形式重又复苏(过分的夸张、惊险故事)。但这些形式也经历了重大的变化,积极的一面逐渐消失(指笑谑的欢快,复活色彩,物质躯体生殖本原的思想)。启蒙主义者的理性主义与机械主义,他们世界观的非历史性,缺乏任何与民间笑谑作品的本质联系,这些使得启蒙时期的讽刺无法达到文艺复兴讽刺的高度。启蒙时期处在形象性否定与政论之间的抨击文章,具有重要的意义(尤其是英国的作品,如斯威夫特、笛福等)。

在现代的讽刺创作史上,18世纪英国的讽刺杂志(《旁观者》与《闲谈者》)起到了相当重要的作用。它们创造与巩固了期刊短小讽刺的体裁,如对话、特写、讽拟等。这种描绘与嘲笑现实的期刊讽刺形式,在很大程度上(在新的条件下)复现了贺拉斯的讽刺形式(口语对话,大批不断更替的说话人形象,滑稽地模仿社会言谈姿态,半对话,书信,庄谐思想的混杂)。18世纪创造的期刊讽刺的短小体裁,在整个19世纪继续存在,而仅有一些微小的变化(实际上一直延续到今天)。

浪漫主义者没有写出重要的讽刺作品。尽管如此,他们为讽刺创作带来了一系列重要的新特点。他们的讽刺主要是针对当时的文化与文学现象,例如蒂克的文学讽刺性和讽拟性戏剧,布伦塔诺、沙米索、福柯、霍夫曼部分的讽刺故事与小说,被否定的现实(主要是文化和文学现象)在浪漫主义者作品中,浓缩在"市侩"的形象里;浪漫主义讽刺中充满了这一形象的多种变体。对市侩的嘲讽中经常出现民间节庆笑谑的形式与形象。浪漫主义者讽刺的最独特与最深刻的形式,是讽刺故事。对现实的嘲讽在这里超出了文化与文学现象,上升为对资本主义的非常深刻的原则性的讽刺,如霍夫曼的精彩童话《侏儒查赫斯》(在霍夫曼其他的幻想与夸张的作品中,我们也能找到对资本主义的深刻讽刺)。法国浪漫主义发展了尤维那利斯类型的抒情讽刺诗(最好的典范有《惩罚》,雨果)。

海涅也是浪漫主义讽刺的继承者。不过他在抒情讽刺诗领域里几乎实现了从浪漫主义到现实主义的过渡(他克服了"青年德意志"的表面的倾向性,因为他能以当代民主运动的激进思想和民间创作为方向)。浪漫主义的讥讽,哥特式低俗的讽拟,法国革命与街头革命歌曲的传统,期刊短小讽刺(口头)的体裁形式,谢肉节的笑谑——这些在海涅出色的讽刺诗中独具一格地结合了起来。

在法国,民歌的讽刺传统滋养了贝朗瑞的讽刺抒情诗作。同一个街头讽刺歌曲的传统,但与罗马讽刺的遗产相结合,从而决定了巴比耶的讽刺诗(如他的《抑扬格》和《讽刺》)。

此后19世纪讽刺的命运是这样的。纯粹的讽刺作品大多出以期刊讽刺的短小体裁。19世纪没有创造出新的重要的讽刺形式。讽刺在准备与创立欧洲长篇小说的过程中,发挥了自己的创造性作用。也正是长篇小说成了描绘当代现实的基本体裁。形象地否定这一现象的因素,在19世纪长篇小说中起了或大或小的作用。有时这种因素以幽默的形式出现(如萨克雷、狄更斯的作品)。这种幽默不是别的,正是弱化了的、主观化了的民间节庆笑谑(同时既是嘲笑、鞭笞,又是欢欣复活);不过此时笑谑失去了自发的辩证性和自己的激进性。

20世纪没有为讽刺的发展史写出任何重要的新篇章。我们只想指出德国表现主义(斯特恩海姆、韦尔弗等)曾试图复兴浪漫主义的讽刺(蒂克与霍夫曼的讽刺戏剧),巧妙运用民间节庆[……]①

……(涅克拉索夫)经常运用让被否定的现实自我揭露的讽刺形式(早在40年代的讽刺作品如《高利贷者》《有道德的人》中就已如此)。从讽刺技巧的角度看,《谁在俄罗斯能过好日子》的情节和结构是出色的:情节头尾的传奇性与童话性,农夫间传统的讽刺性"争论",

---

① 原稿不清。——原编者

为使寻求幸福者讲述故事而安排的农夫漫游情节,如此等等。结果创造了惊人丰富而全面的俄罗斯现实画卷,既有它消亡中的旧成分,又有新事物和未来的萌芽(如戈利沙歌中夹着哭骂的青春赞颂)。

继承了世界讽刺文学优秀传统的,还有萨尔蒂科夫·谢德林。值得注意的是,他的第一篇特写体讽刺《外省散记》,以主人公参加奇怪的送葬仪式而结束。原来,"埋葬的是过去的时光"(当时谢德林就已不相信这种埋葬的彻底性,但这并无关紧要)。萨尔蒂科夫为真正讽刺性地描绘现实,亲自提出了一个精辟的公式。他说,在任何事实中,"过去与将来,尽管是一般人眼睛难以看到的,却同现在一样是完全现实的东西"。对这位讽刺家来说,现在整个地分解到过去与将来之中,任何中立的自足的现在都是不存在的。当代现实是一个过去在死亡而将来在诞生的过程,只是在谢德林的时代将来还刚开始孕育。因此,俄国经济、社会、政治制度以及统治的意识形态(阶级的与自由派的思想)的死亡与瓦解的画面,在谢德林作品中占着主导的地位。广泛性、历史性、荒诞与传奇、童话、现实的自我揭露、讽刺的对话,在谢德林创作中都发展到了顶峰。

十一、未来的全权代表(即"理想")总以不同形式,在不同程度上存在于讽刺之中,因此未来不可避免地带有乌托邦的特点。只有马克思列宁主义科学地揭示了未来是一种必然性。这个未来在我们这里成了处于成长中的现实。未来诞生于、成长于我们当代的现实之中。因而,对我们当代现实的描绘,最不可能成为否定这一现实的现象。过去的消亡在我们的现实中是软弱无力的,只占着微不足道的位置。但它还是存在的,所以也就还有苏维埃的讽刺。苏联文学面对的最重要的讽刺任务,当然是针对我们革命前的过去,和周围的资本主义世界。

对第一版"讽刺"条的补充

一、首先我们来界定一下讽刺,不是作为一种体裁,而是作为创作者对所写现实的一种特殊态度。讽刺是对当代现实不同方面的形象性否定,它又必须包含(以不同形式和在不同的具体与明显程度上)积极的方面,即对美好现实的肯定(席勒所说的"作为最高现实的理想")。否定的形象性质,把作为艺术现象的讽刺同各种形式的政论区分开来。在讽刺中,形象性否定可以采用两种形式。第一种形式——笑谑的:把否定的现象描绘成可笑的东西加以嘲讽。第二种形式——严肃的:把否定的现象描绘成讨厌的、可恶的、令人反感和愤怒的东西。最基本和最常见的讽刺形式是第一种,即笑谑式的讽刺;属于此类的有一切民间口头文学的讽刺,古希腊罗马(尤维那利斯除外)和中世纪讽刺中的最重要的现象,最后还有文艺复兴时期(拉伯雷、塞万提斯、鹿特丹·胡滕等)的伟大讽刺作品。时常当没有明显可见的笑谑时,否定的形象本身也可能是用笑组织起来的(如尤维那利斯)。有时在一部作品中兼有讽刺否定的两种形式(如萨克雷)。笑谑讽刺是喜剧的最重要的类型。当喜剧失去讽刺性时,它就变得肤浅而归属于纯消遣的文学("为笑而笑")。

对现实的形象性否定,即讽刺,可以有或多或少的客观性和重要性,看它在何种程度上反映了现实中辩证地积累与成熟起来,并导致整个现实制度变革的那种实际的否定。表现消亡阶级和反动集团利益的讽刺,往往贯穿着主观的因素;因为这种讽刺中的形象性否定与发展着的现实,与实际的未来是脱节的。因而这种讽刺常常是(如反动的浪漫派作家)浸透了彻底的悲观主义。表现社会新生阶级与集团(它们将取代旧的阶级与集团)利益的讽刺,反映了在现实本身中不断成熟的实际的否定;这种讽刺与实际的未来相关联,因而是乐观的。

例如,文艺复兴时期的讽刺就是这样,它反映了中世纪制度的死亡和新世界的诞生。

讽刺与民间讽刺笑谑的联系,在它发展的所有时代里都有着特殊重要的意义。借助于这种联系,文艺复兴时代的伟大讽刺作家(拉伯雷、塞万提斯)克服了阶级局限性,不仅对垂死的封建制度,而且对年轻的资本主义制度作出了深刻的批判。

二、在被嘲笑的"旧事物"形象中,很早就显露出社会现实的特点:人民通过这些形象嘲笑统治制度与它的剥削形式(难怪古罗马的丰收曲是被禁止的);在"新事物"的形象中,人民抒发了自己最美好的愿望和追求。

产生于阶级社会以前的民间节庆笑谑形式,到了阶级社会中仍继续存在。它们的自发的辩证性,否定的激进性,乐观主义都保持了下来。但它们又为人民新的经验所丰富充实,用到了新的社会压迫形式上。同时它们乌托邦的一面(人民的愿望和追求)也加深和丰富了。在它们的基础上多种多样的民间讽刺喜剧形式得到繁荣发展,如"站立的假面"、典型的场景,等等;这些后来发展为文学喜剧、神秘剧、小说故事和文学讽刺的其他形式。

我们如此详细地探讨了古希腊罗马的民间笑谑形式,是因为现代各国人民也都有类似的形式,而且各民族笑谑讽刺的产生和发展过程也相似。这只要提及一下某些现象就足可明白了,如谢肉节和狂欢节之笑,民间假面(普利奇涅尔、阿尔列金等),与这些形式相关的意大利即兴喜剧(《杰拉尔特喜剧》),滑稽闹剧、拉伯雷讽刺的狂欢性质。民间笑谑对时间和时间更替的态度,具有尤为重要的意义。因为正是借助这一态度,民间笑谑讽刺的形式中才逐渐形成一些形象并成熟起来,用以表现时代的更替、统治制度的相对存在、贯穿拉伯雷和塞万提斯小说的新的历史感。

三、尽管阿里斯多芬在他所处时代的斗争中采取保守的立场(他反对民主),他那充满了人民笑谑的讽刺,还是表现出了奴隶社会穷苦群众反对富豪统治的抗争(古希腊罗马的民主蜕变为豪富的统治)。

四、与农神节的联系决定了尤维那利斯讽刺的社会针对性,与贺拉斯相比要更为激进地反对腐朽的罗马帝国的根基。

五、在所有这些丰富多样的笑谑形式中,在不同程度上有力地自觉地实现了人民对中世纪制度及其复杂的压迫体系的抗议。

六、在德国所有的浪漫主义作家中,霍夫曼比别人更多地超越了对现实进行浪漫主义批判的局限。他得益于同民间讽刺创作的联系。他的讽刺运用怪诞与幻想的手法,异常鲜明地刻画了金钱、商品、官僚国家机器的力量在人们的生活和意识中的丑恶与畸形现象。同样超越了浪漫主义讽刺的局限的,还有拜伦和海涅。

讽刺到了 19 世纪,命运有了重大的变化。纯粹的讽刺退居次要地位,它大多只见于期刊的短小讽刺体裁中和抒情讽刺诗中,后者与革命的民间歌谣传统相联系(贝朗瑞、巴比耶、弗赖里格拉特)。在欧洲小说与批判现实主义的准备和产生过程中,讽刺起到了创造性的作用。因此,19 世纪讽刺的历史,几乎与小说史,尤其是批判现实主义的历史融为了一体。巴尔扎克、福楼拜、莫泊桑、左拉作为讽刺家,又作为批判现实主义作家,具有同等的分量。批判现实主义是形象性否定的顶峰,登上这座顶峰是多个世纪以来讽刺创作的发展结果。

七、植根于民族民间笑谑的真正博大的俄罗斯讽刺,只是到了果戈理创作中才出现。

果戈理的讽刺作品与民间笑谑有着直接的渊源,这就是乌克兰的民间节庆笑谑(《狄康卡近郊夜话》《密尔格拉得》),以及民间讽刺喜剧的形式(《鼻子》、喜剧《死魂灵》)。同时,果戈理又与欧洲讽刺的优秀传统相连接(与拉伯雷一脉相承)。在果戈理作品中,我们可以找到怪诞的讽刺(夸张的肯定与否定),傻瓜与骗子讽刺的因素,贪食讽刺的因素,幽默对话,等等。其结果,对当代现实的形象性否定,达到了十分深刻和有力的程度。这种否定不仅指向封建农奴制度,而且还针对新兴的资本主义。

八、涅克拉索夫的讽刺，把欧洲歌谣讽刺的优秀传统（贝朗瑞、巴比耶）同民族的民间讽刺传统结合了起来。因此他的讽刺有着深刻的民间激进性和不妥协性。在他的作品中，对话讽刺的一些因素也很发达。

九、萨尔蒂科夫——不仅是笑谑讽刺，而且是严肃讽刺的大师（最杰出的典范是《戈罗夫略夫一家》）。

苏霍沃-柯贝林和奥斯特洛夫斯基的戏剧带有很强的讽刺性。在俄罗斯小说领域中，所有俄罗斯批判现实主义作家都包含有讽刺的因素，如屠格涅夫（尤其是《烟》和《处女地》）、冈察洛夫、格里戈罗维奇、皮谢姆斯基、托尔斯泰（特别是《复活》）。在俄罗斯这里，讽刺的历史在很大程度上也是与批判现实主义历史相融合的。

十、如果不谈高尔基小说和戏剧中精彩的讽刺成分，不谈期刊上的讽刺体裁（其中也包括高尔基的讽刺小品），那么苏维埃讽刺作品主要应当包括：(1) 马雅可夫斯基的讽刺诗；(2) 伊里夫和彼得罗夫的讽刺小说。马雅可夫斯基创造了精彩的范例，有"对内的"讽刺（如《开会迷》），也有对当代资本主义的讽刺（如访美诗章 блэк энд уайт[①]、《梅毒》等）。世界讽刺艺术的优秀传统（口头对话、怪诞和幻想、辱骂、现实的自我揭露等），被马雅可夫斯基用来完成苏维埃的特别任务，并赋予它们特殊的战斗性和感染力。我们的讽刺一般说是直接与行动相联系的，而且是行动的准备。它能够也应该是行动的直接信号。这是它的基本特征之一。

苗 澍 译

[①] 意为《黑与白》。——校者

史诗历史上的《伊戈尔远征记》

　　史诗的衰落过程及各种新叙事体裁的创立。赫西奥德的《神谱》和《工作与时日》,《罗兰之歌》和《伊戈尔远征记》在这一过程中的作用。纯文学争论的因素,一般思想(宗教、政治)争论的因素。

　　《伊戈尔远征记》如同《罗兰之歌》一样,并非胜利之歌,而是失败之歌。因此,其中很有一些指责与嘲弄的成分(针对的不是敌人的,而是自己人的失败),从而决定了这部作品的内涵是复杂的,尽管体裁的基础依然是英雄史诗(讴歌祖辈与父辈们英勇的历史)。然而,这部作品说的毕竟是"辱没了祖辈的光荣"。故而,作品兼有口头文学中的多种成分,既有"哀哭"的成分,又有"嘲弄"的成分。

　　凯旋气氛中的嘲弄成分。在农神节时皇帝脱冕而为奴隶。民间节庆狂欢时的讥嘲形式。由此形成三个形象体系,三种风格,三种语调。

　　"哀哭"与"嘲弄"两种形象体系既相交织又部分地相互重合。在两种体系的交会点上有一个一度战胜光明的黑暗的形象,亦即有一个黑暗、死亡(衰退)和复生的演进过程。与该形象相联系的还有一个表现自然界种种损失的形象体系。同黑暗与光明、生与死的搏斗过程相联系的,还有一组战斗和死亡的形象,如播种、收割、打谷、聚餐、婚宴。"争论""对抗"的成分有:两位歌手(荷马与赫西奥德)的争论、生与死的争论、黑暗与光明、斋戒日与谢肉节、富裕与贫困等的争论。在这样一些体裁形式的基础上,可描绘充满矛盾的现实,还可进行文学的和政治的论争,还可以进行揭露、呼吁和宣传,亦能自由地谴责。"嘲弄"和"哀哭"这类主导形象的两重性。诗人具有以自己的口吻指责诸大公的胆识勇气。这种勇气需要以一定的体裁形式为依托。《远征记》的特点不仅仅在于它是一首失败之歌,它的特点突出地表现在主人公没有死(与《罗兰之歌》根本区别之所在)。贝奥武甫在完成了他的大业后牺牲了。伊戈尔在经历了短暂的牺牲(被俘,"当奴仆")后,又获得了新生(逃跑和回归)。他没建立任何大业,也没牺牲。

关于体裁问题。作品的整体形式与句法结构形式相类似,总的来说与语言形式相类似。与语言形式的不同。言语(话语)的整体——属于非语言范畴。整个话语的结尾和开端,是情节的和指物内涵方面的术语,而非语言学的术语。语法关系局限在句构的范围里。整体的联系是布局结构的联系。语言学的联系本身是无法建立起一个整体的。整体是语言外的,所以对语言而言它是中性的。因此,作为整体形式(因之是指物意义的形式)的体裁是跨语言的,是国际的。但同时体裁从本质上来讲又是与语言相关的,对语言提出一定的任务,通过语言实现一定的功能。但语言的实现一般来说只能是在具体的话语中。体裁作为话语整体的形式,存在于所有的书面文化领域中。但我们关注的只是文学的体裁,首先是诗歌种类问题。

体裁是终结的话语整体,不是更大整体的组成部分。体裁一旦成为别种体裁的组成元素,它便不再具有体裁的地位。

长篇小说不仅仅可以是一种叙事,而且还可以是对写成文献的一种(非戏剧性的)展示。这并非是一种戏剧化处理,而是一种剪辑。这是组合性体裁。

歌德的创作涵盖了哪些文化和文学生活的时代?启蒙时代,包括狂飙突进时代在内的前浪漫主义时代,浪漫主义时代的前期和后期,现实主义时代的初始期(准备期)。他的创作始于启蒙时代末期。列举他发表第一部作品前的最重要的作品(卢梭、菲尔丁、麦克菲森、哥尔斯密、维兰德等)。18世纪(启蒙时代)的抒情诗问题。启蒙时代呆板机械的内容开始为有血有肉的内容所替换。抽象的社会内容为具体的个性的生活问题(生命、死亡、爱情等)和历史问题所取代。社会的人原来要复杂得多:他不情愿放弃他个人的财富和解决自己的问题。启蒙运动者们的社会性主体,绝非是耽于情感的。个性、抒情性与历史性。文艺复兴、新古典主义、启蒙和前浪漫主义时代、浪漫主义等关于人的基本看法。

短篇故事小说(новелла)问题。短篇故事这一小说类型的历史多样性,系列短篇故事小说与短篇故事小说集,短篇故事小说与长篇小说,喜剧性短篇故事小说,对话型短篇故事小说,发禄的篇章逻辑学,短篇故事小说与对抗,短篇故事小说与口头文学的关系。

短篇故事小说与破除"禁忌",嘲弄的允许限度,文字的不敬与淫词秽语。短篇故事小说中的"非同寻常之笔",是对禁忌的违反,是对神灵的亵渎。短篇故事小说可谓是一种嘲弄死去的太阳的夜话体裁(《一千零一夜》等,与死亡的联系)。

张建华　译

陀思妥耶夫斯基小说类型
(体裁类型)的历史

　　这一类型看似新颖,突如其来,有悖常情,自相矛盾(柏拉图的对话与市井小说的离奇惊险相结合,现实主义幻想,深刻的现实主义,思想作为主人公,悲剧小说,如此等等)。

　　梅尼普讽刺的特点,是同时观照(结合)两个极端:上层和下层,下降和上升,诅咒和夸奖、赞扬。陀思妥耶夫斯基的两个极端。陀思妥耶夫斯基作品里,人们的相遇和交往具有狂欢节的性质,因为这里人与人的层面,是农神节的层面,这里的奴隶与皇帝平等,妓女和凶手能同圣徒和法官走到一起,当今世界的法律也暂时取消了。在陀思妥耶夫斯基那里,物质躯体的下部化作了心理因素:不是生殖器和臀部,而成了罪恶,成了淫乐的念头,是堕落、犯罪、两面的想法[1],内心的无耻;大罪人的神圣性(上层与下层的结合,脸和臀的结合,翻筋斗,小鬼作为伊万的反面,同貌者)。斯梅尔佳科夫形象的狂欢节基础:在醉酒的(狂欢节的)夜里,破戒者同装疯者(教徒)的交媾,老爷同最下贱女人(最低的下层,连个子都是小的)的交媾;澡房(湿淋淋的)里的降生,私生子,厨子(重要的传统),肉汤和肉馅,弑父("sia ammazzato…"[2]),癫痫病,掉进地窖,伊万的相似者,最卑下的虚无主义(否定任何理想

---

[1] 参看陀思妥耶夫斯基著《白痴》,第2部,第11章。——原编者
[2] 意大利语:"死你的吧!"——译者

性),狂欢节(农神节)上的"一切都可允许",奴隶(仆人)想同老爷对换位置(同合法子女,同兄弟);把奴隶扮的皇帝吊起(钉上十字架);狂欢节上的秘密(谁杀死的?),替代牺牲(无罪者抵偿杀人罪);降生与死亡(母亲与阿廖沙,莉扎维塔·斯梅尔佳莎娅临产死亡);斯梅尔佳莎娅形象的两重性,发臭的圣洁性,发臭的死亡与复活。小说中弑父问题的狂欢节性质;戈卢申卡作为圣洁的妓女(但她诱惑也拯救了阿廖沙);佐西玛也是发臭的圣徒,在卡那的痛饮(释为农神节之饮),给将来的凶手(受难者、牺牲的替身)深深施礼;受难孩子的形象,他不是弑父而是保护有罪的父亲却遭石头毒打(伊留沙);基础和真理的更替,形成历史上的狂欢式,还有资本主义的狂欢式①。陀思妥耶夫斯基对被侮辱和被损害者的狂欢式、农神节式的解释(相反的等级关系,颠倒过来的世界)。相同的阐释,还有对《罪与罚》《群魔》(父亲与儿子)的分析。陀思妥耶夫斯基笔下任何古怪可笑之事,都带有狂欢节的性质(如出人意料的相逢等等)。他的作品中的冒名顶替和脱冕,广场上的脱冕(与之类似的如苏格拉底的广场脱冕对话)。他作品中的每一个房间(如拉斯柯尔尼科夫的棺木般小屋),都是广场的一角(或者是地狱和天堂的一角,峨尔峨他(Голгофы)的一角,狂欢广场的一角;这里可把人钉上十字架或加以折磨,可把小丑皇帝撕碎,可有不同等级的人们相遇在一起,可有上层与下层的会合)。索尼娅的房间正是这样,这里出现了自白和读经的场面;马尔梅拉多夫的房间也是这样,这里举行了下葬宴(棺木上的饮宴),随后他那发疯濒死的妻子演出了狂欢式的一幕(母亲和妓女,妓女拯救父亲和孩子们,以自己肉体养活他们,以自己的血支撑他们)。沙托夫的房间与斯塔夫罗金的脱冕,基里洛夫的房间,伊沃尔金的房间,娜斯塔西娅·菲利波夫娜命名日狂欢节式的一幕(坦诚的谈话,小丑加白痴的未婚夫,说亲,穷人变富翁,罗戈任狂欢节式的来临,把钱扔进火炉,等等),莫克雷的房间(切尔马什

---

① 参见《陀思妥耶夫斯基诗学问题》,《巴赫金全集》,第5卷,河北教育出版社,2009年,第1页。——译者

尼亚)。作为狂欢节特殊世界一角的每一个房间,都已不是当今的世界,是地球上外来的世界,它改变了一切人世的关系,改变了世上所有的人。陀思妥耶夫斯基作品中理想的狂欢性和狂欢功能(实现不了的东西有可能出现),《白夜》《地下室手记》主人公这类幻想家的理想。《白痴》的狂欢节、农神节性质,白痴和罗戈任在被杀女主人公的尸旁(甚至还有玩的纸牌这类细节)。按照狂欢节和农神节方式解决等级关系,是陀思妥耶夫斯基小说的一个基调。"推心置腹"的谈话和坦诚态度(包括下流的实话和感人的实话,包括忏悔式自白和自我揭露;《豆粒》中的"袒露";等等),都带有农神节的性质。陀思妥耶夫斯基作品对"真实"的一种特殊的农神节式的理解(真实有三个层面:等级倒置的社会层面,坦率揭露的层面,内心真诚的层面;个人与地位的真实;真实与高傲、假冒、外表的对立,如此等等)。相信奇迹,相信生活的意外改变,相信自己在生活中的地位(如地下室的人),相信奴隶能变成皇帝,相信下层能变为上层。陀思妥耶夫斯基的世界,是以一种特殊的农神节的方式,从普通的非节庆的日常生活规律中抽取出来的。以打破言语交际规律与规范的话语为追求的目标(通过自己的极端坦率,或下流,或真实,或深刻的揭露,或深刻的道理,等等)。这样的话语如骂语一样,能够打破言语和思想的等级局限,打破对深层发掘的禁忌。

《群魔》中的冒名顶替者——王子伊万。小丑国王的脱冕。

白春仁　译

果戈理之笑的历史传统
和民间渊源问题*①

1. 果戈理之笑的历史传统与民间渊源的问题
2. 专有名称的修辞问题(在史诗中与在长篇小说中)
3. 陀思妥耶夫斯基小说体裁类型的历史

一、先需说明果戈理之笑的特点。这不是狭窄的讽刺之笑。别林斯基和60年代名家想把他仅看作是一个纯粹的(狭窄的)讽刺家。他比讽刺作家要广要博,但自己搞糊涂了。早期是无目的的笑。与幽默混淆起来,幽默是善意之笑(如《外套》)。最近的西方来源:斯特恩、浪漫主义之笑(它的狂欢本源)、堂吉河德以及其他。俄国来源:纳列日内、科特良列弗斯基、民间节日之笑、广场滑稽之笑、宗教学校学生之笑、饮宴之笑。

民间节庆笑谑传统的三分支:(1)复活节之笑;(2)狂欢节之笑;(3)引人入胜之笑(学者之笑)。第一与第三分支是教堂及其周边的领域。它们具有国际性,与农神节相联系。这种笑的普遍性与两重性。笑同阴间幻象的特殊联系。笑与死的悠久联系,导致一种特殊体裁的创建——笑谑幻象的体裁。丧葬之笑的现象,在乌克兰并非是一

---

① 标题加"*"者,表示文章未最终完成。后同。——编者

种狭隘的体裁,而是笑的象征性扩展。笑谑幻象的零散片段(阴间的诅咒:到阴间被面疙瘩噎死)。好笑的鬼把戏(дьяблерий)。

描绘官司争讼的传统。

体裁的种种类型:"驴唇不对马嘴"①,фатрасы(不伦不类的凑律)②,笑谑的预卜;狂欢节饮食趣谈,笑谑的称谓,快活的谩骂,狂欢的混话,狂欢的反话;地名挖苦法。詈骂、斗架和殴打(并且以狂欢节的自由格调表现)。两面性的咒骂和两面性的夸赞(如伊万·伊万诺维奇与伊万·尼基福罗维奇夸奖人的风格)。对官腔(一切官方姿态)的嘲笑。视角原则上是非官方的。笑是观察世界的一种视角,它同任何的官方性质都是扞格不入的。失去了这样做的基础。果戈理的悲剧,部分原因就在这里。

二、只是在个人的创作中才开始出现杜撰的名字。专有名字用于打比方(但丁、拉伯雷等人),用于作修饰语,甚至用在隐喻之中。一种新的拟人化问题。话语中加强个人因素的手法。人名中的历史因素(不是指逻辑上的独一无二)。将人名改成绰号(以便不记混主人公)。但丁的《神曲》中没有杜撰的人名,情节在历史的世界中和现时的历史世界(当代现实)中展开。杜撰的名字,都是魔鬼的绰号。注释本小说和田园诗作品中的笔名。17至18世纪的寓意手法。同材料的关系(如传说,当时的历史现实——直露的或隐蔽的,虚构——个人特有的或具典型性的,等等),也决定着名字的性质。

人名中的共同因素,能用什么取代呢?人名中可能有隐喻的成分。围绕人名可以展开特别的隐喻手法。骂与赞易用在人名中,这时它们会给事物增添个性因素(使之人格化)。

可怖的东西与可笑的东西。它们两者的真实联系(笑是对恐怖的克服)和同时的相互对立。果戈理早期作品中的可怖因素(《可怕的

---

① 以成语代表一种语无伦次的谵语体裁。——译者
② 为凑韵脚和节奏将不相搭配的词语硬合在一起。——译者

公猪》《可怕的手》《流血的板都拉手》《可怕的复仇》等）。恐怖惊骇的锻炼。果戈理作品中可笑的骇人怪物。薄伽丘作品里的瘟病和笑。《索罗奇集市》里可笑的吓人事物。

维谢洛夫斯基论传统的形象和个人的创造。个人的影响和贯穿其中的不具名的传统，传统形象、情节、体裁的内在逻辑。作品任何时候都不是诞生在作者的头脑里，即使在写作它的时候，它也不是受诞生的其时其地所决定的。果戈理作品中这类千百年的传统形象，一直没人研究过。其重要的来源之一，就是一种特殊亲昵的语言层面，以及语言的姿势手段。果戈理作品里的怪诞躯体，它与古典的优美标准形成鲜明对照。有一整套亲昵而笑谑的形象和姿态形象，有亲昵爱抚的骂话和广场上的赞语。试图达到古典的形式却可悲地未能成功。

亲昵的话语和姿态（笑谑的和责骂的姿态）所追求的特殊目标（世界观照的目标）。这种话语所塑造的形象（两重性形象）具有怪诞的特色。绰号的问题。

首先阐明传统本身，然后分析果戈理相应的形象，最后说明与传统和渊源发生联系的可能的途径。

果戈理的笔记。对民间语汇（职业语汇等等）的兴趣，对民间譬喻的兴趣。所有这一切的基础，是对世界及躯体的怪诞的阐释。官方表现的虚伪性和古典形式的局限性。

白春仁　译

长篇小说理论问题　笑的理论问题

长篇小说理论问题

"讲述"和史诗的"歌颂"(英雄化、赞扬)这两个范畴本身有着深刻的区别。讲述这一范畴离不开自己的特有对象——事物、事件、主人公。讲述特有的一个重要因素,是粗俗化。民族历史上的英雄业绩,是不以讲述出之的。在讲述的故事中,一个重要因素是得了解些[？]什么,告诉一些新鲜事,没听说过的,出乎意料的,奇怪的,好笑的,等等。破坏了禁忌、规范、限制,犯了罪,出了错误——这些才是讲述的对象。

产生一个"主观性"范畴,扩大些说是"非主流性"①范畴,作为讲述故事中特别是长篇小说中艺术描绘的特有对象。(在简单的滑稽戏中)出错、没到位、没跳到、跳过了头等等,便是此类现象的最简单的表现。活动、行为、人、思想、愿望从必然性的和主流的系统中脱落出来。生活整个儿是个错误——这是欧洲长篇小说一个重要主题(不走运的一生);明显可见的例子,如福楼拜的《包法利夫人》、莫泊桑的《一生》等。从主流现实中脱离出来而屡犯错误的人——这个形象是一种特殊的形象,它揭示人的某种特别的独立性、孤单、主观的落落寡合、自主、特殊的自由(身处必然性之外)。与这种情况相似的,还有犯罪,对规范(道德法律规范和自然的规范)的任何破坏,亵渎,粗俗化,骇人

---

① 原文为"несущественность",指生活中非主要的方面,次要、支流的方面。——译者

的、反常的、罕见的、奇怪的事等等(试看这些范畴在16至17世纪数量巨大的短故事、笑话、典故汇集中的反映)。

散文(主要指长篇小说,而不是诗意的散文)产生于语言中非官方非正式(笑谑和亲昵)的层面;在这一层面上,主导的不是单一语调的形象、象征、隐喻,而是又夸又骂的绰号。这是不甚了然的领域,而不是必不可缺的领域。以并非现成的存在、没有完成的存在为目标,这个存在原则上就是非完成性质的。

如果在事件终结时一切原封未动,保持了原样或恢复到原样,如果我们继续留在或返回到我们心爱的世界,如果一切的结果都"照了我们的意思",那么生活在这一终结时的人会很惬意很舒适,可思索的人和观察的人(不是只知希望的人)在这里便无事可做了。要思索和观察,就得有剧烈的变更,得有世界的终了,是自己的那些熟稔世界的终了,是自己的道理的结局,是自己主张的公道的结果。

我们这文章里没有任何的哲学结论,没有任何的评价和倾向。我们的任务纯粹是历史的研究和历史的系统的研究。这就是破译和理解民间节庆形式与形象这个几乎无法囊括的巨大世界,而处于这一世界包围中的官方"文化的"小天地,拥有的只是模仿而来的单语调的完成了的价值。"我希望理解你,于是学你这晦暗的语言。"①为了理解,需要某种程度的假设性的"理智的好感";但不要把这解释为无条件的好感;这是研究工作中所要的一种启发性的好感,启发性的喜爱是理解他人语言、甚至可能是敌对语言的一个工具。

笑的理论问题

康德的定义:"期待突然以空无所得而化解,便引发出笑。"与这相近的是斯宾塞的看法:笑标志着努力归于空无所得。所有这些都是形

---

① 引自普希金的《夜不成寐而作》一诗。——原编者

51

式上的定义,此外它们还都忽略了笑中的欢乐、快活的因素,这种因素存在于一切生动和真诚的笑里。问题在于化解期待或努力的这个"空无所得"之"得",在笑看来是某种欢乐的、正面的、快活的事,能摆脱期待的恼人的严肃性、郑重其事和关系重大之感,能摆脱面临情势的严肃性和郑重性(一切原来全是瞎扯,不值一提)。笑的消极一端(因素)恰恰是反对期待,反对努力的;它们在笑看来先已就是官方的东西,无聊的东西,做作的东西。笑要消解这种努力和期待的严肃性,这是对严肃性的欢乐地摆脱(倘如努力或期待的严肃性是被正面肯定的,那么空无所得就不会引发出笑来)。此外,笑就它的本性来说就具有深刻的非官方性质;笑与任何的现实的官方严肃性相对立,从而造成亲昵的节庆人群。草人、木偶、机械——这些都是对严肃性的化解,是狂欢节上的"地狱",是奢望活下去的衰老。柏格森还忽视了一点:丑角翻筋斗、摔跤、打架的那个空间,小鬼跳踏板的空间,纸板舞人转动的空间,雪球越滚越大的空间,是测绘图上的空间;这里的上、下(及其他方位)都具有绝对的含义;要理解这些现象,就不能脱离它们所在的那个舞台、那个广场,不能脱离它们的身体坐标和宇宙坐标。柏格森的整个理论,只知道笑所具有的消极的一端。笑是改正的手段,可笑的东西是不应有的东西。真正喜剧性的(笑谑的)东西分析起来所以困难,原因在于否定的因素与肯定的因素在喜剧中不可分地融为一体,它们之间难以划出明显的界线。基本的思想是对的:生命讥笑死亡(没有生命的机制)。但有机的生命物质,在笑中是肯定的因素。

白春仁 译

附:论马雅可夫斯基

语言的选择(街头语)。语调问题(所有语调都显得虚假而不可行)。一种新的严肃性,新的激情和豪迈性。关于物的问题。街头语的成分,街头语的韵味和结构。叫喊的作用。在某些历史时期里,世上可笑之事变得异常多(怪物和巨妖,陈词滥调和胡说八道,空洞无物的笑谑形式,可笑的激昂,可笑的严肃正经,已无恐惧的恐吓,等等);真正的郑重的严肃性要摒弃一切现成的、已经定型的、一成不变的形式,为传统所肯定的、为感情所习惯的形式;它开始羞于使用这些形式,犹豫不决,从而寻找新的形式。严肃性于是举行大迁徙。在旧形式中不可能把严肃贯彻始终。同喜好的,也多少称意的美学、程式做斗争。将刚出现不久的事物化为形象(用枪取代剑,用电灯代替太阳)。问题整个在于时间的距离。把形象纳入人们交往的范围,用笑谑形式使世界变得亲昵。这样就可以深入其中,对其进行仔细解剖,翻出里来看。展示给人们,内里空洞无物。这源于罗马讽刺的历史。萨托耳诺斯节、凯旋仪式、丧葬活动中的笑谑。这里有哪些东西进入了官方文学。是文学的时间坐标的变化。与同时代人的对话。更接近将来而不是过去。话语要考虑对象,考虑自己的听众;这种考虑与考虑时间因素相结合。在一些伟大的时代里,文学话语要调正自己的时间坐标。取歌德的例子(《贱民》既有粗野的谩骂,又有温柔的低语)。

马雅可夫斯基的主要任务是将现实英雄化。这任务并不那么简单。它在文学史上曾多次被提出,但都没有完成。从定型的文学传统来看,这是一个十分荒谬的任务。所以,若不想背离这个文学传统,完成这一任务的方式也只能是荒谬的:将现在附于过去,让现在披上英勇过去的外衣,将其拔高至过去的水平,达到父辈祖辈的荣光(《伊戈尔远征记》)。但这种英雄化要求从现实中一切具体的和特殊的东西中抽象出来。把过去加以英雄化,要在未来的范畴内进行;那样现实生活中的一棵小草、最不起眼的日常生活的一个细节,都可以被英雄化。不过这个未来必须是第一次被客观地感受到、看到的;应该可以用双手触摸到这必将到来的未来。乌托邦的、抽象的、理念规范的未来是不适合于此的。这个未来又不能是英雄过去的直接继续。只是在我们这里,这才成为可能。为了以未来的观点把握现实,必须彻底地义无反顾地同过去绝交(这绝交不是个人主义的、无政府主义的和散漫无序的,而是有客观历史根据的)。未来派如何理解未来(现在)。未来派中一条正确的路线(赫列伯尼科夫)。应当在现实中探索未来,先是没有发言权的街头市井,然后成为有组织的阶级。在长诗《列宁》中展示了这个未来是如何诞生的。当未来取得了彻底的胜利,才可能把未来同过去的英勇传统结合起来(也出现了选择的可能)。第一个步骤是同过去决裂,同现实中属于过去的现象决裂(庸俗、市侩、资产阶级社会),所依靠的是市井民众。惠特曼将现实英雄化的尝试。(1)马雅可夫斯基和时间。(2)马雅可夫斯基和语言(语言的选择)。(3)语调和韵律的选择。(4)对听众的把握。(5)马雅可夫斯基和我们今天。关于马雅可夫斯基和时间。首先指出马雅可夫斯基诗作中时间主题的重要性,他那一贯的时间感,引用一些他关于时间的诗句;《如何作诗》一文中关于时间距离的论述。然后再深入地提出问题,并作历史的回顾。

面向同时代人并与之对话,这在一切时代都决定了语调的选择(双重语调)和语言的选择。世界的亲昵化。"我们就是光荣,因为我们都是自己人。"[①]直至创作结束之时,马雅可夫斯基作品的豪迈之中都带有亲昵色彩。"滑腻腻的大理石雕像"[②]等等。在马雅可夫斯基早期长诗中世界的亲昵化。粗俗的街头形象(《排水管道般的长笛》),躯体下身的形象,辱骂的话,私人圈中具体的人,名字,名称(地址)(这样直到最后)。宇宙规模上的亲昵化。要做到这一点必须使自身膨胀(宏大狂)到宇宙的规模(一如浪漫主义的亲昵化)。躯体和一切心身活动都是宇宙规模的。从自身中跳出和爬出的形象(心中冒

[①] 马雅可夫斯基长诗《放开喉咙歌唱》中的诗句,套用民谚,有显著的亲昵语气。——译者

[②] 引述不确。原文为"呸!去吧,千斤重的青铜,滑腻腻的大理石,去吧,呸!"见《放开喉咙歌唱》一诗。——原编者

火的形象,布尔柳克从眼睛里爬出)①——这是再现古代荒诞的手法(还有将身体和物体融为一体,抹去它们之间的界限)。后来这个宇宙之"我"和从自身爬出之我,如何变成阶级的代表,并与阶级相融合(《放开喉咙歌唱》——这体现了社会主义的群众性的无名创作)。无所不在的宇宙性的列宁形象。

"叫喊"(крик)的演变史。在过去任何一个时代,作为语调基础的街头叫喊(15、16世纪的讽刺闹剧,拉伯雷、梅尼普讽刺等),都没能上升到豪迈的口号式呼喊的高度(尽管有中世纪节庆活动叫喊的影响)。

与上帝的对话以及《穿裤子的云》的宇宙性结尾。这种宇宙见解的特殊性。

马雅可夫斯基对爱情的描绘和表达。

马雅可夫斯基与庸俗的现代主义的区别。毫不羞涩地宣称自己是天才,这是他的亲昵化的一个特点。他还未能从乱世的散文化双重语调升华到崭新的诗化的单一语调。在这一发展过程中,广告(历史、巴黎的呼喊)和讽刺之窗所占的地位。马雅可夫斯基的倾向性,在于他对未来的向往。论语调一章讲新的严肃性及其特点的问题。那些时代最重要的历史任务之一,是缩小散文和诗这两者的距离,弥合它们之间过分的脱节(但保留它们各自的特性)。这之前是散文诗化的时期(象征主义)。马雅可夫斯基是把诗歌散文化(从最基本的诗歌词汇来看,他的诗充斥着"散文化的因素")。他使诗歌小说化。与小说发展史的关系。由此产生诗语的新特点(韵律特点、分行、新式韵脚和诗节等)。词汇演变的万花筒——几百年间现实的词汇遴选,诗语等级的建立;马雅可夫斯基全面打破而重新选择,建立新的等级。抽象的思想和未来都使他产生倾向性,但这是不同的倾向性。

概论文学中的时间问题。时间的完整性。在时间不完整的情况

---

① 马雅可夫斯基长诗《穿裤子的云》中的形象。——原编者

下形象发生特殊的变形。要善于看到时间。

毫不羞愧的自吹自擂(现代派已是如此。布留索夫、巴尔蒙特)。故意破坏通行的谦逊准则,向通行的规范挑战。使自我意识摆脱通约的樊笼,显示自己之我不受制于社会公认的礼貌表达,显示一切极不谦虚的觊觎。在过去的《纪念碑》主题的诗中,这种高傲的自我意识和自我夸耀采用的是传统的、崇高的形式。此处这种自我夸耀被亲昵化,并加上了街头市井的语调,同广场广告的语调结合到一起。古希腊罗马时期自我夸耀的历史(普卢塔克等)。自传性自我意识的语调问题及这一语调的历史。诗人自我意识的历史在马雅可夫斯基这里得到了一个有趣的完成。在以《纪念碑》为主题的诗中,对敌人和对后辈都是采取这种典型的态度。自己认识自己的历史发展。自我认识和爱慕者的倾诉,是抒情诗的基本主题。马雅可夫斯基是如何改变这一主题的。同诗歌老传统中爱情的多愁善感相争辩。恋爱之我、恋情感受、爱恋对象之描绘。在他早期的长诗中,这种描绘具有宇宙和街巷的性质。爱情的语言。马雅可夫斯基如何表达温柔。抒情的真诚性问题。诗人自我意识的发展史——从《马雅可夫斯基千古》[①]到《放开喉咙歌唱》中无名的功勋。从一开始他就力图以自己的声音代表成千上万人的声音,以自己之我代表成千上万人之我;无言街巷的声音,我心中的世界……给马雅可夫斯基早期的宇宙主义概括出一个说法,与惠特曼的宇宙主义作一对比。代表众人并面向众人讲话的天才,而不是代表精英并面向精英讲话的天才。由此天才之孤独又有了新解。不是所有的民众(die Menge),而是精英在嘲笑。这是身处周围少数有自己声音的人们之中的孤独,大众的声音暂时听不到。

对物质的东西采取新态度;物和物质生活的轰响成为韵律。叫喊作为一种新诗歌语调的基础。叫喊的诗学及其历史(从中世纪讽刺剧到惠特曼)。叫喊同"悄语""低吟""抑扬格和扬抑格""曼陀铃琴音"等的对立(从马雅可夫斯基诗篇中选出以前诗歌使用过的所有定语和

---

① 马雅可夫斯基长诗《人》中一章的标题。——原编者

修饰语)。现代派诗人大言不惭的自我意识。混合体(身与物混合,从诗篇中摘出例证)和零散肢体(肚子、耳朵、腿等。从诗篇中摘出例证)的荒诞形象的出现历史。古典的封闭躯体的瓦解。一个阶级的历史群体之躯,以荒诞躯体(最初是街头和广场无序的混乱)的形式组织起来。这是荒诞历史上最重要的一页。马雅可夫斯基的形象体系初看上去很像是15和16世纪图案装饰中的"丑陋可怕的风格"(混合体)。对斋节和谢肉节之争的描绘。勃鲁盖尔的画。各躯体之间以及身体和物体之间旧有的界限被打破。世界显出了新面貌。但后来混乱逐渐组织井然,形成新的界限。完成了的单个躯体和单个物品只能在非常有限的空间内生活和运作,只能有房间大的小世界。它们不可能出现在宇宙的或世界的规模上。写为数不多的一组历史性人物。时间距离和空间距离都是中等的。写历史各时代和民众,则要求另一种距离,非常远的距离和非常近的距离,但绝非是中等的距离、房间般大小的距离(观察者只处在房间四壁之内而不是越出)。诗人处在什么样的距离(空间的和时间的)上。他如何迅速而经常地改变这个距离,被描绘物是怎样的规模(空间的和时间的规模)。马雅可夫斯基精通这一类问题(参看《如何作诗》)。在这方面要深入讨论夸张和最高级的问题。在文学中出现最多的是中等的数目和中等的量度。表现历史不是通过少数的(房间里的)历史人物,而是通过历史的巨大的群众性——在众多大陆、国家、人和物的混合中。列宁在斯莫尔尼宫的走廊上出现,转瞬就又到了各个集体中,在不同物体和空间中。任务在于为描绘找到一个可视的、形象的、历史的空间,这个空间具有新的规模,物与人的关系有新的配置。正是在这个新的描绘空间中安排了列宁墓的形象。"四级台阶化成了无底深渊,这道鸿沟划断了千年万载的奴隶世纪……鸿沟边上停着列宁的灵柩,再往前去——公社正从整个地平线上升起。"[①]也是在这样的空间中塑造出来下面的形象:

[①] 见马雅可夫斯基长诗《列宁》,译文选自《马雅可夫斯基诗选》,上海译文出版社,1981年。——译者

"从遥远的未来回顾这些年头,人们看见的首先是列宁的头——这是从千万年的奴隶制度通向公社时代的一座光芒万丈的巍峨关口。"[1]在这形象中又找到了时间和空间全新的组合方式,一种新型的时空体。这四级台阶和巍峨关口同时既是空间的,又是时间的,既很明显是现实的,又是虚幻的,此处的秘密在于时间与空间不可分割的融合以及用时间最大限度地充塞空间(同但丁式的世界图景对比,同但丁式的空间对比)。这种新的时空特性和时空规模的剧烈变化,导致形象的惯常的时空逻辑受到破坏,形象之间似乎互不联系。(探索历史空间的几个阶段,梅尼普讽刺,但丁,莎士比亚,伏尔泰的《小梅卡斯》等)夸张的作用。塑造威尔逊[2]形象的方法。战术和战略。战术只管目所能及的与敌人的战斗,它仅有战地望远镜所能达到的最大的现实视野。其时间视野也受到战斗时间的限制。而战略和战争政治却不受时间限制,在空间上也是望不到边的。老派的战图画家只能描绘出战争中的战术因素,只是战术任务的解决情况,而战争的战略图(更不必说政治图景了)只能以虚拟、象征方式表现在地图上;战略图无法容纳在现实的、共时的视野之内。必须找到一种新的、不同寻常的视野,它同时既是历史的又是形象的。历史活动家传记的旧边界也瓦解了:传记早从人出生以前很久的年代就开始写起(如《列宁》)。这里没有旧式的场景(战术)和总体概述(战略)的相互交替,如托尔斯泰那样;也没有电影中近景和远景的交替;这里一切都融合在一个新的、统一的层面上,新的、统一的视野之内。从同一视点、同一距离、同一个新获的观察站一下子把总体概貌和具体场景融会一起。诗人在何处找到了这一视点呢?他的位置在哪里?他从何处进行观察?与此紧密交织在一起的,就是语调问题和读者问题。他早期长诗中夸张的踏遍世界之"我",就已经为此作了准备。从最早的诗作开始,描绘范围就

---

[1] 见马雅可夫斯基长诗《列宁》,译文选自《马雅可夫斯基诗选》,上海译文出版社,1981年。——译者

[2] 马雅可夫斯基长诗《一亿五千万》中的形象。——原编者

逐渐扩大(肉冻和海洋,排水管道般的长笛等);物体开始长大(或者[?]扑灭心中之火)。从这种新的立场出发,不可能是轻言细语,只能呐喊。其中的一个阶段,是把城市作为一个整体来描绘,描绘街道、广场,街道如何汇入广场(鸟瞰法)。是真正的地球,而不是虚设的地球仪。以躯体化作为新的手法达到总体概述和融合不同方面。荒诞的躯体和民间文学的特殊视野,帮助诗人找到了历史的空间和新的距离。党(这是全新的历史产物)的具体而可睹的形象,只有在这种新的历史空间中才得以表现出来(党的领袖形象也是如此)。阐发了"无产阶级"这个词的巨大意义。巨大获得了颂诗式的激情。但在这个充满巨大氛围的世界中,诗人却是亲昵的,正像遍布这个世界的群众是亲昵的一样。在这个胜利前进的历史性世界上,诗人感到自身是自己人。所以颂诗是双调的,豪迈里有亲昵。

他要展现的不是日常生活的现实(如批判现实主义所做的),也不是超历史的(甚至反历史的)现实,而正是历史性的现实,是现实造就的、而非过去造就的真正历史。他的展现是通过亲昵的同代人这种真正的主人公,不加引号的当代主人公。对于过去,他则有意破除距离,故意取亲昵态度,[1 词不清]把过去当作现在来接受,放在亲昵的交往环境中[2 词不清]。

韵脚的双关性质。对马雅可夫斯基来说,韵脚的双关极为典型。一般说来,任何语音的特点,辅音重复、元音重复、重叠的特点,都不是为的音乐性(抒情性),而是为了特殊的双关性。这种韵脚的特点及功用何在? 绰号的理论。在声音形象中唤醒或者臆造词源学上的含义,要直接联系事物来理解声音。这一韵脚使词语凸现出来,并将词语物质化(如同隐喻得以实现)。它又使各不相关的现象互相靠近,它破坏了诗语的等级关系,这是一种屈身俯就的韵脚。它与粗鲁的外号十分接近,它使世界亲昵化。民谣和民谣韵脚的理论(民谣的现实效应)。这种韵脚既是由马雅可夫斯基的语调决定的,也是由其特殊的形象结构决定的。马雅可夫斯基诗作中 орать(叫喊)这一动词的作用。

在资产阶级现实主义中,大小和远近之间都取中间量。在同浪漫主义的斗争中,这一现实主义甚至将这个中间压缩成小(主人公都是小人物)。早有感伤主义就为我们带来了崇尚中和小、崇尚居室规模的情致。把现实自然理解为某种中等和弱小的东西(视之为正常),而对一切巨大的、庞然的东西不很信任,好像是非现实的、凭空幻想的、虚妄的、言过其实的、不能实现的东西。在卑微的现实主义中,这种对现实和真实的认识,开始接近于庸俗市侩对一切庞大、超常(大人格、大思想、大事件)的不信任和仇视(甚至与之合流)。袖珍性、轻便性和室内性成了正面的修饰语,这不仅是对物而言(如袖珍版和便览手册,室内钢琴),而且也指现实的生活(袖珍的思想等)。

"挤电车的日常俗规"(卢戈夫斯科依①),"世俗的图景"(马雅可夫斯基诗句)。不信任重大的事件和变革(清醒而务实的思维不承认它们)。这当然不是严肃的现实主义对现实里中等和微小事物的认真关注(因为世界和历史中的这种中间状态应该得到理解和研究)。这是一种低下庸俗的情绪,未来派和青年马雅可夫斯基不得不与之斗争。

无论这有多么奇怪,赫尔德(在他《人类历史哲学的思索》一书开头几章里)十分系统地提出了中量理论,作为地球上一切度量和评价的基础:地球和太阳之间的中等距离,地球和其他星体比较的中等体积,地球的中等温度,处于温带;地球在宇宙空间内仿佛是某种特别适中而不倚大倚小的东西,因此只有地球才能成为生命和文化的舞台;生命和文化只能在适中的环境下才能存在。战前时期俄国社会便预感到庞然大物的降临——事件、变革、宇宙性、世界性和其他的灾难。象征派、颓废派、梅列日科夫斯基及其他一些人神秘的和革命的歇斯底里。未来派、赫列伯尼科夫和马雅可夫斯基的立场(拉伯雷同世界末日论、对待灾难的悲观态度进行斗争——灾难是令人快活的,可使世界更新)。马雅可夫斯基一起步立刻就从中等、微小和适度的领域

---

① 卢戈夫斯科依(1901—1957),苏联诗人。诗句引自《时间的厨房》。——译者

走出来,进入这庞然大物的领域。他亲昵地跨入这个大的世界,十分自信,俨然是"自己的弟兄"一般,毫无恐惧,也不谦恭,更无虔敬(庞大者乃是大众,是市井,而不是过去的大博物馆、大教堂和神秘之事)。

　　快乐的英雄及其历史。讽刺剧、民间节日和狂欢节中欢乐的巨怪,拉伯雷笔下快乐的勇士。俄罗斯民间传说和童话中的快乐勇士。童话是庞然大物的领域,是世界规模的东西(夸张、幻想、主人公的宇宙性形象:太阳、星斗、风、天空);而童话作者在这巨大的领域中却感觉像在家里一样自如(他同太阳、天空、海洋都十分亲昵,不拘礼节);庞然大物在这里也十分亲昵快乐。果戈理作品中的快乐的英雄的故事(果戈理的夸张,他尝试进入庞大的宇宙世界)。波米亚洛夫斯基①描绘的快乐的英雄。这种英雄气概来自民间文学以及特殊的宗教学校的风尚。这宗教学校的风尚又分为两支:一是东正教的、古希腊的支脉,上溯至拜占庭,而后是希腊、讽刺剧、滑稽的赫拉克勒斯②;另一支向西,经过基辅、白俄罗斯、立陶宛和波兰上溯至中世纪的哥特式现实主义,并由此连接罗马的农神节。可怕的回忆和可怕的预感,是世界文学中神话的、形象的和语调的产生基础。[2—3 词不清]民间节日的众多形象,能从世界文学的形象中,从人类共有的语调中,摄取组织笑谑材料以驱赶可怕的记忆和可怕的预感。将庞然大物引入另一个领域,为它找到另一种语调。感觉到自己是大人物,同一切巨大之物如出一辙。如拉伯雷那样将世界带入可乐的层面(尿、粪便……)(联系马雅可夫斯基的诗句,可发挥一下停顿理论。意外惊喜的停顿,有欺骗性而令人扫兴的停顿,中心的停顿,期待而不至的停顿,等等)。庞然大物并不是静止的、永恒的、永远不变的巨物,这是不断形成的、历史地发展的、不断成长的巨物。应当找到描述表现这种巨物的具体历史空间。应该在新的规模和度量中重建诗的形象。最初的夸张是抽象的、在某种程度上是静止的;语调的亲昵性同某种悲剧、甚至末日

---

① 波米亚洛夫斯基(1835—1863),俄国作家。——译者
② 赫拉克勒斯,希腊神话中的英雄,力大无穷,建树许多功勋。——译者

感的因素结合在一起。所用的种种形象都取自恐惧的领域(如眼泪和巨大泪珠等)。以传统面貌出现的巨物,会陷入阴郁的语调中,陷入记忆、预感之中。应驱走回忆,只要一个现实,照亮这现实的不是预感,而是客观的必然的未来,是马列主义科学的预见(威尔逊和伊万[①]形象的童话色彩)。

在庞然大物的领域中重建形象的规模及其结构。各种人的群体。必须同现实的视野决裂,因为那里的物体只能联结在同一时间的观察范围里。要打破这种视野的局限性。事实上的立场和视点(也包括童话式的)仅处于次要的地位。问题不在于情节上能否说得通,问题在于形象应具有生活的真实性和艺术的真实性,在于形象具体的完整性、可视性、鲜明性,总之,在于形象的现实主义。必须使超越了普通视野的形象绘出世界的图景,而不是世界的地图。必须使处于这个扩大的视野之中的物体真实可信地互相接触,互相关联,要建立生动的(而不是僵硬拼凑的)各种人和物的群体。在巨物的新形象里时间的充分性。是街巷和民间童话赋予了这一新的巨物以最初的语言。激情的天才和浪漫主义者的自命不凡(genialische Treiben)。他们的创造性的自我意识的特点。与未来派及马雅可夫斯基对比。

"我们用列车嘶哑地大声吼叫……"和"我飞驰在山谷间,汽笛哑声鸣叫"[②]。这里人和物之间重新划了界。老派诗人非常严格地区分开自己和物:是火车在吼叫,而不是我。我只限于自身,而轰鸣的列车是我的环境、我的印象,我不同它一起吼叫,我只是听见它的叫声,而且这种叫声可能融入我的感受,可能成为我的体验的伴奏,但仍是作为物——列车的吼叫,而不是我的借助于列车的吼叫,在我和吼叫的列车之间有一条(不可逾越的)鸿沟。我同物保有距离,我不觉得自己是物的活动的负责的参加者。实际上,当然是乘车之人以列车发出吼叫。因为如果我们乘列车飞驰,我们也就是以列车发出吼叫,这不是

---

① 马雅可夫斯基长诗《一亿五千万》中俄罗斯形象的化身。——译者
② 马雅可夫斯基诗作《给我们的青年》中的诗句。——译者

我们的环境,这是我们自身,是被技术拓宽和延伸了的自身,人的边缘还要远扩,要超越火车。人和火车的有机融合,是靠将机器躯体化的隐喻——"吼叫"和"嘶哑"来实现的。这种转移边界、扩展人身(物质上的扩大)的形象,只有在下述条件下才能成为艺术上令人信服的形象;这种条件就是:人本身不再是封闭的、不再是完成了的以自我为中心的内心小世界,只能感受和观察的小世界;人应躯体化,不脱离集体,非常积极,加入到人和物的运动和工作中去。与此同时,物也要躯体化。人和物的相互关系于是发生变化:物体和世界不是处在人的对面,而是和人并立,他不是处于世界之中,而是与世界并立,在并立中依靠世界实现运动和生活。这是处于巨大的宇宙性和历史性背景上的新关系。人不是从内心接近物,而是在外在的物质的接触中与物交会起来。这些庞大的规模首先是物质的,其差距不是用抽象的思想和抽象的感情可以弥补的。它们始终是物质的。

马雅可夫斯基和凡尔哈伦[①]。凡尔哈伦的传统,经德·科斯特[②]而追溯至阿里德贡特[③]和拉伯雷。马雅可夫斯基作品中的圣经形象。

塞尚和抽象绘画。打破物体之间的旧有界限,打破单一的物体的完成性,是一个中心的问题。单一而受到局限的小物体,不能成为作品的主导因素和不可分割的部分。需要找到某种完整而统一的东西(具体的、形象的东西),但它应超出单一物体的范围。

提喻及其新用法的问题。局部脱离整体,以求建立更高层次的新整体(打破对旧有的完成了的和现成的整体,不应该自成目的)。"以美进行诽谤"——以美学进行揭露。美和完成性。形成过程是否能是美的。美、完成性和向过去的归属。旧与新的斗争。开始形成具有新边界的新整体;解体中的旧物和未成型的新物。但从这双躯体、双语调的混乱中,可以达到新的豪迈。这新旧之争在世界文学史和民间文

[①] 凡尔哈伦(1855—1916),比利时法语诗人、戏剧家。——译者
[②] 德·科斯特(1827—1879),比利时法语作家。——译者
[③] 阿里德贡特(1540—1598),荷兰作家、政治活动家。——译者

学史上，创造出了整整一系列的形象。

"然而灵魂在哪儿?！这其实——只是句漂亮话!"作者的"灵魂"确需改变。这种改造的原则。抒情主体和史诗主体都需要改造。如仍保留封闭的个性，他只能是个视野局限的主体，而仅同个别的、完成了的事物相对立，他不能靠自己把分散在空间和时间中的巨大生活事件联结起来;在庞然大物的领域里他无所作为。从荒诞到豪迈。在旧事物压制新事物的"粗暴"的历史中，这种抒情的灵魂只能站在完成了的和习以为常的旧事物一边。

黄　玫　译

演讲体以其某种虚假性 *

演讲体以其某种虚假性,恰是力图唤起人们的恐惧或希望。这是演讲语言的本质所在(古希腊罗马的演讲也强调了这样的效果)。艺术(真正的艺术)和认识却相反,它们要尽量使人们摆脱这些情感。同是要达到这个目的,悲剧和笑谑都能使人摆脱这些情感,但走了不同的路。①

夸赞和詈骂的融合,是一种高度的艺术客观性(这是一个整体的声音)。

波里比阿笔下描写的让死者会见祖先的祭祀活动。史诗形象的构成要素;要追溯过去,因为那里是价值的中心。

史诗把全部价值都纳入到对遥远的过去的叙述中;按照史诗的观点,任何的未来(子孙后代,同时代人)都只能是衰败("是啊,我们那个时代有过好样的……是英雄,而不是你辈……")。

---

① 与此相关,作者于1941年3月在高尔基文学研究所作报告时还讲了下面一段话:"悲剧也好,笑谑也好,都同样汲取人类最古老的经验,世界性更迭和灾难(历史和宇宙的)的经验,人类的记忆和预感;这些都积淀在人类基本的神话、语言、形象、姿态之中,悲剧尤其是笑谑,极力要从其中驱走恐惧,但它们走着不同的路。囿于封闭的个人圈子里的悲剧,具有庄重的勇气。笑谑则以欢乐和詈骂应付变化。无论是悲剧还是笑谑,都同样不理会不接受道德和乐观,不需要任何现成材料上的匆忙而蹩脚的和谐(而能促成和谐的主要的东西现在尚无),不需要抽象的理想和升华。悲剧和笑谑同样无畏地面对存在,不抱任何幻想,清醒而且严厉。"(摘自巴赫金文稿)——原编者

史诗把一切美好的事物都纳入自己描绘的范围之内；长篇小说却恰恰把一切美好的东西摒于所描绘的世界之外，而放在未来；在所描绘的世界里只有对这个未来的需求和渴盼。

每件东西都有两个名称——崇高的名称和粗俗的名称。绰号。《叶甫盖尼·奥涅金》中的两种名称：塔吉雅娜，拉林家庄园里农妇们具有感伤色彩的名字。世界的两个称呼，同一个世界用两种不同的语言来说明。

《叶甫盖尼·奥涅金》的第一章。体裁分析的尝试（作为文章的附录）。要给事物或人取第二个名称，需到杂语的狎昵层面中去寻找。

对话问题。时间在对话中的作用。不同时代之间的争论。

传统和象征（在陀思妥耶夫斯基的作品中），有意识地将它们用于当代的现实上。这可能是一个体系，也可能是一种偶然性和牵强附会，就像拿破仑的太阳说。任何材料里都可以找到类似的情形。

这里的基础，是早期小说对禁忌的破除（亵渎）。坦率，自我暴露和辱骂。这不是一般的生活进程，而是相信有奇迹，相信能彻底打破这一生活进程。事件发生在取自普通生活进程、取自普通生活空间的一些时空点上。在一些奇特的时空点上，在地狱的、天堂的（安详、幸福、颂扬）和炼狱的时空点上。陀思妥耶夫斯基笔下的事件是怎样的场景呢？要探究场景的传统组织方式。古希腊罗马的悲剧或喜剧的舞台场景、宗教神秘剧的舞台场景、杂技马戏场景、寺院场景、滑稽舞台戏场景等的组织形式（按地点不同划分）。陀思妥耶夫斯基不善于利用大段的时间（传记时间和历史时间）；他没有写成传记小说，把他所有的小说都加在一起，也得不出一部传记小说，得不出一部世家小说，得不出一部概括时代的小说。用那些奇特的、危机的、地狱的时空点，永远也形不成传记线索或成长史线索。通常情况下场景都是普通生活过程的浓缩体，是生活时间进程的凝聚点；而在陀思妥耶夫斯基的作品中，这些散点从时间中脱落出来，配置在时间的中断或停顿处。一个人死去，同时从自身中产生出另一个完全不同的新人，和自己没有继承关系。如果把小说继续写下去,那将是关于另一个名字的另一个主人公的另一篇小说。梦和梦幻讽刺①(梅尼普讽刺的一个变体)。

强烈拒绝接受自己在生活中所处的位置,成为生活的一个前提条件,即使这个位置只作为上升的一个起点,也不被接受。主人公没有家庭,没有社会地位,无本无根。

外部的视点,其超视性和边界。从自身内部看自己的视点。在哪些方面这两种视点不相一致,不能互相融合。事件正是在这不相吻合的点上展开,而不是在一致的地方(即不管是外部或内部的视点)。在自我意识的过程中,"我"和"他人"永无休止地互相争论。

果戈理作品中体现的对世界的责任感和负罪感。写可怕的报复所用的绝顶怪诞的手法。果戈理作品中自白自传的成分。其中的说教成分。

在认知中和艺术形式中的强制因素。与强制成正比的虚假因素。话语可以恐吓人,可以承诺,可以使人产生希望,可以赞扬和辱骂(夸赞和辱骂相结合,可克服虚假)。主宰者的自述。客观认识中的强制因素。认识的一个前提,是先要视对象为死物,而认识的目的是要驯服世界(把世界变为掌握消化的客体)。艺术形象的这种强制力表现在:回避对象的未来,把对象全部写尽从而使它完全失去开放性的未来,充分写尽它的内外边界,使其不能再越出边界一步;对象整个儿全在于此,此外别无他的存在。既然对象全部于此、完全于此,它当然就是死物,可以被全部消化;它从未完成的生活中抽取出来,成为可以利用的对象;它不再是生活事件的独立参与者而与我们一道前进,它已讲出了最后的话;它身上不再有内在的开放的核心,不再有内在的无

---

① 作者40年代的笔记中,有一段话详细论述了梦(以及幻想)在小说和史诗中的作用:"梦从来不使史诗主人公和悲剧主人公走出他们命运的圈子(到另一个生活中去)。他们只能看到预言式的梦境,预言自己命运的梦境。在长篇小说中幻想和梦开始起到重大的作用,而且恰是走到另一个生活中去。幻想和梦的这种作用,在陀思妥耶夫斯基的小说类型中尤其重要。这一作用最早出现于梅尼普讽刺以及相近的体裁中。"(摘自巴赫金文稿)——原编者

限性。它被人们拒之于自由之外，认识行为力图全面包围它，割断它和未完成性的联系，因而也割断它和自由、未来时间以及未来意义的联系，割断它与自身的未完成性和内在真理的联系。艺术形象也是这样做的，艺术形象不是为对象自身（而是为艺术形象自己）才再现对象并使之永存。但这只是问题的一个方面；对象还从外部被规定应该是什么样的，它被剥夺了自由决定自身的权力，它是被决定的并为这个决定所制约。在艺术形象身上，这种强制性和恐惧、恫吓有机地结合在一起。说话人（创作者）是严肃的，他从来不笑。严肃当中暗含着要求、威胁和高压。你要成为你应该是的样子（从外部强加的应分）。当今之日永远威胁着一切企图超越今日的东西，因为这样做不合时宜，不需要，不符合任务……最不合时宜的东西往往是最自由的，最真实的，最无私的。当今之日不可能不撒谎。当今之日的铁与血越多，它就越鲜明地凝固在世世代代中成为令人窒息的历史重负。"今天"（当它强施暴力时）总是把自己打扮成未来的仆人，但这个未来是延续今天的未来，是承袭了压迫的未来，而不是通向自由的未来，不是更新的未来，应该让对象的内在自由和对象本身的无限性出来讲话。人们认识的，是世界中的必然性因素，亦即已经没有自由而可被利用、消费的东西，纯粹服务性的东西。这一立场在没有越出自己的界限、没有成为对生命的强制时，应该说是正确的。只有对所写的对象抱着珍爱的态度才能看见并描绘出对象内心的自由。这个态度还是严肃的，但已有了笑的苗头。这是一种不停地战胜严肃性、舒展开满脸严肃表情、克服威胁语气的笑和喜悦。只有喜爱你所描绘的对象，才能看见他身上绝对的非实用性；是这种珍爱才使他完全处于你的身外，和你并排（或者在你后面）。对描绘对象的珍爱之情温暖着维护着他的边界；边界于是获得新的意义。这种珍爱不会背着对象谈对象，而是和对象一起谈论对象。强制性话语要求有缺席或缄默的对象，这个对象既听不见也不作应答；这种强制话语不指向对象，也无须求得对象的同意，它是背靠背的。论说对象的话语内容，和对象自己眼中的自身内容从来都不是相符的。话语给对象所作的界定,是对象从内心从未同意过而且原则上也无法同意的。这种强制性话语(以及谎言),同创作者的众多个人动机结合在一起,而这些个人动机要破坏话语的纯正;例如渴望成功、影响、称赞(不是对话语的称赞,而是对作家其人),企图成为压制和支配的力量。话语总希望从外部给对象施加影响,从外部界定对象。信念本身就包含着外部压力的因素。世界总好闭关自守,需要来自外部、来自其他世界的源源不断的清流。

人类迄今说出的话语,还异常天真;而说话者还是孩童,是好虚荣、极自信、多期盼的孩子。话语不知道它要服务于谁,它从混沌中来,不知自己的根在何处。话语的严肃同恐惧、强制联系在一起。真正善良、无私、富有爱心的人还没有说话,他只在日常生活领域中实现自己,他不接触被强制和虚假污染了的有序话语,他不当作家。既然作家富有善心和爱心,善与爱便赋予话语以讥讽、缺乏自信、羞涩(羞于严肃)等特点。话语比人更有力,人处在话语的控制下难有责任感;他感到自己是他人真理的代言人,处于他人真理的高度控制之下。他也感觉不到自己同真理的这种控制力有什么亲情。真理中有着冷漠和疏远的成分。善和爱、柔情和喜悦的因素只能偷偷地潜入其中。温暖人心的真理还从未有过,有的只是温暖人心的谎言。创作过程向来就是真理强制心灵的过程。真理还从未跟人有过亲缘,从未自人的内心产生,而只能从外部产生;真理总是一种控制。真理是一种启示的,却不是直言不讳的;它总要隐瞒些什么,给自己戴上神秘的面纱,因之也带了强制性。真理战胜了人,它是一种强制力,与人之间没有血缘亲情。这是谁之过呢,是真理的过错还是人的过错。人与讲自己的真理相遇一起,这真理便如同终结人生命的一种力量。赐予总是来自外部。

对象本身并不参与自己的形象塑造。在对象本身看来,形象或者是来自外部的损害,或者是来自外部的赐予;这种赠予是毫无来由的伪善谄媚的礼物。称颂的形象与对象讲自己的谎言相结合,形象一方面有所隐匿,一方面又有所夸张。形象原则上是背靠背的产物。形象将对象封闭起来,因此忽视对象有变成另一人的可能性。在形象里不会有对象声音和说话者讲对象的声音两者相遇,不会有两者的结合。对象想要超越自身,相信自己会奇迹般改变。形象迫使对象等同于他自身,进入完成和实有的境地而无望发展。形象要充分利用其外位的优势。对象的后脑、双耳和脊背在形象那里占据着首要地位。所有这些都是边缘。形象中尚存奇幻的一面。形象中有强制性的残余。更新含义的任务。通过含义和珍爱实现非物质化。

立足于对象的不灭性,而不是对象的可灭性。或者是纯粹的自我表白,纯粹的自我封闭,没有来自外部的观点,只有一个声音,自言自语或者是独白祷告。纯粹自我表白的孤独声音,与背靠背产生的形象,两者从来不会相遇(没有相遇的场合),要么便幼稚地混杂到一起(在镜子里自我观照)。人一方面具有无限的内在价值,另一方面他在别人眼中的外在形象却又是渺小而封闭的。两方面平均起来,便是自我的微小形象。把自己装进他人背地塑造的自己形象中,在其中消除自己自我意识拥有的价值无限性,结束自己的生命而成为被掌握和利用的对象。与这一内在的无限性相适应的珍爱态度,对珍爱态度的信任。实证科学构建的,是背地里的世界形象(盖棺论定的形象),并想把正在成长中的生活和含义封闭于其中。在背地里构建的世界形象中,没有世界本身的声音,也没有他的说话的脸,只有后背和后脑。要探索可以让"我"和"他人"相遇的新场合,建构人的形象的新场合。不可忽视形象的历史以及形象的历史性。

相信能在至高无上的他人身上如实地反映出自己,上帝同时既在我心中又在我身外。我内在的无限性和未完成性,完全地反映在我的形象中,上帝的外位性同样完全实现于形象之中。

我身上有什么东西只可能从他人的视角来评价和理解呢(广义的外形外貌,心灵的外化,只有他人才能把握的我的生活整体)?

对自己的爱,对自己的怜悯,自我欣赏有着复杂的内容,而且很为特别。自我爱慕和自我评价所包含的所有精神因素（除去自我保护等）都是对他人位置、他人视点的窃据。这里不是"我"对自己的外形施以正面的评价，而是我要求他人给予这样的评价，我站到了他人的视点上。我总是脚踏两只船，我构筑自己的形象（即意识到我自己），同时既从自己内心出发，又从他人的视角出发。

外位视点和它的超视性。他人关于自身原则上无法了解、无法观察到和看到的一切，可优先加以利用。所有这些成分大都具有完成的功能。可能有客观中态的自我意识和自我评价，它不受"我"或"他人"视点的影响。这正是结束生命的背靠背的形象。这种形象不具有对话性和未完成性。完成了的整体总是背靠背的形象。不可能从内部，而只可能从外部看到这个完成了的整体。外位性具有完成功能。

人的心灵形象。只能是心灵中能够诉诸话语的富于表现力的成分，即心灵中外向的因素，心灵的外表。人作为艺术描写的对象。人物的艺术描绘，描绘的形式和边界。

环境和视野。

最高级。其中的时间因素（"第一个"）和质量因素（"最好的"）。场景的时空性。对这种时空体的分析。处于场景中的人物（在画布上，文学作品的主人公）；突出强调的因素。人物处于视野和环境的接合点上；他在自身之外，进入了表现的领域。这是个不同区域、观点、边界相互接合和相互作用的复杂的交会点。

人的形象是整个文学的中心形象。塑造人的形象的不同趋向，文学的伦理学。英雄化问题。非英雄化的理想化问题。典型化问题。作者和主人公的关系问题。背靠背建立的形象和主人公的探问。最终完成的诸因素和诸类型。主人公形象的物化程度（外视性程度）。主人公形象中自由（即原则上的未完成性）的程度。主人公的外位。在以"我"的口气的叙述中存在着幼稚的外位（他人的视点）成分。中态化了的"我"的形象（像讲述别人一样讲述自己）。

在果戈理作品中对主人公表现出了非常强烈的特殊的道义责任

感,尽管主人公的形象总是具有极端的背靠背的性质。正是这种极端的外视性,这种在形象中结束人们生命的做法,强化了形象中拯救和改造人们的问题。背靠背地最终完成形象的方法,同辱骂有着亲密的关系。在辱骂中积极地加强形象的一面会消失。

虚假谎言是恶所表现的最现代化、最现实的形式。虚假的种种现象。虚假谎言的极端多样性和细微的表现形式。谎言获得极端现实性的原因。谎言的哲学。演讲体的虚假谎言。艺术形象中的虚假谎言。严肃性的诸形式(与恐惧、威胁、强制相结合的形式)中的虚假谎言。还没有哪一种力量形式(如势力、权力)不包含必要的虚假谎言成分。对存在的含义、理念的盲目无知(这与是否有人知道这一存在含义无关),对自身意义的无知。被欺骗的人于是物化。这是对人施以强制和物化的方式之一。关于新世界里大裁判官的神话。陀思妥耶夫斯基长篇小说的国际意义。这种类型小说的历史。这种描绘现实和人的内心世界的特殊方法是怎样形成的。此类长篇小说的结构布局类型。故事情节及其特点(挑衅、考验、探问)。主人公形象。

对严肃性诸种表现的分析,对这种表达的极端形式(恐惧、威胁、怜悯、同情、痛苦等)的分析。

19世纪的无神论(朴素而单调的无神论)对宗教没有提出任何责难。人们当时可以按照"老习惯"去信仰。如今再一次要克服幼稚性。正是这种幼稚性决定着我们的思维和文化的基础和前提。面对一切都须产生新一轮的惊讶哲学。一切本来都可能是另一个样子。应当像回忆自己童年一样去想世界,应该像爱某种幼稚事物(孩子、妇女、往昔)那样去爱世界。

1943 年 10 月 12 日

黄 玫 译

《镜中人》

  在自己与自己的相互关系中,不可避免地会透露出虚伪和谎言。思想、感情的外化形象,心灵的外化形象。不是我用自己的眼睛从内部看世界,而是我用世界的眼睛、别人的眼睛看自己;我被他人控制着。这里没有内在和外在相结合的那种幼稚的完整性。窥视背靠背构建的自身形象。在镜中的形象里,自己和他人是幼稚的融合。我没有从外部看自己的视点,我没有办法接近自己内心的形象。是他人的眼睛透过我的眼睛来观察。

黄　玫　译

自我意识与自我评价问题＊

　　从理论和历史两方面考察自我意识和自我评价问题(自传、自白、文学中人的形象等)。这个问题对于文学诸本质问题的重要性。世界充满了已被创造出来的众多的他人形象(这是个他人的世界,我也来到了这个世界上);其中也有体现在他人形象中的"我"的形象。在塑造他人形象和塑造自我形象时意识所取的立场。目前这是整个哲学中一个关键的问题。

　　从分析自我意识的原始立场入手(但不是历史的分析)。镜中人。这一现象的复杂性(虽然看似简单)。它的组成成分。一个简单的公式:我用他人的眼睛看自己,以他人的视点评价自己。但必须在这个简单公式背后揭示这个事件参与者相互关系的异常复杂性(参与者数量很多)。外位性(我在自身之外看自己)。我的外貌在我自己眼里能看到什么。我身上能让我从外部直接(不用镜子)看到的部分。我在思考自己时是如何想象自己样子的。我设想把自己摆到舞台上,但仍然在自身上感觉到了自己。完全处于自身之外,完全从外部世界来感受自己,而不是在与外部世界相切的结合部上感受自己,这是不可能的。脐带就在这切线的接合处。这同一种特殊的不肯相信自己死亡的态度(帕斯卡语①)相联系。我不知道那个完全处于外部世界的

---

① 从下文推论,此处作者是指法国哲学家拉法尔·帕斯卡关于人在无尽的存在中微不足道的见解。——原编者

整个外向而且日后将成为僵尸的我的身体;它可能成为我思考的对象,但不能是我实际体验的对象。我处于切线上那个接合点上,它永远也不可能完全地进入世界里而成为其中的存在(现实),并且消亡于其中;我不能完全走进世界,因而也不能完全脱离世界。只有思想能将我整个儿置于存在之中,但实际体验并不相信这个思想。

怎样解决思想和实际体验之间、我思想中的世界和我身外世界之间的冲突?思想世界有我在其中,而身外世界只是在其切线上才有我在。这里有冲突,但没有矛盾。照镜子时就要取决于他人。站在与世界相交的切线上,我看见自己整个儿在世界之中,实际上我只是在他人眼中才这样。我身上的什么东西只有他人才可能理解和评价呢?我的躯体、我的面孔;针对自己的哪些感情和评价,是我只能从他人那里窃得的呢;对自己的整体把握,为自己悲恸,将自己英雄化,为他人呈现自己的形象,脱离切线走入自己的形象。世界于是整个儿呈现在我面前,虽然它也存在于我的背后,我总是把自己推到世界的边缘上,推到与世界相交的切线上。这种对他人的依赖(在自我意识和自我表白的过程中),是陀思妥耶夫斯基的基本主题之一,它也决定着陀思妥耶夫斯基人物形象的形式特征。世界整个呈现在我面前,而他人完全在世界之中。世界对于我来说是视野,而对他人来说是环境。

从"客观"的观点看,存在的是人、个体等,而我和他人之间的区别是相对的,因为所有的人和每一个人都可以是我,也都可以是他人。这就仿佛是非理性地区分左右两只手套,或者区分事物和它在镜中的影像。尽管如此,"我"还是感觉自己在世界上是特殊的、独一无二的(其他所有人都是他人),并且靠了这种不同才得以存在。由此形成了一个伦理领域,这里我和所有他人绝不相等,我永远地绝对地是个特殊者(有理由的例外)。生活和创作中哪些现象正处于这一领域中,并由这个特殊地位的独有规律所决定呢?所有的一切都可能和这个领域发生关系,如谎言、知识和无知(故作无知)、关于自己的幻想和自我欺骗。在他人身上并且为着他人建构自己的形象。借助这种建构,我们能深入到世界的内部,但还保持着和切线的联系。外部视点和内部视点相结合的特殊之处。不同意识的相通之点。大多数人的存在,不是靠自己的特殊性,而是靠自己的他性。特殊性发生物化,变为寄生性(自私,虚荣等)。

人的概念和人的形象。对个性的认识和描绘。

在陀思妥耶夫斯基的作品中缺乏内在的空间(interieur'a)。所有行为,所有事件都发生在门槛上。作家把人带出了世界、宅邸、房间。人想走入内部安定下来,让自己周围有世界,有房间,有各种东西,有人,有自己的天地、自己的房间,而不是在门槛上,在边缘上。而作家只知道朝一个方向运动——向人的内心运动;他正是把人从外部世界挤向内心,赶进内心;可即便是人的这个内心,他的内心深处,同样也是一个边缘,是门槛(他人心灵的门槛),是不同意识的相交点(和自己意识一分为二之处),是没有尽头的对话;这里没有东西可在自己周围形成环境,也就无法在其中安定下来。人是被世界、自己的房间、宅邸、大自然、风景包围着的,他生活在世界之中并在其中活动;他的周围是厚重而温暖的世界万物,他处在外部世界之内,而不是在它的边缘上。

对个人的认识和描绘。我们从客观性、物质性王国出发,从确定无疑的现实、必然性王国出发,在这个王国里是一种物化的认知;而后走进自由的、未定的王国,充满意外和绝对新鲜的王国,这里有着无限的可能性而不与自身等同。但这个自由王国的疆界,随着认识的发展而不断扩充,因为在个人身上不断出现新的物化和必然性的外壳(这里没有一成不变的我,我已非我);那个原认为是最后的自由内核的东西,却成了内在精神的新外壳(虽然是极薄)。这是不可完成的内核,它不等同于自己。认识和物化的艺术描绘有某些共同性。

陀思妥耶夫斯基作品的空间组织。这不是通常的属于尘世的艺术空间,人被牢固地限定和包围于其中。他的空间组织形式和 inferno(地狱。——译者)有关。这不是生活的空间,而是脱离生活的空间,这是狭窄门槛的空间，是边缘的空间，在这里不可能安顿下来。不可能安定、住脚，而只能跨步过去。这一空间的形成历史。schwellendialoge。建筑中门槛和边缘的诸多形式和类型。所有的情节从头至尾都发生在危机点上、转折点上。

空间的组织和时间的组织。一切情节都发生在穆罕默德的瞬间。危机的瞬间。一切从最初便已经明朗，已经预感到。时间既不消灭什么，也不产生什么，它最多只不过使一切更加明晰。全部生活寓于瞬间。文学中这种时间处理的历史①。梅尼普讽刺中的时间。

城市的形象及其艺术特点。

陀思妥耶夫斯基长篇小说的类型及这一类型的历史（历史的发展和历史的渊源）。

Soliloquia（独白。——译者）——作为其本源之一。Moralia（道德小说。——译者）和它的变体。Menippeae（梅尼普讽刺。——译者）的特殊地位。在人身上考验真理（旧的新真理）。第欧根尼形象。梅尼普形象。人不是性格，不是典型，而是某种真理的化身和代表。情节带有试验、挑衅的性质（由此也带有惊险的性质）。对于时空的一种特殊阐发。普遍性。由思想（通过虚线）引申出最终的实际结论和后果。

实际的生活历程有哪些，这一传统又是如何传递的（书面的和非书面的形式）。巴洛克传统的冒险小说。教会文学和圣徒记文学（约夫的书）。对教徒（违规者）的考验。民间木偶戏。果戈理及其创作形式的历史特殊性。中世纪戏剧（见《大裁判官》）。语言本身便吸收并承传千百年间形成的种种观点（陀思妥耶夫斯基选用的一些语言层

---

① 作者1938年写的一份"材料"中，有如下的论述："人的自我意识的时空体是如何变化的呢？自我意识是根据什么特征来把握时间的呢？要展示从伊索克拉底到普鲁斯特和乔伊斯的形式变迁。公共时空体有：古典时代的希腊广场、罗马家庭、我的作品的读者、忏悔仪式时空体、中世纪广场等等。孤独的自我意识的时空体，以及它的基础。资产阶级社会中的自我意识。以马克思《论欧洲问题》为立论的基础。特别论述一下自我意识的时间。历史的自我意识问题。建立在历史特征上的自我意识的时间。个人的实体性在历史时间中得以揭示。这一点可克服第二个理想情节。"（摘自巴赫金文稿）——原编者

面具有特殊的不雅)。《死者之间的对话》。卢奇安的对话(宗教裁判官和耶稣相隔千年的谈话)。伏尔泰和梅尼普讽刺(《康季德》和《小梅卡斯》及其他)。整个世界、整个人类、上帝等等都纳入情节。死后的游历(这种传统在果戈理作品中的表现)。生活是地狱,但这个地狱有可能一瞬间就变成天堂(佐西玛的神秘陌生人)。推向极端的方法(果戈理作品中推向极端的方法,将庸俗、空虚渗透一切)。基本情节的历史(弑父、罪人的新生);两重性,以诅咒表祝福(或相反,以装疯卖傻为基础)。犯罪的艺术功用。俄国浮士德的主题,这一主题情节要素的历史来源。陀思妥耶夫斯基最初草拟的整体、场景以及对话,揭示了他的形式的文学渊源(梅尼普讽刺)。疯狂与自杀的情节(梅尼普讽刺的典型情节)。梅尼普讽刺体对待现实的典型态度。对虚无主义者和无神论者的考验,对圣徒的考验。冷漠的完成了的人物,不是站在门槛上的人;他们的显要性、个人尊严、自我欣赏、自我满足(米乌索夫等)。

人道主义历史上新的一页(陀思妥耶夫斯基首批作品发表百年纪念:《穷人》——1846年1月15日,《同貌人》——1846年11月1日)。是爱还是怜悯。是自由的人还是幸福的奴隶。人——是物,是病弱的动物,是无邪的孩童。人整个儿完全是完成了的,是现成实有的;他在这里呈现了自己所有的潜力,对他再也不能期待什么了,对他不是提什么要求,而只有怜悯。怜悯者总在被怜悯者之上,高他一头:怜悯使人屈辱,怜悯漠视人的自由,使最终完成甚至使人物化。不可把怜悯与爱对立起来,怜悯应该是爱不可分割的组成部分。问题不在于抽象的人道主义理论,也不在于鼓吹对人的爱,问题在于艺术刻画人的方法,在于人的形象。

俄罗斯文学中人的形象的特殊性。对自己的主人公负责,犹如对活人负责一样;担心在主人公身上贬低人、侮辱人的尊严,将人盖棺论定。力求扩大人性,在迄今尚未涉足的地方发现人(《驿站长》)。俄国感伤主义的特点(包括忍耐主义)。果戈理主人公的完成性的悲剧。

不接受自己主人公的彻底完成性、毫无价值的结束性(乞乞科夫,泼留希金);他们还没有为自己盖棺论定,他们还能改变。

揭露人类的不切实际的幻想(包括关于自己的空想),是与西方文学相呼应的主题(司汤达、巴尔扎克、福楼拜)。对幻想和幻想者的不同阐发(陀思妥耶夫斯基和福楼拜)。乔治·桑的人道主义。1843 年陀思妥耶夫斯基翻译《欧也妮·葛朗台》,建议其兄弟米哈依尔翻译欧仁·苏的《马吉里拉》。1844 年上半年翻译乔治·桑的 La dernière Aldini(《最后的阿尔迪尼》),其兄弟推荐已译过来的席勒的全部作品。阅读格理戈罗维奇的手稿《彼得堡的流浪乐师》(1844 年秋),1845 年初冬陀思妥耶夫斯基阅读弗林德里克·苏里埃的 Memoires du Diable(《魔鬼的记忆》)。1845 年 10 月阅读乔治·桑的《德维里诺》并十分赞赏(登载于《祖国纪事》,1845 年第 10 期)。

果戈理只是极大限度地表现了人的散文化形象的特点、绰号般形象的特点,将其推到边缘。但在这个边缘上不可避免地要提出形象的问题。必须还给人(主人公)以他所失去的名字。最终整体的模式、世界的模式,这是每个艺术形象的基础。这个世界的模式在数百年间不断重建(在上千年间则发生根本变化)。作为这个模式基础的空间观和时间观,这个模式在含义、价值方面的衡量标准和等级差异。世界历经千年来思想的营造形成了得心应手的思维习惯。几千年来为描绘最终整体的模式而形成民间文学的象征体系。这些象征体现了人类的大经验。而在官方文化的象征中,则只有特殊一部分人的小经验(而且只是一时的经验,小部分人谋求稳定这一经验)。建立在小经验、局部经验基础上的这类小模式,其典型的特点是实用性、功利性。这些小模式是人的实际功利行为的指南,这里的确是实践决定着认知。所以其中有故意的隐瞒、谎话、各种救世的空想、简单而机械的格式、单一而片面的评价、单调性和逻辑性(直线式逻辑)。小模式最少关心无所不包的整体的真实性(这个整体的真实性是不关功利的和无私的,它对局部的一时的命运不加理会)。大经验所关注的,是大时代的更替(长期的历史过程)和永恒的稳定性,而小经验关注的则是一个时代内部的变化(短暂的过程)以及一时的相对的稳定性。小经验建立在有意的遗忘和有意的不完整这个基础上。在大经验里,世界不等同于自身(不等于现在这个样子),不是封闭的也没有完成。在大经验里,记忆是没有止境的,一直上溯到人类史前遥远的物质的和无机生命时期,是种种世界和原子的生活经验。对于这个记忆来说,单个人的历史远在其意识觉醒(即意识到自觉之我)以前就已开始。这种大经验,这种不为实践所囿的大记忆,这种无私的记忆,体现在哪些文化形式和文化领域里呢?悲剧、莎士比亚,从官方文化的角度看,都渊源于民间大经验的非官方象征,如语言、未刊于世的言语领域、笑谑文化的象征。未经官方意识加工和理性化的世界基础。应当善于捕捉到存在的真实声音,整个存在的声音;这是大于人类的存在,而不是一小部分的存在,是整体的声音,而不是某一参加者的声音。超越个人的记忆。对矛盾的存在形成的这种记忆,不可能用单纯的概念和单调的古典形象来表现。歌德的相关论述(像是就《贱民》而发)。对民俗学者如何研究这种经验(即把整体的逻辑译成局部的逻辑语言等)详加述评。这种大记忆不是关于过去(指抽象的时间含义)的记忆,在这种记忆中时间是相对的。这是永远可以返回的但同时又是不可逆转的。时间在这里不是一条线,而是复杂的旋转体形式。尼采捕捉到了返回这一点,但他对此的解释却是抽象而机械的。其实这里有着开放性和未完成性,记忆告诉人们,时间不等同于自身。只有实际意义、旨在应用的小经验,力求把一切都结束生命并加以物化,而大经验却力图使其复活(在一切方面都看到未完成性和自由,奇迹和启示)。在小经验里,只有一个认知者(其余的都是认知的对象);只有一个自由的主体(其余都是死物),只有一个是活的未被封闭的(其余都是死的和被封闭的),只有一个声音在讲话(其余的都沉默不语)。在大经验里,一切都是活的,都在讲话;这种经验具有深刻的和本质的对话性。世界关于我这个思索者的思考,更恰当地说,我是在主体世界中具有了客体性。在哲学中，特别是在本世纪初的自然哲学中，所有这一切终究都被理性化而与具有千年传统的民间象征体系相脱离；所有这一切都被视为个人的经验，而不是对人类千年经验体现于非官方象征体系的深入阐释。

希腊的思想（哲学的和科学的思想）不知有术语（指带有异语词根，且不以该义用于普通语言中的术语），也没有包含不可解的异语语源的词汇。从这个事实中引出的结论至为重要。

在术语中，甚至在非外来的术语中，意义逐步地固定化，隐喻的力量减弱，多义性和意义的戏用现象消失。术语是色彩最单调的。

有意的遗忘对组织形象的作用。与记忆做斗争。大记忆以特殊的角度理解和评价死亡。这种大记忆允许在时间上绕过我自己（和我的时代）。自己之"我"会自焚而取得普遍意义。形象中一切独一无二的新颖东西、一切开放的、大胆的因素，全依靠这种大记忆才能产生。记忆不会使形象苍白无力，形象在时间中得到新生，在其后不断发展的世界语境中形象的含义不停地获得丰富和更新，一己的实用性和狭隘的功利性因素逐渐减弱。

黄 玫 译

关于福楼拜*

勃鲁盖尔的画作《圣安东尼①的诱惑》,是福楼拜的创作所本:含混错位的身体,模糊不清的界限,物质永在更新的主题。鲁昂教堂的玻璃画上,也有这类怪诞的形象:野兽,圣朱利安狩猎和流血,舞蹈,血腥,圣徒约翰被砍头(《希罗迪娅》),但是福楼拜没有再现舞蹈(倒立跳舞)的荒诞含义。他也利用了集市上的木偶表演。

福楼拜青年时代不供发表的文字,这种文字的一个产物("蠢小子"形象等)。青年时代信件中的亲昵语调,尤其是德·布阿特文写给他的信和他写给菲多的信②。

在福楼拜的庇护神圣波利卡普③日的节庆活动中,尚留有鲁昂思人节的最后遗迹。

福楼拜的历史典型性(是近乎天才性与典型性两者少有的结合)。福楼拜对于理解现实主义的命运、它的演变和解体具有特殊的重要性。对于研究长篇小说的历史,对于"散文化"问题,亦有同样重要的意义。随之而来的是单一层次,尤其是单一语调的胜利,但不是最终的胜利。小说形象的双重性、双声性的彻底消失。

年轻的莎乐美取代人老色衰的希罗迪娅,她的倒立舞蹈,宴席上

---

① 圣安东尼(约251—356),罗马帝国时期的基督徒。——译者
② 这类信中有许多不洁之语。——译者
③ 圣波利卡普(70—155),基督教会奠基人。——译者

约翰被砍的头。意义转轮似的发展。三种类型的神圣,三种类型的幻想。在《圣朱利安外传》中杀害双亲的情节。这是个古老的题材:杀戮野兽是原罪之一(色诺芬等)。我渴,我饿,我冷①。

　　生活与生活的形象,庸俗与庸俗的形象(使根本无权得到永恒的事物流芳百世)。形象能给生活增添什么东西(什么东西是生活本身内在所不具备的)。福楼拜作品和帕尔纳斯派作品中的事物的形象(其中动物的形象在帕尔纳斯派文学中占有重要的一页)。当今的特色,我这时间、我这时代、我这当今的特色,我这空间的特色。将一切转入过去,会出现什么新东西呢?这个过去将成为一种特殊珍爱的对象。这是一般的过去和我的过去。从福楼拜到普鲁斯特创作中回首过去生活的问题。动物的形象,力求洞察动物生活的特点。要为动物立碑。这是以特殊形式恢复对兽类的神圣化与向兽类学习。《圣朱利安外传》中对兽类的狩猎和摧残。但是既有的世界观和因循习惯的思路,导致不可能深刻地从本质上提出这个课题。要捕捉到最基本的生命层面和生命的首要意义。怜悯的问题(父亲是外科医生,见到受痛苦折磨的狗都会流泪)。他无法完成手术。古代的怜悯问题(包括对动物的怜悯)及其深刻的程度。叔本华。重要的是要怜惜最微弱的生命。人类变得野蛮无忌,对杀戮完全失去羞耻,不再像古代人那样羞于看到动物被杀流血。人们干脆把鲜血掩盖起来,装作不见。福楼拜的一位朋友同时正在创作《木木》(聋子与狗,与《淳朴的心》《圣朱利安外传》相呼应)。生活中一切可怕的东西都被掩饰起来,不敢正视死亡(因之也不敢正视生命),用令人苟安的流行见解把自己包围起来;生活事件只在最平静的内心领域里进行。最大限度地远离生活的边缘,远离实际上的和意义上的起点与终点。资产阶级小市民的乐观主义之特色(不是追求美好,而是追求幸运)。幻想自己居家生活的稳定性,而不是世界(及世界秩序)的稳定性。宇宙性的恐惧和宇宙性的记忆到哪里去了。日常生活的安全与稳定这一范畴。生存斗争的间接方

---

① 《圣朱利安外传》,结尾处麻风病人的三个要求,在这里相当于上帝耶稣的话。——译者

式(这是凝结在金钱之中的生存),不必面对死亡,只在极其舒适而安全的银行、交易所、事务所、办公室里面。古老的怜悯问题,这是一个变得很俗气,完全心理化、家庭化了的范畴。怜悯与爱的对立(卡拉马佐夫)。怜悯是绝对地无所要求(因此这里也没有幻想和失望的驻足之地)。在崇尚兽神的埃及,兽类形象是文化的中心形象之一。阿拉伯舞女形象的魅力何在①。在埃及的野兽形象中,有猫科的特质因素。波德莱尔笔下猫的种种形象(高大女人、乞丐、动物尸体以及丑陋妓女的形象②。福楼拜关于妓女的文字③)。野兽形象是福楼拜艺术世界的未被意识到的中心。只有当作家能够冲破自己所在时代的局限,能够看见树木后面的森林,能够透过时代偶然出现的小路蛛网探索到世界和人类生活前进的历史大道,世界生活的基本路线,那时他才是伟大的。福楼拜几乎已经做到了这一点,因此他几乎是个天才。

强烈感觉到可能存在完全另一种生活和世界观,绝不同于现今实有的生活和世界观(并清晰而敏锐地意识到)——这是小说塑造现今生活形象的一个前提④。创作者意识起初是存在于生活和世界观之中,远离这个生活的开头和结尾的含义,视其为唯一可能而且合理的生活。因此,这个生活的形象那时不仅在形式上而且在内容上也都能够是宏大壮观的;于是对这个唯一可能而毋庸争辩的生活,才会有一种虔敬的爱。总之是一种特殊的爱。过去描绘这个生活,是依靠这一爱心,而不是依靠理解。后来出现的则不是现有生活范围内的变化(进步、衰落),而是根本上另一种生活(另一种规模、另一种标准)的可能性。也是根本上另一种世界观的可能性。在这种可能性的映衬下,整个现今公认的世界观(即只知道有自己,因而极端地自信),盲目地自信,就成为一整套愚

---

① 指福楼拜在埃及通信和游记中的描写。——原编者
② 指波德莱尔《恶之花》中的形象。——原编者
③ 指青年时给友人信中的有关内容。——原编者
④ 参看巴赫金的《作为体裁的长篇小说》中的相关论断:小说中的现实,只是多种可能的现实中的一种。——原编者

蠢思想,一整套流行的见解①;这里还不仅是这些见解本身,而且包括获得、发现、证明这些见解的方法,以及真理、忠诚等这类概念本身。强烈感觉到对同一生活有可能采取完全另一种视角。有的时候似乎能唤起对自己生存源头的记忆,这样人就不能再囿于个人生活的范围之内。联系到这一切,不能不重新审视理想问题。《阿努比斯②》和《螺旋线》的创作构思。关于佛陀舍身救鸽的传说。野兽在欧洲以外的各种文化中的特殊地位。现代的欧洲人忘记了兽的问题(他们遗忘了许多的东西),兽类既不触动人的良心,也不触动人的思想。但它不知何故重又触动了福楼拜的良心,尤其是他的思想。对埃及的向往,和"bête"(笨)的独特的隐喻用法——资产者身上体现的人的愚蠢。

人道精神的退化和人的骄傲自大。福楼拜拒绝幼稚的人道主义。怪诞手法中兽的因素。生命具有一种特殊的整体性,不可狭隘地理解为仅是人在一个时代中的成长过程。这个最基本的生命整体性,在怪诞的形象中得以保存下来。怜悯恰恰是针对人身上的动物本性而发的,是针对一切"生物"和作为生物之人而发的;而爱心则是针对人的心灵方面、超生物方面、自由的本性(即在人不等同于他自己的方面,不同于"是什么"的地方)而发的。关于自我的幻想及其在福楼拜作品中的意义(包法利夫人的幻想)。对于一个真正的艺术家(思想家同样也是)来说,世界上和世界观里的一切,都不再是不言而喻的了。存在也好、道理也好,无不成为因循流行的存在和因循流行的道理。透过这一切,开始显现出别样的可能性。

最基本的生命以及对它正确地、深入地理解。这基本意味着具有童贞,纯洁,淳朴,神圣的特征(对基本因素来说,一切都显得近而又亲)。与兽的形象并行的,又有孩童的形象。单纯的心③。基本的存

---

① 福楼拜后期以三十年时间汇编了一套老生常谈的至理名言。——原编者
② 埃及神话中亡灵引导者和守护者,掌管和守护亡者的灵魂。通常化身为山犬、胡狼或狼首男神,有时则完全是一只山犬、胡狼或狼。——译者
③ 指以此为题的中篇小说。——原编者

在是天真无邪又弱小无援的,这个基本的存在是被创造出来,它对自己"是什么"没有责任,它不用为自己的存在承担责任;不是它创造了自己,它也无法拯救自己(它需要怜悯,需要宽恕)。它深深地信赖别人,它想不到会被出卖(摇尾巴的木木);因此色诺芬的作品中屠杀是和出卖相联系的(背叛誓言和忠诚);基本存在的嗜血和残酷,是天真无邪。东方人(埃及人、佛教徒)对动物、孩子和普通人是承担着责任的。一种特别的怜悯善心。(索洛维约夫说过:怜悯低下的,爱与你平等的,恭敬崇高的。①)由此引出造物主形象,他是这种存在的根源,又引出佛教的救赎途径,就是使所有生物从生存的痛苦中得以解脱。所有这一连串的问题,在我们的时代从各个方面得到了阐发。陀思妥耶夫斯基作品中的"孩子在哭"②,弑父(尤里安弑双亲)。福楼拜与陀思妥耶夫斯基同年出生又几乎同时死去。两人都得益于巴尔扎克,都研究过教堂神甫的思想,都憎恶一切"不言而喻"的东西,憎恶似乎明了、似乎简单的东西,而且两人都热爱动物和孩子的真实的、"神圣"的纯真。福楼拜与实证主义。实证主义和形式主义的共同本质。思想的犹豫不决,拒绝做出世界观方面的决断和冒险;这种拒绝是绝对真诚而又体面的。不过这个现象是复杂而矛盾的:一方面思想是毋庸置疑的成熟,并非天真(亦即要求很高);另一方面却对科学和事实有种天真的相信,天真的求实,感到拒绝考虑世界观问题和终极问题十分方便而且省力。

《圣安东尼的诱惑》作为"梅尼普讽刺"。福楼拜其他作品中的梅尼普讽刺因素。

福楼拜作品中人类情感和心灵生活的命运问题。

福楼拜作品中的愚笨(bêtise)问题。他对待愚笨的独特的双重的态度。以"动物"作引申的隐喻。幼稚的愚笨和睿智的愚笨。怀着又爱又憎的双重感情专注地研究人类的愚笨。

---

① 见弗拉基米尔·索洛维约夫的《为善辩护》(1894—1897)。——原编者
② 指《卡拉马佐夫兄弟》。——原编者

小说史上的关键一环。萨克雷、狄更斯和伟大的俄国小说的时代；小说《威廉·麦斯特》的法文改写本。长篇小说的形式到此已臻完善，同时开始瓦解和退化；所有这些因素我们都能在福楼拜的作品中找到。在他的作品中我们还可以看到向自然主义倒退的因素（以及与实证主义的关联），但也能看出小说发展的两条路线的因素，它们都达到了自己的高峰：一条是普鲁斯特，特别是詹姆斯·乔伊斯，另一条是伟大的俄国小说，托尔斯泰和陀思妥耶夫斯基。

当代的现实是小说的主要的描述对象。

不含丝毫救世幻想的现实图景。

野蛮人的灵魂。东方妇女的灵魂①。物质的灵魂。戈蒂耶·狄奥菲尔与埃及②。

可能有完全另一种生活和完全另一种具体的价值含义的世界图景，这里的事物与价值之间完全是另一种分界和毗邻关系。正是这种感觉，构成小说的世界观照、小说的形象和小说话语的必不可少的背景。这种另有它在的可能，也包括可能有另一种语言，另一种语调和评价，另一种时空的规模和时空的关系。

信仰及其具体的表现是千奇百怪的多样。

将整体予以分裂、瓦解、分化、毁坏，是人类运动（包括物理运动和心灵运动即思想）的第一现象。

人们想通过归结到本原，归结于古代的愚昧、无知，来解释和推诿。对本原的完全相反的评价（原来是神圣的本原，如今遭到亵渎）。对前进运动的不同评价：现在这种前进运动被看作是纯粹的远离本原，没有止境的远离，是绝对的去而不返，构成直线的远离。空间的情况也是如此——绝对的笔直运动。是相对论证明可以有弯曲，可以折回自身，才首次揭示了另一种空间思维的可能性，自然也揭示了返回到本原的可能性。尼采的永恒回归的观点。这里的问题在于可能有

---

① 以上两句指小说《萨朗波》的主题。——原编者
② 指戈蒂耶关于古代埃及的小说。——原编者

完全另一种运动的模式。这特别是指形成过程的价值模式,指世界和人类所走的道路(道路的隐喻的价值义)。原子理论和大与小之间的相对性。每个原子内外、每个现象内外,都是两个无限。毁灭的相对性。原始思维的问题,在现代世界观中占有重要位置①;在原始思维问题上占统治地位的提法,带有一种特殊的弊端。这弊端可以粗略地表述为:人们仅以现代思维为背景来理解、分析、评价原始思维;人们不想为检验的目的而尝试以原始思维作背景来观察和评价一下现代的思维;人们只承认原始思维的某一种类型,其实存在有多种的类型;而且其中不同类型之间的差别也许比所谓的原始思维(这是各种类型的随意混合)与现代思维的差距还要大;没有任何根据笼统地说有种原始思维,那只是古代思维的不同类型(试图测量这些类型距原始思维有多远是幼稚的做法;古代各种思维类型和现代思维各自与原始思维之间的距离,其差异实质上是微不足道的)。在最近四个世纪里,走向真理的进程出现了神奇的、极度急剧的加速现象;四个世纪走过的距离之远,接近真理的程度之高,都是少见的,以至于四个世纪之前或四千年之前,都显得同样的过时、同样的远离真理。[原文不清]在接近真理方面五个世纪里所有的猫都是灰的(只有古希腊罗马时期是例外)。这一进程或是被理解为直线运动,或是被想成是一次次封闭的循环(类似斯宾格勒的观点)。理论上早已被推翻的关于存在着原始民族的神话,实际上并没有完全销声匿迹。有一些思维类型,经历的完全是另外的与我们不相平行的道路,却被人看作是走着与我们相同的道路,只是落后了很远;假定我们认为思考世界的各种思维途径,呈现为多样的几何关系:平行关系,不同角度的交叉关系,与我们相悖(但不是与真理相悖)的关系,等等。发现与遗忘构成一个特殊的体系。现代的思维被归为同一的类型,被极端地简单化了(主干道路和通途被不久前的小径网络所遮掩)。世界和人类的过去,是有尽而又无尽的,犹如它们的未来一样;而且这关系到每一个时刻,每一时刻距

---

① 30年代"原始思维"这一概念来自列维·布留尔的著作。他的论著在苏联引起普遍的关注和热烈的讨论。——原编者

离结束与开端都同样遥远;先辈重生问题及其逻辑。可以设想不同的生命在时间上构成平行系列,不同的时间线条相互交叉。

福楼拜父亲的一族,是世代的兽医。那种透彻意识到的思想,彻底清楚并且始终贯穿作者自觉意志的思想,单义而无他解的思想,完全等同于自己的思想,其作者也完全等同于自己而无自己或他人超视的思想——这样的思想,是我们最不以为然的。这样的思想是时间上最有限的、今天一时的、转眼即逝的东西,这是成长过程中的无用废料,[……]这种无动于衷是可怕的。完全等同于自己,同自己现有生活相妥协,满足于饱暖安逸和自得,与单一不变的、完全现成的、陈陈相因的思想相妥协——这些都是可怕的。无动于衷意味着不愿意改变,不愿意成为另一个人。政治是用死的材料构筑生活,只有死板的始终不变的砖块才适于建筑政治大厦(福楼拜笔下的1848年①)。

《萨朗波》中代表力量、权力、愤怒的圣经形象。统治者的自我意识。

性感美的形象,同躯体的怪诞阐发是绝对格格不入的。性器官和交媾具有客观的宇宙躯体的性质,不含有个体的性感因素。

亲昵的广场语言,是一个统一的价值和语义的整体。没有距离间隔的世界。亲昵的广场语言是基本的源泉。这些形式首先凝结到了骂人话和赌咒发誓之中。它们同时还大量地凝结在民间节庆娱乐活动(狂欢节)和民间广场滑稽演出中。

在艺术上和思想上将事物分解为各个局部的做法。与之相对立的,是将事物推开,拉出距离,使之整体化、英雄化,这是史诗的做法(即意识的运动方向),是把事物纳入绝对的过去,使之变得永恒的做法。不能把这两者的对立归结为分析与综合的对立,因为现代的分析和综合,都同样处在分解性意识的范围之内。

一切都在妨碍人们能回过头来看一眼自己。

何 芳 译

---

① 指《情感教育》等作品。——原编者

关于长篇小说的修辞

长篇小说话语的来源。

一、讽拟的话语:(1)对举性的讽拟话语,这是两重性形象解体的过程①;民间口头文学中的争论;长篇小说对话中的首要现象——不同时间相互的争论②。(2)纯粹的讽拟话语及其类型。

二、绰号。名字与绰号;绰号与隐喻。错乱谑语③。

三、混合结构与多语现象。

体裁理论的主要缺点:

(1)与语言史脱节(语言学视角的偏狭也有责任);(2)着眼于稳定的诸时代;(3)非历史主义;(4)缺乏哲学基础(作为体裁与形象基础的世界模式)。

一切体裁均以神话(最后的整体)为指归,长篇小说以哲学(与科学)为指归。

可能有另一个现实——这是长篇小说体裁的一个前提。

遥远的形象与交往的区域。

风格模仿问题。长篇小说作为最纯正的史诗体裁。

长篇小说中的心理与情节问题。

---

① 参看论拉伯雷小说的著述。——原编者
② 指民间节庆上不同时间的争论。——原编者
③ 参看《论拉伯雷》专著第6章。——原编者

心力内投（интроекция）和相应的心理学的危机。

追求找到真正的人，不是在其人身上，而是在其人之外：在他的创作中、事业中，在他的所见所闻中。人的边界问题。重塑形象的问题。

与未完成的现实交往的区域。苏格拉底对话的分析与苏格拉底形象。

英雄化的新类型：英雄兼圣徒和小丑。七智者的神话（人民智慧宝库的珍藏者）①。

[……]欧洲诗学的形成。文学稳定化的[……]。以官方的[……]文学、古典的体裁、古典语言和广义上的古典风格（完成性、单一语调、单一内涵）为目标。非古典形式的世界②。在这些稳定时代里长篇小说已经存在，但处于大文学的门槛之外，对学术理论没有产生决定性影响。长篇小说随后进入了大文学，可对它缺乏理论的视角，无论对它形象建构的特点还是小说话语的深刻特色，都无从入手。长篇小说在自己的发展过程中，受到过稳定化、古典化、完成化等倾向的影响，但从未彻底地变成正式官方的体裁。话语与形象负载的巨大命运，没有被文学理论所理解。文学理论只知道话语与形象的琐屑的、边缘的生活，只知道流派的杂沓来去，只知道因袭创作的工艺技法。长篇小说问题将会深化我们对文学的理论思维，拓宽理论思维的视野。长篇小说是唯一处于形成过程中的体裁。它能使人一窥创作活动的实况，但这里说的不是个人的、肤浅理解的、技巧上的创作活动；这里是说一窥整个体裁的宏大创作活动（整个体裁的创作过程能帮助理解并指导个人的创作，但又不变成对个人创作的抽象而肤浅的实际认识）。传世不朽的长篇小说几乎没有（只有拉伯雷无条件地属

---

① 古代巴比伦和印度的神话传说人物。在巴赫金30年代末有关教育小说的笔记中有如下论述："出现在古希腊罗马的一系列（关于智者、苏格拉底、第欧根尼）的传说，塑造出全新的人物和主人公形象，这一类型十分接近长篇小说的形象。"——原编者

② 指巴赫金在古希腊罗马晚期、中世纪和文艺复兴时期文化中发现的"处于体裁之外和跨体裁的特殊世界"。这在他看来是没有定型的一部巨大的长篇小说。——原编者

于这一类,而塞万提斯和陀思妥耶夫斯基则有条件地属于此列)。

我们的理论思维所依赖的,是太短太短而且贫乏的记忆。雄辩体对长篇小说的影响①(唤起恐惧与希望)。苏格拉底形象的人[……]。但真正民间的人[……]是抱有希望而并不恐惧的。

我们不知道自己生活在一个怎样的世界里,长篇小说想向我们展示这个世界。

最接近的空间,地方上的区域传说,拉近,亲昵化。但与此同时,又是乌托邦的远方。

有另一种生活(另一种命运)的可能性与传奇小说。

长篇小说中如何安排作者(与史诗及其他完成性体裁的不同之处)。

雄辩体成分向长篇小说中的渗入。说服因素。对话因素不只是与雄辩体有联系。

报纸杂志(整个期刊)对长篇小说的影响——小说的形成过程与交往的区域。

不同体裁犹如世界政治生活中的不同民族或国家(活动家们的角色,就是作家)。

动物的性格作为类型分析的基础。在得尔西特诸形象以及其他早期类型形象("卑下"的而非英雄存在的形象)中的野兽因素。古希腊罗马的相面术。寓言。怪诞作品。古代研究动物的经验及其学说。这一点对小说史和小说形象史具有的意义。福楼拜。

白春仁　译

---

① 这是巴赫金小说理论中贯穿始终的主题之一。他论证了欧洲文学发展中与诗歌语言并行的第二条主线是特殊的小说艺术。在论证过程中他重新分析了传统上将艺术散文和长篇小说归之于雄辩体形式的做法,其中也包括现代学者如施佩特、维诺格拉多夫等人的见解。——原编者

中学俄语课上的修辞问题

　　学习语法形式必须时刻不忘这些形式的修辞意义。语法脱离了言语的意义方面和修辞方面,就必然会变成烦琐哲学。

　　这个道理,泛泛讲起来现在已是尽人皆知的常识了。然而,具体到教学实践,情况就远不能认为尽如人意。在实际教学中,教师很少从修辞角度讲解语法形式,也很少有人善于作这种讲解。文学选读课上教师倒还讲修辞(顺便提一句,讲得也不多,而且不深入),而在俄语课上,就只限于讲纯语法。

　　问题在于,我们的教学参考书中根本看不到对具体语法形式的多少算得上系统的修辞分析。这类书上甚至连修辞分析的任务也几乎不提,过去如此,现在也仍然如此。教师要弄清楚某一语法形式的修辞意义,例如,要弄清楚动词体、形动词、副动词的修辞意义,就只好查阅像波捷布尼亚的《俄语语法札记》一类难懂的著作。在这些著作中他所能找到的答案,虽然本身很有深度,但对他的实际需要来说,却远不是总有用处。至于语法修辞问题的系统阐述,我们要再次重复这一点,教师无论在哪里都根本无法找到。

　　不必说,巴尔胡达洛夫的几本教科书以及由他主编的那些配合教材的教学参考书,在这方面对教师也未能提供任何帮助。

　　每一种语法形式同时也是一种描绘手段。因此,语法形式可以并且应当从它包含的描绘潜能和表现潜能的角度来分析,也就是从修辞的角度来分析和评价。而在学习语法的某些部分(而且是十分重要的部分)时,修辞分析更是绝对必需的。这首先是指学习相互对应和可以互换的句法形式时,也就是讲话人或写作者可以从两种或若干种语法上同样正确的句法形式中做出选择的时候。这类场合要做的选择已不取决于句法方面的考虑,而完全取决于修辞方面的考虑,也就是取决于这些形式的描绘效果和表现力。很明显,这样的场合不作修辞讲解是断断不行的。

举例来说,学生知道了在什么情况下定语从句可以用形动词短语来代换,在什么情况下则不能,他也学习了这种代换的语法技巧。但是,无论教师还是教科书对他都只字不提什么时候代换,为什么要代换。我们不禁要问,如果学生不了解代换的目的,那他又何必要学会代换呢?显而易见,仅仅从语法角度来分析,在这种场合是绝对不够的。试看下面两个例子:

* Новость, которую я сегодня услышал, меня очень заинтересовала.
(我今天听到了一个消息,这个消息引起了我很大的兴趣。)

* Новость, услышанная мной сегодня, меня очень заинтересовала.
(我今天听到的消息引起了我很大的兴趣。)

这两个句子在语法上同样正确,两种形式都是语法许可的。但是什么时候应当选第一种而什么时候选第二种呢?要回答这个问题,就要了解它们在修辞上各有哪些长处和不足,也就是要了解它们各自的修辞特点。教师应当以尽可能通俗易懂的方式给学生讲解,选用甲句或乙句各有什么得和失。他应当向学生讲清楚,以形动词短语取代副句,会减弱这个句子的动词性,突出动词"услышал"表示的行为所具有的从属性质,同时使状语"сегодня"的意义也因而减弱;但从另一方面看,代换使语句的思想和侧重点集中到这个句子的主要"角色"身上,也就是集中到"новость"这个词上,与此同时又使表达变得十分简练。

上面第一句中有两个人物,就像是两个主人公:"новость(消息)"

和"я（我）"，句中一些词聚集在"новость"周围（"очень〈很〉"，"заинтересовать〈引起兴趣〉"，"меня〈我——受格〉"），另一些词聚集在"я（我）"的周围（"услышал〈听到〉"，"сегодня〈今天〉"）；第二句中，第二个主人公（"я〈我〉"）下台了，这里所有的词都聚集在唯一的主人公"новость（消息）"周围（说的已不是"я услышал〈我听到了〉"，而是"новость услышанная〈听到的消息〉"），这样一来，构成这个句子的单个词语在意义上所占的比重起了变化。为了让学生自己领会这个道理，不妨向他们这样提问：如果说话人需要强调他正是在今天听到了消息，在这种情况下能不能代换？学生马上就会看到，一经代换，"今天"这个词在意义上所占的比重便下降了。我们还应让学生看到，如果把形动词短语放到被说明语的前面，句子的动词性以及状语词的分量会进一步减弱①：

　　Услышанная мною сегодня новость очень меня заинтересовала.
　　讲解时应以正确的语调读出句子。采用这样的方法将使学生看到，朗读"услышанная мною сегодня"这组词时语速加快，几乎完全是一带而过。这组词在意义上的重要性已大大降低：我们的语调仿佛漫不经心地滑过其间，毫不停留、毫不间歇地向"новость（消息）"一词匆匆奔去。这样，学生就会领悟形动词短语放在被说明语之前的修辞意味。而如果我们从纯形式的语法角度出发，只讲打不打句号的问题，这一点学生是绝对体会不到的。顺便说一句，采用修辞分析的方法，学生对何时使用逗号这一语法问题也会有新的理解。

　　以上所述，自然还远不是对所举例子可作的全部修辞分析。但就我们这里要达到的目的而言，分析这些已经够了。我们这里只是要通过实例来说明，讲解一切与此类似的句法形式，都一定要作修辞分析。遗憾的是，我们许多教师不善于作这样的分析。当学生问到什么时候要代换，为什么要代换时（这样的问题学生时常会提出来，而且得不到

---

① 因汉语说明语一般总在被说明语之前，这种表达方式的情味不易通过翻译来显示。——译者

回答不肯罢休），教师通常只是回答：要看哪种形式读来顺耳。这样的回答是不够的，而且从实质上讲是不正确的。

讲授复合句句法的一切问题，也就是讲授七年级所学的全部内容，都必须作修辞分析。只从语法角度学习这些问题的必然结果是，学生充其量只能较好地分析别人所写的成品中的现成句子，以及在听写时正确地使用标点符号，至于他们自己的口语和笔语，则几乎绝对不会吸收新的表达法。许多通过语法学习已经熟悉的句子形式，他们完全不用，有一些形式他们虽然使用，但从修辞上说，用得一团糟。

讲授句法而不作修辞分析，不以此来丰富学生的语言，这种做法没有任何创造性价值，不能帮助学生创造自己的语言，只能教会他们弄懂别人所写的现成的言语作品。而这只是在传授死板的知识。本文中，我们仅对一种句子形式（无连接词复合句）进行一番比较详细的分析。我们深信，正确而深入地讲解这一形式对培养学生创造性运用语言的能力大有裨益。然而，现有的文献中对这一问题没有阐述清楚。在波捷布尼亚、沙赫玛托夫、彼什科夫斯基的著作中倒是作了不少关于各类无连接词主从复合句的有价值的实际考察，但这些考察是零散的，不成系统，在修辞上又远不全面。我们研究这一问题的着眼点自然首先是它的教学法方面。

我们希望通过对上述个别的语法问题的修辞分析，更好地阐明我们关于俄语课上修辞应当占有何种地位这样一个总的思想。

无连接词主从复合句（包括各种类型）在高年级（八、九、十年级）学生自己的笔语中极少出现，这是每一位教师都有的切身体会。我专门查阅了八年级两个平行班学生第一学期的全部作文，包括堂上和堂下写的作文，约三百篇。在所有这些作文中一共只发现了三个无连接词主从复合句（当然引文不算）！我带着同样的目的又查阅了十年级学生在同一时期内所写的大约八十篇作文。结果也只发现有七处使用了这种句法形式。我和其他学校一些教师交谈过，他们所讲的情况同我的观察是一致的。第二学期初,我在八年级和十年级进行了检查无连接词主从复合句的针对性听写练习。听写的结果是完全令人满意的:这类句子中极少发现标点错误。

听写练习以及事后同学生的谈话使我清楚地看到,学生在现成的言语作品中遇到无连接词主从复合句时,能较好地弄清语法关系,能想到所学的规则,因而几乎不犯标点错误。但与此同时,他们在自己的笔语中却完全不会使用这种句法形式,完全不会用这种句式来造句行文。这是在七年级时没有对这一极佳的句法形式进行正确讲解的结果。学生没有领会这种句子的价值。教师本应向学生解释其价值,本应通过对无连接词主从复合句的特点和妙处进行细致的修辞分析,使学生赏识这种句子,喜爱这一能增强表现力的极佳的语言手段。但是怎样才能做到这一点呢?

根据我的观察和经验,这一工作应采用以下方法来进行:详细分析下面列举的三个句子,以此为基础做好讲解。

1. Печален я：со мной друга нет.(普希金)

(我郁郁不欢:相伴无友人,形影孤单。)

2. Он засмеется—все хохочут.(普希金)

(他一乐,大家就纵声大笑。)

3. Проснулся：пять станций убежало назад.(果戈理)

(醒来一看:五个驿站已经奔向身后。)

开始分析第一句时,我们首先把它朗读一遍。朗读的语调要极富表情,甚至要稍稍夸张地展示句子的语调结构,同时还要用面部表情和手势来增强句中蕴含的戏剧性因素,因为让学生听到并玩味出那些当无连接词结构转换为平淡的带连接词主从复合句时便将消失的表现力因素(首先是表情感因素),这是至关重要的。要让他们感受到这类句子中语调的主导作用,要让他们感到并看到,朗读普希金的这一诗句时,语调与手势的结合是一种内在的必需。学生听到了这个句子,对句子的情味有了真切的艺术感受,在这之后就可以着手分析那些造成艺术效果并产生出表现力的具体手段了。分析应按以下顺序进行：

一、将用于分析的句子改为带连接词"так как（因为）"的普通主从复合句。先试着机械地加进连接词，不改动整个句子：

Печален я, так как со мной друга нет.

（我郁郁不欢，因为相伴无友人，形影孤单。）

通过与学生共同讨论，我们得出结论：句子不能就这样保持不动，因为加进连接词以后，普希金所用的倒置词序就不适合了，必须恢复普通的"理性"正位词序：

Я печален, так как со мною нет друга.

（我郁郁不欢，因为没有友人与我相伴，我形影孤单。）

或者：

Печален я, потому что со мною нет друга.

（译文同上）

两个句子在语法上、修辞上同样都完全正确。在这里学生还获得一个附带的认识：省去连接词还是恢复连接词，并不是机械性的改变，这一改变必然要牵动句子的词序，因而也会影响到意思侧重点的变化。

二、向学生提问：我们改成的带连接词复合句同普希金的无连接词复合句究竟有什么不同？学生很容易就能作出回答：普希金的原句因我们的改动而失去了情感的韵味，变得比原来冷漠、枯燥，只剩理性的内容了。

经启发，学生又注意到，句子的戏剧性因素也已消失殆尽：在朗读普希金的诗句时，为表现出句子的内在戏剧性而使用的语调、面部表情和手势，现在显然都变得格格不入了。学生说，句子显得比较书卷气，成了无声的文字，只适于阅读，不像原先那样让人看了就想出声朗读。总之，学生清楚地认识到添加连接词使句子表现力大大削弱了。

三、一步步地分析，句子改动后为什么会失去表现力，这是哪些原因造成的。首先分析主从连接词"так как(因为)"和"потому что(因为)"。我们启发学生注意这些连接词的缺点——它们较为累赘,不十分悦耳。通过实例,我们使学生清楚地看到,频繁使用这些连接词对语言造成不良影响,使语言变得书卷气,枯燥无味,听起来不顺耳。因此,语言大师总是尽量少用这类连接词。我们告诉学生,整个19世纪,(特别是在诗的语言中)都还在使用教会斯拉夫语的古旧连接词"ибо(因)"和"зане(因)",甚至到了20世纪也还有人继续使用(如维亚切斯拉夫·伊万诺夫等风格古雅的诗人)。之所以如此,就是因为这两个词比累赘的"так как"和"потому что"短一些,悦耳一些。介绍这一史实时也引用了许多实例。

随后,我们分析了主从连接词的语义特点。我们向学生解释了这样一个道理:像主从连接词这类表示句子间纯逻辑关系的虚词,不包含任何直观形象的成分,它们的意义绝不可能栩栩如生地呈现在我们眼前,所以它们永远也不可能在我们的言语中获得隐喻意义,它们不能用来表示讥讽意味,不能负载包含情感的语调(通俗地说,就是不可能带感情地说出来,朗读出来),因此,它们完全没有那种表物质意义、形象意义的词在言语中所获得的多姿多态、异彩纷呈的用法。当然,这些纯理性的连接词在言语中是必不可少的,但是,这是冷冰冰的、无生气的词语。

四、分析主从连接词之后,下一步的任务便是弄清这些连接词对整个相邻上下文的影响。我们首先向学生解释句子词序的修辞意义(准确地说,是帮助它们回忆这方面的知识,因为他们是具备这些知识的)。通过实例,我们使学生看到句中(停顿之后)第一个词在语调中的特殊作用。如果位于句首的连接词是一个很短的词,那它在语调中倒并不占据特殊的位置,但复合连接词"так как"和"потому что"却白白占据了句首的位置(它们并不是意义上要突出的词),并因而削弱了整个句子的语调结构。再进一步看,这些连接词的语义特性、它们特有的冷冰冰的特点,对整个句子的词序都有影响,因为富有表情色

99

彩的倒置词序就因而不能使用了。我们又把普希金的句子和我们改动过的句子进行对比。学生看到，由于词序的变动，复合句第一部分中"печален（忧伤）"一词和第二部分中"со мной（和我一起）"二词在语调上的分量减轻了，而"нет（没有）"这个词的感情色彩则大大削弱了。

五、让学生从我们的分析中独立地做出结论。结论是：由于普希金的无连接词复合句改成带连接词复合句，在修辞上发生了以下变化：

1. 两个简单句之间的逻辑关系光秃秃地显露了出来并推到了首位，从而削弱了"诗人的忧伤"和"没有友人相伴"这两个思想之间在情感方面和戏剧性方面的相互关系。

2. 无论是每一个单个的词，还是整个句子所负载的语调分量都大大削弱了，因为语调的作用被毫无生气、只有逻辑意义的连接词所取代；句中的词量增加了，但语调的天地却大大缩小了。

3. 用面部表情和手势增强词的戏剧性这种做法已不可能。

4. 言语的形象性削弱了。

5. 句子仿佛进入了无声区，变得比较适于用眼阅读，而不很适于作表情朗读。

6. 句子失去了简练紧凑的特点，读起来也不如原先那样悦耳动听了。

普希金的第二个句子，由于有了以上的讲解作基础，分析起来就可以简约得多了。分析时应引导学生将注意力集中于第二句的新东西上。首先我们提醒学生，这里的两个简单句之间已是另一种逻辑关系：所用的标点与前句不同，便是表现之一。接着，我们着手进行代换，将无连接词结构换成带连接词结构。这里我们马上遇到了困难。"Когда он засмеется, то все хохочут."（当他笑的时候，大家便都哈哈大笑）——这么改，学生都很不满意。大家觉得失去了某种很重要的含义。我们便开始分析。一些学生建议改为："Всякий раз, когда он засмеется, хохочут все."（每当他笑的时候，大家便哈哈大笑），另一些学生建议改为："Только тогда, когда он засмеется, осмеливаются и все хохотать."（只有当他笑的时候，众人才敢放声大笑），还有一些学生提出应当改为："Достаточно ему засмеяться, как все начинают угодливо хохотать."（只要他一笑，大家便讨好地放声大笑）。最后这一句大家觉得最切合原意，只是把普希金的句子改成这样，随意性太大。经过共同讨论，我们得出如下结论："每当""只有当""只要……，便"，或者甚至是"敢""讨好地"这些词都表达出了普希金原句的种种细微含义，从这个意义上说，它们都是应当加的，但即便是把它们全加在一起，也仍然不能穷尽原句的全部含义，因为原句的含义和它的语言表达形式是无法分割开的。

在作进一步分析之前，不妨先给学生讲解清楚，代换这类句子时所用的关联词在语义上具有什么特点。关联词（союзные слова）不像连接词（союзы）那样完全不包含形象因素，但它们的形象性十分微弱，因此不具有隐喻的表现力；它们也可以有一点（很弱的）感情色彩。句中使用关联词（特别是由几个词聚合而成的关联词）使句子结构理性化，虽然理性化程度不像使用复合式主从连接词那么大。

在后继的分析中，我们讲了以下几点：

一、普希金的第二个句子具有戏剧性，但这种戏剧性不是第一句中的那种情感型的戏剧性，而是动态的戏剧性。我们仿佛亲眼看见事情在舞台上展现；第二个简单句（"众人放声大笑"）与第一个简单句（"他一笑"）此呼彼应，有声有色。这里不是在讲述事情，而是事情本身在我们眼前发生。这种动态型戏剧性来自前后两句结构上严整的对仗："他"对"众人"，"笑"对"放声大笑"；第二句就像是第一句在镜中的影像，宾客的大笑声就像是对奥涅金的笑声做出的实实在在的反响。由此可见，话语的结构如同演戏一般复现了它所讲述的事情。这里我们还引导学生注意第一句中动词的将来时形式（"засмеется"）：这一形式既增强了行为的戏剧性，同时又表达出了行为的多次性（这种多次性,在主从复合句中由"всякий раз как〈每当〉"表示)。

二、接下来,我让学生注意普希金的诗句有多么简练:两个简单句,一共四个词,但这寥寥数语却将奥涅金在群魔乱舞的盛宴上所起的作用、他那至高无上的权威表现得淋漓尽致。我还指出:普希金讲奥涅金,选用动词"смеется(笑)",讲鬼怪,则用"хохочут(放声大笑)",作者的选词鲜明地勾画出了那些鬼怪如何粗野而又媚态十足,君主的一举一动他们都添油加醋地加以仿效。

三、最后,我引导学生对所作分析进行归纳:普希金的无连接词复合句不是在讲述某件事,而是借助其结构形式,像演戏一样把事情活灵活现地展现在我们眼前。用带连接词的主从复合句来表达原句的意思,就不再是表演,而成了讲述,正因如此,不管我们加上多少辅助性词语,都绝不可能达到靠演示所能达到的那种绘声绘色、栩栩如生的效果。加连接词,将两个简单句之间的关系理性化,其结果是破坏了普希金原句的直观、生动的动态戏剧性。

作了上面的那些讲解之后再来分析第三个例句,事情就轻而易举了。在果戈理的句子中,我们已经熟悉的动态戏剧性表现得更加突出,但表现的方式有所不同。朗读这一句子时,必须将刚从梦中醒来的乘车人那种喜出望外的语气稍加夸张地表达出来。两个简单句之间的停顿(以破折号标出)充满了对某种出乎意料的喜事的期待,这要以语调、面部表情和手势来表现;接下来,又以大喜过望的语气读出第二个句子,这时要特别突出"пять(五)"这个词(意思是:整整五站!)。面部表情和手势,是朗读该句时不由自主、不可阻挡的流露!我们就仿佛亲眼看到那乘车人揉擦着惺忪睡眼,惊讶而又欣喜地发现:在他睡着的时间里,马车已驶过了五站路。我们试着用带连接词主从复合句来表达,结果成了啰唆的讲述,而那种如见其人、如闻其声的戏剧效果却怎么也不能充分再现出来。经过和学生共同讨论,我们选定了以下的代换方式:"Когда я проснулся, то оказалось, что уже пять станций убежало назад."(当我醒来时,看到的是,已有五个驿站向身后奔驰而去。)

我们拟好这个句子并把它写到黑板上时,我让学生注意果戈理所用的近于拟人格的大胆隐喻:"пять станций убежало назад(已有五个驿站向身后奔驰而去)"。我们知道,实际上不是驿站向乘车人身后奔驰,而是乘车人向前行驶(虽然乘车人的直觉印象是前者)。指出这一点以后,我问学生,果戈理的原句被我们改动后,句中的隐喻听来是否仍然顺耳?这一隐喻放在带连接词主从复合句中是否合适?学生同意我的看法:果戈理的隐喻和我们改成的句子那种理性风格不很协调,应当把它换成较为平静、较为理性、不很形象、不大有动感的表达法:"Я проехал уже пять станций."(我已驶过五站路了。)改换的结果是出现了一个十分准确,但却是枯燥、苍白的句子。果戈理那种急速而大胆的笔触已经荡然无存了。

在分析例句的基础上,我又引用补充材料来向学生阐明这样一个道理:在主从连接词和关联词所造成的气氛中,一切鲜明的隐喻性词语、一切形象和比喻都变得毫无生气、黯然失色,在冷冰冰的带连接词复合句中,果戈理素来喜爱的那种夸张的明喻和隐喻,有时甚至是显然违反逻辑的用语,都完全无法使用了。由此出发,我又推而广之,通过实例说明,带连接词的主从复合句必然要严格地选择词语:要排除具有强烈感情色彩的词语,排除特别大胆的隐喻,排除不够"文气"(指其狭义)的词语,排除与粗俗的生活情景相联系的俗语词,以及日常口语特有的用语。带连接词的主从复合句倾向于书面文语风格而与活泼自然的日常生活口语格格不入。

讲到这里,不妨以通俗易懂的方式向学生介绍无连接词复合句这种句法结构对俄罗斯标准语的发展历史具有什么意义。可以告诉他们,18 世纪盛行的那种冷冰冰的、古典风格的长串主从复合句阻碍了书面文语同活的口语相互接近;而标准语中古旧的书面语同活的口语这两种力量之间的斗争,是与复合(长串)结构同口语句法简练的(主要是无连词形式的)句型之间的斗争密不可分的。这一思想可以用克雷洛夫寓言的口语句型为例来说明，也不妨将卡拉姆津在《俄国历史》一书中所采用的长串主从复合句的风格同他在那些感伤主义小说中所用的风格进行对比，这都将大有裨益。

回顾历史的讲解不仅在八年级可以进行，而且在学生程度好的七年级也可以进行。

分析完我们所选的三个古典作品中的例句以后，应当向学生讲清楚，无连接词主从结构在我们的日常口语中比比皆是，不妨拿这样一个句子来作分析："Я очень устал: слишком много у меня работы."（我非常累：事情实在太多了。）把它同带连接词的句子"Я очень устал, так как у меня слишком много работы."（我非常累，因为事情实在太多了。）进行对比，便可使学生看到，第二种表达法使语言的生动活泼程度大打折扣。但是，揭示了无连接词主从结构在我们言语中的巨大优越性之后，又应向学生指出：这后一种句式在语言中自有其存在的理由和必要；要讲清楚，带连接词主从结构不仅对实用语言和科学语言十分重要，而且在文学作品中也是必不可少的。要使学生懂得，无连接词主从结构远不是在任何时候都宜于使用的。

这之后，便是与学生一起对整个修辞分析进行总结。总结过程中，教师要弄清楚所做工作的效果究竟怎样：学生是否对无连接词主从结构有了鉴赏力，是否产生了浓厚的兴趣，是否真正体会到了这种句式生动活泼的优点。如果上述目的确已达到，那么教师下一步要做的事就是指导学生在自己的口、笔语中实际运用这种句式了。

我在指导时是这样做的。首先，我让学生做一系列专门性的练习：就一定的题目选出各种内容相近而情味各异的带连接词主从复合句，再细致入微地琢磨每一个句子在修辞上是否适合，是否恰当。第二步是，在批改课内和课下作业时特别注意那些学生使用带连接词主从结构而实际上用无连接词结构更合适的句子，只要发现，便在练习本上作相应的修辞加工。课上讲评时，将这些句子一一读出，并进行讨论，有时句子的"作者"可能不同意我作的修改，于是便会展开气氛活跃、趣味盎然的争论。当然,也有过这样的情况,一些学生对无连接词句式喜爱过了头,有时用得不甚恰当。

我做的所有这些工作,其效果总的说来是完全令人满意的。学生言语的句法结构大大改善了。八年级第二学期所写的二百篇作文中已有七十余处使用了无连接词主从复合句。十年级的效果更好,几乎每一篇作文中都有两三个这类句子。句法结构的改变又导致了学生语言风格整体的改善:他们的风格变得较为活泼、形象、感情充沛,而主要的变化则是显示出了作者的个人面貌,可以听得到他的生动的个人语调了。我们的修辞课显然没有白上。

最后应当指出,修辞分析,即便是最细致入微的分析,学生也完全能够接受,而且他们非常喜欢,只是要分析得生动活泼,同时学生自己也积极参与分析。单纯的语法分析从来都十分枯燥无味,而修辞分析和练习则极其引人入胜,二者恰成鲜明对照。不仅如此,只要做法得当,修辞分析还能帮助学生理解语法,因为枯燥的语法形式一旦注入了修辞意义,便仿佛活了起来,向学生呈现出崭新的面貌,变得比原先既易于理解,又饶有趣味了。

俄语教师都有这样的体会:学生的笔语一般要经历一次重大的转折。低年级时,孩子们的笔语和口语没有显著的差别。他们还不写文学题目的作文和议论文,而在那些描写性和叙述性的作文中,他们使用语言还没有什么拘束,因此,尽管这些作文的语句往往不很通顺,但却活泼、形象、富有感情。孩子们使用的句法接近口语句法;他们还不顾及句子结构的准确性,所以造出的句子相当大胆,有时十分生动。他们还完全不懂要选择词语,所以用词五花八门,没有统一的文体风格,但也同样是生动和大胆的。这种童稚的语言虽然笨拙,却能表现出个人特点来,还没有变得千人一面。到了后来就发生转折了。转折一般在七年级末开始,到八、九年级时达到顶点。这时,学生开始用书面文语写作。他们的楷模是文学课本上那种刻板的语言,因为实际上他们最初的文学题目的作文只是些转述而已。不过,到了学生稚嫩的笔下,课本的语言变得更加刻板,更加缺乏个性了。他们开始害怕一切独特的表达法,一切不像他们见过的那些书面语模式的语句。写的时候,他们只顾及眼睛,不用声音、语调和手势去检验写出的文字。从形式上看,他们的语言固然变得较为准确了,但这种语言是无个性的,是苍白灰暗的。学生们自己还觉得这种书卷气的、不像活的口语的语言很不错。

这时,教师应当用大力去抓了。教师要做的工作,是努力促使学生的笔语发生新的转折,使之重新向生动活泼的口语靠拢,向实际生活靠拢。但这种靠拢是在较高文化素养水平上的靠拢:目标不是幼稚的、不成熟的自然,而是成年人的老练和以经典文学作品语言为楷模的大胆。

在七年级工作做得是否得当,对全局具有决定性意义。讲授复合句句法,要自始至终结合修辞分析进行。这将给学生打上预防针,使他们能较好应付即将袭来的那种笔语极端书卷气的幼稚病。染上幼稚病时,他们的病情会轻得多,痊愈也快得多。

八年级时,修辞分析仍要继续进行,毫不放松。到了九年级,则要使转折彻底完成,引导学生走出书卷气的死胡同,踏上文理通顺、活泼大胆、富有创造性、富有生活气息的康庄大道。缺乏个性的、抽象的书面语言是教育程度不高的标志,一个文化上成熟的人用的不是这种语言。

而语言对说话人的思维又有十分重大的影响。富有创造性、卓尔不群、善于探索、不脱离纷繁复杂生活的思维,不能在无个性、刻板、枯燥、抽象的书面语言外壳中得到发展。究竟学生将带着哪种语言走出中学校门,这将在很大程度上决定他创造才能的命运,而教师对此负有责任。

为了顺利地实现这一任务(使学生掌握生动活泼、富有创造性的人民语言),当然必须采用多种多样的工作形式和工作方法。上面我们介绍的对无连接词主从结构的分析,在这些形式中占有不容忽视的地位。无连接词复合句是同千人一面的书面语做斗争时可以使用的有力武器:正如我们在前面看到的那样,这类句子中,说话人的独特面貌能得到最清晰的反映。只要能使这类语句在学生的笔语中扎根,它们便会影响笔语中的其他句型,影响学生的整个笔语风格,在这类语句形式的周围,那些无个性的书面语八股将开始土崩瓦解,学生的个人独特语调将到处破土而出,而教师所要做的,将只是通过灵活、谨慎的指导来促进学生语言独特个性的诞生。

汪嘉斐　译

多语现象作为小说话语发展的前提

　　严格意义上的多语现象(即超出民族语范围的多语)在长篇小说里是一种例外的情形。故意为之的修辞上的多语(多民族语)混合,在长篇小说中当然是极其罕见的。一般说来,长篇小说中的多语,最多也不过是该民族语的分化而已。但同时,真正的积极的多语现象,是长篇小说体裁必不可少的一个前提。只有多语事实能为语言生活带来深刻的批判态度。对于多语的意识来说,语言无不取得了一种新的质,变成完全另一种东西,与闭塞的单语意识所看到的截然不同了。

　　果戈理作品中之笑,又一次在俄国小说史上起到了决定性的作用;俄国长篇小说更新了欧洲小说,把长篇小说体裁推上欧洲未能达到的一个新的发展阶段(托尔斯泰、陀思妥耶夫斯基)。果戈理的创作,以个人的充满激情和戏剧性的形式,在我们眼前再现了下列因素在古代的相互依存相互斗争的情形:史诗话语与长篇小说的话语,遥远的英雄业绩与亲昵的笑谑之间,悲剧的黑尔库与喜剧的黑尔库之间,悲剧与梅尼普讽刺之间。漫长的历史过程在这里化作了个人的悲剧,体现为生活冲突和心理冲突。由笑产生出来的形象归于何处,放到哪种体裁里。从前那种文学的严肃性遇到危机。在这个方面,具有特殊历史价值的不是已经写成的《死魂灵》,而恰恰是这部"поэма"(诗作)的构思本身以及构思形成的全过程。因为这一构思是在新的条件下再现了《堂吉诃德》、拉伯雷、但丁、流浪汉小说、斯特恩等的创作探索，也就是说再现了欧洲小说发展的基本阶段。在果戈理的笑声里，偶尔还听得到农神节的回声和希腊笑谑的余音；希腊之笑创造出了讽刺剧、喜剧的黑尔库、歌舞剧等。一部写旧事物死亡、新事物诞生的诗作，然而新事物却是乞乞科夫，一个怪物。纯粹雄辩式的颂扬，与笑谑形成了十分尖锐的对照。异常鲜明而一贯地表现出来的尼古拉时期的官方性。官方的人民性与赞颂。非官方的力量。语言中、姿态中、日常细节中的一切非官方的、未被领悟的、有悖常理的东西，都吸引着果戈理的注意。他在人的形体中，在人的脸上，看出了具体的物体（如泥罐样的丑脸，如朝上朝下的萝卜）或是野兽（如大熊）。他在词语中搜寻绰号。须揭示外形描写中怪诞形象的逻辑所在。他寻找伟大，但不是在理想人物的形象中，而是在豪勇气概中，在民间快活的豪勇精神里。

　　中世纪对话语的分等级态度；这种话语与语体的等级区别，涵盖了多种风格（区分是复杂而又十分细微的）。对这一等级区分，又形成了特殊的感受。文艺复兴时代打破了这个等级。它的残余反映在修辞的"词汇选择"上。在已经民主化了的这个语言中，正在形成新的等级（根据另一些原则，但已没有神圣的因素）。

　　要分析中世纪文学中对他人话语的复杂态度，以及这一态度中的细微差别。

白春仁　译

言语体裁问题

一、问题的提出和对言语体裁的界定

[……]人类活动的所有领域,都与语言的使用相关联。显而易见,使用语言的性质及形式,也像人类的活动领域似的多种多样;无可置疑,这丝毫也不与语言的全民统一性相矛盾。语言的使用是在人类某一活动领域中参与者单个而具体的表述(высказывание)①形式(包括口头的和书面的话语)中实现的。这些表述不仅以自身的内容(话题内容),不仅以语言风格,即对词汇、句子和语法等语言手段的选择,而且首先以自身的布局结构来反映每一活动领域的特殊条件和目的。所有这三个因素——话题内容、风格和布局结构——不可分割地结合在表述的整体中,并且都同样地为该交际领域的特点所决定。每一单个的表述,无疑是个人的,但使用语言的每一领域却锤炼出相对稳定的表述类型,我们称之为言语体裁。

言语体裁的丰富多样是不胜枚举的,因为形形色色的人类活动的可能性是难以穷尽的;也因为在每一活动领域中都形成了一系列的言语体裁,它们随着这一领域的发展和复杂变化而得到区分和成熟。特别需要强调的是言语体裁(口头的和书面的)的极端差异性。实际上,

---

① высказывание 一词,在具体语境中也可译作话语,本文集为前后行文一致,统译为"表述"。——编者

我们所说的言语体裁应该包括日常对话的简短对白(而日常生活对话因主题、情景、参加者的不同,其类别是千差万别的),包括日常的叙事、书信(各种不同的形式),也包括简短标准的军事口令和详尽具体的命令,不可胜数的各种事务性文件(大多是标准化了的),还有多种多样的政论(广义的理解:含社会性和政治性的文章);此外还应包括各种形式的科学著作以及全部的文学体裁(从一句俗语到多卷的长篇巨著)。人们可能觉得,言语体裁彼此是那么不同,以致不可能有一个统一的角度来研究它们。要知道,这里放在一个平面上研究的是差异极大的现象,如只语片言的日常对白和多卷本的长篇小说,如标准的甚至带强制性语调的军事口令和个性鲜明的抒情作品,如此等等。由于功能上差异很大,可以想象得到,言语体裁所能具有的普遍特征就显得过于抽象而空洞。大概正由于这个原因,言语体裁的整个问题从未真正提出过。而得到过研究的,主要也是文学的体裁。不过从古希腊罗马开始直至今日,对它们的研究都是着眼于它们的文学艺术特殊性,着眼于它们相互间的细微差别(即在文学的范围之内),却不是视为特定类型的表述,与其他类型不同但有着共同的词语(语言)特性的表述。表述及其类型的问题,从普通语言学的角度几乎完全被人忽略。从古希腊罗马时期开始,还研究了演说体裁(不过其后各时代对古希腊罗马的理论没有增添多少东西);这里对作为表述的这类体裁的词语特性,已经给了较多的注意,例如对听众的态度以及这一态度对表述的影响,表述特有的词语完成性(有别于思想的完成性),等等。但即使在这里,演说体裁(法庭的、政治的演说)的特殊性依然掩盖了普通语言学意义上的特性。最后,还有人研究过日常生活中的言语体裁(主要是日常对话的对白),而且恰好是从普通语言学观点上着眼的(如索绪尔学派[1],如索绪尔最新的追随者结构主义学派,如美国的行

---

[1] 索绪尔的理论基础是区分语言(la langue)和言语(la parole)两个范畴。巴赫金在《马克思主义与语言哲学》一书中,视索绪尔学说为语言哲学的两个基本流派之一,称之为"抽象的客观主义",而该书提出的表述理论同这两个派别均有不同。——原编者

为主义者①;还有建立在完全另一种语言学基础上的福斯勒学派②)。但这一研究也没有能够对表述的普通语言学特性作出正确的界定,因为它只局限于考察日常生活口语的特殊性,有时故意依据一些简陋的表述(如美国的行为主义者)。

　　无论如何也不应低估言语体裁的极其多样性和与此相关的界定表述的普遍特性的难度。在这里,对第一类(简单类型)和第二类(复杂类型)言语体裁之间的本质不同(这不是功能上的不同)应给以特别的关注。第二类(复杂的)言语体裁,如长篇小说、戏剧、各种科学著述、大型政论体裁等等,是在较为复杂的和相对发达而有组织的文化交际(主要是书面交际)条件下产生的,如艺术交际、科学交际、社会政治交际等。它们在自身构成过程中,把在直接言语交际条件下形成的各种第一类(简单)体裁吸收过来,并加以改造。这些第一类体裁进入复杂体裁,在那里发生了形变,获得了特殊的性质:同真正的现实和真实的他人表述失去了直接的关系。例如,日常生活中的对话对白或书信,进入长篇小说中以后,只是在小说内容的层面上还保留着自己的形式和日常生活的意义,只能是通过整部长篇小说,才进入到真正的

---

① 行为主义是现代心理学的一个流派,主要流行于美国。行为主义判断人的心理活动,是依据他的外在表现的反应,并把行为看作现时层面上对外部刺激的反应要素。美国描写语言学即以行为主义为依据;其最负盛名的理论家 L.布龙菲尔德,采用"刺激——反应"的公式来描写言语过程。——原编者

② 福斯勒学派指德国语言学家卡尔·福斯勒(1872—1949)及其后继者组成的语文学学派。在后继者中以列奥·施皮策尔最为著名,巴赫金在自己的著作中曾多次引述其见解。在《马克思主义与语言哲学》一书中,福斯勒学派被描述为"现代哲学语言学思想中最有影响的流派之一"。在福斯勒一派看来,语言的现实就是个人言语行为所实现的连续不断的创造性活动。语言的创作类似于艺术的创造,修辞学乃是语言学中的主导学科。这一学派语言观的特点是"修辞重于语法",说话者的观点居于首位(相对于索绪尔语言学中听话者观点居于首位),审美功能居于首位。巴赫金的《话语创作美学》在一系列重要问题上接近福斯勒学派(同时却在更大程度上拒绝语言学中"抽象的客观主义"),首先是在把表述视为语言生活的具体现实这一点上。然而,巴赫金的表述理论,又不同于福斯勒把表达与表述看作个人的言语行为,而是强调在言语交际中"内在的社会性"决定着话语,而这一内在社会性是客观地存在于言语体裁中的因素。这样,巴赫金的言语体裁思想使得他的超语言学既与语言哲学中的索绪尔学派不同,又与福斯勒学派有别。——原编者

现实中去,即作为文学艺术现实的事件,而不是日常生活的事件。整部的长篇小说是一个表述,就像日常对话中的一个对语或一封私人信件一样(长篇小说与它们有共同的特性),但与它们不同的是,长篇小说属于第二类(复杂的)表述。

第一类和第二类(意识形态型)体裁之间的区别是巨大而又具原则性的;正因为这样,应该通过对这两类体裁的分析来揭示和界定表述的本质;只有在这一条件下所作的界定才能符合表述复杂而深刻的本质(也才能涵盖其最重要的各个方面);片面地只依据第一类体裁,不可避免地会把整个问题庸俗化(这种庸俗化的极端表现,就是行为主义语言学)。第一类和第二类体裁的相互关系本身,及后者的历史形成过程,有助于说明表述的本质特性(首先是说明语言与意识形态、世界观之间相互关系的复杂问题)。

研究表述的本质以及人类活动不同领域中表述体裁的多样性,几乎对语言学和语文学的所有领域来说,都具有重大的意义。因为对具体语言材料的任何研究,包括语言史、规范语法、各类词典的编纂、语言修辞学等等,都不可避免地要与具体的表述(书面的和口头的)打交道;而这些表述分属于人类活动和交际的不同领域;这就是年鉴、协议、法律文本、公文和其他文件,各种文学的、科学的、政论的体裁,官方的和日常的信函、日常对话(包括其多种多样的变体)的对白,等等;研究者正是从那里选取他所需要的语言事实。明确认识表述的普遍本质和不同类型(第一类和第二类)表述的特点,亦即不同言语体裁的特点,在我们看来是任何专门的研究都不可缺少的。在语言学的任何研究领域里,忽视表述的本质和各种言语体裁的特点,都会导致形式主义和极端的抽象,损害研究的历史精义,削弱语言与生活的联系。因为语言是通过具体的表述(表述是语言的事实)进入生活,生活则是通过具体的表述进入语言。表述正是极其重要的问题症结。现在我们从这一角度来考察一下语言学的某些领域和问题。

首先谈谈修辞学。任何风格都与表述不可分地联系着,与表述的典型形式即言语体裁不可分地联系着。任何表述,包括口头的和书面的,第一类和第二类的,也不管在任何的言语交际领域中,都是个人的,所以能够反映说者(或笔者)的个性,即具有个人风格。但不是所有体裁都同样地有利于在表述的语言中反映说者的个性,亦即不是同样地有利于表现个人风格。艺术作品的体裁最为适宜:这里表现个人风格直接属于表述的任务,是表述主要目标之一(即使在文学的范围里,不同的体裁对通过语言表现个性,潜力也是不一样的,而且各自表现个性的不同方面)。最不适宜在语言中表现个性的,是那些要求程式化的言语体裁,例如:各种公文、军事口令、生产中的文字报表等等。这里能够表现的,只有个性中最表层的方面,几乎是生物学的方面(而且主要是在口头实现这些程式化表述的时候)。对绝大多数的言语体裁(文学体裁除外)来说,表现个人风格不在表述的意图之内,不成为表述的一个目的,而是表述的所谓的副产品。在不同的体裁中,可以揭示出个性的不同层次和方面,个人风格与全民语可以处在不同的相互关系中。语言中全民性和个性的关系问题,根本上是表述的问题(因为只有在表述中,全民语才能体现为个人的形式)。要界定一般的风格和个人的风格,就要求既较为深入地研究表述的本质,又较为深入地研究言语体裁的多样性。

  风格(语体)[①]与体裁之间有机而不可分割的联系,在语言风格或功能语体的问题上也得到了明确的揭示。从本质上说,语言风格或功能语体正是人类活动和交际的特定领域中的体裁风格。每一领域都拥有和使用符合该领域特殊条件的自己的体裁;与这些体裁相适应,也就有特定的风格。一定的功能(如科学的、技术的、政论的、公务的、日常生活的功能)以及每一领域特有的言语交际的特定条件,产生着特定的体裁,也就是特定的、相对稳定的有着不同题材、布局和修辞的表述类型。风格不可分割地与一定的题材统一体相联系,尤为重要的

[①] 原文为стиль,兼有风格、语体、体式等含义;此处就兼有通常所说的"风格"和"语体"二义。——译者

是与一定的布局结构的统一体相联系,即与整体构建的一定类型、完成整体的一定类型、说者与其他言语交际者(听众或读者、伙伴、他人言语等等)的一定关系类型相联系。风格作为一个因素进入表述的体裁统一体中。这当然并不意味着不能把语言风格作为一个独立的专门的研究对象。这种研究,亦即作为独立学科的语言修辞学,既是可能的,也是必要的。但这一研究只有经常考虑到语言风格(语体)的体裁本质,只有预先考察了言语体裁的不同变体,方能是正确的、富有成效的。迄今为止,语言修辞学还不具备这样的基础。它的不足正源于此。对语言风格(语体)尚无一致公认的分类法。进行分类的学者们,往往违背分类的基本逻辑要求,即统一的依据。分类变得十分贫乏而且界限不清。例如在不久前出版的科学院俄语语法中,列举了如下的语言修辞变体:书面语言、民间语言、抽象学术语言、科学技术语言、报刊政论语言、公文事务语言、亲昵的日常生活语言、粗俗的俚语。与作为修辞变体的这些语言风格(语体)一起,又并列出方言、旧词语、职业用语。这种风格(语体)的分类,完全出于偶然性,依据的是对语体的不同区分原则(或根据)。此外,这一分类又显得贫乏而不清晰[①]。所有这一切都是对语言风格(语体)的体裁本质缺乏透彻理解的直接结果,是未能依照人类活动领域对言语体裁进行有据分类的直接结果(还有就是没有区分第一类和第二类的体裁,而这种区分对修辞学是十分重要的)。

　　风格(语体)与体裁的脱节,对一系列历史问题的研究影响特别严重。语言风格(语体)的历史嬗变与言语体裁的演变不可分割地联系在一起。标准语是由语言风格(语体)构成的复杂而能动的体系;它们在标准语体系中的比重及其相互关系,处在不断的变化之中。标准语

[①] A.H.格沃兹杰夫在《俄语修辞学概论》(莫斯科,1952年,第13—15页)中对语体所做的分类贫乏而不清晰,没有充分的依据。H.H.阿莫索娃在《列宁格勒大学学报》(1951年第5期)上发表的《从约·维·斯大林关于语言全民性的学说看英语的语体问题》一文,对英语语体也作了类似的分类。这些分类的基础是对语言体式的传统见解未作批判性的把握。——作者

则是更加复杂的体系,是按照另一些原则组织起来的体系,它包容着一些非标准语的语体。为了弄清这些体系复杂的历史沿革,为了从简单地(大多也是肤浅地)描述现有的和相互交替的风格(语体)转向对这些变化的历史阐释,必须对言语体裁(而且不仅是第二类的,还有第一类的)的历史作专门的研究;因为言语体裁能比较直接地、敏锐地、灵活地反映出社会生活中所发生的一切变化。表述及其类型亦即言语体裁,是从社会历史到语言历史的传送带。任何一个新现象(语音的、词汇的、语法的),如果不经过体裁的和修辞的漫长而复杂的考验与加工,都不能进入到话语体系之中①。

　　在标准语发展的每一时代,都有一定的言语体裁起主导作用,而且不仅有第二类体裁(文学的、政论的、科学的体裁),还有第一类体裁(一些口头对话的类型,如沙龙的、狎昵的、社团的、家庭生活的、社会政治的、哲学的等等对话)。标准语汲取民间语中各种非标准成分的任何拓宽,都不可避免地导致构建言语整体、完成这一整体、考虑听者或伙伴因素等的一些新的体裁手段,或多或少地渗透进标准语的全部体裁(文学的、科学的、政论的、会话的等体裁)之中,其结果使言语体裁在不同程度上得到改造和更新。当人们考虑民间语中相应的非标准语成分时,不可避免地也要考虑这些成分得以实现自己的那些言语体裁。在大多数情况下这就是口头对话体裁的各种不同类型。由于这个缘故,第二类体裁程度不同地出现明显对话化,它们的独白结构随之削弱,对听众作为谈话伙伴产生了新的感觉,出现了完成整体的新形式,如此等等。哪里有风格(语体),哪里就有体裁。风格(语体)从一个体裁转入另一体裁,不仅要使风格(语体)在它所不习惯的体裁中表现异常,而且会破坏或改变这一体裁。

　　这样一来,个人风格和语言语体都离不开言语体裁。较为深入而广泛地研究言语体裁,对卓有成效地探讨一切修辞学问题,都是不可

---

① 我们这个论点与福斯勒关于修辞重于语法的理论,以及与唯心主义语言学其他类似的理论毫无共同之处。对此,我们将在下面作出更加清晰的阐述。——作者

或缺的。

而且，词汇学、语法学与修辞学之间的相互关系这一原则问题，也是一个普遍的方法论问题，同样有赖于表述和言语体裁问题的解决。

语法学（以及词汇学）根本上不同于修辞学（有些人甚至把它同修辞学对立起来），但同时没有一种语法研究（我且不说规范语法）可以不需要修辞方面的观察和探讨。在许多情况下，语法和修辞之间的界限仿佛完全消失了。有些现象，一部分研究家把它归到语法学领域，另一部分研究家则把它归入修辞学领域，例如，语段①就是如此。

可以说，在任何一个具体的语言现象中，语法和修辞都是既合又分的：如果把这个现象放在语言体系中研究，那么这是语法现象，而如果放到个人表述或言语体裁的整体中去研究，那么它就是修辞现象。因为说者选择特定的语法形式，这本身就是修辞行为。但对同一具体语言现象的两种观察角度，相互间不应壁垒森严，也不应简单地机械替代，而是应该以语言现象的实际统一为基础而有机地结合起来（在方法论上要加以明确的区分）。只有深刻地理解表述的本质和言语体裁的特点，才能保证正确地解决这一复杂的方法论问题。

在我们看来，研究表述的本质和言语体裁，对于克服有关言语生活、有关所谓"语流"、交际等的简单化看法（这类看法还存在于我们的语言学中）有着决定性的意义。况且，把表述作为言语交际的实际单位来研究，还有助于更准确地理解语言（作为系统）的单位，亦即词语和句子的本质。

现在我们就来讨论这个最基本的问题。

---

① 原文为 синтагма，又译"音义段"或"短语"。——译者

二、作为言语交际单位的表述。这一单位同语言单位(词语和句子)的区别

[……]自19世纪唯心主义语言学家洪堡①开始,虽未否定语言的交际功能,却努力把交际功能推向某种次要的辅助性的地位上;摆到首位的则是不依赖于交际而形成思想的功能。洪堡著名的公式是这样的:"即使完全不涉及人们相互沟通的需要,语言对一个人来说也是思维的必要条件,甚至有他经常处于孤独之中的时候。"②另一些人,例如福斯勒一派,把所谓表现功能摆到首位。不论一些理论家对这一功能的理解有怎样的差异,但都把这一功能的本质归结为表现说者个人的世界。语言来源于人要表现自身、把自身客观化的需求。语言的本质总以某种形式、某种途径归结于个人的精神创造。在唯心主义语言学的土壤上,过去和现在也还提出一些稍有不同的语言功能,但特点仍然在于如果不是完全忽视语言的交际功能,也是对其估价不足。考察语言是从说者的角度出发,仿佛只有一个说者,而没有对言语交际的其他参与者的不可或缺的态度。即使他人的作用受到注意,也只是视为仅仅消极理解说者的一个听众。表述满足于自己的对象(即所述思想的内容),满足于说话者本身。语言实际上只需要说者(仅仅是说者),以及说者言语的内容。而如果此时语言也还能成为交际的工具,那么这只是语言的辅助功能,并不触及语言的本质。语言的集体,说者的众多性,这些在谈到语言时无疑是无论如何也不能忽视的,但在界定语言的本质时,这一因素没有成为必不可少的、决定语

---

① 洪堡(1767—1835),德国语言学家,提出了有关语言本质、发展、分类等理论,对欧洲语言学说的发展有一定的影响。——译者
② 见洪堡的《论人类语言结构的差异及其对于人类精神发展的影响》,彼得堡,1859年,第51页。——作者

言本质的因素。有时语言集体被视为某种集体的个性、"民众的精神"等等，而且被赋予巨大的意义（在"民众心理学"的代表人物那里）。但即使在这种情况下，说者、他人的众多性对每一个具体的说者也不具有重要的意义。[……]

在资产阶级语言学中迄今还流行着诸如"听者"和"理解者"（"说者"的伙伴），"统一语流"之类的虚构说法。这些虚构完全歪曲了言语交际的复杂、多面、积极的过程。在普通语言学教程中（甚至如索绪尔[①]这样严肃的教程中），对言语交际的两个伙伴，即说者与听者（言语接受者），往往是只作直观的概括描述，图示出说者言语的积极过程和听者接受、理解言语的相应的消极过程。不能说这些图示是虚构的，不符合现实中一定的因素；但当把这说成是言语交际的实际整体时，它们就成了科学的虚构了。实际上，当听者在接受和理解言语的意义（语言意义）时，他同时就要对这一言语采取积极的应对的立场：同意或是不同意（全部还是部分同意），补充它、应用它、准备实现它等等；而听者的这一应对立场是从他开始聆听和理解时起的整个过程中形成的，有时简直就是从说者的第一句话起开始形成的。对活生生的言语、活生生的表述的任何理解，都带有积极应答的性质（虽然这里积极的程度是千差万别的）；任何理解都孕育着回答，也必定以某种形式产生回答，即听者要成为说者（"交流思想"）。消极地领会所听言语的意义，这只是实际的、完整的、积极应答式理解的一个抽象因素，这种积极应答式理解正是在随后的真实的大声应答中实现的。当然，在表述之后并非总是直接跟着高声的应答，因为对所听言语（如命令）的积极应答式理解，可以直接体现在行动中（即完成已理解到和准备执行的口令和命令），可以在一定时间里成为默不作声的应答式理解（某些言语体裁也只期望得到这样的理解，例如抒情的体裁）。而这可说是一种延迟的应答式理解，因为听到的以及积极理解了的东西，迟早总要在听者随后的言语中或行为中引出反响。复杂的文化交际所用

---

① 参看索绪尔的《语言学著作集》，莫斯科，1977年，第50页。——原编者

的体裁,在大多数情况下恰好都期望着这种延迟的积极应答式理解。我们在这里所说的一切,如果做些相应的改变和补充,也同样适用于书面的和阅读的言语。

总之,任何现实的整体的理解都是积极应答的理解,并且无不是应答的起始准备阶段(不管这应答以什么方式实现)。而说者本人也正是指望着这一积极的应答式理解:他期待的不是消极的理解,不是把他的思想简单地复现于他人头脑中,而是要求回答、赞同、共鸣、反对、实行等等(不同的言语体裁要求说者和写者抱有不同的目的,不同的言语构思)。力求使自己的言语为人理解,这仅仅是说者具体而完整的言语构思中的一个抽象因素。不仅如此,任何说者本人在某种程度上也是应答者,因为他不是首次打破宇宙永恒沉默的第一个说话者,他不仅需要先有他所用的那一语言体系的存在,而且需要有某些先前的表述(自己的和他人的表述)的存在,而他此刻的表述就要同这些表述发生这样或那样的关系(依靠这些表述,与它们论争,或者只是作为听者已知的前提),每一个表述都是其他表述的组织起来的十分复杂的链条中的一个环节。

这样,普通语言学图示上所描述的那个作为说者伙伴的消极理解的听者,是与言语交际("交流思想")的真实参与者不相符合的。图示所表现的是真实而完整的积极应答式理解行为里的一个抽象因素;这样的理解孕育着(说者所期望的)回答。此类科学的抽象,本身是完全合理的,但需有一个条件:如果明确认为它只是一种抽象,而不充作事物的具体的整体;否则的话,它就要变成一种假象。而正是后者出现在资产阶级的语言学里,因为类似的抽象图表虽然没有直接称为真实言语交际的反映,却也没有附以说明,指出实际情况要远为复杂。结果是,图表歪曲了言语交际的实际状况,恰恰取消了它那些最重要的因素。他人在言语交际过程中的积极作用,这样一来被削弱到了极点,而这是符合唯心主义语言学的精神的。

忽视他人在言语交际过程中的积极作用,企图根本回避这一过程,还表现在对"言语"或"语流"这一术语的含混不清、模棱两可的用法上。这个有意含糊其辞的术语,通常是表示那种可以分解成片段即语言单位的东西;这些单位有语音的(音位、音节、言语节拍)和意义的(句子和词语)。"语流可以分解为……","我们的言语可分割成……"——在一般的语言学和语法学教材中,还有在专门的语音学、词汇学、语法学研究中,往往用这样的话来开始对相应语言单位的研究。令人遗憾的是,我们不久前面世的科学院语法,也采用了这个不明确的、模棱两可的术语"我们的言语"。例如语音学部分就是这样开始的:"我们的言语首先可区分为句子,而句子又可分为词组和单词。词明确地分解为更小的语音单位——音节……音节又分为单个的语音或者音位……"①

这个"语流"是什么?"我们的言语"又是指什么?它们有多长?它们有开头和结尾吗?如果它们的长度不确定,那么我们截取多大的片段来分解为单位呢?所有这些问题完全含混不清,意义不明。含义不定的"言语(речь)"一词,既可以表示语言,又可表示言语过程即说话,又能表示单个的表述,还可是长度不定的一串表述,或一定的言语体裁(如"он произнес речь"——"他发了言");至今语言学家们没有使言语(речь)一词成为意义上严格限定的明确的(可界定的)术语(类似情形也存在于其他语言之中)。其原因就在于表述和言语体裁(因之也还有言语交际)的问题几乎完全没有得到研究,几乎总是混用所有上述的各种意义(只有最后一个意义除外)。最为常见的是,把"我们的言语"理解成是任何人的任何表述。然而这种理解从来没有贯彻始终②。

---

① 《俄语语法》,第1卷,莫斯科,1952年,第51页。——作者
② 也不可能贯彻始终。例如,像"啊!"这样的表述(对话中的一句对白),不可能再分解为句子、词组和音节。所以说"任何表述"就不合适。再者,表述(言语)可以分割而成语言单位,然后往往把句子界定为最简单的表述,这样一来句子就不可能是表述的单位了。这里是默认表述为一个说者的言语,而对话的因素全被抛弃了。

与表述的边界相比,所有其他的边界(如句子之间、词组之间、语段之间、单词之间的界限),都是相对而有条件的。——作者

既然弄不清楚是什么东西可以分解成语言的单位,因此语言的单位也就变得模糊不清了。

在语言学思维方法论中这一核心的症结点上,术语如此模糊和混乱,乃是忽视言语交际的实际单位即表述所造成的结果。要知道,言语在现实中存在的形式,只能是各个说话者、言语主体的具体表述。言语总是构成为表述,属于特定的一个言语主体,在这一形式之外它是无法存在的。表述不论其长短、内容、布局结构多么不同,作为言语交际的单位却都具有共同的结构特征,首先具有十分明确的边界。对这个特别重要的、具有原则意义的边界,我们不能不加以详尽的研究。

每一具体的表述作为言语交际的单位,其边界就在不同言语主体的交替处,即决定于说话者的更替。因为言语交际是人类活动和生活的一切领域中的"思想交流"。任何表述,从日常生活对话的简短(独词)对白到卷帙浩繁的长篇小说或科学论著,都有可说是绝对的开头和绝对的结尾;因为在它的开头之前是他人的表述,在它的结束之后是他人应答的表述(或者至少是他人的默不作声却积极应答的理解,最后也可能是基于这种理解的应答性行动)。说话者结束自己的表述,为的是让人来说话,或者让他人实现积极应答的理解。表述不是一个假定性的单位,而是一个实际的单位,以言语主体的更替作为明确的边界线,以给他人提供说话机会而告终,仿佛无言暗示"dixi"①,即给听者一个说者结束话语的感觉(犹如一个记号)。

言语主体的这种为表述明确分界的更替,在人类活动和日常生活的不同领域里,由于语言功能的不同,由于交际条件和环境的不同,而具有不同的性质,采取不同的形式。我们最容易、最直观看到的,是实际的对话中交谈者(对话伙伴)的表述(这里我们称作对白)彼此交替。对话以其单纯和鲜明而成为言语交际("思想交流")的经典形式。每一个对语,不管多么简短和不连贯,都具有特殊的完成性,都表现出说者的某种立场,针对这一立场可以作出回答,可以采取应答的

---

① 拉丁语:"我说完了。"——译者

立场。我们在下面还将谈到这种特殊的完成性(这是表述的基本特征之一)。与此同时,对语相互间又是彼此联系的。而存在于对话中对语之间的那种关系(问与答、肯定与否定、肯定与赞同、建议与接受、命令与执行等关系),不可能出现在语言单位之间(单词之间和句子之间),即既不能出现在语言体系中(纵向上),也不能出现在一个表述的内部(横向上)。对话中对语之间的这些特殊关系,只能是言语交际过程中出现在完整表述之间的特殊关系的一些类型。这些关系只存在于不同言语主体的表述之间,它们必须以有言语交际的其他(对说者而言)成员为前提。完整表述之间的这些关系,不能成为语法的关系,因为(我们再说一遍),它们不可能存在于语言单位之间,而且不但不存在于语言体系里,也不存在于表述的内部[①]。

在第二类言语体裁中,特别是演说体裁中,我们会遇到仿佛与我们这一论述相矛盾的现象。说者(或笔者)在其表述内部经常提出问题,再自己回答这些问题、反驳自己的观点,而后自己推翻自己的驳难,如此等等。但这些现象正是效仿言语交际和第一类言语体裁的假定性的表演。这种假定性表演对演说体裁(广义上的,包括某些科普体裁)是很典型的。不过,所有其他第二类体裁(艺术的和科学的体裁)也利用各种不同形式,把第一类言语体裁的表述以及它们之间的关系(而且在这里,它们或多或少会发生些变化,因为并不存在言语主体的实际的更替)纳入表述的建构之中。第二类体裁的本质就是这样。在所有上述现象中,再现的第一类体裁相互间的关系,虽然处在一个表述的范围之内,却不会变成语法的关系,仍保存着自己的特性,原则上不同于表述内部单词之间和句子之间(以及其他语言单位,如词组等之间)的关系。

这里有必要利用对话及其对白为材料,先谈谈作为语言单位的句子不同于作为言语交际单位的表述这个问题。

(句子的本质问题,是语言学中最复杂最困难的问题之一。有关

[①] 它们是第二类体裁中的边界线。——作者

这一问题的不同观点之争,在我们的学术界至今仍不绝于耳。揭示这一非常复杂的问题当然不是我们的任务,我们只想涉及问题的一个方面,而这个方面据我们看来,对整个问题有着重大的意义。对我们来说,重要的是确切界定句子对表述的关系。这一方面有助于更加清晰地阐明表述,另一方面也有助于阐明句子。)

　　这一点我们留在后面讨论。这里只需指出,作为语言单位的句子,其边界从来都不是根据言语主体的更替来确定的。这种更替从两头框住句子,把句子变成一个完整的表述。这样的句子就具有了新质,接受起来已完全不同于这个说者的一个表述的语境内为其他句子所夹的句子。句子——这是相对完整的一个思想,与同一说者的整个表述中其他思想有着直接的关联;句子结束时,说者作出一个停顿,以便转向自己的下一个思想,用以继续、补充、更新前一个思想。句子的语境,是同一言语主体(说者)的言语语境;句子与语言外的现实语境(情景、环境、此前历史)的关系,与其他说者表述的关系,都不是直接的,不是亲自实现的,而只能是通过它周围的整个语境,亦即通过他的整个的表述。但如果句子不是处于同一说者的语境的包围中,也就是说如果句子是一个完整的终结的表述(对话中的一个对白),那么它就会直接(而且亲自)同现实(语言外的语境)和别的他人表述发生联系;在它之后已不是说者本人所确定、所考虑的停顿(任何停顿,如果作为语法现象并有其目的和意义,就只能出现在一个说者的言语内部,即出现在一个表述的内部;而不同表述之间的停顿,当然不是语法性质的,而是实际性的;这种实际的停顿——心理上的或是某些外部情况所引起的——也不可能中断一个表述;在第二类的文学艺术体裁中,这样的停顿是由艺术家、导演、演员所设定,它们从根本上既不同于一个表述内部语法的停顿,也不同于修辞的停顿,例如语段之间的停顿);在它之后期待的是另一个说者的回答,或者是他的应答性理解。这种已成为完整表述的句子,获得了特别的有充分价值的意义,对它可以采取应答的立场,即可以赞同它或不赞同它,可以实行它,可以评价它,如此等等;而处在语境中的句子,则不具有决定应答的能力,它只有在整个的表述之中才能有这个能力(更准确地说,是参与到这个能力之中)。

所有这些全新的性质和特点,并非是属于成为完整表述的句子,而恰恰是属于表述,它们表现的是表述的本质,而不是句子的本质,因为它们加于句子身上,便把句子充实到了完整表述的程度。作为语言单位的句子,不具备所有这些属性:它的前后两头没有言语主体的更替来划定边界,它与现实(非话语情景)没有直接的联系,与他人表述也没有直接的关系,它不具有充分的价值意义也无力直接决定其他说者的应答立场,即无力引出应答。作为语言单位的句子,具有语法的特性,语法的边界,语法上的完成性和统一性。(把句子放到表述整体中,从这一整体的角度来观察,句子会获得修辞的属性。)当句子作为完整的表述而出现时,它仿佛被嵌进了另一种材料所做的框子里。分析句子的时候人们忘记了这一点,就要歪曲句子的本质(同时也歪曲了表述的本质,把这个本质变成了语法属性)。许多语言学家和语言学学派(在句法学领域内),陷入了混淆二者的境地;他们当作句子加以研究的东西,实际上是句子(语言单位)和表述(言语交际单位)的某种混合物。人们交流的不是句子,正如同不是单词(在严格的语言学含义上)、不是词组一样;人们交流的是思想,亦即表述;而表述是借助于语言单位(单词、词组、句子)构建的;而且,表述既可以是一个句子组成的,也可以是一个词组成的,不妨说是一个言语单位(主要是对话中的对语)组成的,然而不能因此说,语言单位就变成了言语交际的单位。

关于作为言语交际单位的表述,尚无透彻的理论,这导致对句子和表述区分不清,往往还把它们完全混为一谈。

现在我们回过头来谈谈实际的对话。正如我们前面所说,这是言语交际的最单纯最经典的形式。不同言语主体(说者)之间决定着表述边界的相互更替,在这里表现得异乎寻常的鲜明可睹。不过即使在言语交际的其他领域里,其中包括复杂的文化交际(科学的和艺术的交际),表述边界的本质亦复如此。

各种科学和艺术体裁中建构复杂而又具专业性的作品,尽管与对话中的对语差别很大,就其本质来说也是那样的言语交际单位:它们也是以言语主体的交替而明确划界的;而且这种界限在保留自己鲜明外形的同时,还获得了特殊的内在特性,这是由于言语主体(此处是作品的作者)在这里通过风格、世界观、自己作品构思的全部因素,表现着自己的个性。正是作品中这种个性烙印,造成了特殊的内在界限,把这一作品与在该文化领域言语交际过程中与之联系的其他作品区别开来,亦即区别于作者所依据的前人作品,区别于同一流派的其他作品,区别于作者与之斗争的敌对流派的作品,如此等等。作品也像对话中的对语一样,旨在得到他人(诸多他人)的应答,得到他人积极的应答式理解;这一理解可以表现为不同的形式:对读者起教育的作用,劝说读者,批评性反应,对追随者和后继者的影响,等等;这一理解决定着他人在该文化领域言语交际、交流思想的复杂条件中所持的应答立场。作品是言语交际链条中的一个环节;它也像对话中的对白一样,与其他作品即表述相联系:这既有它要回应的作品,又有对它作出回应的作品;同时又像对话中的对白一样,以言语主体更替的绝对边界与其他作品分离开来。

这样,言语主体的更替给表述框定边界,赋予表述严格区别于其他相关表述的稳定特性;这一更替就是话语的第一个结构特征。而这个表述是不同于语言单位的言语交际单位。现在来看一看与第一个特征不可分割的第二个特征。第二个特征是表述的一种特殊的完成性。

表述的完成性——这仿佛是言语主体交替的内在方面,这一交替之所以能实现,正是因为说者说尽了(或者写尽了)他在此时此刻或此种条件下想说的一切。我们在聆听或阅读的时候,明显地能感觉到话语的结束,仿佛听到说者的结束语"dixi"。这种完成性是一种特殊的完成性,并有其特殊的标准。表述完成性的第一个也是最重要的标准,是可以对它作出回应,更准确更宽泛地说,是可以对它采取应答立场(例如执行命令)。符合这一标准的有简短的日常问话,例如"几点钟了?"(对它可以作出回答)生活中的请求也是如此,可以满足它或不满足它,还有学术见解,可以赞同或者不赞同(全部地或部分地赞同);再就是文艺作品,对之可以作整体的评价。为了能对表述做出反应,某种完成性是必须有的。为了做到这一点,仅仅从语言方面来理解表述是远远不够的。一个完全可理解的完成的句子,如果这是个句子而不是由一个句子构成的一个完整的表述,并不能唤起应答的反应,因为这虽可理解却还不是一切。这个"一切"作为表述整体性的特征,既不能从语法上,也不能从抽象意义上加以确定。

表述的这种能保障作出应答(或应答性理解)的完成了的整体性,是由三个方面(或因素)决定的,这三个方面在表述的有机整体中不可分割地联系在一起:(1)指物意义的充分性;(2)说者的言语主旨或言语意图;(3)典型的布局体裁的完成形式。

第一个因素,即表述主题的指物意义的充分性,在不同的言语交际领域里有着深刻的不同。在有的领域里这一充分性几乎达到极点,如日常生活的某些领域(纯事实性的问题,以及对这些问题的事实性的回答、请求、命令等等),某些事务性领域,军事方面和生产方面的口令和命令;在这些领域里言语体裁具有最大的程式性,创造因素几乎完全不存在。在创作领域(当然特别是在科学领域)里则相反,指物意义的充分性只能是十分相对的;这里只可说有最低限度的完成性,据此可以采取应答的立场。事物在客观上是取之不尽的,但它一旦成为表述的主题(如学术文章的主题),在一定的条件下,在问题研究的现状下,局限于该材料上,局限于作者提出的目的,亦即在作者确定的主旨范围内,可获得相对的完成性。这样,我们便不可避免地面对与第一个因素有着不可分割的联系的第二个因素。

在每一个表述中,从独词的日常对语到科学或文学的复杂巨著,我们都可把握、理解、感觉说者的言语主旨或决定表述整体、长短和边界的言语意图。我们可以想象出说者想要说什么,我们便以这一言语主旨,这一言语意图(按照我们的理解)来衡量表述的完成性。这一主旨既决定事物的选择(在言语交际的特定条件下,在与此前表述的必然联系之中),也决定表述的边界和它指物意义的完成性。当然,它也决定着表述用哪一种体裁形式来构建(这已是我们下面要谈的第三个因素)。这一主旨(表述的主观因素)与表述的客观的指物意义方面相结合,形成一个不可分割的统一体,从而限定了指物意义,把指物意义同言语交际的具体(唯一)情景联系起来,与交际的所有个人情况联系起来,与参与交际的人们联系起来,与他们此前的表述联系起来。所以,了解情景和此前表述的直接交际参与者,能轻而易举地、迅速地掌握说者的言语主旨、言语意图,并从言语一开始就把握着表述逐步拓展的整体。

我们来看第三个也是对我们最重要的因素——表述的稳定的体裁形式。说者的言语意图,首先表现在选择一定的言语体裁。这种选择决定于该言语交际领域的特殊性、指物意义(题材)的因素、言语交际的具体情景、参与者个人等等。其次,说者的言语主旨以及全部个性和主观性,应用于所选的体裁中,适应这一体裁,并在一定的体裁形式里形成和发展。这样的体裁首先存在于日常口头交际的多种多样的领域中,其中也包括最亲昵和最隐秘的交际。

我们总是用一些特定的言语体裁来说话,也就是说我们所有的表述都具有一定的相对稳固的典型的整体建构形式。我们拥有式样丰富的口头的(以及书面的)言语体裁。我们在实践上娴熟自如地应用这些体裁,但在理论上可能对它们的存在一无所知。犹如莫里哀的朱尔登,用散文说话却毫不意识到这一点,我们也用各式各样的体裁说话,却意识不到它们的存在。甚至在最随便的、无拘无束的谈话中,我们也是按一定的体裁形式组织言语,有时用刻板的、程式化的形式,有时则比较灵活、生动,有创造性(日常交际也使用一些创造性的体裁)。这些言语体裁之于我们,几乎就像母语,我们无须在理论上研究语法就自由地驾驭着母语。母语,它的词汇和语法系统,我们不是从词典和语法书中学到的,而是从我们与周围人们实际的言语交际中听到和仿造的具体表述中习得的。我们只能在表述形式中,而且连同这些表述形式一起,来掌握语言的形式。语言形式和典型的表述形式即言语体裁,是紧密联系在一起,进入我们的经验和我们的意识之中。学会说话就意味着学会构建表述(因为我们说话是用表述,而不是用单个的句子,当然更不是用单个的词)。言语体裁组织我们的言语,几乎就像语法形式(句法形式)组织我们的言语一样。我们学会把我们的言语纳入到体裁形式中去,而当我们聆听他人言语时,从开头就猜得出它的体裁,估计得出一定的容量(即言语整体的大致长度),一定的布局组织,预见到结尾;也就是说从一开始我们就感觉到了言语的整体,只是在后来的言语过程中这个整体才分解出来。如果不存在言语体裁,如果我们不掌握它们,如果我们不得不在言语过程中从头创造它们,自如而且首次地组织每一个表述,那么言语交际、思想交流便几乎是不可能的了。

我们赋予自己言语的那些体裁形式,就其稳定性与对说者的强制性(规范性)来说,当然同语言形式有很大的差异。与语言形式相比,它们一般说来要灵活得多、自由得多。在这一方面,言语体裁的多样性是十分突出的。日常生活中许多广为流行的体裁,是十分规范的,以致说者个人的言语意欲只能表现在选择一定的体裁上,再给这体裁注入加强的语调。例如日常的简短体裁:问候、告别、祝贺、各种祝愿、探询健康、打听情况等等。这些体裁的多样性,来源于它们要依情境、交际参与者的社会地位和私人关系而有所不同:这些体裁有尊崇的形式,严格的官方形式,恭敬的形式,同时又有亲昵的形式,而且亲昵的程度又各不相同,还有隐秘的形式(这与亲昵不同)[1]。这些体裁还要

---

[1] 这些以及类似的现象引起了语言学家(主要是语言史专家)的极大兴趣,但从纯粹修辞角度看,把它们作为历史上变化着的礼仪、礼貌、文雅形式在语言中的反映。参看 F.布鲁诺特的著作(Brunot F. *Histoire de la langue française des origines à 1900*. T. 1—10. Paris, 1905—1943)。——作者

求一定的语调，即要把一定的表情语调纳入自己的结构中。这些体裁，特别是尊崇的、官方的形式，具有极大的稳定性与强制性。言语意欲通常在这里仅限于选择一定的体裁，只是在表情语调上有些轻微的差别（如可取稍许冷漠或稍许尊敬的语调，稍许冷淡或稍许热情的语调，如引入欢快的语调等等），才能反映出说者的个性（即他的言语的感情色彩）。不过即使在这里，也可能出现一般言语交际中十分常见的体裁转用的现象。例如可以把正式场合的问候体裁形式移用到亲昵的交际领域，即为了讽刺性模拟而转用；为达同样目的还可以故意把不同领域的体裁混杂使用。

除了此类程式化的体裁之外，过去和现在当然还存在较为自由的和创造性的口头言语交际体裁，如围绕日常的、社会的、审美的以及其他题材的沙龙谈话体裁，席间交谈体裁，朋友亲密的谈话体裁，家人无间的谈话体裁，等等（口头言语体裁暂时还没有分类定名，甚至连定名的原则暂时还不清楚）。这些体裁的大部分都可加以自由的创造性的改造（这一点同艺术体裁一样，而某些体裁还可在更大程度上改造）。不过，创造性的自由的运用并不是重新创造体裁；为了自由地运用体裁，需要很好地掌握体裁。

许多精通语言的人，往往在某些交际场合觉得自己手足无措，正是由于他们没有实际掌握这些领域的体裁形式。有的人能在文化交际的不同领域中出色地驾驭言语，善于作报告，进行学术争论，能就某些社会问题发表精彩的演说，可在社交谈话中却往往沉默或者笨口拙舌。这里的问题不在于词汇的贫乏，也不在于抽象意义上的风格；整个问题在于不善于运用社会谈话的各种体裁，对表述的整体性缺乏足够了解，以致不能迅速而自然地把自己的言语纳入一定的布局和修辞形式中；在于不会抓住机会插话，不会正确地开始和正确地结束（在这类体裁中布局绝不复杂）。

我们掌握体裁越纯熟，应用起来也就越自如，也就能益发圆满而鲜明地在体裁中揭示自己的个性（在可能这样做也应该这样做的地方),益发灵活而精微地反映出独一无二的交际情景;一言以蔽之,我们能更好地实现我们自由的言语主旨。

这就是说,说者面对的不仅是他必须遵循的全民语言形式(词汇和语法体系),而且还有他必须遵循的表述形式,即言语体裁;而后者对相互理解来说也像语言形式一样是必不可少的。言语体裁与语言形式相比,要远为多变、灵活、可塑;但对说者个人来说,它们具有规范的意义,不是由说者创造的,而是为他规定了的。所以,一个单独的表述不管如何具有个性和创造性,绝不能认为是用语言形式完全自由地组合起来的,如索绪尔认为的那样(许多语言学家在步其后尘)。他认为表述①(la parole)是纯个人的行为,而语言体系是纯社会的现象并对个人具有强制性,从而将表述同语言体系对立起来②。许多语言学家如果不是在理论上,也是在实践上持这样一种立场;因为他们在表述中只见到纯语言形式(词汇和语法形式)的个人组合,而对其中任何其他的规范形式实际上看不到也不去研究。

忽视言语体裁这种相对稳定的和规范的表述形式,不可避免地导致语言学家如我们所指出的那样把表述与句子混为一谈,并且引出一种论点(不错,这种论点从未彻底贯彻过),即我们的言语只能形成我们继承得来的稳定的句子形式;至于我们一气接连说出多少相互联系的这类句子,到什么时候停住不说(结束之语),这完全看说者个人随意的言语意欲,或是听凭神话般的"语流"的左右。

当我们选择一定的句型时,我们不是仅仅为了这个句子而选择它,不是出于我们想用这个句子表达什么的考虑;我们选择句型是从表述整体的角度出发的,这个整体已先在我们的言语想象中出现,并

---

① 索绪尔的中译本中,"la parole"被译成"言语",见高名凯翻译的《普通语言学教程》一书。——译者

② 索绪尔把表述(la parole)定义为:"个人的意志和智能的行为,其中应该区别开:(1)说话者赖以运用语言规则表达他的个人思想的组合;(2)使他有可能把这些组合表露出来的心理物理机制。"(索绪尔著《普通语言学教程》,商务印书馆,1982年,第35页)这样,索绪尔就忽视了一个事实:除语言形式之外还存在着由这些语言形式组合而成的形式,亦即忽视了言语体裁。——作者

决定着我们的选择。对表述整体形式的了解,即对特定言语体裁的了解,在我们的言语过程中指导着我们。我们的整个表述的主旨,当然可能只要求用一个句子来实现自己,但也可能要求用许多句子。而选定的体裁会提示我们用什么样的句型,用什么样的布局关系组合句子。

语言学所以忽视表述形式的原因之一,是这些形式具有极其不同的性质,表现在布局的建构上,特别是它们的容量上(言语的长度),从独词的对语到大部头的长篇小说。容量的巨大差异在口头的言语体裁中也屡见不鲜。所以,言语体裁难以度量,不易被接受为言语的单位。

因而,许多语言学家(主要是句法研究家)企图找到一种介乎句子和表述之间的特殊形式;它应同表述一样具有完成性,同时又应同句子一样可以度量。这就是 фраза(语句)(如卡尔采夫斯基所说[1]),是 коммуникация(沟通、交际)(沙赫马托夫[2]等人)。使用这些单位的研究家们,对此没有一致的理解,因为在语言生活中没有任何确定的和界限分明的实体与之相对应。所有这些人为想出的和假定的单位,对于发生在一切真实生动的言语交际中的言语主体的交替,都毫不关心;所以,在语言行为的所有领域中最为重要的界限,即表述之间的界限,便被一笔抹杀。由于这个原因(结果是),作为言语交际的真正单位的表述完成性,其主要标准便不存在,而这正是决定交际其他参与者的积极应答立场的能力。

在本节的最后,还要就句子谈些看法(我们在本文的总结部分还将回过头来详细讨论这一问题)。

作为语言单位的句子,没有直接决定说者的积极应答立场的能力。

---

[1] фраза 是不同于 предложение 的另一类语言现象,是俄国语言学家 C.O.卡尔采夫斯基提出的。他属于日内瓦学派,也参加过巴黎语言学小组。他曾指出,фраза(语句)不同于句子,它"没有自己的语法结构,但具有自己的语音结构,后者体现在语句的语调上。正是这一语调构成了语句"。——原编者

[2] A.A.沙赫马托夫所说的 коммуникация(沟通、交际),是指作为句子的心理基础的思维行为,是"介乎说者心理与这一心理的语言表现这两者之间的中间环节"。(见沙赫马托夫的《俄语句法学》,列宁格勒,1941 年,第 19—20 页)——原编者

单个的句子只有成为一个完整的表述时,才具有这种能力。任何一个句子,都可以成为一个完成了的表述,但正如我们所说的,此时它必须获得一系列十分重要的非语法性质的因素;这些因素从根本上改变着它的性质。正是这一情况成为句法学中一种特殊误读的原因:在分析上下文中截取出来的单个句子时,人们在意识中把它补足到一个完整的表述。结果句子获得了一定程度的完成性,以致可以对它作出应答。

句子也像词语一样,是语言的意义单位。所以每一单个的句子,如"太阳出来了",是完全可以理解的,也就是说我们明白它的语言意义,它在表述中可能起的作用。然而,如果我们不知道说者用这个句子已经说出了他想说的一切,不知道这个句子之前和之后再没有这位说者的其他句子了,那么我们对这个单独的句子无论如何无法确定应答的立场。不过这已不是句子,而是由一个句子构成的货真价实的表述,因为它被言语主体的交替所框定,所隔离,而且直接反映语言外的现实(情景)。对这样的表述,是可以应答的。

但如果这是一个为语境所限定的句子,那么它只有在这个语境中,即只有在整个表述中,才能获得自己全部的意义;也只有对整个这一话语才可作出应答,而句子仅是这一表述的意义因素。例如可能有这样的一个表述:"太阳出来了,该起床啦。"应答性的理解(或者大声的回答)是:"是啊,真的该起床了。"但回答又可能是这样的:"太阳出来了,但还早着哩,还该睡一会儿。"这时表述的意义和对它的应答性反应就是另一个样子了。这个句子又可作为写景的成分进入文学作品。这里的应答性反应,亦即艺术上思想上的反应和评价,只能是针对整体的景观而发。要到了另一作品的语境中,这个句子还能获得象征的意义。在所有这类情况中,句子都是整个表述里的一个意义要素,只在这一整体中才获得自己最终的含义。

如果我们举出的句子出自一个完成了的表述,那么,它要在言语交际特定具体条件下获得自己完整的含义。例如它可以是回答他人的问题:"太阳出来了吗?"(当然要有一定的环境使这一问题合情合理。)此处的这一表述是对一定事实的认定;这一认定可以是正确的或不正确的,可以同意它或者不同意。形式上表示肯定的句子,只有在特定的表述的语境中才能成为现实的肯定。

人们在分析这种单独的句子时,通常正是把它视为某种极度简单的情景中完整的表述:太阳真的出来了,于是说者确认说"太阳出来了";说者见到一片绿草,于是就说"草是绿的"。类似的毫无意义的"沟通",往往直接被当作经典的句子。而实际上,任何这样的信息总是对某人而发,由某事所引起,怀有某种目的,亦即人类活动或生活的特定领域中言语交际链条上一个现实的环节。

句子也像单词一样,具有意义的完成性和语法形式的完整性;但这种意义的完成性具有抽象的性质,正因为如此,才能如此的明确;这是一个要素的完成性,而不是整体的完成性。作为语言单位的句子,同单词一样是没有作者的。它像单词一样是无主的;只是在成为完整的表述时,它才在言语交际的具体情景中表现说者个人的立场。这样我们就接触到了表述的新的第三个特点,即表述同说者本人(表述的作者)和同言语交际中其他参与者的关系。

任何表述都是言语交际链条中的一个环节。这是说者在某一指物意义领域中的积极立场。所以每一个表述首先是有一定的指物意义的内容。语言手段和言语体裁的选择,首先是由言语主体(或者作者)设定的指物意义的任务(主旨)决定的。这是表述中第一个决定着它的布局修辞特点的因素。

第二个决定着表述的布局和风格(语体)的因素,是情态因素[①],亦即说者对自己表述的指物意义内容所持的主观的情感评价态度。在言语交际的不同领域中,情态因素具有不同的意义和不同的力度,但它无处不在;因为绝对中立的表述是不可能有的。说者对自己言语的对象(不管这一对象是什么)所持的评价态度,同样决定着表述的词

---

① 原文是 экспрессивный,又可译作"有表达力的""有表现力的"因素,此词直接来自西文"express",常译作"表达式"。——译者

汇、语法和布局手段的选择。表述的个人风格主要是由它的情态方面决定的。在修辞学领域中，这一见解可说是人所公认的。有的研究者甚至把风格直接归于言语的感情评价方面。

是否可以把言语的情态因素看作是语言体系的现象呢？是否可以说语言单位即词和句子有着情态的方面呢？对这些问题应该给予绝对否定的答复。作为体系的语言，当然拥有丰富的语言手段（词汇的、词法的和句法的手段），可用来表现说者的情感评价立场；不过所有这些材料作为语言手段，对任何特定的实际的评价来说都完全是中立的。миленький（可爱的）一词无论按其词根含义，还是按其后缀来说，都是一个表爱的词；但它本身作为语言单位，却同даль（远方）一词一样是中性的。它只是可能用来表现对现实的情感评价态度的一个语言手段，它不同任何确定的现实发生关系；这种关系，亦即实际的评价，只能由说者在其具体的表述中来实现。词语是无主的，它们本身不能评价任何东西，但它们可以服务于任何一个说者，服务于不同说者最不相同甚至完全对立的评价。

句子作为语言单位同样是中性的，它本身不具有表情的方面；它只能在具体的话语中获得情态（要准确地说，是参与到情态中）。这里也同样可能出现那种误读现象。像"他死了"这样的句子，看起来自身包含着一定的情态，更不要说"多么高兴呀！"这样的句子了。实际上，这类句子我们是作为完整表述来接受的，而且是在典型的情景中，亦即作为具有典型情态的特定的言语体裁。它们作为句子，没有情态，是中性的。"他死了"这个句子，随着表述语境的不同，可以表现肯定的、高兴的、甚至狂欢的情感。而"多么高兴啊！"这个句子，在特定表述的语境中可以获得讽刺的或痛苦而尖刻的语调。

表现说者对自己言语对象的情感评价态度的手段之一，是表情的语调，在口头言语中可以清晰地听到[①]。表情的语调是表述的一个结

[①] 这一语调当然可为我们所领会，在默读书面语时这个语调也会作为修辞因素而存在。——作者

构特征①。在语言体系中,亦即在表述之外,这个情感语调便不复存在。作为语言单位的语词和句子,都是没有表情语调的。如果单个的词带着情感语调说出来,那它已不是单词了,而是用一个单词表现的完整的表述(没有任何依据可以把它扩展成为句子)。在言语交际中存在着应用极广、相当程式化的评价性表述类型,就是表现称赞、夸奖、赞叹、斥责、辱骂的评价性言语体裁:"好极了!""好样的!""妙极了!""可耻!""可恶!""笨蛋!"等等。在一定的社会政治生活条件下获得重要分量的词语,可能成为富有表达力的赞叹语:"和平!""自由!"等等(这是一种特殊的社会政治性的言语体裁)。在一定的情境中,词语可能以感叹表述形式出现而表示深刻的情感意义:"大海!大海!"(色诺芬作品中成千上万希腊人的欢呼)②。

在所有这些情况中,我们都不是同作为语言单位的单词打交道,也不是同这一单词的意义打交道,而是同一个完成了的表述、同一个具体的含义③,即这一表述的内涵打交道;单调的意义在这里是在言语交际的特定的现实条件下同一定的实际的现实发生联系。所以,我们在这里不单单理解这个单词作为语言之词语的意义,而且要对它采取积极的应答立场(同情、赞同或反对、促成行动)。这样看来,表情的语调在这里属于表述,而不是属于单词。

尽管如此,还是很难放弃这样一种见解,即每一个语言之词语本身就有,或者可能有"情感语调""情感色彩""价值因素""修辞韵味"等等,因而也就有为单词所固有的表情语调。要知道,很容易这么想:我们在为表述选词时,恰好就是根据单词所固有的情感语调;我们选择那些其语调符合我们表述情态的词语,而排除别的词语。诗人们正

---

① 表情语调作为评价话语中的最纯粹的表现和话语的最重要的基本特征,在20年代下半期的巴赫金著作中,得到了详尽的研究。可参看《生活话语与艺术话语》一文。——编者
② 色诺芬:《远征记》,莫斯科—列宁格勒,1951年,第121页。——原编者
③ 《马克思主义与语言哲学》一书把表述的具体含义界定为"主题""话题"。——原编者

是这样来描述自己如何驾驭语言的,修辞学也正是这么阐释这一过程的(例如佩什科夫斯基的"修辞实验"①)。

然而,情况并非如此。我们这里面对的是我们已熟知的误读。我们在选择词语时,是以构思中我们表述的整体为出发点的②,而我们所构思所创造的整体,却总是有情感色彩的;正是这个整体把自己的(实为我们的)情态辐射到我们所选的每一个词语身上,可以说是用整体的情态去感染词语。我们选词则根据词的意义,词义本身是没有情态的,但从其他词语考虑即从我们的表述整体考虑,这个词又可能符合或不符合我们的情态目的。词语的中态词义一旦在一定的现实的言语交际条件中同特定的、实际的现实相联系,便会迸发出情态的火花。其实,在创造表述的过程中,情况正是这样。我们再说一遍,只有语言意义在表述中与具体的现实相联系,语言与现实相联系,才能产生情态的火花;而不论在语言体系中,或者在我们身外客观存在的现实中,都不可能迸发出这种情态的火花。

总之,感情、评价、情态是语言之词所没有的,它们只是在词语实际用于具体表述的过程中才能产生。词义本身(不与实际现实相联系)正如我们所说,是不表情感的。有些词语是专门称谓感情、评价的,如 радость(高兴)、скорбь(悲伤)、прекрасный(美丽的)、веселый(快乐的)、грустный(忧愁的)等等。不过这些词义也同其他词义一样是中态的。它们只在表述中获得感情色彩,而这一色彩是不依赖于孤立的、抽象的词义的;例如"Всякая радость мне сейчас только горька"(任何喜悦此刻对我都只能引起痛苦)——这里 радость(喜悦)一词带有的感情语调,可说已与原来的意义相悖了。

---

① "修辞实验"指的是"人为地为话语虚构各种修辞变体"。这是 А.М.佩什科夫斯基为分析文学语言而采用的一种方法。(参看佩什科夫斯基的《母语教学法、语言学和修辞学问题》,莫斯科—列宁格勒,1930 年,第 133 页)——原编者

② 当我们构建自己的言语时,我们总是先已想到我们表述的整体;既有一定的体裁构想,又有个人的言语主旨。我们不是堆砌词语,不是从一个词到另一个词,而仿佛是用所需的词语充填整体。只是在学习外语的初级阶段,人们才是堆砌词语,而且是在学习方法十分蹩脚的情况下。——作者

然而,这一问题至此还未完结,它要复杂得多。当我们在构建表述过程中选择词语时,我们远非总是从语言体系中撷取它们,不是选择词典里中态的形式。我们通常是从其他的表述中撷取它们的,首先是与我们在体裁上相近的表述,即题材、布局、风格(语体)相近的表述;也就是说,我们选择词语是根据它们的体裁属性。言语体裁不是语言的形式,而是典型的表述形式;体裁正是作为典型的表述形式,才包容着一定的典型的为该体裁所固有的情态。词语在体裁之中可获得某种典型的情态。体裁与言语交际的典型情景、典型题材相对应,因而也与典型环境中词义同具体的实际现实之间某种典型的联系相对应。由此可能出现典型的情态,而情态又仿佛附着于词语身上。当然,这种典型的体裁情态不是属于作为语言单位的词语,不进入词义之中,而仅仅反映词语及其意义同体裁的关系,即同典型表述的关系。这种典型的情态和相应的典型语调,不具备语言形式的那种强制力。这是较为自由的一种体裁规范性。在我们所举的例子"Всякая радость мне сейчас горька"(任何喜悦此刻对我都只能引起痛苦)中,语境给 радость(喜悦)一词决定的情调,对于此词来说当然不具典型性。言语体裁一般说来很容易转换语调,悲哀的可以变成诙谐风趣的,其结果是获得某种新的情调(例如,戏谑的墓志铭体裁)。

这一典型的(体裁的)情态可以视作词语的"修辞韵味",但这一韵味不是属于语言之词本身,而是属于常用该词语的体裁,这是在词语中听到的体裁整体的回声。

词语的体裁情态,还有体裁的表情语调,是无人称的,正像言语体裁本身是无人称的一样(因为言语体裁是个人表述的典型形式,但不是表述本身)。但词语可以从他人的个人表述中进入我们的言语,同时或多或少地保留着这些个人表述的语调和回声。

语言之词是无主的,但同时我们却只在特定的个人表述中听到它们,在特定的个人作品中读到它们,而在这里词所具有的已不仅是典型的情态,还有不同程度上鲜明表现出来的(视体裁而定)个人的情态,而个人情态是独一无二的,为个人表述语境所决定。

语言之词在词典中的中态意义,保证了语言的共同性和所有操该语说者的相互理解,但在实际言语交际中的用词总是带有个人具体语境的性质。所以,可以说,任何一个词对说者来讲,都存在于三个层面上:一是中态的而不属任何个人的语言之词;二是其他人们的他人之词,它充满他人表述的回声;三是我的词,因为既然我同它在一定情景中打交道,并有特定的言语意图,它就已经渗透着我的情态。在后两个层面上,词语是有情态的,但我再说一遍,这一情态不属于词语本身,它产生在词与实际现实在实际情景中的交汇点上,而这种交会是由个人的表述实现的。在这种情况下,词语表现着个人(有威望的活动家、作家、学者、父亲、母亲、朋友、老师等)的某种评价立场,好像是一个表述的缩影。

在每一时代里,在每一社会圈子里,在人所成长和生活的家庭、朋友、熟人、同志的每一个小天地里,总是存在着一些权威的、定调子的表述,艺术的、科学的、政论的作品;人们信赖它、引用它、摘录它、仿效它、追随它。在每一时代里,在生活和活动的所有领域里,都存在着用语言表现和流传下来的一定的传统,如通过作品、表述、格言等等。总是存在着该时代"心灵主宰"的某些表现为语言的主导思想,某些基本的任务、口号,等等。更不必说学校里读的范文了,孩子们就是用它们来学习母语,当然这些范文总是表现情态的。

这就是为什么任何人的个人言语经验,都是在与其他个人表述的经常不断的相互作用中形成和发展起来的。这种经验在一定程度上可以说是掌握(或多或少是创造性的掌握)他人话语(而不是语言之词)的过程。我们的言语,即我们的全部表述(包括创作的作品),充斥着他人的话语;只是这些他人话语的他性程度深浅、我们掌握程度的深浅、我们意识到和区分出来的程度深浅有所不同。这些他人话语还带来了自己的情态、自己的评价语调,我们对这一语调则要加以把握、改造、转换。

综上所述，单个词语的情态，不是作为语言单位之词的本身属性，也不直接来自这些词的意义；这种情态要么是典型的体裁情态，要么是他人的个人情态的回声；这个他人情态似乎把词语变成了他人完整表述的代表，特定的评价立场的代表。

上面讲的这些，同样适用于作为语言单位的句子，因为句子也不具有情态性。这一点我们在本章开头已经有所涉及。这里只需作一些补充。问题在于存在着句子的不同类型，而这些类型通常被视为一些特定体裁类型的完整表述。这就是疑问句、感叹句、祈使句。存在着不可胜数的日常生活和专业性（如军事和生产的口令、命令）的体裁。这些体裁一般来说是用相应类型的一个句子来表现的。另一方面，这类句子较少见于扩展表述的连贯语境中。而当这类句子进入扩展的连贯语境时，它们明显地占着突出的地位，而且通常力求处于表述的开头或结尾（或者成为表述中相对独立的部分）①。这些句子类型对我们的论题来说，具有特殊的意义，我们在后面还要谈到。这里对我们至关重要的，只是指出：这类句型与体裁情态紧密融为一体，而且能轻而易举地汲取个人的情态。正是这些句子很大程度上巩固了一种错觉，似乎句子具有情态的性质。

还需指出一点。作为语言单位的句子，具有特殊的语法语调，而根本不是感情语调。这种特殊的语法语调指的是：结束的语调、说明的语调、区分的语调、列举的语调等等。还有专门的叙述语调、疑问语调、感叹语调和祈使语调；这里语法语调好像与体裁语调（但不是确切含义上的情感语调）融合到了一起。而情感语调句子只是在表述整体中才能获得。当我们举一个例句来进行分析时，我们一般要赋予句子某种典型的语调，这样把它变成完整的表述（如果这是我们从一定的文本中摘取来的，我们当然要根据该文本的情态来赋予句子以相应的语调）。

---

① 表述的头一句和末一句，一般具有特殊的性质，某种补充的性质。因为这也可说是处于"前沿的"句子，直接位于言语主体的交替点上。——作者

总之，情态因素是表述的一个基本特征。语言体系拥有表现情态的不可或缺的形式（即语言手段），但语言本身及其意义单位（词和句子），就其自身性质说，是不具情态性的，是中态的。所以，它们能同样出色地服务于任何的评价，十分不同的和相互对立的评价，服务于任何评价的立场[……]

总而言之，表述、表述的风格（语体）和布局，是由表述指物意义的因素和它的情态因素决定的，亦即取决于说者对表述的指物意义因素所持的评价态度。修辞学举不出任何的第三个因素。它只考虑以下几个决定表述语体（风格）和布局的因素：语言体系、言语的对象、说者本人及其对这一对象的评价态度。语言手段的选择，根据一般的修辞学理论，只是由指物意义方面和情态方面的考虑所决定。这些又决定着语言风格、流派风格、个人风格。说者及其世界观，他的评价和感情，是一个方面；他的言语对象以及语言体系（语言手段的体系），是另一方面；就是这两者决定着表述、它的语体（风格）和布局。占统治地位的理论就是如此。

实际情况要复杂得多。任何一个具体的表述，都是特定领域中言语交际链条中的一环。表述的边界本身，是由言语主体的更替决定的。言语交际是多方面积极的"思想交流"的过程。所交流的思想彼此间不是漠不关心的，每一个思想也不是独立自足的，它们彼此熟悉，相互反映。这种相互反映决定着它们的性质。每一表述都以言语交际领域的共同点而与其他表述相联系，并充满他人话语的回声和余音。每一表述首先应视为是对该领域中此前表述的应答（我们在这里对"应答"一词作最广义的理解）：它或反驳此前的表述，或肯定它，或补充它，或依靠它，或以它为已知的前提，或以某种方式考虑它。因为表述在该交际领域里，在这个问题上，在这件事实上，总要占有某种确定的立场。要确定自己的立场，而又不与其他立场发生关系是不可能的。所以，每一表述都充满对该言语交际领域中其他表述的种种应答性反应。这些反应有各种不同的形式：他人表述可以直接引入自己表述的语境中,也可以只引用个别的词句,这时个别词句就成了整个表述的代表;然而,整个表述也好,个别词语也好,可能自己还保留着他人的情态,又可能变换情态(表示讽刺、愤怒、恭敬等等)。可以转达他人表述而在不同程度上给予新的解释,可以仅仅援引他人表述作为对话者熟知的见解;可以不提他人表述,但作为一种前提;应答的反应可以仅表现在自己言语的情态上,即在语言手段和语调的选择上,这种选择不是由自己言语的对象决定的,而是由他人论述这一对象的表述决定的。这种情况十分典型也十分重要,因为我们表述的情态,经常情况下不仅是,有时主要地不是由这个表述的指物意义的内涵决定的,而是同一题目上的他人表述决定的。这表述正是我们要回应的,要与之论争的表述;也正是这些他人表述决定着要强调哪些因素,要重复什么,要选用哪些激烈的(或相反,更温和的)词句,要采用挑战性的(或相反,妥协的)语调,如此等等,不一而足。如果只考虑表述的指物意义内涵,就永远也不能透彻地理解和解释表述的情态。表述的情态总在或多或少地作出应答,即表现说者对他人表述的态度,而不仅是表现他对自己表述对象的态度[①]。充满表述的应答性反应,形式是极为多样的,但至今完全没有作过专门研究。显而易见,这些形式由于言语交际所处的人们活动和生活环境的不同而千差万别。不管表述的独白性多么强(如科学或哲学著作),也不管它是如何聚精会神于自己的对象上,它不可能不在某种程度上回答此前就这一对象、这一问题已经讲过的话,尽管这一应答并未得到明显的外部表现;这种应答会体现在意义的精微之处,体现在情态中、风格中,体现在布局的细腻微妙之处。表述充满对话的泛音,不考虑这种泛音,便不能彻底理解表述的风格。要知道,就连我们的思想本身(哲学的、科学的、艺术的思想),也是在与他人思想相互作用和斗争的过程中诞生和形成的,而这一点不能不在我们思想的话语表现形式中得到反映。

他人表述和他人的个别词语,作为他人的东西被意识被强调,在

[①] 语调特别敏感,总能指出言外之意。——作者

引入人们的表述中时,会随着带进某种东西;而这种东西,从作为体系的语言的观点上看,从其中的句法观点上看,可说是一种非理性的东西。援引的他人言语和其余的言语(即自己的言语)之间的相互关系,丝毫不同于单句和复句内部的句法关系,也丝毫不同于一个表述范围内在无语法联系的各个句法整体之间的指物意义联系。然而,两个言语之间的这种关系,却类似对话中不同对话之间的关系(自然不是等同)。能区分出他人言语的那种语调(在书面语中是用引号标明),是一种十分特殊的现象:这仿佛是把言语主体的更替移至表述内部。由这一更替所划出的边界,在这里变得模糊而特别:说者的情态力透这些边界,渗入他人言语;我们便可用讽刺、愤怒、同情、敬佩等语调来传达他人的言语(这一情态是靠表情的语调来实现的,在书面语中靠他人言语周围的语境我们能准确地预测、感觉到这一情态,或者是靠非语言的情景来推测,因为情景能暗示出相应的情态)。这样一来,他人言语就具有了双重情态:一个是自己的亦即他人的情态,另一个是援引它的那个表述的情态。这种情况首先发生在以下的条件中:他人言语(哪怕是一个词,但在这里获得了完整表述的力量);得到公开引用并有明确的标志(纳入引号中);言语主体的更替和对话的相互关系在这里留下了清晰的回声。而在任何的表述中,当我们在言语交际的具体条件下对其进行较为深入的研究时,就会发现一系列半隐蔽的和隐蔽的他人话语,虽然它所具有的他性程度各不相同。所以,表述仿佛充溢着言语主体交替的遥远而微弱的回声,充溢着对话的泛音,遍布着极度模糊的完全渗进作者情态的表述边界。表述由此看来是十分复杂而多面的现象,不应孤立地看它,也不应只看它同作者(说者)的关系,而应视它为言语交际链条中的一环,看它与相关联的他人表述的关系(这些关系过去通常不是在语言的布局和修辞层面上揭示的,而只是在指物意义的层面上揭示的)。

每一单个的表述,都是言语交际链条中的一环。它有为言语主体

(说者)交替所划定的明确边界。但是在这个边界线内,表述就如莱布尼茨①的单子,反映着言语过程、他人表述,而且首先是链条上此前的诸环节(有时是不久前的,而有时——在文化交际领域中——则是十分遥远的)。

说者言语的对象(不管这一对象是什么东西),并不是第一次在该表述中或作为言语的对象,也不是这个说者第一次讲到它。对象可以说早已为人所议论,争论,得到过不同的阐释和评价,围绕着它有过不同观点、世界观、流派的交锋,相合和相悖。说者——他不是圣经中的亚当,亚当只同尚无称名的原始事物打交道,第一次给它们起了名字。把交际视作句子的逻辑和心理基础,这种简单化的看法不能不使人想起神话人物亚当。在说者的心中,有两种表象结合到一起(或者相反,是一个复杂的表象分解成两个简单的表象),于是他便说出下面这样的句子:"红日高照""草是绿的""我坐着"等等。类似句子当然是完全可能出现的,但它们或者是由完整表述的上下文引入言语交际(作为对话中的对语,科普文章中的对语,教师课堂上讨论的对语,等等),靠上下文得到依据和理解;或者,如果这是完整的表述,应该由言语情景引入言语交际的链条中,从中得到理解。我们再说一遍,实际上任何表述,除了自己的对象之外,总是以某种形式回答(广义的理解)此前的他人表述。说者不是亚当,所以,他那言语的对象本身,不可避免地要成为与直接交谈者的意见(在谈论或争论某个日常事件时)或者与各种观点、世界观、流派、理论等(在文化交际领域里)交锋的舞台。世界观、流派、观点、意见总需有语言的表现,赤裸裸的思想是不存在的。所有这一切都是他人的言语(以人称形式或无人称形式出现),而他人言语不能不在表述中有所反映。表述不仅指向自己的对象,而且指向他人关于这对象的言语。而且要知道,即使是对他人表述作最微弱的暗示,也会使言语产生对话倾向,而这种变化是任何讨论对象的论题所不可能引起的。与他人话语的关系,原则上不同于

---

① 莱布尼茨(1646—1716),德国科学家。——译者

与对象的关系,但它总是与后者相伴相依。我们再说一遍,表述是言语交际链条中的一环,不可能把它与此前的诸环节割裂开来,正是后者从外部和内部决定着它,从而在它内部产生着直接的应答反应和对话反响。

然而表述不仅与前在的环节,也与言语交际中的后续的环节相联系。当说者创造表述之际,后续的环节当然还不存在。但表述的构建从一开始就考虑到了可能会出现的应答反应,实际上它正是为了这种反应才构建的。表述是为他人而构建的,他人的作用,正如我们所说的,是非常重要的。我们业已讲过,这些他人(只是针对他人,我的思想才第一次成为现实的思想,也仅仅因此对我自己来说,同样成了现实的思想),不是消极的听众,而是言语交际的积极参与者。说者从一开始就期待着他们的应答、他们的积极的应答性理解。整个表述的构建,仿佛就旨在得到这一应答。

表述的一个重要(结构)的特征,是它要诉诸某人,是它的针对性。表述不同于语言的意义单位,即词和句;词和句是无主的,不属于任何人,不针对任何人;而表述既有作者(以及相应的情态,对此我们已有论述),也有受话人(адресат)。这个受话人可能是日常对话的直接交谈者,可能是文化交际中某一专门领域的专家群体,可能是在不同程度上专业化的听众,可能是民众、同代人、志同道合者、对手和敌人、下属、上司、底层人、上层人、亲朋好友、陌生人等等;受话者又可能是完全不确定的、不具体的他人(如表情类的各种独白表述)。受话人的所有这些类型及其特点,均取决于该话语所处的那一个人类活动和日常生活领域。表述针对谁,说者(或笔者)如何想象和理解自己的受话人,受话人对表述的影响力如何——这些既决定着表述的布局,又特别决定着表述的风格(语体)。

每一言语交际领域中的每一言语体裁,都有自己的决定着这一体裁特征的典型的对受话者的见解。

表述的受话人同表述要应答的人,有可能是实为一人。在日常对话中或信函交往中,这种实为一人的情形是司空见惯的:我要回答的那个人,正是我的受话人,我本身则又期待着他的回答(或者,至少期待他积极的应答性理解)。不过在这种实为一人的情况下,是一个人扮演着两个不同的角色;而角色的不同恰恰是至关重要的。因为我要应答(赞同、反对、实施、关注等等)的那个人,他的表述已然存在,而他的应答(或应答性理解)尚待出现。我在构建自己的表述时,力求积极地决定他的回答;而另一方面,我又努力预测它,而预测出的这一应答,反过来又给我的表述以积极的影响(我针对预见到的反对意见给以辩驳,我竭力作出各种附加的说明,等等)。当我说话时,我总要考虑到受话人接受我的言语的统觉背景:他对情景的熟悉程度如何,他是否拥有这一文化交际领域的专门知识,他的观点和信念如何,他有什么成见(从我们的观点上看),他的好恶如何;因为所有这一切将决定他对我的表述的积极的应答性理解。这种考虑将决定选择什么样的表述体裁,什么样的布局手法,什么样的语言手段,亦即决定表述的风格。例如,科普读物的各种体裁,针对的是一定范围里的读者,他们有着应答理解所需的一定的统觉背景;专业性教科书则针对另一类读者,而研究专著更有自己的读者。在这几种情况下,对受话人及其统觉背景的考虑,受话人对表述构建的影响,都是十分简单的:一切全归结为受话人专门知识的多少。

  在另一些情况下,问题则要复杂得多。对受话人的考虑,对他的应答反应的预测,往往是多方面的、复杂而紧张的,会给表述注入特殊的内在的戏剧性(如某些类型的日常对话、信函、自传性和自白性体裁)。这些现象在演说体裁中尤为突出,但具有比较表面的性质。

  在言语交际的日常生活和事务性领域里,表述中反映出来的受话人的社会地位、官阶和声望,具有特殊的性质。在有阶级的社会里,特别是存在阶级和等级的条件下,随着受话人的爵位、官阶、职衔、财产状况和社会地位、年龄的不同以及说者(或笔者)本人相对处境的不同,言语体裁及其相应的风格有着十分详细的区分。但尽管体裁的基本形式和它们的细微意味分得很细,这些现象终归带有程式的和外在的性质;它们不能给表述注入任何深刻的内在的戏剧性。它们的价值仅在于是些例证,可以十分粗略,却又十分明显地表现出受话人对表述的建构和风格的影响[①]。

在各种亲昵的言语体裁和各种隐秘的言语体裁之间,风格上较为细腻的差别,取决于受话人与说者之间对人关系的性质和亲密程度。虽然亲昵体裁与隐秘体裁之间(相应地在其风格之间)有着巨大的不同。它们却同样地在不同程度上摆脱开社会等级和社会世俗来对待受话人,可以说是"不论官阶"。这就产生了言语的特殊的坦率性(在亲昵的风格中有时可达到不堪入耳的程度)。在隐秘的风格中,这表现为说者同受话人趋向于完全融合。在亲昵的言语中,由于摆脱了言语禁忌和世俗规矩,对现实可以采取一种特殊的非官方的自由态度[②]。所以,在文艺复兴时代,亲昵体裁和风格才能对打破中世纪官方的世界画面起到重大的积极作用。而在别的时期,当任务在于破坏已经僵死、类同虚设的传统官方风格和世界观时,亲昵风格在文学中获得了巨大的意义。此外,由于风格亲昵化的结果,原来处在言语禁区中的那些语言成分,打开了步入文学的通道。亲昵的体裁和风格在文学史的意义,迄今尚未作出足够的评价。

隐秘的体裁和风格,是以说者与受话人之间最高程度的内在亲密性(其极端是他们几乎融合到一起)为基础。隐秘的言语中充满着对受话人、对他的同情心(他的关注而善意的应答性理解)的极大信任。在这种极大信任的氛围中,说者揭示出自己内心深处的隐秘。这就决定了这些风格具有特殊的情态性和内心的坦率性(这不同于亲昵言语

---

① 我想举出果戈理的相应观察:"我们的交际样式上的许多精微和层次,是简直数也数不清的。……我们有这样的艺术家,对着蓄有二百个魂灵的地主说话,和对那蓄有三百个的全两样;但对他说话,又和蓄有五百个的全两样;而和他说起来,又和对于蓄有八百个魂灵的地主全两样,就是增到一百万也不要紧,各有各的说法。"(《死魂灵》,第3章)——作者

译文依据鲁迅译的《死魂灵》。——译者

② 当众议论的坦率性,对事物直呼其名而无忌讳,是这一风格的本质特征。——作者

的当众议论的坦率性)。

　　亲昵的和隐秘的体裁与风格(至今研究甚少),十分鲜明地揭示出:风格依赖于说者对自己受话人的一定的认识和理解,依赖于说者对受话人积极的应答性理解所做的预测。在这些风格身上,特别鲜明地暴露出传统修辞学的狭隘和失误,它企图仅仅从言语的指物意义的内容方面和说者对这一内容的情感态度方面来理解和界定风格。无视说者对他人及其表述(现存的和预见的表述)的态度,就不可能理解言语体裁和言语风格。

　　但是,就连所谓中态或客观的叙述风格,即最大限度集中在自己的对象上而似乎不考虑他人的叙述风格,依然对自己的受话人抱有一定的见解。这种客观的中态风格,在选择语言手段时,不仅从语言手段与言语对象是否相等出发,而且要从受话人可能有的统觉背景出发;只是对这一背景的考虑极为概括,并且排除了受话人的情态方面(因而说者本人的情态在客观的风格中是微乎其微的)。客观的中态的风格仿佛以受话人与说者的等同,他们观点的一致为前提,但取得这种等同性与一致性的代价,是几乎完全排除情态的。需要指出的是,客观的中态的风格(因而还有作为这一风格基础的对受话人的见解)的性质,因言语交际领域的不同而各不相同。

　　关于对受话人的见解问题(即说者或笔者如何想象和认识受话人),在文学史上具有重大的意义。每一时代,每一文学流派和文学作品的风格,一个时代和流派范围内的每一文学体裁,各自都有对文学作品接受人的独特见解,都有对自己的读者、听众、观众、民众的独特感觉和理解。研究这些见解的历史沿革,是一项有意义的重要的任务。但为了对它作有效的研究,必须以明确的理论来提出这一问题。

　　应该指出,除了真正决定着表述(作品)风格的那种对受话人的实际感觉和认识之外,在文学史上还存在假定性的或半假定性的诉诸读者、听众、后代等的形式;这就像除了真实的作者之外,还存在着假托的作者、出版家、不同种类的叙述者的形象。绝大多数的文学体裁,是第二类的复杂的体裁,由各种不同的第一类体裁(对话的对语、日常叙事、信函、日记、记录等等)经过变化而组成。复杂的文化交际中的这些第二类体裁,通常就是演绎各种第一类言语交际形式。正是由于这个原因,才产生出文学中这些假托的作者、叙述者和受话人。但即使是最复杂和多成分的第二类型作品,从整体上看(作为整体)也只是一个统一的表述,它有着真实的作者,和由这一作者实际所感受和认识的受话人。

总之,表述的诉诸性、针对性,是它的一个基本特征,离开这一特征就没有也不可能有表述。各种典型的诉诸受话人的形式,对受话人的各种典型的见解,是各种言语体裁的基本的决定性的特征。

与表述(以及言语体裁)不同,语言的意义单位(词语和句子),就其性质来说,就不具有诉诸对象的特点,不具有针对性:它们是不属于任何人,也不诉诸任何人。而且,它们本身不表示对他人表述、他人言语的任何态度。如果单个词语或句子诉诸对象,有了针对性,那我们所面对的已是由独词或独句组成的完整表述,针对性不属于作为语言单位的词句,而属于表述。处于上下文中的句子,只有通过完整的表述,作为其组成成分(要素)才能参与到针对性中[①]。

作为体系的语言,拥有大量的纯语言手段可用作诉诸对象的各种表面上的形式,如词汇手段、形态手段(相应的格、代词、动词人称形式)、句法手段(各种套式和句子变体)。但这些手段要获得真正的针对性,只有在具体表述的整体中。而且为表现这一实际的针对性,当然,从来不只局限于使用这些专门的语言(语法)手段。也可能完全不用它们,而表述仍能十分尖锐地反映出受话人及预料中的应答性反应的影响。说者对一切语言手段的选择,都或多或少受到受话人及预见中应答的影响。

当我们从上下文中抽出单个句子进行分析时,诉诸受话人的痕迹,预测中应答的影响痕迹,对此前他人表述的对话反响,言语主体的

[①] 需要说明,疑问句和祈使句的各种类型,通常是作为完整的表述出现的(在相应的言语体裁中)。——作者

交替,遍布在表述内部的微弱痕迹,等等,这些便会消失不见,因为所有这一切都是作为语言单位的句子所不可能具备的。所有这些现象全是与完整的表述相联系的,而一旦这个整体从分析者的视野中消失,这些现象对分析者来说便不复存在。这也正是我们所指出的传统修辞学的狭隘性的成因之一。要想使修辞分析能涵盖风格的一切方面,就只有分析完整的表述,而且只有放到言语交际的链条中,作为其中的一个不可分割的环节来分析[……]

卢小合　译

《言语体裁问题》相关笔记存稿

对 话

　　语言中反映说话者之间相互关系的语言形式（代词、呼格形式、命令句式和疑问句式等）。这些形式通常根据其他一些语言特征而分别归属不同的语言学范畴。应当把它们抽取出来，真正作为说话人之间相互对话关系（交际与斗争事件）的特殊形式来进行分类。

　　对话语的特殊效能。对话语的特殊速度。

　　借助对话来更新独白的言语体裁。

　　从对话参加者的角度看是对话（我的对语和他人的对语），而从第三者的角度看是独白。在后一种情况下，双方对语同处于接受者的一个平面上。

　　语言和言语。言语是语言在具体表述中的实现。这类表述的各种体裁形式。

　　言语服从语言的所有规律，在言语中我们可以找到语言的所有形式（词汇、语法结构、语音）。我们可以对任何的一个言语，即任何一个话语或它的局部（片段），进行语言的分析。而且任何的分析都可能是对具体言语的分析（例子、形象[？]等等）。但言语中除了语言形式外，还存在其他的形式——话语的形式。我们从词汇角度、语法结构角度加以分析的言语（片段），可能是日常对话中的一个对话，可能是一行诗、一节诗[？]、一部长篇小说、一篇学术文章、一句格言警句等,或者是这些体裁中的片段。

按功能和体裁对言语(而不是语言)进行分类。两种分类之间紧密相连。按功能分类(日常生活言语,科学言语,文学言语,公文言语,技术言语,等等)。语言的运用范围几乎是没有止境的。由此决定了功能和言语体裁的多样性。体裁:日常生活对话的各种类型和此类对话中对语的类型,技术性对话的类型(军队中的命令、答话、生产中的命令形式、标准化的问答),文学体裁,科学体裁,报道、报纸、宣传等体裁,法规的格式("语言不是天生的[？]")。言语体裁极其多样,却没有分类(甚至在事务公文领域亦如此)。

共同的功能:交际功能和情感功能。

共同的体裁:对话和独白。各种独白体裁的僵化,它们可谓是脱离了人民。对话交际的广泛程度。狭小范围内的交际会产生某类人的特殊行话,会促成寄生性[？]的独特语言(如托尔斯泰作品中的家庭语言)。

在各个不同时代对话与独白两者关系的历史。60年代的风格问题。

讲话(表现)的技巧和回答的技巧。

语言中的尊敬形式、礼貌形式、得体形式。这些形式展现[？]在对话语中。

不同意见的斗争和学术辩论。全民讨论。

闲话问题。

现实的对话和虚拟的对话。虚拟性的不同程度。

思想封闭于独白形式中。

争论性,政治上的尖锐性,集体的影响。在僵化的独白形式中,大量的职业用语、术语,形成一种对外行的轻蔑。僵化的独白体裁,在其对话化的过程里通常要受到重新审视。

对话在文学中所占的比重,普遍在提高。

对话的独白化(普鲁斯特、乔伊斯),或者对话演变为某类人特殊行话。作者要退出这种特殊化、物化了的对话。

由语言的民族特性引出的特殊的对话形式。言语形式不能脱离开语言形式。

对文章和作品的集体讨论。办公室里的独白化。

单纯的理解和孕育着回答的理解。对话的理解与独白整体的理解。整体问题、结束性问题、完成性问题。

与现实的戏剧问题的联系。无冲突论也破坏了对话。

结论:研究对话可以使我们更好、更深入地阐明很多语言现象;它们只有在对话语中表现得最充分最鲜明,对话语能够揭示语言作为交际手段和斗争工具的本质。

黄　玫　译

对话一　对话语的问题

波捷布尼亚及其后继者著作中的理解问题。理解不是重复说者,不是复制说者,理解要建立自己的想法、自己的内容;无论说话者还是理解者,各自都留在自己的世界中;话语仅仅表现出目标,显露锥体的顶尖。同时,说者和理解者又绝非只留在各自的世界中,相反,他们相逢于新的第三世界,交际的世界里,相互交谈,进入积极的对话关系[1]。理解始终孕育着回答。说者的话语里总带有诉诸听者的因素,总以听

---

[1] 在巴赫金的著作中经常提及理解问题,但此处提法有些变化,是巴赫金那里所不多见的。巴赫金通常反对把理解视为说话者意图在听者意识中得到复制性反映的论点。作者使用"复制"这个概念,清晰地凸显出他的立场是反对两种极端倾向的,其一认为理解能产生两个各自独立的世界,其二认为理解可产生能够消除说话者和理解者之间一切差别的共同世界。他强调理解要产生新的第三个世界。巴赫金着重抨击的,是复制性理解,这是因为在他看来,当时本国文化和科学领域是独白占统治地位的,而不是相对的多元论。——原编者

者的回应为旨归,这一点正是在对话语中表现得最为鲜明。对话中双方对语之间的关系,不同于独白语境中两个句子之间的关系,也不同于针对同一话题而发但无对话联系的两个话语之间的关系。

独白和对话的区别是相对的①。每个对语在一定程度上都具有独白性(因为是一个主体的表述②),而每个独白在某种程度上都是一个对语,因为它处于讨论或者问题的语境中,要求先有听者,随后会引起争论,等等。对话至少包容两个主体的表述,但两人之间有对话的关系,互相了解、互相应答。这种联系(即相互关系)反映在对话的每一对语中,决定着对语。

文学取用口语或者民间语言。但这并不仅仅是取用词汇、取用句法(较为简单的句法),而首先是取其对话,取其会话性本身,使其直接感受听者,使其强化交际和交往因素。其次,这意味着削弱言语中的独白成分,而增强其对话成分。

从对话性(内在的和外在的)角度评价各种体裁。

说者专注于自己本人或事物(学术性独白)的程度有大小,换言之,是独白性(或者相反,对话性)和表现力(指功能)程度有强弱。

洪堡论理解③。理解问题及其特殊的重要意义。以最大限度易解和民众全懂为目标。以小范围理解、隐含密语、暗示和玄虚为目标。一切特殊用语,从行话到贵族习语,其目标都在后者。或扩大理解者的范围,或相反缩小这个范围。

1. 表述是言语的基础单位。按功能划分表述类型(日常生活表述,科学表述,文学表述,等等)。根据与听者的关系划分表述类型:对

---

① 从此段开始论述独白和对话之间相对的区别,而在其他著作中都不见相应的提法,尽管我们容易体会到相对性这一思想。通常巴赫金是截然区分独白和对话的,并且对独白颇多批评,以致有些研究者得出结论,认为巴赫金是绝对否定独白语和独白思维的形式的,这当然是不准确的。——原编者

② высказывание 可译作表述、话语,слово 也可译作话语,两者可通用。但巴赫金常在一个句子中同时使用这两个词,而此时的 слово 只能译作话语。为区别起见,本全集把 высказывание 一词统译为表述。单独作文可自行选择"话语"。——编者

③ 大概指《言语体裁》中援引的洪堡的观点。——原编者

话和独白,两者的相对性。独白与增强表现力的功能之间的联系。

2. 理解问题。理解的对话性。

3. 对话及其种类。对话语对文学具有的意义。在科学中和形象性学术领域中的对话问题。学术讨论;记者招待会;各种会议;等等。[……]

理解者的心灵不是 tabula rasa(一张白纸),话语要和心灵斗争,并且改变心灵。

独白的可理解程度和孤立出来的对语的可理解程度。取自独白语境中的一个句子和摘自对话中的一个对语。两者有何区别?在这两种情况下,是哪些联系遭到破坏(中断)?

对话中遗留的个人痕迹,不是一个人而是几个人的痕迹。[……]

1. 对话语的词汇特点(感叹词,代词,等等)。

2. 语法结构的特点(命令式等等)。

说者个性在对话中较为强烈的和独特的反映(情态性)。这一反映有何特点?说者对他人的态度(辩论态度或其他),说话者个性在与对手的交锋中形成。

对话在标准语发展史上的作用。现代标准语的特点,在于书面言语形式的消亡和口语言语形式的加强。书面形式本质上是独白性的。它限制了交际对象的作用,只面向熟悉特殊的书面程式的少数读者。对话因素的加强和对话交际自身的扩大。标准语在革命民主派时期的对话化。

卡拉姆津面向贵族沙龙[?]中的口语,普希金面向克雷洛夫和冯维辛的语言。

对话因素在非戏剧性文学体裁中的加强。描写部分以及整个作者话语的减少。讲述人的出现(是与书面性和独白性的斗争)。作者的争论性。

各种观点的斗争所起的作用,各种争论的作用。赫尔岑。长篇小说中思想观点的对话(各种意见的斗争)得到发展。屠格涅夫、托尔斯泰、车尔尼雪夫斯基等人作品中的对话。

各种讽刺刊物的作用,书信体的作用。

以回应、反驳、即刻反应为设定目标。言语的现实条件和环境所给予的特殊影响。

语言实现于言语中时充实了哪些形式?指整体的形式、结尾、完成、绝对的开端。句子和表述。它们完成的程度和性质。一个句子之后可接同一说话者的另一个句子。表述的结尾则要求更换言语主体。我讲完了,该轮到他人了,哪怕只是沉默地同意或不同意。

表述整体总是有指向的,总是具有特定的受话人("读者","公众",他们两者在不同时代里的差别),而在结束时这种关系会凸现出来。句子没有受话人,但它有语境,与语境通过事物逻辑关系和句法关系联系起来。

任何言语都会有结束,但不是以虚无结束,它把位置让给他人言语(即使是内心的言语),期待着回答,期待着反应,等等。

言语的单位是表述。任何一个表述就其本质而言都是对话(交际和斗争)中的一个对语。言语本质上具有对话性。对话和独白区别的相对性。

在独白语中,说话者个人情态的任何加强(即我们开始真切感受到说话人个性特征的时候),都意味着其中对话潜力的增强。

现实对话和虚拟对话。包围着现实对话的,是一切独白的形式和虚拟对话的形式;现实对话是它们的家园和范本[?]。语言使言语生活成为可能,另一方面,它自身又受到言语生活的影响。言语中不断出现新的形式(单词、成语、语法形式),尔后会得到概括并稳定在语言中。这通过语体进入语言。行话语词就是这样的新形式,因为它要进入全民语,须有特殊的条件(作家对语言的加工)。

语言的消亡问题和死语言的问题。

语言在社会生活中的各个使用领域。这些使用领域的多样性和无限性。不同的使用领域都形成有各自的言语体裁,即各自的表述形式。

言语是 in actu(行动中)的语言。不可以任何形式把语言与言语对立起来。言语跟语言一样具有社会性。表述的形式也具有社会性,它像语言那样是由交际决定的。

一种是传达现成的思想,表达现成的感情(情感)、现成的意图(意志行为),另一种是在语言中、在表达过程中生成、形成思想、感情、决定。

内心独白问题。语体形式和整体形式(完成的形式)的问题。语体风格与体裁的不可分割,但这个问题只是针对诗语有所研究。[……]

1. 思想的产生、形成,同样是在那个交际过程中、思想交流过程中。马克思和恩格斯关于对话的提法①。只有在向他人阐述自己思想的过程中,这个思想对自己也才会明晰起来。因此,没有也不可能有绝对的独白,即不诉诸任何人、纯属是个人为自己表达思想。我们可以设想一下,真有这种绝对的个人独白,那它不需要使用他人懂得的语言,它对语言这个领域不会有任何关系。一切表述都具有对话性,即说都是对他人而发的,参与思想的交流过程,具有社会性。绝对的独白——只为表现个性——是不存在的,这是唯心主义语言哲学从个人创作中引出的一种假象。语言本质上是对话性的("交际工具")。绝对的独白如若是语言的独白,是语言的本质所不容的。

(唯心主义语言学研究语言,就是把语言视为独白的东西。)

既然语言在本质上具有对话性,既然绝对的独白是不可能有的,那么相对地区分出言语的对话形式和独白形式,不仅是可行的,而且是必须的。除了言语的对话形式(如日常生活中的对话)之外,还存在着言语的独白形式(如科学著作、各种小说、抒情作品等)。它不是绝对的独白,但就其组织方式来说与对话有着显著的差别。在长篇小说这样的独白整体中,可以区分出作者(或讲述人)的独白语和人物的对

---

① 指马克思和恩格斯关于语言是实际的真正的意识,语言的产生只是出于与他人交际的需要等论述。——原编者

话。在语言的普遍对话性的范围内(和基础上),对话语和独白语明显地存在着重要区别,这一点是无须证明的。由此很自然地可以想到,对话语形式因以较鲜明和纯粹的形式表现出语言作为交际工具的社会本质(这当然丝毫不贬低相对独白的意义),而引起我们特殊的兴趣。

2. 语言(язык)和言语(речь)。语言使用的领域(几乎是无限的)。语言的各种功能和表述的各种形式。语言交际、思想交流的单位问题。

3. 对话的定义和对话问题。

4. 对话在标准语发展史上的作用。对话和书面文字。书面文字(法典,编年史[?],宗教的各种言语形式,各类圣书,祈祷文,等等)的独白性。

5. 文学中的对话。源于亚里士多德的诗语理论,描写比喻的[?]言语,不适用于对话。过去仅仅研究了作者语言,而人物的语言仅仅从其自然形态的角度有过探讨(过去是客体性对话为主,未来的变化?)。

在对话中现成的思想感情的交流,和思想感情的形成。剧情在对话(确切含义上的对话)中的形成。

在对话中较为积极使用的语言形式(譬如代词和一些动词形式)。这些语言形式在过去也很积极(回顾)。语言及其个别形式的起源问题。

句子根本不是言语交际的单位。如果一个表述(对话中的一个对语、谚语、格言等等)是由一个句子构成的,那么这个句子已经不只是一个句子了,它身上增加了某种新的因素(新的品格),即言语的完成性,它后面出现的已经不可能是另一个句子,而只能是他人的话语(即理解——评价)。两个言语主体。思想的交流,对话的边界。[……]

对话语与思维。对话中思想的生成。新与旧的斗争。

沙龙的语体,亲昵的语体,官方或事务谈话的语体。对话语的诸语体。每个人都掌握着几种语体。这些语体取决于同交谈者的关系

(复杂的社会等级),取决于交谈的目的(交谈的主题),取决于对话交际的特殊形式(沙龙社交的谈话,亲密的交谈,机关里公务性谈话,等等),取决于交谈的外部环境,取决于引发交谈的事件。乞乞科夫的对话体语言[①]。

人物的对语能够刻画他们的性格,表现他们的风格,展示他们社会的和个人的面目;除了这样的对语之外,还存在整体上的对话,即不同个人之间的相逢、冲突和斗争[②]。

语言内在规律对理解的重要性。

独白表述和对话中对语的区别。

小篇幅与大篇幅言语的布局结构。语言学只研究到复合句和圆周句,而它们只是表述的成分。语言学不知道言语整体的布局结构。当一个句子成为完整表述的时候,它也就改变了自己的性质。表述的言语体裁问题,这一问题的复杂性和难度。人们只研究文学体裁,而文学体裁具有特殊性,它首先是综合性(或混合性)的。

用小型体裁来研究完成性问题。

言语交际的问题,即说者相互作用的问题。这种相互作用、说者的立场、言语交际蓝图和运作等在语言形式中的反映。有的词语与形式不具有指物意义,而具有相对的对话意义。

长篇小说中不同语体相互间的对话关系(它们犹如对话中的不同对语)。譬如,抒情诗和长篇小说中的古旧词语(普希金作品)。这里言语处于不同的层面上。词汇的不同色彩蕴含着不同的人物形象,词汇的选择并不决定于指物的考虑。从对话语和对话杂语对作品产生的影响这一角度来分析《叶甫盖尼·奥涅金》[③]。任何被引用的他人言语(即便是简单的引语),也都要以对该言语持对话态度(如赞同,

---

① 参看《言语体裁》中援引《死魂灵》的例子。——原编者
② 这是把对话性(复调性)逐渐引入长篇小说。这一思想在下文得到发挥。——原编者
③ 巴赫金从对话性杂语的角度分析《叶甫盖尼·奥涅金》,见于《长篇小说话语的发端》一文。——原编者

确认)为前提。[……]

相互理解的问题。这里不是指简单的理解(消极理解),即仅仅为了明白说者想讲什么,不对理解的东西作出评价,不从中引出结论,也不作出回应。其实,这样的理解从来不存在,它只是一种假象。任何理解或多或少都蕴含着回应,或是用语言,或是用行动(如执行所理解的命令,或者完成请求)。说者言语的目标,恰恰在于这种积极的理解。理解不是复制所理解的东西,这样的消极复制于社会是毫无意义的。但是,从理解的积极程度和性质来看,独白和对话有很大的区别。相互间对话式理解的这种特殊的积极性,决定着对话语特殊的效力,决定着对话语的戏剧性。

对话语的语速和语调。它们影响着各种独白体裁的语速和语调。

独白语中句子间的联系和段落间的联系,对话中对语间的联系。[……]

这样,决定语体的不是词语的指物逻辑意义,而是情态,即修辞色彩,它表现着言语主体及其对现实(词语指物逻辑意义所传达的现实)的态度。在对话语中则还要加上第三个因素,就是对他人话语(就同一事物而发的)所持的态度,即对交谈者在前或在后的回应(预料的、说出的、期待的应答)对语所持的态度。对交谈者所持的态度,如同对事物(现实)所持的态度一样,也决定着言语。对交谈者及其言语的态度,在对话中是言语的一个决定因素;离开这个因素,就不可能理解对语。然而,一切言语中都隐含有这个因素,因为任何言语都要求具备听者,都是对听者而发的。不过在独白中对听者的存在感觉有所不同,独白更多地专注于言语的指物逻辑方面或情感抒发方面,它不会因为他人实际的或预料的介入(他人的观点,他人的不赞成,等等)而放弃这种专注。独白语中的听者不是确定的,带有群体的性质(虽然这个群体可以有所区分,如志同道合的朋友和反对的论敌等等)。重要的是,独白在言语的转折点上排除了听者的介入,听者只能对整个独白做出反应,而且这种反应只是背靠背的。因此,选用独白形式的人,也就有权把全副精力放在自己言语的对象上,放在自己对它的态度上,有权在某种程度上独立于听者,不考虑听者的反应。在研究独白语的时候,分析可能几乎仅局限在言语的指物逻辑意义(即描述或想象的客观现实)上,局限在言语主体本身及其对言语对象的态度上。这恰恰是独白语的真正目标,是它的意图所在。

对话语的情形要复杂得多。当我们分析对语时,我们必须考虑到交谈者及其言语所施加的决定性影响,这种影响表现在说者本人对交谈者及其话语的态度中。话语的指物逻辑因素,成了交谈双方交锋的舞台,成了观点和评价形成的场所。独白语对此却可以避开而不加理会。当然,必须注意到独白的相对性(因为绝对的独白是没有的),尽管如此,我们在独白和对话之间所确定的相对区别,还是非常重要的。其次,必须考虑到独白的各类体裁,其中有些体裁还要求突出地感觉到听者的存在,考虑到听者。独白发生对话化,其程度可十分不同。由于必须顾及就同一言语对象所发表的不同观点,必须依靠一些观点(引语、转述他人见解等等)来批驳另一些观点,结果便导致独白语的对话化。不仅如此,可以说存在着一种普遍的独白语对话化的历史趋向(如科学的、政论的、艺术的独白,各种报刊体裁,等等)。语体的对话化。

说话者的独白关注,集中于自己言语的对象本身,集中于自己对该对象的态度,不理会听者,不直接考虑他人的观点和评价。

语言的各种形式在独白和对话中使用情况的统计研究。

同义现象的问题。[……]

1. 转谈表述(即言语体裁)。

2. 表述的定义及其界限的划定。表述和句子。

3. 对交谈者和他人表述的态度。决定表述语体的三个因素。反映他人话语的各种类型(对话的泛音)。

4. 修辞问题。语体和体裁的密切联系,体裁和交际条件的密切联系。

5. 言语体裁的分类。

6. 研究的资料来源。

即使是公文事务的言语和语体,也是由对他人(受话人)的态度决定的。"我建议……"[？],"我们请求……",等等。在这里,体裁的传统或称体裁的实际目的,决定着语体,谈不到个人的风格。在日常生活的言语中,才有个人的格调。

在日常口语的各种体裁中,非常明显地反映出听者及其言语所产生的影响(对听者做出的种种可能的让步和解释,言语策略,等等)。语体风格和体裁相互间的复杂关系。体裁常常会改变语体,语体在不同交际领域和不同体裁中游移。当一种语体从一个体裁转到另一个体裁的时候,它会改变体裁,会把第一个体裁的特点带入第二个体裁中。口语语体渗入文学,使各种文学体裁发生对话化。

凌建侯　译

对话二

В.В.维诺格拉多夫的《苏联文学理论的迫切任务》(《在斯大林语言学著作指引下的文学理论问题》,苏联科学院出版社,莫斯科,1951年)。

"不了解标准语、民族语的语体,要研究文学作品语言的修辞多样性是不可能的。高度发达的标准语,是由相互联系、相互对应的语体组成的复杂体系。而所有这些语体并不是同等重要的,它们有不同的使用领域、含义范围、词汇和句式的构成。把用于某一语体的表现方法毫无理由地挪用到另一个语体(在功能上迥然不同的语体)中,就会让人感到极不协调,或者成为幽默手段。①

---

① 维诺格拉多夫在这里把诸如此类的现象视为是对"规范"的破坏,评论中带有否定的意味。而巴赫金的观点与此不同,他把这些现象视作社会言语生活中积极过程的表现。——原编者

"要研究这一系列问题,首先必须深入地研究全民语的修辞。修辞学作为一门语言学科,其原则和任务迄今依然不甚明确,一些基本概念和范畴也尚未得到确切的界定。стиль(语体)这一术语在用于民族标准语的功能变体时的含义,不同于用在文学作品或文学流派的表达手段体系的时候。为了顺利解决全民语规范化[①]的问题和任务,为了顺利进行斗争,反对以行业语和地方土语污染口语,都需要有修辞学作为理论基础。民族语的修辞学应该积极地促进言语修养的提高。言语修养这一语言学领域的理论,与实践的联系极为紧密,两者交织在一起。深刻认识全民语及其状况,也应该是作家进行文学创作的基础。文学语言正是要求从全民语的角度来接受它并对它作出评价。

"考察语法和词汇成语方面的语言同义现象,对解决这些问题具有特殊的意义。研究全民语、民族语所固有的同义表达手段,有助于确定其现实的活的语体,有助于找到其语义发展的规律性。研究语言修辞的多样性,不能脱离对语言在不同社会生活领域中使用所具有的功能特点的研究。

"在阶级社会,言语在功能修辞上的一系列差异是与社会方言的差别交织在一起的。不同的社会群体,不同的阶级都不对语言抱漠然置之的态度,他们努力使用语言为自己的利益服务。这样,在标准语的不同语体中就反映出不同的'语言品位',反映出某一社会群体所固

---

① 从巴赫金的观点来看,维诺格拉多夫的语言规范观是独白倾向("向心"倾向)的集中表现。巴赫金自然不会否认语言学中不可或缺的规范因素,但他不能赞成国内语文学界把规范的运作领域无限地扩大。在维诺格拉多夫的观念中,规范所涵盖的领域极为广阔:从全民语的语法到言语修辞学乃至文学语言。巴赫金和维诺格拉多夫的理论分歧也反映在对长篇小说的分析中。譬如,在理论上维诺格拉多夫虽也承认文学要依靠语言的交际功能("思想交流"),实际上却是突出语言的"艺术形象的功能",其结果自然就不接受巴赫金的"他人话语"理论。而从巴赫金的研究方法来看,正是"他人话语"在小说中具有举足轻重的地位,构成整个文学修辞学的核心。因此,虽然巴赫金和维诺格拉多夫对文学语言的分析都同样深刻,而且采用的术语几乎一致,但是两者的分析结论却大相径庭,而这区别就与规范问题直接相关。——原编者

有的受其文化决定的典型表达方法。譬如，在《大司祭佩夫尼茨基笔记……》的一个片段中，我们不难辨认出'课堂演讲体'的典型特征，或是19世纪职业性宗教著述体的典型特征。"

下面引述一个片段(言语语体的例子)。

引述军队文书或报务员(波德希瓦洛夫)的语体为例。

"语言的形象艺术功能，是以语言的交际功能为基础的，因为是交际和思想交流的工具。形象艺术功能源于交际功能，却又让后者服从于语言艺术表达的任务和规律。运用全民语及其各个分支所具有的广泛性、多样性和审美的目的性，把文学同其他类型的意识形态上层建筑(借助语言表达、保存、固定下来的上层建筑)严格地区别了开来。

"语言进入文学，其功能变得广泛而复杂。在全民语的基础上借助全民语的表达潜力，形成了艺术描写的各种形式、以语言塑造各种形象和人物性格的原则、人物语言的典型化和个性化手法、组织对话的复杂方法、丰富的艺术语汇、一整套的描绘手段。

"在语言艺术的形象手段和表现手段的发展规律中，反映着民族文学的特色。这些规律的活动越有力、越持久，那么它就越接近民间的文学创作，越接近其民族性。深刻的民族特色在规律中刻下了烙印。

"'文学语言的价值和意义，决定于它是在何时、何地，在什么位置上以及主要是为什么使用的。'萨尔蒂科夫·谢德林曾说：'应该斟酌每一个词，使它不给人以别扭之感，而是要恰到好处。'普希金说过一段至理名言，一针见血地指出词汇的选择和组合方法在语句整体中具有重要的意义：'人的智慧在组合概念方面是无穷无尽的，正如语言的能力在组合词语方面也是无穷无尽的一样。一切单词都收在字典里，但不断出现的各种书籍却不是字典的重复。'"(《普希金全集》，第7卷，莫斯科文学出版社，1951年，第445页)

"作品的修辞氛围决定着艺术形象的意蕴，决定着它的功能和作者对它的评价。言语的语体是描写说话者特点的工具①。语言的同义手段具有鲜明的个性,即民族性或人民性。

"言语语体中反映着说话者或书写者的社会兴趣和文化水平。[……]作品的风格可以表现出作家的社会面貌及其创作个性。

"俄罗斯文学中一些伟大作品的风格,作品中形象的概括,所采用的表现手法,使俄罗斯全民语取之不竭的财富和艺术潜力获得了实现,得到了集中的体现。所以,一个伟大的人民作家,其艺术创作的过程与其风格,都不能也不应该仅仅归结为是反映和艺术表现狭隘的社会阶级的世界观。"[……]

言语体裁的问题。

这个问题与语言语体和个人风格的问题密切相关。言语交际的单位。表述指物内容的充分性及表述的完成性。

日常对话及其在意识形态交际领域中的复杂化。独白的对话化。

表述的完成性问题。对某一问题的全面的详尽的回答。已被证明的原理。完整的描述。详尽的分析。指物内容的完成性有不同的类型。

言语在主观上的充分性。Dixi(我说完了)。应答的理解或积极的回答。某问题(思想)从客观方面来说是未穷尽的(这里可能有无限的发展),但在特定的条件下、在特定的语境中对作者来说相对地已经穷尽了。

体裁发展的历史问题。从赞歌[？]或谜语到科学论著。基本的简单体裁(短篇小说,歌词)和派生的综合性体裁(长篇小说)②。

言语体裁一方面决定于不断变化着的交际形式,另一方面又决定于指物意义的适宜性和内容的逻辑。

每一种体裁都诉诸听者和读者。

---

① 巴赫金多次反驳这个论点,认为言语的语体不仅是从外部(即作者)描写人物的手段,而且也是人物自我表现的手段(见《陀思妥耶夫斯基诗学问题》)。——原编者
② "基本"体裁和"派生"体裁的提法在这里大概是第一次使用。在《言语体裁问题》中这两个术语的含义有所扩大。——原编者

风格的过时和解体。

话语不仅决定于自己对事物的态度,而且还决定于自己对他人话语(他人的风格)抱有的态度。

体裁和风格(不仅指文学,而且还指言语交际的所有其他领域)的相互关系。所有这些领域必须准确地区分和界定。在每个领域的内部也必须进行明确的分类。环境、目的、话题不但决定着风格的选择(词和语法形式),而且还决定着言语体裁的选择。

言语专注于自身的程度,考虑听者的程度。

就某一事物而发的话语总会变得很复杂,因为还存在着就同一事物而发的他人话语,他人的观点。重新[?]创制语言的奇思怪想(达达主义,超现实主义,亚当主义)。在事物身上与关于这一事物的他人话语相逢。这种相逢、冲突、影响、斗争以及相互区分,既可以是隐蔽的,也可以是公开的。

诸语体联成难以穿透的一层帷幕,普希金则透过帷幕形成现实主义风格(见维诺格拉多夫的著作①)。科学言语中的问题的历史由来,学术争论。预料中交谈者的观点和评价。要想以交谈者的理解为目标,不仅要求交谈者懂得语言(语言上的理解),而且还要考虑到交谈者的特定观点,他的兴趣和评价。

体裁尚无充分的研究。获得研究的仅有文学体裁的理论,但它是建立在亚里士多德和新古典主义的狭窄基础之上的。像长篇小说这种现代文学的主导体裁,则根本没有人探讨。体裁理论的出发点,是从指物意义上加以界定的。体裁与风格的关系也曾有所研究,如亚里士多德、贺拉斯、布瓦洛、罗蒙诺索夫。

对话、争论、斗争必须以相互间的语言理解为前提。

这是言语的体裁形式问题。在文化发展的过程中,这些言语体裁获得了专门化,因为文化交际的形式变得专门了(科学的、艺术的、技术的交际等等)。文字的产生和印刷术的发明是两个重要的阶段。这

---

① 可能指维诺格拉多夫所著《普希金的风格》(莫斯科,1941年)。——原编者

一切推动着体裁的专门化,使体裁专注于所讲的事物上。

　　语体(风格)越程式化、越传统,它就越少考虑真实具体的现实听者,也就越带有独白性①。这种语体出现讽拟性的对话化时,便会开始遭到破坏。每逢转折的时期,言语自身的对话因素总会增强,可强烈地感觉到现代听者、论敌和论友,同一切程式和虚拟独白的斗争也要加强。采用口语语体、扩大标准语的范围,都与诉诸对话密切相关。有一点非常重要,那就是拓宽了现代听者的范畴,使现代听者发生了民主化。话语程式不仅削弱和忽视了听者这一因素,同时还使话语脱离实际的现实。对话化不但加强和重视他人话语(积极应答的现代听者)的因素,而且使话语接近现实,保证话语较准确地和创造性地关注所讲的事物②。艺术领域中传统的程式,相当于科学领域中的教条主义。

　　文学中对话因素的加强以及独白成分的对话化。

　　应该较为全面而深入地(后者最重要)提出一切言语交际领域中存在的他人言语的问题(从援引他人言语的各种形式开始)。[……]

　　思想在争论和对话中的形成和发展,及其在独白形式中的巩固。上述两个方面不可割裂,它们之间不停地相互转换。

　　一切言语体裁(言语交际的一切形式)具有的普遍对话性,以及对话和独白之间的相对差别。对话性的思想交流,对积极听者的关注,这些也反映到了各种独白形式中。在每一个表述中——无论是对话中的对语还是独白语——都充满了他人话语的回声。这些回声的形式和特征是多种多样的。语言学要研究的,是这些形式的普遍类型。

---

① 巴赫金逐渐放弃《对话一》中使用的术语含义,转而采用后来在《言语体裁问题》中的术语含义。同"对话"一语一样,独白的概念在这里也发生变化,它带有了消极评价的色彩。——原编者

② 这里表述的一个思想未得到充分发挥。巴赫金提出了自己对话思想的反相对主义的方面(而无论过去还是现在都有人指责他是相对主义者)。他认为相对主义倾向属于独白型意识,而非对话性意识(这与大多数人的意见也是不同的)。在《言语体裁问题》中,巴赫金通过批判断定语言的各种成分都与现实有着直接联系的理论,简要地涉及了独白主义在本质上具有的相对性。——原编者

所有这一切便提出了一个问题,即反映和传达他人言语的形式问题。

一种错误的理解,是把表述视为与外界隔绝的、自足的封闭系统,认为在这个系统以外不存在他人表述,而仅仅只有消极的听者。

谈论同一话题的他人表述,或者是直接的对话性回答,或者是对该表述的应答(直接对话)。

比喻描绘的言语(如隐喻的表达),与讽拟语、讽刺语、幽默语、争辩语等等的言语之间,存在着原则性区别。就比喻描绘言语来说,仅有一个言语主体,所有活动都发生在事物自身内部(事物的逻辑发展),或者发生在说话者个人情态之中(或者是两方面的结合)。而在第二种情况下必须具备第二主体,有其他人的话语(真实的或可能的),以及说话者(第一主体)对这话语的态度:即需有相互间对话关系的各种因素。情态已经不属于事物,不修饰事物,也不属于作为言语对象的人(如爱的对象、欣赏的对象、讨厌的对象等等),它属于说话人及其言语,属于他的观点,他的风格。

透过他人话语的语域,折射出话语的光芒。

有他人的思想,它仅在指物内容上得到评价;又有他人的表述,它获得了修辞的形式(流派的形式、世界观的形式和个人的形式)。它们两者之间存在着不断的转换关系,因为"赤裸的思想是不存在的"。不过,(在科学中)可以从语言上、修辞上的他人性质抽象出来。

一切话语都具有的内在对话性,和对话(指狭义的对话)①的外在布局形式。

在事物身上与他人话语相逢,又在回答中与他人话语再次相逢(话语激发回答,预感到回答,朝回答的方向发展)。

据维诺格拉多夫见解,以诉诸听者为目标是演说体的基本特征(见《论艺术性散文》,第75页)。演说同日常生活的对话一样,其特点是具有外在的和公开的对话性。

---

① 这里巴赫金实际上完全摒弃了上文采用的(源于维诺格拉多夫的)把言语区别为独白和对话两种类型的做法。——原编者

Л.雅库宾斯基。《论对话语》(见第30页)。

论内在对话性(见第29—30页)。

理解的统觉背景。这是说话者需考虑的背景。

例如,乞乞科夫的言语格调,不仅决定于交谈者社会地位的等级,而且还决定于他设想中的统觉背景。

回应性的理解(见第30—31页)。

存在着修辞上中态的词汇和语言形式(当然是相对的中态,就该时代一些主导语体而言)。作家在打破日渐过时的语体时,便要努力使用这些中态形式。

要为自己的绝对的直接话语,为自己的直接的作者风格而探寻语体(格调),培育语体。各语体的不同层面、不同的距离。

处理自己的直接话语("把唯一需要的词语用在唯一需要的地方")和处理他人的语体(模仿它、讽刺它、半虚拟它等等)是两种不同的方法。

各种体裁的风格(格调)。这一问题的重要性。

对引号中或半引号中风格的处理。斟酌自己的语调如何贯穿于他人表述之中。

抽掉意向与疏远风格(及风格要素)(见第40页及其后)。

话语中充满着细微的意味(语境中出现)和各种评价。

他人话语和半他人话语的不同类别。混合结构的问题(见第59—61页及其后)。

非直接话语的范式。托尔斯泰作品中的例子(卡列宁)。

多义或双关的两种类型;比喻和双声语。

不能把隐喻的两个意义分给两个声音、两个对语。不能视隐喻为两个含义重心。语言的隐喻表达不具有对话性。分析亚里士多德的例子(法官与祭坛)。不同的隐喻观(见第92页及其后)。

话语的对话化背景的问题。

如何描绘说话人的问题。不过,这里的说者有自己的方式,自己独特的风格(指社会性的和世界观上的格调)。

语言兼风格的形象问题,言语(指典型的和某种程度上个性化了的言语)的形象问题。

他人话语是言语最为普遍的一个话题。这是由语言的对话本质(交流思想)决定的(见第104页及其后)。

每个话语都必须包含对听者的一定的认识,听者的统觉背景,听者回应的程度,以及一定的距离。

话语作为一个斗争的疆域(见第121页)。

被描绘言语的特点(见第125—126页)。风格、风格模仿和述说(见第148—150页)。

述说性散文的特点(顺畅和空洞)(见第151页)。

规范性范畴(见第152—153页)。

各种修辞现象程式化的过程和变换侧重的过程。(见第190页及其后)。

应该由谁来研究表述的形式,即言语体裁?是语言学家?是文艺学家?

标准语的改革,就是现有的各种言语形式从一个使用领域转到另一个领域。但这些言语形式随之也带来与它们相适应的各种言语体裁(譬如对话)。

听者兼交谈者对言语产生的影响。现实的听者在对话中发言,他不仅说出对语,而且他的对语又决定着应答的对语。

表述是可以对之作出回答的最小单位,是能够对之或同意或反对的最小单位。话语总是否定或肯定某种东西。针对一个句子,是无法作出回答的,因为句子本身并不肯定(也不否定)任何事物,只有在上下文中,在整体表述中与其他句子的关联中,才会成为一个见解。要是一个句子没有上下文,那么,假如它不是用来分析的例子,它就已经不再是一个句子,而是一个完整的表述了,只不过这个话语是由一个句子构成的。这样的句子便获得新的品格,即它已经肯定或否定着某种东西(当然,语气的程度有不同)。而且对它可以做出同意或不同意的反应,还可以与它争论、维护它等等。这里有个他人在起作用。思想成了与他人交流的对象。

独白整体的各部分,在完整的上下文中能够成为思想,而且因此可以独立提出来加以讨论。

这里说的不是普通的思想,而是表示某种见解的思想。一个句子是一个完结了的思想,但它离开上下文不表示什么见解,与它还不能进行争论。句子只能从它是否合乎语法规则的角度来加以讨论。

表述则已属于思想观念的领域(但它不一定具有阶级性)。

"等一等,我还没说完。"或者如——dixi(我说完了)。

有时从上下文中截取出来一个句子,作为一个完成了的表述来讨论、研究(说话人对它承担着责任)。

对表述的指物内容所持的态度(在科学中)和对话语的格调(世界观)的态度。"任何一个生活和思考的人……"①。与类似格鲁什尼茨基的宏论作一比较②。

在这里不能把风格(格调)与指物内容分离开来。与风格(格调)也可争论(风格是世界观的表现)。

有一个最小单位,在它之后便可让他人说话,便可进行思想的交流。

这样,表述便进入到思想观念的领域;而表述普遍的典型的形式即体裁,却涉及语言。与此相关的反映他人话语的各种形式,同样也是如此。边缘的领域。语言的哲学。

表述不等同于判断。表述要求的前提,可以不是逻辑的评价,而是别的评价。

---

① "任何一个生活和思考的人,心中不会不鄙视人们……"(普希金的《叶甫盖尼·奥涅金》)——原编者

② "我亲爱的,我憎恨人们是为了不蔑视人们,因为不这样,生活便会成为令人痛恶之极的一出闹剧。"(莱蒙托夫的《当代英雄》)——原编者

在表述的边界上发生言语主体的更替。一个表述的末尾,仿佛是连上了另一个可能的他人言语。表述的边界就是言语主体的边界,亦即对话的边界。

表述的整体性及其结束(完成性),不是仅由指物内容在逻辑上的完成性来决定的。这里还包含着作者的完成的意志:dixi(我说完了),现在轮到你说了。作为一个整体的话语,总是有所指向,总是诉诸人的。关于指物内容的问题还未穷尽,但我在这个问题上的作用暂时(相对地)已经完结了。

因此,表述就其本性而言,便要对他人表述、他人言语、交谈者—听者—读者的实际的或可能的言语产生某种态度。而对他人表述的这种态度,决定着该表述,在该表述身上必须得到反映(他人言语反映)。

他人言语不但决定着表述的结束,而且还决定着表述的开端。开头的问题。表述开头时,不得不考虑听者及其统觉背景。

但是,一个表述不仅从四面八方受制于自己与可能的他人言语的关系,而且在自己的整个流程中保持着与他人言语的联系,反映着他人言语。

对话中的对语或是独白的表述。

表述的内在结构。是什么决定着语言手段和修辞手段的选择:(1)指物内容(针对言语所指的内容);(2)情态,换言之,是说话主体表达他的情感、他对所讲事物的态度;(3)对听者和对他人言语(第三者)的态度。

无论是对语还是独白,一切表述中都必然存在这第三个因素。第三个因素是风格形成的极其重要的因素,没有它就不可能理解言语的风格。

这里讲的恰恰是表述的风格(格调),而不是确切意义上的语言的语体。具体的表述,其风格(格调)总是包含有对听者的态度,哪怕是一份申请、申请上的一个同意的批示、一份军事命令等等的格调,莫不如此。

世界观方面的风格和流派方面的风格。这些风格(格调)一旦成为具体表述的风格(格调)，即便能保持纯粹而且一贯始终，也会带有争论、辩论、模仿格调的性质。使用一种已形成的格调，这在某种程度上几乎总是一种风格模仿，因为它包含着说话人对这一风格的态度(这是暗有所指的表述，视此风格为他人表述或半他人言语)。

远非一切语言现象(词汇、成语，甚至词法和句法形式)都是中态的。它们散发着各种体式格调的气息，与世界观方面的、流派方面的、社会方面的特定评价相联系。使用这样的词语都是有条件的，需用语调把它强调出来。除了那些中态的、没有定属的词语之外，语言中还有许许多多对于说话者及其相应格调(完全符合他意图的格调)来说是他人的或半他人的词语。

在任何一种格调中，都可有条件地使用属于另一格调的词语。"像人们日常生活中所说的""如诗人所说""如果用官厅语言讲的话"等等。

表述中以怎样的形式来表现对听者—读者—交谈者以及他人言语的态度呢？这些形式如何分类？

首先需要考察一下这样的现象。交谈者—听者—读者是第二个人，是表述诉诸的对象，我回答他的话或者我等着他的回答。至于第三个人，则我引用他的话，援引他的论述，与他争辩，同意他的观点，这样他也变成了第二个人，因为我与他发生了对话关系，即他成了对话关系中的一个主体。说话者及其言语不可能单纯成为言语所讲的事物，既然我讲到了他，他也就变成了我的对话伙伴。其次，听者和他人言语可以采用集体的、概括的形式，如辩论性的体式格调，如有条件使用的各种风格。

种种对话伙伴的分类。在直接对话中我要给予答话的交谈者。交谈者兼听者的统觉背景。预想中他的回答。

对有关这一话题前人所说的一切、所持的态度(至少以"一般认为""人们说"一类的形式出现),隐蔽的依据或是隐含的论辩。

对话、对话化的独白、只关注话题的言语。

对话关系指:同意或反对的立场,评价。

比喻和双声语。同义现象的双关用法。

反映他人言语以及他人言语的影响问题。这种反映的诸种形式。他人言语或被置于表述之外,或以直接话语形式及各种不同的非直接话语形式(混杂形式①)纳入到表述之中。在所有上述情况中,反映的形式决定着表述:不仅决定它的风格,而且还决定它的布局结构。[……]

一个句子同一个词一样,如果它造得正确,我们也会理解,即我们能明白它的意义,但我们不可能评价它,不可能同意或反对它,也就是说不可能有回应性的理解和使用。作出评价,同意或者反对[?],就意味着要采取某种立场。

听众、评论家、学者专家、后代、民众等等都可以作为对话伙伴出现。对于表述所指向的听者,有各种不同的阐说。

在口语中说话者拥有的不是个人的风格,而是组织自己话语的个人习惯。

隐含性论辩的问题。研究表述的诸种形式,应以如下见解为基础:每个表述(而且包括独白性最强的和孤立自足的表述),都参与社会性的思想交流,都是这种交流中的一个单位,都受制于这种本质上是对话性的交流。

叙事民歌、童话的体裁。

当一个词从某一具体表述转用于另一表述时,在这些表述相互照应的过程中,在词语身上发生的变化。对语言并非漠然置之的不同的阶级、社会群体、思想流派、世界观,是如何运用语言的。不过主要还是语言在修辞上的分野,这是由各种世界观和思想流派决定的(见第128—129页)。

---

① 关于反映他人言语的非直接形式,详见《长篇小说的话语》。——原编者

结构性、综合性的体裁。这些体裁的元素是完整的表述,尽管这些表述还不充分独立,还要服从于更高一级的整体(长篇小说、戏剧等等)。

话语(对语或独白)内部的各种联系(句法的联系和布局结构的联系)和表述与表述之间的联系。

各种言语体裁所用的主要语言形式,如起主导作用(组织作用)的动词形式。但它们并非是组织句子,而是给言语整体定下调子。

划分体式格调的等级原则。高昂的格调和低俗的风格。这里的问题不是简单地反映阶级社会中不同的社会等级(这是一种庸俗化的简单理解)。这里重要的是各种体式风格相互之间的对话联系,它们互为对话的背景。责骂性的和赞扬性的风格。

并不是在所有的言语体裁中都能表现出说话者的个人习惯。体裁的传统往往是形成体式风格的因素(如军事命令、法律条文、生产指令和信号等的风格)。

恰恰正是在表述中,即言语体裁中,实现着语言用于阶级的和群体的目的(世界观的和流派的等等目的)。但表述作为社会性思想交流的单位,还是以全民的语言共性为基础,因为共性规定了语言使用的特定范围(如若跨越这个范围,那表述就无法领会了)。在词汇和语言形式的基本意义(通用的和中态的意义)之上,可能添加特殊的附加含义,主要是评价性的含义。某些词汇和语言形式身上,仿佛沾染上了特定的评价色彩(修辞色彩)。这种沾染发生在表述之中。语言现象甚至能够带上个人的色彩。如果不深入研究表述(即言语交际的单位)的结构,如果不理解其对话性本质,那么要认识这一过程的机理是不可能的。

思想形态的所有领域都使用语言,但用法各不相同。

理解的问题。"我不知道您这话想说明什么。"而此时表述的语言含义是清楚而明白的。

现在我们来探讨话语的语境意义的问题。普希金的一句著名格言说的就是这种情形。全民语不仅服务于整个社会(指所有的阶级和社会群体),不仅服务于社会生活的各个领域(指生产、意识形态等等,即从经济基础到上层建筑),而且还服务于一切可能的唯一而不可重复的情境,服务于说者和写者的一切可能的独一无二的意图,服务于一切最新的发现。在语言几乎毫无改变的一段时期内,人们认识到的世界却极大地拓展和丰富了,发生了巨大的变化,得到了精细的区分。现实中有一系列新的和基本的领域被发现了,并借助于语言被表达和描述了出来。然而,语言的基础部分,无论是语法结构还是语音系统,却没有变化。所有这一切就提出了一个问题,一切语言现象的语境意义的问题。应该研究词汇的不同方面、不同层次上的意义和内涵,这些添加的含义有指物内容的,也有表现情态的。

是什么在语言的风格中添加到词汇意义上("词汇意味")?是什么在流派风格中添加到意义上?又是什么在个人风格中添加到意义上?最后则是什么东西在唯一的个人表述中附丽到意义上(语境意义)。选择唯一需要的词语和它所需要的唯一合适的位置,是由什么因素决定的?不对表述的性质和结构进行深入的研究,要想富有成效地探讨语境意义是做不到的。

功能和情境。

那么语境意义在全民语体系中留下了什么呢?不仅仅可以对之追忆,不仅仅可以联想,而且使基本意义获得了某种灵活性和巨大潜力,善于进入各种语境的组合。

一个表述(对语)可以由一个十分不全的句子构成,如"и?"(还有?)这是催促继续讲下去,说出主要的思想。这个"还有"属于他人的声音。

基本的言语体裁直接反映交际情境,派生的言语体裁是专门化的体裁,反映有组织的文化交际的复杂情境。但这些专门性体裁大多是从基本体裁衍生出来的(由对语构成的戏剧,长篇小说,等等)。如何组织这一类体裁,决定于该交际领域的特殊目的和条件,然而被它们纳入的各个体裁都带有基本体裁的性质。长篇小说是各种基本言语体裁的百科全书，这里指的不是个别的长篇小说，而是长篇小说的体裁(如纳入书信、日常对话、日记、经文[？]、会议记录、忏悔、讲述日常生活等等)。所以，长篇小说是研究这些基本体裁的最重要的材料(尽管在这里应该考虑到这些体裁取自现实的言语交际，但服从于长篇小说的目的，所以多少都有些变化)。在大多数情况下，这种变化是要发挥基本体裁自身的各种潜力，而不是强迫和歪曲这些体裁。

在长篇小说中我们可以看到所有丰富多样的对话类型。

1. 日常生活对话的多种变体：粗俗狎昵的，上流社交的，亲密隐秘的，广场和大街的，沙龙的，家庭的，淫猥的，等等；对话涉及各类参加者，不同的情境，不同的话题和不同的目的(迄今为止日常生活对话的形式尚无分类)。乞乞科夫的言语随着交谈对象的不同而变换格调。

2. 事务性和职业性对话：公务的(官厅的)，生产的，商务的(有关商业交易和签订各种契约见于果戈理作品)，交易所的，军事的(托尔斯泰及其他作家对军事会议的描述)，侦讯的和法庭的(类似的对侦讯和法庭辩护的戏剧性描绘从长篇小说最初的发端即希腊诡辩小说中就已出现)；不同阶级和群体的对话冲突：老爷与农奴，军官与士兵，官员与下属，同等社会地位的人们之间；纷繁多样的对话情境；等等。

3. 思想观点的对话：哲学的，科学的，艺术流派的，道德伦理的(忏悔的)，政治的，等等；反映思想生活各领域中不同观点之间的斗争，这是长篇小说最重要的任务之一(始于苏格拉底对话，它是古希腊罗马土壤上长篇小说体裁的萌芽)。

4. 不同类型的内心对话："对本人的"对话，内心生活发展的对话形式，同自己争辩讨论的形式，主人公形成个人思想过程中的对话形式，等等。

长篇小说作者的一个极为重要的特点，就是要善于营造对话情境。

对巴尔扎克小说中各种各样的对话形式进行分类，并对每一种形式的特点作出评价,这是一个很有意义的任务。

我们讲的是作为基本言语体裁的各种对话。没有涉及对话在长篇小说中具有的艺术功能。

书信这一基本体裁的不同形式在长篇小说发展史上的反映。

因此,各个历史发展阶段上的长篇小说,都是研究基本言语体裁、它们的结构(对话性的)及其不同形式的十分重要的材料。当然,其他文学体裁也为这种研究提供材料,但要少得多。

研究各种言语体裁也会极大地促进语言语体的探索,特别是有助于研究语体形成的复杂的社会历史(以及对它们的转换用法)。

不深究各种言语体裁,不深究它们的对话性及其不同变体,就无法认识各种语言语体、各种思想观念性格调(流派的和世界观的不同格调)和各种社会性格调的复杂性,就不可能认识这些语体格调的产生、发展、斗争的历史,也不可能理解它们的转换用法。

标准语的发展史也需要研究各种言语体裁。

基本体裁在长篇小说中保持着自己的弹性和特色。

长篇小说热心于发挥这些基本体裁的潜在能力(主要是对话潜力)。

言语体裁的问题。

1. 言语体裁的界定。各种言语体裁的社会本质和对话本质。个人在这里是对话中的一个交谈者,他的思想的形成是为了他人,而不是自己。批判资产阶级语言学。

2. 揭示基本体裁的对话本质。他人言语在各种体裁中的反映。基本体裁的习惯与风格,不仅取决于所讲的事物和情态,而且还取决于听者及其言语。

3. 这一问题对修辞学的意义。批评修辞学上的独白主义。研究各种风格的对外策略(辩护,争辩,不同程度的虚拟,不同形式的折射)。

4. 话语的语境意义的问题(情境,世界观,个人)。

5. 言语体裁的分类：(1)对话体裁和独白体裁；(2)基本体裁和派生体裁(专门性体裁和结构性体裁)。

6. 研究言语体裁的材料来源。

在俄罗斯标准语的发展历史上，在克服书卷气的过程中，用口头语言、口语风格，必然地与采用现实口语体的各种言语体裁(即不同的对话形式)密切相关；其结果，不仅文艺作品，还有政论体裁，甚至科学体裁都增强了对话性。在研究标准语的历史时，绝不能对这些体裁和它们的特征视而不见。

口语体裁与书面语体裁的区分，不具有重要的意义。

能为研究基本体裁提供素材的体裁有：(1)各类戏剧体裁，特别是民间喜剧体裁(古希腊罗马时期的讽刺剧、模仿笑剧、风俗喜剧；中世纪的滑稽剧、传统闹剧["交谈表演"(?)]、讽刺闹剧和字谜[?]；等等)。(2)各类讽刺体裁(古希腊罗马的梅尼普讽刺体、庄谐体、卢奇安)。(3)各类政论体裁、特写等等。

苏联生产题材的特写，几乎是语言在生产领域中运用情况的记录式反映。

在标准语发展史上，在标准语语体和文学体裁的发展史上，言语程式化问题，以及与程式化的斗争。

言语体裁的布局结构问题。语言学和布局。言语体裁是布局结构的整体、修辞的整体；决定这个整体性的，是功能(如文艺、科学、日常生活等话语)，交际条件(以读者、听众、专家为对象的书面独白体裁，军事命令，向某单位提交的正式申请，等等)，最后还有言语交际的具体情境。表述所讲的事物，话语的作者和受话人。

言语体裁的问题是语文学中重要的关键性问题之一。它处于语言学和文学理论的边缘上，而且还涉及一些几乎尚无人问津的语文学科，这些学科应该研究词语的生命和语言在社会生活以及文化诸领域的使用的特征("语言的使用领域几乎是无穷无尽的")。为了更深刻地、方法论上更明确地创建语言修辞学和文学修辞学、语义修辞学等等,从理论上探讨语文学的这一关键性问题是十分必要的。这与从意识形态角度、从阶级角度使用语言的联系。语言的功能问题,语境意义的问题。这就是交织在这个关键性问题上的几个方面。必须建立更为精确的语言语体的分类(现有的语体划分过粗而且简单化,不能囊括一系列重要的修辞现象,甚至完全不能容纳较为细微的修辞色彩)。

语言学和言语体裁的布局结构问题,后者指言语整体(表述)的组织构造,不仅包括各种文学体裁,而且包括语言运用的所有领域。

能不能把表述视为复杂句法整体,亦即将表述问题溶解在句法之中;是否能把表述整体视为某种句法的整体(类似于复杂句或圆周句)。

"构成我们言语的基本语言单位,其目的在于把我们的思想告知他人。"①

可在随后的一切语言学论述中,这个言语全为之而存在的"他人"便消失得无影无踪了。

言语和语言。只是从抽象的形式来看,词和句子属于语言体系,并成为语言的单位(根据斯大林的见解)。然而,从其具体的形式看,它们都是表述的单位,而非言语的单位。

词汇是砖瓦,语法是建筑的规则和方法,建成的房屋则是表述。

"我们讲的话首先可以切分成句子,每个句子在某种程度上都是完成了的表述,表达某个思想。"②

句子与句子之间的停顿。只有在表述内部才存在这样的停顿。表述和表述之间的停顿,则完全是一种特殊类型的停顿(如果这里也可以称为停顿的话)。这种"停顿"已经不是由讲完话的说者决定,而是由交谈者和整个语境来决定了。

---

① 引自科学院《俄语语法》(第1卷,莫斯科,1952年)。——作者
② 引自科学院《俄语语法》(第1卷,莫斯科,1952年)。——作者

复合句终究是句子,它并不使我们接近表述的边缘,也不会产生新的质。

"我们说话的目的,在于把我们的思想告知他人。在言语中这些思想通过句子的形式表现出来。"

如果一个句子作为形式确实能够包容我们想要告知他人的整个的思想,那么它已不仅仅是个句子,而是一个完整的表述。这样的句子已经不是以停顿告终,而是以完结告终;接下去不是其他的句子,而是他人的表述、他人现实的或可能的表述(即他的那种孕育着回答或实践的理解);这样的句子是诉诸他人的,自身以某种形式反映出现实的或可能的他人表述。

表述的指物意义(所讲的事物,告知的内容);情态因素,亦即说话者(个人或集体)对所讲事物(也就是指物意义)所持的评价态度;最后是表述的第三个决定因素,即表述(和说话者)对交谈者—听者—读者及其话语(已说出的和预料中的)的态度,在思想交流过程中对他人思想的态度。

表述这第三个因素存不存在呢?这个因素会不会融入前两个因素(即话语所讲的事物和情态)中?它是否能在表述中得到实际的、物质的、决定性的反映呢?

他人表述(即第二或第三者的表述)有时也会成为表述的独立话题,也就是说我可以谈论他人表述,把他人表述告知给别的他人。但是,这样的对象是 Sui generis(特殊的),当我们述说他人表述时,我们不能不对它采取某种对话的立场,或同意,或反对,或持辩论的态度,或持讽刺的态度;引来作为真理性的见解,或权威性的见解,或值得怀疑的见解,等等。因此,在这里对他人表述的态度也带有对话性。情态如果不是针对所讲事物的,而是针对讲述事物的他人表述,那它便带有特殊的性质;这就是同意或反对的情态(通过语调表现出来),是嘲讽或怀疑是否正确之类的情态;这是独特的对话性的情态。这一情态还出现在他人话语不构成话语所讲对象而处于

表述之外的时候。[……]

对话的泛音在任何言语中都附丽于言语的基调之上。

对他人表述取对话态度所用的形式,反映听者及其言语所用的形式,是极为丰富多样的,但几乎完全没有得到研究(我们对古希腊罗马的演说术几乎没有作出任何补充)。对上述形式的研究是我们学术界面临的一项重要任务。

当我们脱离表述整体,把句子作为虚拟性独白语境的成分来加以研究时,我们便不再能听到各种对话的泛音,或者只听到最粗糙最外表的余音。

语境及其界限的问题。最近语境和表述整体。有一些修辞现象(某些对话的泛音)只有在整个语境中才能揭示出来。

可以把句子定义为能够表现表述整体的最小的语法(句法)单位。这时句子就获得了它作为语境中句子所不具备的一些特征和品格。

要区分词的意义和思想的内容。思想的内容只有在具体的表述中借助词的意义才能得以实现和揭示。

在各种复杂而又专注于自己对象身上的文化体裁中,总是可以感觉到各种基本体裁所特有的富于弹性的形式。在标准语及其语体的发展史上,每逢转折的时期,人们就会转而采用各种基本的言语体裁,而且首先是求助于对话。

谈论某一事物的表述(只要多少有些责任心),都还知道讲同一事物的各种他人表述(赞成的或反对的表述),并在各种他人表述中判定自己的位置。这种定位可以在表述中得到直接的反映(如转述他人的观点,引证,辩论,等等)。但也可以不反映出来,这时便总可以觉察到(尽管有一定的难度)对话的泛音。其次,任何表述都要考虑接踵而至的对自己的反应,如同意、反对、怀疑等等,也就是应答的理解。这种对应答的预料,同样可以在言语中获得直接的表现,但也可能仅仅产生对话的泛音。

最为独白化的、全神贯注于自己对象的言语(离一切雄辩性最远的言语),终究也会带有这样的对话泛音。

要考虑听者的社会地位和级别,也要考虑他的统觉背景。

句子是单个的思想,但处于同一说话人的其他单个思想之中。而表述的"单个",是另一种性质的单个。

表述结束之处,应是该言语主体讲完话(角色、对话或独白)的地方,又是他人(说话者或理解、评价前一个说话者)开始发言的地方。

整体的问题。("讲完了!")我们讲的不是体系中的要素,而是整体。完成和结束的问题。

理解语言和理解表述,理解词的意义和理解思想或形象的内容。

在一个社会的范围内,人们所见的不是思想,而是思想的交流,不是表述(孤立而自足的),而是表述同其他表述的交往。

一个思想要在思想的交流过程中,即对他人讲话的过程中,才能成为现实的思想。

对话泛音包括:隐蔽的论辩,偶见的轻微讽刺和嘲弄,隐藏而分散的他人表述,辩护性地强调个别论点和词语,等等。对话化的背景。[……]

凌建侯　译

预备材料

(称名句中的)词可以补充发展到句子,并直到表述(借助于语调、手势等)。词可以绕开句子直接发展为表述。所有各类表述——"a!"(啊!)到长篇小说——的共同点。这种共性使表述区别于所有种类的句法整体——音义段、句子、复合句。思想的言语完整性。言语主体的更替。

对言语完整性的认识,以及这种完整性的规范,差别是很大的,主要取决于交际领域和该领域(每一个领域)内部典型环境的不同。说话人的言语意图和他的言语意愿。表达在该问题、该情景中的立场等等。真实性。表述的主体和谓语。这些概念在何种程度上适用于表述分析。文学巨著的整体性何在？戏剧、小说等等，以及鸿篇科学论文，政论文章。是什么将众多各种类型的句法整体、句子、判断等合为一体。个人风格的统一。整体性何在的标准。

说话人针对该意图和该情景已表达完毕。他可以继续讲下去,但他先让别人讲或者想从别人那里得到反应(同意或不同意)。我可以希望得到默认(同意)。

文学作品的完整性(一字也不可增删)。科学著作的相对完整性。

过去语言学总怕接触表述的边界,总是逃避这些边界而停留在语境内部,这样才觉得可靠。

如何确定表述的相对完整性、完成性和终结性。指物意义的因素。说话人的意图。意图的终结性。

(回到篇首:这个问题①不是语言学的,但也非文学理论的。这个问题不专门属于语言学,也不专门属于文学理论,还不属于其他语文学科,然而它却涉及语言学、文学以及所有的其他语文学科。这是普通语文学问题,它涉及在语言和人类文化的所有领域里表述生活的方方面面。)

表述在社会阶级、政治、世界观、流派[？]等的斗争中持有一定的立场,而这些斗争发生在人类文化和意识形态的所有[？]领域[？]。如果对表述不采取一种回应的立场,便无法理解表述,因为表述要求我们表示同意还是不同意,承认还是反驳[？]。在人类活动不同的领域,表述可以是阶级的、党派的,但也可以没有阶级和党派。文化和意识形态各专门领域的派生表述,是文艺学和哲学的研究对象,但研究的角度不是如何组织大量的话语片段(我们的问题)。

完结与否问题的重要性。

---

① 指言语体裁问题。——原编者

第三①特征决定着表述的题材方面和修辞布局方面。(完整性——布局)

语言学和表述。对边界的回避。语言学的独白性。

从表述的三个特征中可以看出,对于在思想交流过程中互相联系着的表述,不能只(孤立地)研究一个而不看其他。与其他表述的关系是表述的基本要素。因此,表述在其自身——在布局和风格中——不能不反映出其他说话人,表述的对象以及他人表述,这些都在交流思想过程中与该表述相关联。对于这个问题需要专门讲一讲。

语境的边界问题。该表述(一个言语主体)的语境和言语交际(其他表述)的语境,后者决定着该表述。

语境及其边界问题。这是单独的文章题目。

语言语境和非语言语境。表述的语境和理解(统觉背景)的语境。独白语境和对话语境。

同一言语主体(说话人)语境中的句子是一回事,他人表述语境或潜在语境里的句子是另一回事(例如会话中的对语),这种句子用作完整的表述。

例如同一说话人语境中的疑问句,并不要求其他说话人的回答(通常说话人自己回答,但这远不都是准确意义上的设问句)。或者向别人提出真实问题的疑问句。

需要注意的正是完整表述的形式,以及确定完整表述形式的类型,即言语体裁。

语体体系和全民语变体体系。它们与人类活动领域的联系。若要研究这个语体体系首先应揭示言语体裁体系。

体裁——指类型固定的完整表述形式,指建构整体的稳定类型。

为什么不能讲句子有各种体裁(叙述体裁、疑问体裁、感叹体裁、祈使体裁)?因为句子不是完整的表述。只能讲句子的形式。

---

① 这里指表述的完整性。——原编者

句子分析中存在的模糊性和含混性。分析单个句子时没有上下文,便强加给它(填进、塞进)(常常是完全不自觉地)一些只有完整表述才具有的性质,也就是说把句子看成了由一个句子组成的完整表述。表述可以由一个句子组成,但句子永远不等于表述。这是两个不同性质的现象。

什么是"语流"?它划分为哪些单位?一个说话人讲出的语流。

感叹和疑问作为语篇戏剧化的表现。

感叹句、疑问句和祈使句占有特殊的地位。就其实质来说,它们都力求成为完整表述,并且都明确具有对象性。它们是没有语境的。由一个词构成的句子实际上也没有语境〔它们倾向于非语言语境:"Пожар!"("着火啦!")〕

有一些句子实质上要求非话语语境(也就是说已处在完整表述的边界上),并且直接面对其他说话人。

句子里重要的东西,是指向语境之外的东西,也就是能把表述纳入交流思想过程中的东西。

对言语物质意义的情感态度,如同物质意义一样,也得到说话人给予的普遍重视;他至少希望听众接受这一情感态度。这是客观的主观性。纯粹主观的主观性(由于个人原因我喜欢,我感到忧郁等)是表述所讲的对象,而不是它的情态(这里情态指同情、惊异、怜悯)。

沙赫玛托夫等对"表述""交际"的理解。这是句子在心理、逻辑或实物方面的等值物,是为了解释句子而假定构想出来的。有时候这是一个主体思维过程或心理感受过程的假设单位。所有这些都是随意的杜撰,而不是现实的事实。

对科学院语法中句子定义的批评。

佩什科夫斯基的"交际"。告知型的语调(对象性,有对象的语调)。它只属于完整表述,也属于那些独立于语境外并且作为整体的句子。表述的整体将语调传给句子。告知的语调只决定于对其他说话人的关系,也就是说它要有对象,有接受者。

一个思想的完整性的意味。它在何种程度上属于句子。[……]语言的交际功能正是表现在表述中①。

Предложение(句子)是特殊的语言作品,它在表达思想时显示出一些新的独立的意义特点,是构句的词或者词组所不具有的。这一点也适用于作为整体的话语,话语里面表现出一些构成话语的句子所不具有的特征。

表现信息与现实关系的时间范畴和情态范畴,只能属于句子整体(不论是否有动词)。

这些范畴到了表述中获得现实的、肯定的意义,而不像在句子里那样只有形式的概括的意义。[……]

佩什科夫斯基提出的言语整体的概念。这个感觉为统一体的并且主要是语调统一的言语整体,与言语体裁(表述)没有任何共同之处。这样的言语整体是由话语分解而成的。表述并非总是有声的,语调上也不总是连续的和统一的(尤其在笔头言语中)。这些言语整体鱼贯而出,直到完成为表述才使我们感到满意。

Фраза(语句)问题。完整思想的节奏韵律表达手段。

一个说话人主体的言语(和思维)中相对完结的单位(是他的言语明显分解开来的单位)是一回事,而言语交际单位(表述)是另一回事。

可能言语单位(句子)是由交际单位(表述)构成的,但这是假设的领域,暂时不必讨论。

沙赫玛托夫的交际概念。在他看来这是句子的逻辑心理基础。

"最简单的交际"是两个表象的结合。

句子是语法上组织起来的言语交际或言语联络的单位(沙赫玛托夫和维诺格拉多夫同意这种观点)。[……]

"你在画什么?"——"房子。"

---

① 这里巴赫金的观点与维诺格拉托夫和佩什科夫斯基的观点有分歧,后两位学者认为语言的交际功能表现在句子上。——原编者

第二个表述的意义只有联系第一个才能揭示。表述的存在首先是为了第二者,而不是为了不在场的第三者(读者)。

语调的功能:(1)语法上综合;(2)分成音段;(3)表述语性;(4)区分情态。

句子指物意义方面和主观情感方面的冲突。

各种类型的句子在完整表述的语境中的意义,确定各种句子在修辞性运用中的功能和范围。

М.Н.佩得尔松的《现代俄语讲义》,莫斯科,1941年①。

脱离语境,脱离句法结构的词,用波捷布尼亚的话来说,是一种"人造制剂"。它的特点至少是最大程度的概括性。词组是在最小的语境中把词具体化的第一步。

"语言是人类交际的重要工具"(列宁),不论它的功能有多少种类(叙述、称名、表现情感、提出问题),它们都超不出交际的范围——这是言语活动的主要任务和目的。

但是,由于表述在该具体的环境中的具体条件不同,交际作为语言主要的、组织性的和包罗万象的功能既可以表现为对事件和事实的简单的叙述,又可以表现为对各种事实现象的称名(或指代),还可以用带有某种程度情态色彩的问题或请求的形式。所有这些各种各样的言语交际形式集中在句子里,就像集中在焦点上,并且决定着词汇形态和语音方面专门语言手段的选择和使用。

个别类型词组的使用及其频率,与完整语篇(作品、表述)的内容和性质有关,与说话人对周围现实的态度有关,与他的世界和意识形态立场的特点有关。

"我们的言语分解成表述。每一个表述用专门的语句来表达。语句分解成词,而词与词之间用语法规则和统一的语调来连接。"(C.O.卡

---

① 从这一段起巴赫金开始援引 В.П.苏霍金的文章《现代俄语中的词组问题》,文中提到 М.Н.佩得尔松的著作。以下四个段落或简单转述,或直接援引苏霍金的文章,可能为说明"表述""句子""情态"等术语运用的混乱。——原编者

尔采夫斯基:《俄语复习教程》,莫斯科—列宁格勒,国家出版社,1928年)

因此,句子(предложение)作为判断的述语性表达,和语句(фраза)相对应,后者包含了任何表述或联系。显然,这种形式句法理论里不具备深入研究句子理论的有利条件。特别明显地体现着语言和思维发展辩证规律的语言基本"内核",亦即句子,没能像语句那样引起形而上学语言学家的注意。句子的全部实质,现代俄语里句子类型及其语义种类的多样性,同一个句子由于言语的社会条件、日常环境、叙述目的以及实际现实的不同而可能出现的情感意义和情态变体的修辞多样性——所有这一切都仅仅归结为构建一个述语性的音义段。卡尔采夫斯基的语句概念,包括了表述的所有类型,除了那些直接列入形式逻辑判断的以外。语句还包括快速对话中的表述(传统术语称为"不完全句"),包括复合句以及非述语性的不可分句子的全部类型。显然,卡尔采夫斯基的语句句法研究也走的是那条形而上学的道路①。

什么是已有的,什么是言语行为中创造的。整个的表述是创造的,它的成分(语法的、词汇的等)是已有的。

词表达的是该集体里已有的概念,而音义段仅仅产生于言语过程中,还没有在该集体的日常生活中生根,它们(音义段)用来表达我们思想过程中新出现的概念,它们在语言里没有现成的表达法。

通常可以听出音义段的划分,而词的划分则不明显。这就是Л.В.谢尔巴的观点。音义段(синтагма)是积极和修辞句法的范畴。用谢尔巴的话来说,任何文学篇章某种程度上都是有谜底的谜,谜底取决于对篇章的理解程度,取决于对它的解释。音义段是言语的语义句法单位。"言语节拍"是纯韵律概念,"呼吸组"是生理概念。

我们的言语是一个声音流。这个声音流被停顿隔成小段。

四种音调:肯定的、疑问的、命令的、感叹的。

Н.Г.莫罗佐娃的《关于篇章的理解》(载《俄罗斯教育科学院通

---

① 整个这一段都直接引自维诺格拉多夫的著作。——原编者

报》,1947年第7期)。她提议区分:"一个是篇章的事实内容,是用词、词组和语法上固定的句子来表述的,换言之即意义;另一个是含义,即对表述内容的动机和个人态度。"[……]

"从辩证唯物主义的角度看,正确的观点应该把音义段看作反映该言语中'一块'、一段或一份现实的句法语义整体,这个现实是得到说话人评价的。"(B.B.维诺格拉多夫的文章,第234页)

E.B.科罗捷维奇的《关于语流的句法切分问题》。

不仅意义联系,而且句法联系也可以超出表达它们的句子范围。因此很难同意这样一种观点:似乎句子是"在内容和语法形式上都独立的个别联结"。句子在语流中不是绝对独立的,它只是完整话语链上多少独立与相对完结的、封闭的一个环节①。

"在音义段的切分中显示出叙述的细微意义和修辞色彩。因此,音义段的划分,或者确切地说切分为音义段,总要联系到对完整叙述或完整话语的全面和准确的理解。如果从语境里单独拿出一个句子,那么对它只能所谓试探性地提出问题:由于语义、目的以及理解的不同它可以怎样分成音义段;这个句子中的哪些意义和细微意味与可能的音义段划分有联系。这种试探性的分析,只可能针对母语或研究者像对母语一样完全掌握的语言,但是,即使是这样也不能全部举出该句子在现实中可能出现的各种理解,多种理解的出现是交流思想时经常发生的和生活中必不可免的,它们反映了日常环境和现象的多样性。例如契诃夫的《栗发女人》里有一句话'日子红火起来了',在小说的语境中,在完整作品的结构中,这句话应该被看作是一个音义段。"

"此外,由于语境、日常环境、说话人形象、言语情态等的不同,同一个句子在作相同的音义段切分时,有时在词序相同的情况下,会有不同的理解。原因在于音义段的语义里还贯穿了言语的情态语调。"

(B.B.维诺格拉多夫:《现代俄语句法中的音义段概念》,载《现代

---

① 这一段逐字援引科罗捷维奇的文章,后面几段引自维诺格拉多夫的文章。——原编者

俄语句法问题》论文集，莫斯科，国家教育出版社，1950年，第248—249页)

"然而，由于现实语境、语体和叙述任务的不同，由于它的情态氛围、具体的情景和说话人的形象的不同，这个句子——甚至在给定的词序里——可以是一个完整的音义段('Мой двоюродный брат вчера вечером приехал ко мне' '我的表兄弟昨天晚上来到我这儿')，也可以分为两个音义段('Мой двоюродный брат/вчера вечером приехал ко мне' '我的表兄弟/昨天晚上来到我这儿')，或者分为三个音义段('Мой двоюродный брат/вчера вечером/приехал ко мне' '我的表兄弟/昨天晚上/来到我这儿')，或者是四个音义段('Мой двоюродный брат/вчера/вечером/приехал ко мне' '我的表兄弟/昨天/晚上/来到我这儿')，甚至是五个音义段('Мой двоюродный брат/вчера/вечером/приехал/ко мне' '我的表兄弟/昨天/晚上/来到/我这儿')。自然，在强化个人情态的叙述中(例如强调突然到达该人这里)，这个句子还可能有其他各种各样的音义段切分，每一种都带有独特的整体意思。"(第250页)

"就此问题 Е.В.科罗捷维奇正确指出：'并非所有能够重新排列的东西，在一切情况下(包括未变换词序时)都一定构成一个独立的音义段。'但是问题的实质完全不在于把音义段机械地重新排列或依次排列，而在于它们能够反映充满复杂运动和内部矛盾的生活音义段手段的多样性；在于情景和个人动机等的多样性。"(第251页)

"很容易发现，整个句子也能成为音义段，如果我们探讨的不是句子本身，而是把它看作更复杂整体的一个成分或一个意义部分，此时我们力求理解句子在复杂整体语境中的意思。"(第252页)

"音义段是反映'一块现实'、贯穿着该叙述的生动情态和语调的语义句法单位。它与该话语、该言语的其他所有这样的语义句法单位有着密切的意义联系。"(第253页)

"自然，研究音义段之间的联系，不能只根据它们的位置相近。音义段在结合成更大的意义整体,或用 Л.В.谢尔巴的话来说,结合成更高层次的音义段时,已经以新的身份和同类的句法整体融合在一起。这样就不仅仅是出现了新的更复杂的句法整体,而且形成了意义结合的新层次。"(第 253 页)

"揭示音义段在各种类型句子中的结合方法,描写在复杂句法整体中构成各种'最高级音义段'的句法手段,研究句子和更大句法单位的音义段切分与其语法结构形式的相互作用和相互关系——所有这些以及许多与此相关的问题,是另一项研究的任务。"(第 254 页)

"在辩证唯物主义的语言学方法论的基础上深入研究音义段理论,应该适应于对现代俄语复杂的言语整体,其构成成分和结构进行句法修辞方面的深入研究。"(第 256 页)

Н.С.波斯别洛夫副教授的《关于复合句的语法属性》①。

唯物主义对句子的理解,是把它视作人类交际的完整单位中的活细胞。

"除了简单句和复合句,我们当然应该承认在语言中还存在着句法结构上有组织的句组,它们共同描绘一个让我们意识到各个部分的画面,或者表达可以分解成一系列单独思想的复杂思想。这样建立起来的句组,在保持句组中单个句子结构独立性的同时,构成了用话语整体联系起来的句群。这样的句组可以暂且称之为复杂句法整体。"(第 326 页)

Н.С.波斯别洛夫的《复杂句法整体及其结构的基本特点》(《俄语研究所报告和通讯》,第 1 期,莫斯科—列宁格勒,苏联科学院出版社,1948 年)。

Н.С.波斯别洛夫的《现代俄语中的复杂句法整体问题》(《莫斯科大学俄语教研室论文集》,第 2 卷,莫斯科,莫斯科大学出版社,1948

---

① 以下四段均与波斯别洛夫的文章有关,这篇文章也刊登在该论文集里。——原编者

年)。[……]

言语交际单位表述和形成思想的单位(句子的某些类型)。这些单位相互作用和相互影响,它们之间不可能划出明确的界限。不能把思想的形成与交际割裂开来,但又不能把它们等同和混为一谈,需要对它们加以严格的区分。有时候要对别人述说现成的(别人的、未经思考的)思想,有时候要尽量不对别人讲述而进行自我思维。交际(言语的)是富有内容的,具有客观的土壤(就是说,说话人是在认真地交际)。说话人不会只为了叙述而叙述,他必定从信息的客观价值出发(它的真、美、必要、表现力、真诚)。交际需要具有客观的价值(由于交际领域的不同,这价值有各种表现形式),没有它交际就退化而解体了。任何表述都以这样或那样的形式与客观现实有关,这个客观现实不取决于人(说话人、交际人)的意识和意志,也不取决于交际本身。

任何表述在其领域内都力求掌握现象的客观实质,而语言应该满足这个要求。相对主义是不可取的。语言有能力表达客观的真实,这个真实不取决于语言本身,不取决于意识,不取决于交际。社会性的实用主义也是不可取的,它只限于要求表述最近的社会需求(这个需求可能是很远的,思考人能够,有时也应该摆脱这一需求)。

表述作为整体,是依靠同其他表述的关系来形成的,而句子的形成则依靠它相对的指物称事的完整性。

种种表象在说话人头脑中的结合。内心言语的问题。

理解的问题。语境的问题。语境的界限。[……]

言语主体和语言主体。语言和科学的认识一样,不需要有许多的说话人(许多的意识)。语言体系可以包容在一个说话人意识的框架内。对话、争论(同阶级斗争一样)不存在于语言之中。语言保证理解,也就保证说话人意识在其相互理解行为中汇合和等同;而它们的分歧(个性化)、争论和对话,则都开始于语言之外。甚至个人语言也应该是稳定不变的体系,以便保证(单个)说话人本身的统一性和可理解性(一定的词每一次都应该表示同一个事物等等)。意识的统一性和不间断性。

对单个词所下的各种定义:语音标准(停顿和重音),语义标准(表达个别的表象和个别的概念),语法标准(句子潜在的最低限)。[……]

表述区别于语言的特点。

表述的新意。

任何话语总要讲述广义上的某种新东西,哪怕只是指出该做什么,或者只是肯定某个已知的东西(新意就在于肯定)。这个新意是话语意图中的必不可少的成分(当然意图并非总能实现)。这个新意作为新东西进入意图是对于听者(读者)来说的,也就是说它总是相对的。如对"几点了"这个问题的回答,科普作品对于科学(对于专家)来说,没有讲出任何新东西,但是对于那些需要普及的读者来说,它叙述了某些未知的事物。

新意是表述中创造性的成分。这同时又是表述中起积极作用的成分。这个积极作用有各种性质。承认、同意或不同意、侮辱、欺骗、威胁、诽谤、诅咒等。说话人立场的展现。表述能够改变说话人之间的相互关系(把他们联合起来或使他们分离,把他们变成敌人或者朋友,导致联姻或者离异等)。尤其具有积极作用的是戏剧对白。所有表述都推动生活向前发展,不仅叙述某个新东西,而且把某个新东西带入人们(相当数量)的相互关系中;在这方面每一个表述都是历史的。这种表述的记录便是历史文件。

由于受杂志文章的篇幅所限,只好放弃评述(分析)这一问题的很有意义且又复杂(千头万绪)的历史(从已经提出这个问题的亚里士多德到索绪尔和美国的行为主义者)。

内容之新意和表述事实之新意,二者不可分割。

表述有未进入话语意图之中的补充特点,如说话者本人性格的展现等。

表述的特点:有可能区分意图和意图的完成。意图的客观界定。意图不应该是解释者的主观猜想。意图和完成之间的矛盾,它们是一种客观事实,在表述里可以相对准确地观察到。

由此便有评价表述的双重标准:思想(意图)是否正确,思想是否表达(即实现意图)得好。

内容和意图之间的区别。

共性成为个性,已知成为新知,必须的成为随意的。

完结性渗透到表述的每一个成分。而表述的每一个成分又与整体有关。这给每个成分都增添了一种色彩。每个成分对整体的关系都联系着它通过整体与他人表述的关系,联系着它与听者(读者)回应性理解的关系(维诺格拉多夫的音义段)。

对他人表述(回应性理解)的关系和区分性因素(语言单位的区分性质)。

我们在把单个句子当作相对完结的思想来分析时,我们会为它想象出一个类似句子通常有的或者可能有的通用的语境(语言语境或非语言语境、情境等)。这个想象的语境是最低限。它有助于句子的整体化,把它变成潜在的表述。

对交际如何定义,据说这是两个认识的结合,或者相反,是一个整体认识分解成两个成分。这一点被认为是出发点,是交际的内容和目的。然而真是这样吗?

对交际的这种理解使问题过于简单化了。例如"трава зеленая"(草是绿的)或"трава зеленеет"(草绿起来了)这个交际。说话人从这块现实出发(或者是自己对它的认识)并把它告诉别人。但是,他为什么要谈起这件事并且为什么要将此事告诉别人?所有这些都是简单理解的交际所包括不了的。草开始绿起来了,于是说话人讲了这件事。讲述之前只是存在草绿这个事实。交际仅仅是把这个事实作为某个纯粹的和独立的事物来反映。这就是一切的开始又是一切的结束。

实际上任何交际都回答些什么,也期望得到对什么的答复(哪怕只是回应性的理解)。交际反映的,不仅仅是构成交际内容的实际事实,而且反映了关于这个事实已有的表述,或者是其他相关事实的表述(促使提及该事实的因素)。这些已有的表述和预计的答复,在表述中不能不得到反映。

为理解所必需的语境,它的不同等级和边界。

修辞格(隐喻、明喻等)是给表述增添新材料的手法,是对它的扩展,对它的丰富。

词用作事物的称名(词的称名功能)。词义与此不相吻合。同一个物体可以用不同意义的词来称名。专有名词只是称名(就是说只称呼物体,而没有说明物体的意义)。〔……〕

理解是为了引起听者得到和说话人一样的表象。

但是对意识行为的分析表明,听者和说话人产生的表象绝对不直接进入叙述的话题中。

用词引出的可视形象(即表象)是偶然的、个别的和离奇的。

诗歌的形象不能提供鲜明的感性接受。

总之,个人所得的表象不是理解的共同环节。〔……〕

词源本身不能为我们揭示词的全部意义。词源常常只是从历史上看属于词的内容。

表达词义和表达情感。

词义是一个复杂的结构整体,它包括:(1)区分性特征的总和,其中也有词源,借助于词源,可表现该现实事物(即区分和分类);(2)指物关系,即指出熟知的某物或许多物体;(3)被表示物的社会评价,其中包括个人心理评价中常有的感情成分。〔……〕

句子语义中有三个因素:(1)叙述的完整性,言语交际的完整性;言语交际的完整性在句子中阻止句子作为该交际的单位的直接延长下去。因此Г.巴乌利把句子称作"封闭的结构";А.梅耶说,句子"自我满足,语法上不依附于其他句子及其成分"(А.梅耶:《印欧语比较研究导论》,1938年,第359页)。(2)句子的述语性。(3)句子的情态性(说话人对现实的态度)。

"因此,句子可以定义为有语法形式、在对现实关系方面表达自己内容(自身各成分间的述语联系)的联系(交际)单位。"(见 P.O.肖尔、H.C.切莫丹诺夫著《语言学导论》,莫斯科,1945 年,第 140 页)

"言语作为交际的基本工具,其主要功能是完整和具体地表达交际。因此,词不仅仅局限于具有称谓物体和概念的属性。相反,这个称名由于交际的需要是自己在语言中固定下来的。所以,不可能有任何在完整表述中找不到位置的词。研究性地编撰语言词典时,所收词义已经在言语中固定下来了……即使那些在活的言语中才能确定其形式和意义的词,单独拿出来编入词典时也获得某些抽象的色彩。这个色彩它们在句子中就失去了,而进入词典的词正是来自句子。在句子里恰好相反,词在这里表现的不是它的抽象词汇内容,而是具体的现实。词正是以这种形式存在于言语中,毫不困难地用在各种语言的各种搭配中,即使这些语言还根本没有科学编撰的词典。"

"关于词是言语的直接参与者这一点,可以从词单独使用就能表达完整句子上看出来。但在后一种情况下,该词已被赋予生活、情态色彩,它的任务已经不局限于上面提到的表达对物体的认识或概念,试比较:стол!(桌子!)这是有人提醒路上有一个桌子,别撞上它。后一种情况就是完整的话语。"(И.И.梅夏尼诺夫:《句子成分和词类》,莫斯科—列宁格勒,1945 年,第 6—7 页)

[话语的非直接用法的意义(整个言语的非直接用法),如讽刺的、讽拟的、有保留的用法等——在 16 世纪法国的标准语形成的历史中]要知道,文学语言在很大程度上就是言语的非直接用法(即反映和转述的他人言语)。

"因为句子根据意识的现行规则把主体的存在具体化了,而且主要是确定了主体所处的行为或状态,所以带有述语的主体成了句子必不可少的成分。下面我们就谈谈这些成分。没有述语的主体和没有主体的述语,单独都不能完整地表达话语。主体本身在实际现实中不能确定自己的位置。它一直是抽象地存在,只要对它的研究还仅限于它是物体的内容和语言表达的词汇形式,它便一直是脱离存在的。而用词亦即词汇单位表达出的述语,同样是抽象概念的载体,直到它得到主体的说明为止。"(第 168 页)[……]

表述和构成它的语言成分(词,句子,形式成分)之间,存在着巨大的差异。语言成分在这里似乎进入了另一个生存空间:它们在这里成为对现实的肯定或者否定,与真、善、美发生了联系,与现实发生了联系,成为个人的立场,获得事件历史的性质。

句子作为一种语法形式仍留在语言的工具库内,只是话语把这个形式吸收到现实中来。[……]

由于交际领域的不同,说话人的个性表现有各种不同的程度和形式。他人话语的影响也有各种程度和各种形式。

任何整体都有边界(整体是所谓流线型的),这些边界作为整体的边界是至关重要的。

词汇和语法形式(包括句子形式)对于表述之间的界限是无所谓的。在编写词典和语法书时,表述的边界,它们的个性,它们的相互关系,它们的思想含义都毫无意义。两个冲突矛盾的对语,虽然其中一个是真实的,另外一个是虚拟的,但都同样地可给词典和语法书提供素材(例如对句子形式的类型分析,哪怕只是根据它们的情态性)。

表述整体无论如何不能离开与他人表述的关系。

不能把语言和言语对立起来。言语是运用中的语言。无论是语言还是言语都同样是社会的。

复制式的理解对社会无益。理解意味着在一个实际的领会点上的汇合。

言语的情态方面。修辞色彩。[……]

当词由口语语境转入书面规范语语境时,它发生了哪些变化,它在里面获得了哪些新的性质并且失去了什么?另一方面,口语词给书面语带进了什么?由一个交际领域向另一个交际领域的转换。问题不仅仅在于词的情态方面("修辞色彩")的变化,而且在于概括的程度和方向。词何时成为骂街话。古代雄辩术里词的实物性(形象性)和抽象性的程度。单个物体的名称及其与形象性的联系。

专有成分和普通成分在每一个词里都同在。必须正确确定它们之间的相互关系和它们的修辞意义。

表述中问题是终结了的。句子(简单句)几乎[?]永远不能终结(它不证明,不描写)。句子就像判断和概念一样,是隐含不显的,而表述则总是外露的。

过去对表述的研究是通过句子,而且是简单句进行的。因此复合句的事实本身就使语言学走进了死胡同。

甚至只有一个词的表述也是外露的:它被非语言的语境凸现出来。

单词怎样发展到完整表述["Пожар!"(着火啦!)的凸现语境],单句怎样发展到完整表述["Трава зелена"(草是绿的),"Я пришел"(我来了)的凸现语境]。

判断["человек—смертен"(人是会死的)]的表述,目的是从中引出结论(凸现的语境)。

句子和词有内部语境(在同一个说话人的言语里),表述则以他人言语为语境。词或句子在他人言语的语境中成为表述。

我们(听到句子)不会作出回答,除非我们确信这就是全部并且不再有下文。这时句子变成了表述并且获得了引起回答的能力。

问题不在于说话人的主观意愿,而在于表述的客观完结性,这个完结性使表述区别于句子。

完整的表述指向超出自己边界的他人言语的语境。词和句子则指向内部的语境。

在某些交际领域,出现语言极端的职业化,而在另一些领域则是行话化。

语体由一种体裁转到另一种体裁中时,会发生什么变化(语体怎样变化以及体裁怎样变化)。

他人言语在表述(即使是仅由一个词构成的表述)中的实际反映:他人的词语用自己的语调转述出来(讥讽、愤怒、虔诚等语调);省略他人表述中的用词[例如回答:Ив.Иванович пришел?(伊万·伊万诺维奇来了吗?)——Пришел(来了)等];表情语调,它不取决于该表述的内容,而是〈回答〉此前的他人表述或此后可能出现的他人表述(表示羞怯、让步、挑衅、撩惹、和解等语调),也就是说取决于他人表述,各类引用,等等。

他人的用词,即使是只一个词,甚至是没有指物意义的:Что за "но", без всяких "но"!("什么叫'但是',不要任何的'但是'!")也会具有完整表述的意义,对此词的态度具有对话的性质。对它总要表达同意或不同意的态度(用相应的情感手段:赞成、惊叹、恼怒、讥讽等)。与他人表述相对应的词,有其相应的语调(стриженный—бритый"剃了头的—刮了脸的"等等)。

语法句法和修辞句法,包括音义段(синтагма)学说。在音义段理论中,词组和句子(作为音义段)是放在表述的整体中来审视的(也就是在说话人个性、情态、情景、反映他人言语等方面:画出来的[?]音义段[?]有时直接取决于此前或随后的表述)。但正因如此才必须超出该表述的范围(即考虑对话的基调等)。语法范畴和修辞布局范畴在句法中的结合。我们的问题对于句法研究的重要性正在于此。

表述的唯意志论。[……]表述总是有其客观依据的(广义上讲)。

对语言的理解和对表述的理解。与表述(la parole)这种个人创造行为相对应的是对方应答性理解该表述的个人创造行为。这种理解相当于表面上未说出的对语。

我们都同样理解每个词、每个语法形式、每个句子(作为一种语法形式),但是,用那些被同样理解的言语成分,我们却可以针对该问题造出两个截然相反的表述。这就说明:

(1)语言对于完全对立的观点来说是中态的;

（2）对立来源于表述（而不是语言）对客观现实的态度不同（在科学、美学或道德方面的理解）；

（3）语言对于说话人之间的争论和斗争来说是中立的，它对于争论的每一方都是相等的工具。

但是并非所有的观点都相等地促进语言的发展。

组合关系（根据索绪尔的观点）只存在一个表述范围内。延伸的对话关系却被他忽视了。言语延伸线上的每个成分，只有联系同一表述内的前后成分才获得自己的意义。但整个表述是联系此前和此后的他人表述获得自身意义的，而这种联系具有完全不同的对话（而不是组合）的性质。

甚至内心言语的交际，也要回答向自己内心提出的问题（草是绿的吗）。

完成型语调（节奏韵律结构）是句子语法结构的部分，而表情语调（个人的和完全自由的语调）则取决于作为整体的表述，并且不是语法的，而是修辞的布局成分。

关于表述的表情语调。表情语调的存在是表述的基本特征之一。词和句子只有在表述的整体中作为这个整体不可分割的成分（部分），才能获得表情语调。如果单个词或单个句子具有表情语调，那么这就是完结的表述（Пожар！"着火了！" Он умер！"他死了！"等）。词作为词汇单位是没有语调的，它只有在句中才能获得语调。句子的语调具有语法性质，即典型性（而不是个性），符合于句子结构一定的语法类型（疑问、叙述、祈使、让步、列举、解说等语调）。这些语调作为语法的、语言的语调，对说话人来说是必须的（规范的）。表情语调则是个人的和完全自由的。譬如，Он умер（"他死了"）这个表述，由于具体的情景和说话人不同（根据他的个人意图），说的时候可以用悲痛的、凄惨的腔调，也可以用冷漠、高兴、兴奋的腔调，还可以表达混杂的感情（既忧郁又悲伤），等等。就是说，这个句子的自然语调是悲伤的（因为死亡这个事实是悲伤的[？]），但这语调并不因此而成为语法的语调,它需要适应表述的内容(典型的),而不是句子的类型结构。

表述是个人的和情节性的,它本身要历史地加以研究(例如文学史),但是对它也可能用类型学的方法:在交际的各种领域里表述有着相对固定的修辞布局类型。因此也可能根据表述特定的修辞布局类型来区分表情语调的类型。

从表述语境中单独拿出的词,获得了抽象的词汇性质。单独拿出的句子也是一样,它的情态性获得形式的性质。

当作例句分析的句子,属于某个典型的语境或者被看作是完整的表述。

实录(草是绿的),但是有无限多的[?]其他实录:天是蓝的,清新的微风,等等。于是就需要选择、摄取,表述就被赋予某种体裁的倾向性(目的性)(描写自然景色;报告一定环境的天气状况,向学生传授关于叶绿素的基本知识等)。离开这一切,该句子只是语法句的一定的形式类型。其实质只是学校[?]里使用的交际例子。

表述(即所有的言语体裁)的共同基本特征:

(1)言语主体的更替;

(2)表述的对象性、指向性;

(3)表述的完成性;

(4)与现实、真理的关系;

(5)表述的事件性(历史性);

(6)表述的表情性;

(7)表述的新意;

(8)意图和完成的区分;

(言语体裁的分类。它们的研究素材。)

(9)对话的泛音。

这一问题的意义。尤其是对建立句法的意义。新的修辞问题。对话基调在研究语体、世界观、流派和个人风格等方面的特殊意义。

社会(就其整体来说)在语言形成过程中的作用,具体的对方(或者多人)在言语交际过程中的作用,所交流的思想的作用和相互影响。

词汇学与语法学之间,以及这二者与修辞学之间的相互关系问题①。

修辞学一方面与语法学相对立,另一方面又属于语法学的一部分。同义词汇和同义语法现象。这个问题要依赖言语体裁问题的解决。语体问题也是如此。

语言单位和言语单位问题:前者是词汇单位(词)和语法单位(句子),后者则是修辞布局单位(词组和音义段?)。单位在这里获得整体的性质(更高层的整体)。与说话者个人的关系。

必须有一个明确的语体分类。这里常常是交错的分类(各种原则)。例如在科学院语法中就有:书面语、民间语、方言词、俗语词、专业词、陈旧词、抽象的科学言语、科技语、报刊政论语、官方公文语。概念的混淆——言语,方言,语体。无拘束的日常言语,粗俗语。标准言语的中态语体。

语法作为修辞规范的手册。

在一定条件下语气词也可以构成完整的表述(在对话言语中)。

修辞标记。

交际功能和表达思想的功能是同一个事物的两个方面。"交流思想"。[……]

作家语言(更广一些在说话人语言)里个人因素与全民因素的问题。

任何表述都是"事件"。自白、证词、法律、命令、肯定或否定等的事件性和历史性。

表述总是有作者的并因此可以有个人风格。全民因素与个人因素问题。

词作为词汇单位的修辞标记。

语言是成体系的,表述是有机的。

体裁的多样性。它们的共同特点。言语交际的单位。

简单的(基本的)和复杂的(派生的)体裁。后者产生于有组织的文化交际

---

① 作者在写完《言语体裁问题》一文之后,重读这份材料时将已用于该文中的段落用笔勾销。俄文版编者将其排为小字体,本书也采取这样的处理。——译者

中——艺术的、科学的、社会政治的等条件下。进入复杂体裁的基本体裁发生变化,并且获得特殊的性质(失去同现实和他人话语的直接关系)。例如小说中日常会话的对语。它们进入现实只能通过小说的整体,并通过小说的途径,即作为文学生活而不是日常生活的事件。

语体的研究和界定,过去是从语言功能的角度出发的,但没有与具体的言语体裁相联系。对体裁和与体裁相关的语体问题的研究,过去只限于文学领域里(还有演说的、政论的体裁)。体裁作为表述的典型形式、作为言语交际的典型单位没有被研究。表述作为言语整体的属性尚未被揭示。首先必须搞清(正确地定义)话语的属性,然后才能研究表述的各种典型形式,即纯粹意义上的言语体裁。

文学体式上的变化(引进新的体式),总与使用新的基本体裁(例如书信、亲昵的对话等)有关。对于标准语史的研究来说,重要的是哪些言语体裁在该时期为标准语定下基调(例如在 60 年代文学中)。对日常会话,对语的组织已经有所研究(弗斯莱尔学派或称行为主义者)。虽然体裁的种类繁多——有日常会话的对语或标准的军事口令 Пли！(开火!),或者小说、戏剧,但有着本质的共性,揭示这些共性并准确地予以定义是相当重要的。同时不可忽略基本体裁和派生体裁之间的实质差别(它们相互关系问题的重要性),以及每一范畴内部的实质差别。派生体裁的历史形成问题。它们的多语体性(尤其是长篇小说)。

对文学体裁的研究,过去是着眼于它们之间艺术上相互作用[?],它们的内部区分(在文学范围内),而不是把它们看作表述的一定类型,即言语体裁:对它们与别的言语体裁的相同属性研究得最少。演讲体裁的情况要好一些。重要的不是从文学的观点,而是从普通语言学言语体裁的观点来研究。

同时,对具体语言事实的任何研究工作——语言史方面、规范语法方面、语言修辞方面、各类辞书编纂方面等,不可避免地只与具体话语(书面和口头)的材料打交道——和史料、条约、各种文学和政论体裁的文本和官方的及私人的通信等,从中选择相应的语言事实。必须了解所有这些话语的共同属性和体裁特点。这个问题哲学方面的重要性。表述的共同属性就在于:表述是语言在一切领域的言语交际条件下的实现和具体化。

(1)言语体裁的极端多样性;分类的困难。

(2)表述有共同的特点。

(3)基本体裁与派生体裁,它们之间的差异。

(4) 问题研究得不够。

(5) 问题的重要性：与修辞学、句法问题的联系，对标准语史的意义。

(6) 表述的总的定义。

(7) 表述的十个基本特征。

(8) 表述之间体裁的差异取决于什么。

(9) 研究言语体裁的素材。①

原则上不同的另一种界限：它们与言语主体的更替相吻合。这不简单是一个相对完整的思想，其后我稍一停顿便转入我的下一个思想，以继续、补充、说明第一个。这应是我的完结的话语（讲话），其后乃是另外一个说话人的言语，他人的话语，他人的思想。因此分割两个话语的停顿，就其实质来说根本区别于话语内部的任何停顿。完结的感觉：人的言语意志（故意中断表述）。善于确定答案：回答问题，反对，同意，评价，执行命令或请求等，善于确定另外一个说话人的回答立场。

只要有表述、有语言的地方，就有思想。甚至最为表情的感叹词，如果它是一个感叹词而不是本能的叫喊，就不会没有思想的成分。

在表述的完结性（不同于思想在抽象的逻辑意义上的结束，如трава зеленая "草是绿的"）中，既表现出说话人的个性（他的言语意图，言语意志），又有他人言语（回答性理解）的决定性影响。

词（和句子一样）有相对完整的意义。例如пожар（火灾）一词在以下各句中：Остерегайтесъ пожара（"小心火灾"），Нет пожара[？]（"没有火灾"），Пожар！（"着火了！"）词的这个完结性表现在词的所有形式（格，数等）的综合上。但是在表述 Пожар！（"着火了！"）中这个词的一般结束意义获得了新的性质，成为完成的思想（表达说话人的意图，获得与现实的联系、与听者的联系，变成表达立场、获得引出回答的能力等）。

语言单位获得与现实、与现实时间、与听者和他的回答、与真理或价值的联系，不是直接的，而是通过表述整体。在词和句子里包含的情态性及时间范畴，只是形式，只是可能。

---

① 这可能是写作《言语体裁问题》一文的最初提纲。——译者

（1）问题的提出。

（2）表述作为言语交际单位；这个单位与语言单位（词和句子）的区别。

（3）表述的完成性（整体性）；这个完成性与词和句子的相对完成性的差别。引起回答的能力。

（4）表述对他人话语（前面的和期待的）的关系，它的指向性、对象性，对话的基调。

（5）表述的思想性，它的可评价性（从真、善、美学价值等角度评价）。

（6）表述的事件性。

（7）表述的表情性①。

词和句子的语境含义不是别的，正是通过整个表述达到的完结性的一个因素。

语言语体和具体表述的个人风格。前者是一定交际领域的体裁风格。功能决定语体，是要紧密联系体裁（一定的题材和布局形式）的。广泛地区分语体以及对语体现象和色彩（不仅词汇的，而且句法的、语调的等）进行更深入的研究。语体的影响总是与该体裁手法结构的影响有关。使用口语词汇导致言语的对话化。在标准语的不同时期，总有一定的体裁占主导地位。

言语体裁特有其完结的类型，对听者和对他人言语的态度有不同类型，表情的类型。语体对话语规模的依赖性，即取决于它（体裁）的容量。

肯定句可以作为 reductio ad absurdum（归谬证法）等的出发点。讽刺。

内心言语也不是思考者和体验者不与其他说话人发生任何联系的一个不间断语流；内心言语也要被与别人的现实交际和阅读所打断，它也含有同人交往的成分和结束的特殊形式，它分解成一些独特的表述。

---

① 这多半是为《言语体裁问题》第二部分重拟的写作提纲。——译者

实质上这是只由一个句子组成的一些言语体裁。通常只作为完整表述的句子类型:疑问句、祈使句。有些单词也是完整表述(把它们看作词或句子是没有道理的),例如 Здравствуй!("你好!"),Прощай!("别了!"),До свидания("再见"),Будь здоров("祝你健康")等。这是程式化日常言语体裁的特殊类别。

对一个句子可以回答(即占据对它的一定立场)的必备条件是:我们已经知道,它前面没有别的句子并且后面也不再有句子,即这是一个完整的话语,它的界限决定于说话人的更替:我们面对的既是言语表述的开始,又是它的结束。

词和句子作为该表述(该作者)的句子和词,有其逻辑界限(和语法界限),也就是无作者的无人称界限。

语法学和修辞学。语法学(和词汇学)本质上区别于修辞学,但同时任何一项语法研究(我还不讲规范语法)都离不开修辞的观察和探讨。许多时候语法和修辞之间的界限似乎完全模糊了。有些现象被一部分学者划入语法领域,被另一部分人划归修辞。例如音义段就属于这种。语法和修辞是不同的,但同时又是紧密联系在一起的。任何一个语法现象,如果不仅放在语言体系中,而且在具体话语或言语体裁的整体中来研究,就会成为修辞现象,确切地说,是展现出自己修辞的方面。只有深入地研究话语和言语体裁的特性,才能正确确定修辞学的规模和任务,修辞学与语法学的异同。

语言单位和言语交际单位问题。句法问题。关于语流和语言单位的概念。不是不间断的语流,而是表述复杂的动态的体系。表述的本质如何?[……]

言语体裁,尤其是基本体裁的民族特点(完结性、听众感觉、节奏旋律等的不同类型)。

体裁特有的对现实的关系。反映现实的类型。

表述针对的不是听者,而是答话人(他表示反对、同意、执行、继承等)。理解本身也带有回答的性质。

词可以是义素,可以是某词类,是句子成分,是言语体裁的成分(词的修辞色彩),是个人表述的成分(词的语境意义)。

当我们为词典选择义素时,我们(不关心)该词出现在哪些体裁

207

里。但是当我们指出词的修辞色彩时,我们就要考虑使用该词的一定言语体裁(无拘束日常对话的言语、官方文件、科学论文等)。修辞中态的词可以用于任何体裁。

表述与表述之间的分界、言语主体的更替往往被忽略。其实这种分界带来全新的性质,具有重要的原则意义。[……]

普希金关于词典和表述的论述。

对于语言单位来说上文和下文都已是给定的。对于表述来说下文没有给出,但是可以预见。对于他人来说[?],要提出洪堡。

说话人的观点、理解者的观点和答话人的观点。

句子作为语言单位,只存在于该语言语法结构的体系中。

言语交际单位、被交流的思想、表述这三类之间存在的关系,在语言单位之间是见不到的:不论是在体系中(纵断面),还是在一个表述的内部(横断面)。

我不是把语言与上层建筑相对比,不与意识形态、思想、思想内容、世界观相对比,而是把它同言语交际相对比,这个言语交际是语言运用的领域,它"几乎是无限的"。言语交际就是使用语言的领域。

语言是体系,而言语交际是一种特殊的复杂过程。

言语交际是多方面的积极的活动。

消极理解及其理论主要产生于那些失去教育意义、不能积极干预生活的艺术体裁。

基本体裁在某些演讲体中的运用:设问、自答、自我反驳、驳斥自己的反驳。

几个假设——听者,消极的理解,完整的语流;言语交际的复杂的多方面的过程。任何理解的目标都是回答,都能引发回答:同意或不同意,执行或拒绝,等等。回答性的理解等同于表述,这是潜在的表述,它在言语交际链上起到一个环的作用。这种回答性的理解迟早要用词语表现出来,在某个表述中以某种形式反映出来。

言语单位的约定性因素。一旦这些言语单位之间的界限与言语主体更替的界限合为一体,即当这些单位成为完整的表述(由一个词或一个句子构成的)时,它们便失掉约定性因素而成为现实的整体。

在这个歪曲的[？]图画上,还有另一个虚构的现象——语流。一个说话人的言语在一个表述范围内,的确可以看作是一个语流,因为它的连续性包括该统一表述的从头到尾。这个语流之所以被提及,在于可以把它分成若干个单位,亦即语流的各个片段:音,音组(音节,音位,节拍),词和句子(纯语言单位)。

声音单位和意义单位。语流通常[？]被理解为一个接一个的表述。表述之间的界限似乎失去了实质意义。语流变成了某个没有说话人的言语,在言语中只能分辨出声音或意义单位。可以保留索绪尔意义上的言语这个术语,但是语流这个术语作为划分单位的基础,必须换成表述和言语交际,而言语交际又是可以分为若干表述的复杂过程。"我们的言语"意思是"我们的表述"。有时是言语交际。术语需要明确。是一个言语主体的言语呢,还是言语交际。他人。

交际的概念,Фраза(语句)的概念。交际的边界还没有准确的划分,或者说只是从心理或逻辑的角度进行了划分,而未涉及说话人的更替。语句也是一样。这些术语模糊了表述的边界。语句开始取代表述,即语句已经不被看作语言单位,而是言语交际单位。在语言各单位之间推出了[？]交际和语句。

划分的是言语,而得到的却是语言单位。

言语也被视为是说话的能力(有相应的言语体裁等)。

术语的简单和混乱。导致忽视了言语交际的实际单位,模糊了言语交际中存在的最实质性的界限——表述之间的界限。不是无人称的言语语流,而是相互关联的具体的表述。

每一个句子似乎都希望有一个语境或者成为一个完整的表述。

我们把单独拿出的句子视为完整的表述。

看一看对话。

一个表述内部不可能有对语之间的联系。

言语主体更替的内在含义,是表述的完结性,是它可以得到回答,可以决定回应的立场。

言语体裁的特点,恰好在于它有各种完结的方法和类型。

请等一下,我还没有说完。我们在听话的时候就已经采取了一种立场,我们迫不及待地要回答。对语的完整性和思想在判断中的抽象完结性。在表述中[反映出]对现实的态度和说话人的立场。这一点也适合于句子,如果句子成为一个完整的表述。

在表述内部的句子之间是不可能有对话关系的。

表述中表示开始和结束的首句和尾句的特殊性:它们单一地与言语主体的更替相联系。

Который час?(几点钟了?)——这是一个句子,但同时又是一个日常交际的言语体裁。它们之间不能画等号。句子是一个抽象的单位,它在表述体裁中与现实直接发生联系,它有言语主体更替决定的界限等。这些特点在句子的词汇成分中是没有的(除了语调),因此在分析时应该指出分析的对象是什么。刚才那个句子在复杂的派生体裁中:"Который час?"—спросил он, открывая глаза,—"неужели я проспал?"("几点钟了?"他睁开眼睛问道,"难道我睡过了头?")等等。

斯大林关于语言的观点是把语言看作一个体系(而且是规范的体系),这个体系是言语交际的条件,与言语交际有密不可分的联系,但二者并不吻合。

各种体裁的作品。他人的作用。与他人的相逢。在复杂的文化交际中他人的各种形式。"每一个[?]词都要由听众来评判。"听者的主观立场、他具备的文学观念、他的客观现实。与他人相交往的形式:评论、读者反应、在各种组织里的讨论、教育作用、说服、影响、继承(在科学领域里)等。

作为言语交际链上一个环节的潜在表述(回答性的理解)。

语言和与之相关的思维,在这里成为话语和世界观思考的内容。

对单个句子不能从说话人意图的角度来评价,而只能从它是否符合一定的语法规范的角度来评价。

在派生体裁中意义段的确定：所使用的基本表述(书信，作者的讲述等)在这里成了最近的语境，但是也必须考虑到整体。

Пжар(火灾)作为一个词和 Пожар!（失火了!)作为一个表述。我们可以认为报告人没有说出主要的东西，或什么也没有说出来，他没有说出我们认为应该说的，就这一点我们是可以批评他的。但是作这种批评首先要在确信他已经结束了讲话、已经完成了他的言语意图并且不再说什么了。纯粹的指物(在各种领域是不同的)完结性，题目的完结，与主观的言语意志结合在一起(就讲到此，想说的就这些)。这些都是事先想好的，意图就是这些，我们可以感觉到这个言语意图并且感觉到说话人已经完成了这个意图。科学里不可能有客观的完结(从指物的角度)。任何一个题目客观上都不能穷尽，但是在目前条件下、在作者的特定目标下，即在这一意图的范围内，题目是可以完结的。如果说话人自己中断了他的表述(看到谈话人的反应以后)，那么虽然他没有完成他的最初意图，却也完成了他改变后的言语意志。

言语体裁表示完结的各种布局形式。

这样就得出：物质的穷尽性，言语意志和体裁的布局形式。整体化。

正是表述的完整性既不能语法化，也不能逻辑化。

存在有标准化的体裁。

表述作为词语的整体。完整。

在许多体裁(尤其是标准化的)里这个完整性都带有形式的布局的性质。

表述特有的与现实的直接联系。

我们觉得他说出了想说的一切。我们能够抓住整体意义。感觉到说话人的言语意志。

必须有的结尾：在公文、信函中；有时这是体裁的套式。

整体的规模大小。风格。

我们讲话是使用一定的言语体裁的，我们实际上掌握这些体裁，有时甚至没有意识到它们的存在。甚至在最随便最不拘束的谈话中我们的言语也带有一定的体裁形式，有时还带有体裁的套式和模式，这些东西和语言一样都是现成的

(要知道,即使语言我们也是通过表述的形式并且和表述一起听到和掌握的)。除了公式化的体裁还有一些灵活的、可塑的体裁,一些有创造性的体裁(这些体裁在日常生活中也有)。但是我们就像莫里哀笔下的朱尔登,嘴上说的自己还没觉察到。对于体裁我们是熟悉的,就像熟悉语言的形式一样,因此常常有这种情况:我们刚刚听到一段话的开头,就已经抓住了全意并预见到了结尾。如果我们不能像掌握本族语那样掌握体裁,或者说体裁根本不存在,那么我们每次讲话时,就要进行创造。言语交际就变得不可能了。当然,体裁比语言形式更具有可塑性,更自由,更灵活。这里没有那种严格的规范。把表述及言语体裁与句子相混淆,分散了对言语体裁研究的注意力,给人一种错觉(这种错觉谁也不能彻底为之申辩),好像我们用句子讲话,我们的言语只是用一些固定的、熟悉的句子形式组成的。而我们要连续说出多少个这样相互联系的句子以及何时停下来(讲完)——这些任凭"语流"来决定。

只要分析一下日常生活中的对话和现实主义小说中的人物对语,把它们加以对比,就会确信日常言语体裁的存在,确信对语的结构性质及容量都不是偶然的。

言语意图,言语意志从一开始就运用于和适应于一定的体裁,从一开始就是在传统的体裁形式中建立和发展的。当然,这既不排除探寻相适应的体裁,也不排除对体裁的创新式改变。

约定性、模式、现实和创造。任何一个表述中,都有这些因素的斗争。

说话人被赋予现成的语言(语言体系)和体裁。只有在这两个框架内他才能实现自己的创作自由。语言和体裁保证了相互理解。不应是随意的破坏它们,而是要了解并创造性地掌握它们。

言语意图或言语意志在标准化的体裁领域中体现最少,在这里它们通常只不过是选择体裁的问题(有时则要使用有表情语调)。口令中的个人生理特点(强度和音色,气质)。

与言语体裁相重合的句子的独特性质,表述的首句和尾句的特殊性。

当我们选择一定的句子类型时,我们选它不是只为了一个句子,我们的出发点不是只用这一个句子来表达,我们是从整体表述的角度来选择句型,这是个设想中的[?]表述,它决定了我们的选择。对整体表述形式的领会,即对一定的言语体裁的领会，在我们的言语过程中左右着我们。

在有些领域我们不太会讲话，这是因为我们实际上没有掌握那些领域的体裁，比如社交场合的谈话体裁。一个会作报告，会进行科学辩论的人，能够就社会政治问题作动人的演讲，但在社交场合的谈话中却只能沉默或笨嘴拙舌。问题不在于词汇，也不在于抽象提出的语体，而是由于没有掌握社交的言语体裁，没有对体裁的整体感，而这种整体感能帮助我们的言语获得一定的布局修辞形式，首先是掌握表述的开头和结尾。当然，那些有书面样板的创造性体裁是另一回事。

戏剧家或小说家，如果不懂得或感觉不到言语体裁（日常体裁），就不能写出生动的、令人信服的对话：主人公就可能不是在对话，而是在读报纸上的文章，或者与情人或亲密的朋友谈话时说出只有集会上才能讲的话。

缺乏言语体裁方面的素养。用报纸体裁或公开讲话是不能编出对话的，与亲密的朋友单独在小房间里是不能讲那种在露天广场对成千上万人说的话。那种对话特别长，里面有不少东西面向的是众多听者，而不是一个伴随了一生的人。艺术家应该听觉灵敏，不仅是对语言的语体，还有言语的体裁（非艺术的体裁）。主观臆想的言语体裁俘虏了我们的文学。

这涉及的是口头言语的各种体裁。而书面体裁是整个地摆在面前[？]。这里总有书面的样板存在。

索绪尔的表述语言学思想。他不知道言语体裁。表述对他来说是自由运用的语言形式。表述由这些语言体系的成分完全自由地组成；他不了解形成完整表述的固定的和规范的形式，亦即体裁。而且表述在索绪尔那里也失去了明确的界限：他不知道言语主体的更替。

问候、告别的简短体裁，询问身体、工作情况等的标准体裁。这里只有表情语调才属于说话人。

体裁可以根据题材划分，而句子则不能按题材划分。句子是通过体裁和语体才与题材发生联系的。

言语体裁程式化的和创造性的多样性。自由表现在哪里？掌握各种体裁形式。对索绪尔的批评。表述和句子。

我们的言语所使用的体裁形式，与语言的形式当然有本质的区别，这里是指语言形式的固定性,强制性,规范性。

长篇小说的分解,得到的不是句子,而是布局统一体,我们可以在其中感觉到各种变化了的基本体裁形式。

正是体裁才具有特殊的体裁情态性。不能把关于真实事件的讲述与虚构事件的文艺故事混为一谈。

特别使人感兴趣的是那些作为完整表述的句子,以及表述的首句和尾句。它们的表现特殊,因为它们更直接地联系着语言外的现实和他人的表述。

表述是个性的(和自由的),但表述个性的实现不仅仅通过全民的和必须的(规范的)语言,而且要通过表述规范的和非个别的形式,即通过言语体裁来实现。表述不是语言形式的自由组合,因为表述本身的形式也不是自由的,而是现成的。不仅语言,而且体裁也是现成的。

由一个句子组成的表述。这里每一个词都能得到语言外的现实语境和他人表述的直接阐明。主导[?]词(言语主体)在该句子的语境中只出现一次。它可能在前面别人的表述,即他人言语中出现过。在邻近的或接续的语境中,这个词可以在新的组合里重现。

句子的相对完结。对一个句子是无法作出回答的,我们应该把它看作是全部,是一个完整的话语。

书面体裁是人为的体裁(尤其是派生体裁),用这些体裁时我们是有意识的,并且遵循一定的范式(各种书信、公文、命令[?]、法律,复杂的文化交往体裁就更不用说了)。

忽视言语体裁的原因之一,前面我们已经说过,是由于体裁相当的[?]多样性,其中包括篇幅上的巨大差异:从由一个词构成的对语到长篇小说巨著。甚至在口头体裁范围内差异也是很大的。表述作为言语交际的单位是完全没有限度的。因此有人提出介于表述和句子之间的人为的单位。语言和表述(言语交际)之间的桥梁。如语句,交际单位。

句子的形式不是整体的形式,而是成分的形式,是一个单位,但不是言语交际的单位,而是语言和表述的单位。句子的完结性带有抽象的[?]性质,这是成分的完结。对一个句子是不能采取应答立场的。

能够被回答的不是成分,而是某个整体,某个完结的东西。

所有这些虚构的单位与言语主体的更替无关。这就模糊了最本质的界限——表述之间的界限。因此也就失掉了主要的标准——引起积极[?]回答的能力。

表述是说话人在言语交际中的积极立场,而体裁[是]这个积极立场的一个形式。因此体裁是语言形式和个人独特表述之间的桥梁。

句子的形式和表述的形式。

句子不是表述,而句子类型也不是表述类型。

句子 Солнце взошло(太阳升起来了)是完全清楚的,也就是说,我们明白它作为一个句子的意思。但是,当我们不知道这就是要说的全部时,我们对这个完全明白的句子却不能采取答话的立场。我们不知道它的语境里还有哪些话。假设表述是这样的:Солнце взошло. Пора вставать(太阳升起来了,该起床了)。这里就可能有回答性的理解了(是的,真的该起床了)。或者是这样的:Солнце взошло. Немедленно уходи(太阳升起来了,你马上走)。这个命令可以执行或不执行。但也可能是这样的表述:Солнце взошло. Пора вставать. Но я намерен[?] поспать еще часа два(太阳升起来了,该起床了。可是我还想[?]再睡一两个小时)。这里已经是另一种答话反应。在所有这些情况中,我们选择的是日常言语交际领域现实表述里的句子,而且我们想象的回答是来自这个交际的实际参加者的角度。但是这个句子可以进入某个文艺作品,成为写景的一部分。这里答话的立场是对整个作品的艺术思想评价,或者是对作品个别部分——景物的评价。这个句子单独出来、脱离对自然的整体描写,是无法加以评价的。在另一部作品的语境中,这个句子还能获得象征意义:可能指世界新世纪到来等等,这要靠语境来决定。

我们举的句子可以成为完结的表述而且完全没有语言的语境。例如在下面对话中的一个对语:Взошло ли солнце? —Солнце взошло(太阳出来了吗?—太阳出来了)。或者当一个人打开关着的[?]窗户时说的话:Солнце взошло(太阳出来了)(根据不同的非语言语境,这句话可以是高兴的[?]、忧郁的、毫无表情的等)。这里可能又是应答反应,但不是对句子,而是对表述。这是对事实的确认,事实可能是真实的或不真实的(取决于语言外情景的条件)。

当人们分析这个句子时,指的是它的最后一种常见的情况:把它视为对太阳真的升起来了的完整的肯定。但是只有作为具体语境中完结的表述时这个句子才能成为实际肯定的事实。这个句子本身既不肯定，也不否定什么，只是提供表述所使用的否定或肯定的形式。时间也是如此。

在分析这个句子时，我们可以把它想象为类似简单情景中的表述：太阳升起来了，有个人说 Солнце взошло（太阳出来了）。一个人春天里看着草地说：Трава—зелена（"草是绿的"）。实际上这样的表述应该在更复杂更深层的情景中：作为对问题的回答，作为对话体裁中[？]的对语。这样的表述只能作为语法例子存在。或者该句取自我们所熟悉的古典著作的一个语境。

因为类似的叙述总是要有一定的对象，是有感而发，是有一定目的的。

以语境的问题来结束。句子和词一样，处于同一说话人的语言语境中。作为非语言语境的表述，以及他人的表述。决定表述的因素，不仅有它的指物含义内容，不仅有说话人对这个内容的主观情感，而且还有同言语交际过程中相关的他人表述的关系。

表述的表现力。表现自己、表达自己的立场，与对他人及他人表述的态度是不可分的。表述中引用的词或句子，带有原来语境的色彩。这种语境比邻近的交际要宽得多。这是世界观、流派、风格、个人格调的泛音。

表述从一开始就考虑到会有回答。表述是为别人建造的。思想只有在向别人讲时才成为真正的思想，意识才成为对他人来说实际的意识。交流的思想互相之间是不可分割的，它们互相反映。这种相互反映渗透到表述的指物含义、布局结构，特别是修辞等方面。

情态不属于词，句子，而属于表述。当然，也存在一些典型的情态，存在潜在情态的形式。语言是没有个人主体的，词和句子不属于任何人。它们是中态的。情态不仅可以用有声的语调来表达，而且可以通过语言手段的选择表现出来，但必须是在个人表述里。同样一些手段在另外的表述中就获得另一种情态意义。叙述的语调、色彩[？]。说话人对他的言语中指物含义方面的反应。

他人思想（他人表述）实际地存在于我的言语之外。

每一个词中都可能有对话的泛音。语言会同样很好地服务于所有的阶级（敌对的[？]），所有的政党，所有的社会团体。

诙谐地引用墓志铭（改变侧重会造成新的体裁）。

言语体裁具有典型的情态性，因为体裁是典型的表述。

评价性的言语体裁:用感叹句表达[?]的情感,夸奖、赞叹、赞同、骂人话等。这是一些相当程式化的言语体裁,它们也相当容易被改造活用。体裁于是受评价者个人的支配。

插入表述里的他人表述,不能视为普通的句子或词(用引号标出的),它们相当于表述,引号表示在表述范围内有言语主体的更替。这已经是派生体裁了。

能够满足体裁的典型评价。

疑问句和感叹句是通常进入其他体裁的体裁。

呼语的问题。称呼用的名词[?]。太阳!大海!(《远征记》)死亡!死亡!呼叫使词变成了表述。我们在给词注入情感的时候,就把它变成了表述。

具有情感意义的词:радость(高兴)、горе(悲伤)和派生的词[?]。

用痛苦的语调说出радость(高兴)一词,不是这个词的典型用法。

体裁范式的问题。

词也可以从个人的表述中借用。他人的表述。

句子。最后——语言的中态性。

但是词不仅可以根据一定的典型表述来选用,即从一定的体裁风格中选用,而且可以从特定的个人表述中。语言中的词不属于任何人,但同时我们只在特定的个人表述中听到它们,在一定的个人作品中读到它们,而词在这里可能不仅有典型的情态,而且根据不同的言语体裁会有或多或少的个人的情态(语调),这个情态是由表述独一无二的个人的语境所决定的。语言的词不是任何人的,是共同的,只有这一点才能保证全民的相互沟通,但同时我们只是在个别说话人对词汇的掌握中才能见到它们。这些词我们看来是别人的,我们也正是根据这些别人的话才学会说自己的话。

每一个词对说话人来说都存在于三个方面:作为语言中不属于任何人的词;作为别人的词,这个词充满他人表述的反映;作为我的词,因为我和这个词打交道,它里面有我的情感。在后两种情况下,这个词都是有情态的,因为在这里它已经不是在语言体系中,而是作为具体表述的成分。

词会染上个人情感的。

这些情感,再重复一遍,不属于词,它是具体话语的、具体积极评价立场在词里的反映。

在复杂的派生体裁中我们能感觉到[?]言语主体更替的界限。这

217

些体裁提供了活用基本言语交际形式的多种方法。虚拟的听众、谈话人、讲故事人等的各种表现形式。

在每个时代中,个别作品、讲话、精彩说法所起的影响。表述(个别的句子)常常能成为整体作品的代表。

但是什么是表述的指物含义方面?关于这一点我们实际上一直还没有谈。指物含义不是由构成它的语言单位——词和句子的意义组合成的。指物含义与语言意义的关系是很复杂的。这种关系不能比喻为儿童玩的积木与积木画的关系。这里每个积木块可以说都含有画的一部分。而语言的意义完全不是表述指物含义整体的部分,而且这个整体也不是这些意义的相合。重要的是这些意义与实际现实的关系,这些意义用于掌握(认识的,艺术的,真实的)现实的新的方面。我们讲话时,不是把现成的成分组合起来,而是把它们拿到和运用到现实中。[……]

话语(包括科学、艺术和政论[?]作品)的指物含义方面,就是在一定历史条件下把思维和具有意义体系的语言运用到一定的现实现象中去——从日常生活琐事到自然界和社会的客观规律。语言的意义是概括的和中态的,指物含义方面是具体的并与情态方面结合在一起。指物含义方面可能是真实的或假的、美好的或丑陋的、善良的或邪恶的,它可以是有阶级性的和无阶级性的(例如科学规律)。如果把所有的日常表述都认为是有阶级性的,自然就是庸俗化了。

世界观(和流派一样)似乎会在语言中留有沉积,就像我们已经分析过的情态性一样。[……]

用语言体系的成分是不能拼出世界观来的。语言的意义体系与世界观体系没有任何共同之处。

对交际的一种简单化的理解是:人看见了就说出来了。语言,一定的指物内容,说话人对这个内容的感情态度。一个人无论谈到外部世界或内部世界的什么东西,与他相关的不仅是这个物体,而且他要与某个人讲话,要告诉某个人,这些人都谈过或将谈论这个物体(对表述进行回答),这些人对该物体有不同的理解或者不了解它(我假设或知道他们不了解)。在谈到一个物体时我对某人给以回答、反驳、赞同,等待别人的回答或回答性理解。

对所讲的物体的专注程度不同,相应的对他人言语的反应程度也不同。在这方面言语体裁之间的差异是很大的。对话反映的广度和深度:最近的交际者(日常对话的谈话人)和某文化领域中的交际者,以及所谓的听众。直接的和间接的言语交流。

在语言的运用形式中反映有言语交际的种种场合。此类手段的积累。但在个别句子和个别词中没有对话的反应。

得到回答的人成为将来的答话者。谈话的参加者总是起到这样的双重作用。

话题的约定性。说话人不是第一个谈论这个话题。思想和表现它的词语会增添对话的泛音。有时出现无名氏的他人词语：与他人的异类的风格（讽刺性模拟、风格模拟），与流派、世界观的相互对话反映的泛音。

物体成为交谈者相逢的场所（关于生活中某个事件的谈话或争论），成为不同观点和评价（在意识形态领域）冲突的场所。他人的观点在表述中实现。

词和成语的约定用法（半他人的）。

如何看待听者，是每一种语体的一个基础（读者[？]）。

他人表述本身可以成为言语的主题。

表述可以变成转述他人话语（滑稽的模仿）。

他人言语是处于我的言语以外的现实存在。

对话的泛音渗透到基本的语调中。

对他人言语的态度是风格的很重要的决定因素。

对交际的种种简单化的看法。

表述的指物含义方面属于各专门学科研究的范围：只有这些学科才能分析表述的科学、艺术、哲学、政治、道德等方面。我们研究表述是从语言哲学的角度，即从扩展的语言学的角度。从这个角度我们也就应该评价、理解指物含义方面，即把它看作是言语整体的一个方面，看它与语言的关系，也看它与言语交际的关系。

对他人言语的各种不同解释，对他人言语态度的不同形式，言语的积极受话人[？]的不同类型——这些是决定体裁之间差异的重要方面（至此我们一直谈的是表述）。

表述的实录性和语言事实的另一种性质。

说话人和听话人首先抓住的是体裁的指物含义的完整性。

甚至对他人表述最轻微的暗示，也给言语转向对话，这种转变是其他任何新题目都不能给予的。与他人表述的关系，原则上区别于任何指物的关系。

语言不是科学,不是艺术,不是世界观,但是它使得所有这些成为可能。

表述的目的在于回答性的反应。表述本身任何时候都不能自成目的。

他人对于实际意识的作用。预测的作用。考虑统觉的背景。对听者的理解。

表述整体的指向性。

派生体裁的假定听者。

受话人和被回答者。

半假定的和假定的指向(例如诉诸缪斯)。

通俗的体裁,教科书,研究著述。社会性的考虑:乞乞科夫。与受话人关系的复杂性。

对一个时代、对一定流派和风格来说,有典型的对读者的认识,典型的受话人概念。

公文语体(崇高体),无拘束的亲密语体,基本上由相应体裁所特有的受话人概念所决定。个人对受话者的态度(亲密程度):无拘束的和亲密的语体。

在表述中如在现实里,会合了过去和将来。表述回答的人和表述的受话人,虽然属于处在不同的方向,却都在言语交际的统一事件中联系起来,结合在一起,他们的声音在表述内部交织在一起。表述里自己的东西和他人的东西。

不能孤立地、在言语交际链条以外去研究表述。

尺牍,对话范式集:阿玛吉斯的宝库,理查逊[?]整理的对话与书信等。但这些都是依据旧小说中有特定目的的人为体裁(以至一切派生体裁)加工而成的。而现代小说的目标是使用基础言语交际的现实形式,它们的原样。

相信受话人的体谅和友好,亲密的程度。

预计的他人表述,他人的反应。

第三个语体构成因素是对他人表述的态度的重要性。纯粹的独白语体是不存在的。对话的泛音,言语主体的更替。

转向句子。

言语约定性问题是言语交际的重要问题之一。这个问题取决于语言对现实的关系,取决于语言成分与对现实的联系方法。

转向第五个特点。

语言是创造(个人的和集体的)的观点。

一切思想观念方面的标准和评价,都不适用于语言:例如真实、美、公正等。语言众所周知的中态性。语言对所有的阶级和所有阶层——所有的意识形态——都同样地服务。语言为表达任何一种思想、为建构虚假的和真实的判断都提供表达手段。

但是并非任何的思想观念都同样地有利于[?]语言的使用和完善。

真正的情态性(对现实的真正态度)只存在于表述中,但是表达情态性的形式手段却存在于语言体系中(句子)。科学的、艺术的、日常的情态性。体裁的情态性决定了表述对现实态度的各种类型。

表述的现实(和事件性)。

与语言外语境的关系。语言通过表述与现实发生联系。

作为表述对象的现实和作为表述情境的现实。

世界观的意义。它在语言中是不存在的。语言不揭示世界观也不可能揭示它,因为语言里没有世界观。但是如果没有语言,世界观既不能形成也不能表达(二者不能分割)。但是语言给予正确的(真正的和先进的[?])世界观的东西要多得多,从它那里获取的东西也多得多(而自己并不变成世界观)。

所有的意识形态表述(复杂的文化交际表述)都是由世界观来决定的。后者甚至渗透到日常生活体裁中去。但这些体裁总是表达社会的典型性和个人的特点。

语言和世界观。

波捷布尼亚的语言世界观[?]。

世界观只是与具体的表述相联系才附加到语言的各种意义上。个别词作为表述的余音成为这些(具有世界观性的)表述的代表。

语言不能是创作的直接目的。它是另一种[?]创作的结果。

表述与现实的联系。问题不在于具有表述的语境,不在于导致词义改变的组合上。要知道表述也可能只由一个词构成,该词因而没有语境,但这种表述将有具体的含义,而不是词义。因为这个词与现实发生联系:有作者,有受话人,直接有超语言的情境,是具体思想的表现,有一定的指物内容。这里的词义已与一定环境中的一定现实联系起来并运用于这个现实中。

我们在分析言语时，会遇到一种特殊的边界，由言语主体更替的界限。我们的分析正是从这里开始。言语总有某个绝对的开端，有一个界限，过了界限便是他人的言语了。

在具体表述中语言的运用是怎样发生的。

我们感兴趣的，当然不是在具体的行为领域和认识领域里思维的运用方法[？]（这是认识论的事），而是语言的运用。

语言既不揭示世界观，也不揭示美学的观点和评价，不揭示道德的观点和评价。[……]

不能阉割语言的形式和意义。语言是为言语交际、为创造而存在。

言语主体更替的边界，变化了的言语体裁的边界。

句子在形式上的完结和思想在意义上的真正完结，对后一种完结是可以作出回答的。

语言作为共性的东西客观地存在于我们的言语中。

他人言语的趋于消失的边界。

个别体裁的多语体问题。许多日常交际的对话体裁具有多语体性，因为它们包含了辩论性的、讽刺性的、讽拟性的转述他人言语。复杂的派生体裁，通常反映了言语交际的全部多语体性。派生的言语体裁是一种 drama historikon（历史剧）。这是传达和转述的言语交际。同时不仅再现他人语体，而且作者本人也使用几个语体（就像作为自己的语体）。

在资产阶级唯心主义语言学的初期，建立起了洪堡的观点。

史铁强　译

文学作品中的语言

话语对语言的态度,确切些说是说话者对语言的态度,更确切地说是所表现的内容对语言这个表现手段的态度。对语言所取的各种不同性质和不同程度的附加态度。从幼稚的现实主义(магизм"魔幻")到讽刺的取向和相对主义。言语表达的风格即由此而来。要表达的东西和已表达出来的东西,两者并非对等[①]。必须区分话语对自身的态度和对语言的态度。

狂欢节的世界观。事物的假面表演(体现为预言和谜语)。狂欢节的比喻。

建筑材料和建筑起来的个人的话语整体。语境的功能(或称个别的功能)。共有的功能本身就可成为建筑材料。

文学不单是对语言的运用,而是对语言的一种艺术认识(如同语言学对它的科学认识一样),是语言的形象,是语言在艺术中的自我意识。语言的第三维。语言生活的新形式。

说话人、说话群体——社会——的形象。语言在所有其他应用领域内的生活都具有直接性。在那里它直接服务于交际和表达的目的。而在这里它本身成为描写的对象。言语生活展现出全部的

[①] 一般认为,修辞学的任务可以一言以蔽之:研究表达手段与表达内容的关系问题,手段应该适应、符合、等同于内容。这里否定了这种笼统的说法,其理由通篇看来在于话语包含对话关系,不是一个主体的说话意图所能完全包容的;话语的意义是不同声音交相作用的结果。——原编者

具体性。

作为描写对象的各种言语语体。这不是社会言语生活的速记，而是这种生活的典型的艺术形象。

艺术形象具有人的特性。每一话语，每一语体(风格)，每一发音的背后都蕴藏着(典型的，独特的)说者活生生的个性。

语言作为描写的手段：描写事物和表达个人的感受。作为描写手段①的语言，并不等于作者的直接话语。

根本的问题是——用于描写的语言与被描写的语言之间的相互关系问题。这是两个相互交叉的层面②。

作家个人风格的复杂性和三维性：因为它受到与其他风格、与他人话语的对话关系的决定。

外国语也能成为描写的对象。

这里说的态度(情感的)，不是对客观事物(自然、物品)的态度，不是对事件(胜利、牺牲、实现愿望等等)的态度，而是对他人的话、他人的话语的态度。

言语生活的形象具有多样性：各种场合下各种类型的内心言语，形式多样的对话(日常生活的、私人的、不拘礼仪的、社交场合的、沙龙的、业务性的、学术性的)，业务公函，军事命令，等等。言语体裁的无限多样性。

作者语言中含有不归属于各个人物的各种风格的他人言语。各种程度的呼应。

一部完整的新型文学作品(现实主义长篇小说)的语言。这不是多种"语言"(言语语体和个人风格)的总和，而是各种"语言"和风格构成的体系，是一个复杂而又统一的体系。这个统一首先是功能上的，它表现在对所有这些语言和风格的统一态度上。

---

① 原稿可能有误，似应为"描写对象"。——原编者
② 此处是与维诺格拉多夫的争论，认为根本的问题不是"作者形象"，而是作品中不同话语的对话关系。——原编者

当舞台上出现字斟句酌的说者时,风格便产生了。但他所能选择的一切(任何特色材料,任何修辞色彩)都是在语言中早已有之的①。

对多个"语言"的态度,都体现在作品的语言中(是体现,而不是径直说出)。这里有许多个说话者,而同时却又只有一个说话者(即作者)。

作品的组织中心,各种层次距它远近不同。要找到处于作品组织中心的词语、语言和风格。

具有自我意识的语言,成为自身对象的语言(甚至在抒情诗中也有,这与自然地、朴素地、径直地表达自己的感情不同,与"心灵的呼喊"不同)。

语言的形象。它是具典型性的,但它自身又包含有作者对它的态度,作者的情感。这种态度是如何表现的呢?从模拟讽刺和夸张,到与其他话语的比较和对照,通过在整体中凸现各个局部来实现。

人物的语言也只被视作描写或表达的手段。其实它们是描写的对象。

关于文学作品语言的基本美学特性。

可以把作品当作主人公语言和作者语言的速记,当作语言学文献、语言学资料来对待。

语言进入文学运用的领域。这个领域和语言在这一领域中的生活,原则上不同于任何其他的言语生活领域(如科技、日常生活、公务等等)。这个领域的基本的和原则性的特点何在呢?语言在这里不仅仅是为一定的对象和目的所限定的交际和表达的手段,它自身还是描写的对象和客体。

不能把这里的语言视作特定的功能语体,如科技语体。

在文学作品中我们可以找到一切可能有的语言语体、言语语体、功能语体,社会的和职业的语言,等等。(与其他语体相比)它没有语

---

① 最后一句是作者引述通行的看法,他本人则认为这种说法只是在一定条件下才能成立。——原编者

体的局限性和相对封闭性。但文学语言的这种多语体性和——极而言之——"全语体性"正是文学基本特性所使然。文学——这首先是艺术,亦即对现实的艺术的、形象的认识(反映),其次,它是借助于语言这种艺术材料来达到的艺术的形象反映。

文学的一个基本特点是:语言在这里不仅仅是交际手段和描写表达手段,它还是描写的对象。

如何在描写的(手段)和被描写的语言之间划清界限。一方面是作者对自然、场景、事件的描写,另一方面是人物的语言(社会典型性的语言)。但是,描写性的语言多数情况下都趋向于成为被描写的语言,而来自作者的纯描写性的语言也可能是没有的,或者可能处处杂有各种被描写的语体和风格(作者的语言假面)。

说者(言语主体)的形象。语言学认识这个主体,只是根据语言自身所决定的言语主体抽象的关系特征(如说者对所叙事件而处的相对时间点、用代词表现的对言语交际群体的态度、性、数)。艺术认知则是指向具有具体个性的说者形象。

语言中的情态范畴。

风格要求有取舍,取舍则推出和确定了选择者的个性(他的世界观,他的理想、评价、情感等等)。

文学中的语言有两种生存形式,而在其他领域中只有一种。在所有其他的领域中,语言(表达的手段)仅仅指向事物,为一定的目的而表达一定的内容。而这种针对事物和目的的指向,也正决定了表达手段的选择,也就是决定了风格。如果这时形成了说者形象和语言形象,那么这一点绝不属于言语的任务(既不是它的指物内容,也不是它的目的)。说者对这种形象既不感兴趣,也不想将之告诉听众(如果他不是矫揉造作、故作姿态的话)。只有说者自己也只有他一个对手段加以选择取舍。

而在文学中建立说者形象和语言形象(言语形象)时,做取舍的不是说者本人,而是作者从说者本人的观点出发替他做的。但与此同时作者也从自己的作者观点出发,而这一观点则是指向言语形象和说者形象的(使之更典型、更突出等等,亦即从形象化目的出发进行选择)。

艺术形象的本质便是如此:我们既在其中又在其外,既能生活于其内部,又能从外部观察它。艺术认知的本质就在于这是一种双重的体验和观察:"他者的生活——既是我的,又不是我的。"作家既不是实录自己人物的言语,但也不能将自己的言语强加给人物(根本不能强加任何东西)。艺术家对自己主人公的态度就是如此:他既生活在主人公之内又在他之外,并将这两个方面结合成一个高度统一的形象。

言语形象不能脱离说者形象而产生。无主的言语原本是不存在的。语言是以"生活的形态"得到描绘的(车尔尼雪夫斯基语)。

这种对语言的艺术认知(而非语言学的科学认知),具有重大的实践意义。它教导人们创造性地(而不仅仅是正确地)运用语言,克服幼稚的语言和教条的语言,克服狭隘的单语体性和盲目的多语体性,也就是无风格性。它能将语言提升到高水平,实质上是提升它到新的、高级的生活形式上。文学对全民语形成的影响即表现在此,而不在于文学提供了正确的和优秀的语言典范。

言语语体(特别是其中的某些类型)和社会职业语言,会因为自己的局限性和幼稚直露而显得可笑。这是产生言语笑谑的最重要的根源之一。对语体可以讽刺模拟,对语言却不能。

言语主体、说者的作用。在我们的语言学中,这种作用被压缩到了最低点。文学语言提供了正确理解这种作用的钥匙。作为交际手段的语言所提供的关于说者的见解不同于作为表现手段的语言(唯心主义)所提供的。

关系的问题。言语与语体在作品统一体中的关系。确定这种关系的难度和重要性。这里有某种不易捉摸的因素,但它恰是全部问题之所在。这些关系不能归之于语言学里的语言(最广义的理解)表义要素之间的逻辑语法关系。

多语体体裁在古代各国文学中就已占有重要地位,但在随后的时代它们却为单语体体裁所淹没(在官方文学中)。因此人们感觉多语体性是现代文学所特有的。广义上的狂欢体裁。

研究文学语言具有特别重要的意义。可以直截了当地说,语言在这里具有了新的质,新的维度。克服语言的幼稚性和原始性。

对形象和形象性的浅陋理解。

克服语言的幼稚和语言的教条。现代有文化教养的人们,在语言中通过讥讽冲淡了一切的修辞色彩。有条件地利用修辞色彩,不完全为它所左右。无论是粗野低俗的色彩,还是崇高的(激昂的)色彩都同样能以嘲讽出之。在这方面研究一些私人隐秘亲昵的信件(以及他们写的公事函件)很能说明问题。普希金的书信。

语体是被当作他人言语(引号内的)来理解的。

修辞学几乎完全没有研究言语交际、思想的交流,它过分地拘泥于文本(文学文本)(也没有提出文本的界限问题)。语言作为交际的手段正是在交际过程中才实现自己的。有代表性的是,维诺格拉多夫关于口语中不完全句的文章,所引例证无一不源自文学作品。内心言语还完全未得到研究。

对语体(风格)的非直接运用。

在一部作品的一个统一的语境范围内,(分属不同声音的)语体并列一起,这本身就迫使这些语体相互映照,从而成为鲜明的语体形象。

言语形象不可能不同时成为说话人的形象。

文艺学的修辞学(诗学)研究描写性的言语,主要是考察描绘手段和表达手段(修饰语、隐喻和其他语义辞格,比较、拟人、句法辞格以及诸如此类的现象)。这些研究者感兴趣的主要是作者语言(人物语言和讲述人的语言从描写对象的角度来看,与作者语言处于同一个平面上);而语言学的修辞学感兴趣的,主要是言语语体(功能语体和情态语体),社会性和职业性用语,等等,把它们视为语言的事实(而不是看作作品的统一风格的组成部分),因此这个修辞学主要感兴趣的是人物和讲述人的语言(就是在作者语言中也去寻找语体和惯用语的因素),所有这一切同样是放在同一个层面(即那个时代的民族语)上来理解。

描绘手段表现大自然、物品、事件、行动和沉默不语的人。但人应该自己说话(或者直接自述,或者通过作者语言——即用非直接引语)。而这种言语已不处于作者言语的层面上(尽管纳入作品的统一风格中)。

单纯的讲述者和兼作人物的讲述者,他们的言语可以具有直接描绘对象的作用。例如比缅讲的伊凡雷帝的故事("……伊凡雷帝就这么坐在我们面前"),刻画了一个客观的艺术形象伊凡雷帝(可以说是普希金的形象①),这就是比缅言语的指物性(描绘性);同时这种语言又是这位俄罗斯编年史家的言语形象(以及个人形象),是普希金描绘出了这个编年史家,并塑造了他的典型化言语(编年体和编年史观的典型形象)。比缅讲述伊凡雷帝,而普希金又通过这种言语讲述他——比缅。主人公向我们展现事物,而我们则看到了他本人。

描绘性言语和被描绘言语之间复杂的相互关系问题。混合产物的问题。这个问题只有在仔细深入地研究该时代语言和该时代言语交际的基础上才能得到解决。在言语交际的过程中,在(广义的)思想交流的过程中,各语体、惯用语、诸形式不是彼此并列的,而是处于互相作用和斗争、互相交织渗透的复杂关系之中;在说者积极的言语意识中,它们的相互关系同样如此。而当我们把它们投射到语言层面上看,它们在那里便成为不同的层次或同心圆(佩什科夫斯基的形象比喻)。文学的形象中反映的,正是这种带有斗争、带有对话性的言语交际。

不可把对话关系抽象地逻辑化,对话永远是由不同语体、惯用语、格调、个人风格等合奏出来的。

但在这里我们就触及了主要的问题:不同的言语、话语、语体、惯

---

① 这里是引述普希金诗剧《鲍利斯·戈都诺夫》里的片段,引文不确。——译者

用语之间的这些相互关系,是否已经超出了语言学的范围呢?这些相互关系的对话本质,本身是否已经说明了这一点?或许,我们在此已经进入了所表达的内容的领域。文艺学的修辞学在此直接完成了从语言学领域向美学、世界观、政治等其他领域的飞跃。而语言学的修辞学则到此止步不前,未能达到这些边缘问题。

我们认为这个问题是个边缘性问题。这样的问题具有特别重要的原则的意义,它们在很大程度上获得了哲学的性质。它们复杂又颇多争议。但它们又是无法回避的。

语言和言语(后者不是指个人的话语,不是索绪尔意义上的表述,而是指言语交际)的相互关系问题。

言语交际要求至少有两个操该语言的说话者——一个说者和一个听者。脱离开语言群体就没有言语,脱离开对听者的指向也没有言语。

文学材料最好地揭示了这一问题,文学反映了言语交际的全部多样性和复杂性,提供了新质和新维度的语言,把语言的全部表达潜力与思想、感情和现实结合起来。

文学中的语言。

为了正确地理解文学语言,首先必须确定语言在文学中的地位和根本不同于其他言语交际领域的作用。对这个问题有一个无可争议的答案:艺术的(审美的)功能就是描写和表达的手段。可以将文学语言与其他的功能语体和情态语体相提并论①。没有一种(功能的和情态的)语体,没有一种类型,没有一种语言形式,不能在文学中找到最鲜明的实例。

所有这些语体是否都是传递消息和表达的手段呢?例如,文学中的科技语体是否具有像在科学中那样直接的功能,公务语体是否具有公务的目的,这些语体是否表现作者的学术理论、公务见解?有时候是这样。但这些语体远不是所有时候都用于自己本来指物的使命,直

---

① 这里作者是引述1954年修辞学讨论中的观点,而不是作者的见解。——原编者

接指向自己的对象。文学不是科学、政论、公事和其他的折中组合。所有这些语体都是以各种不同的声音相互区分的。它们在这里不像在其他领域里那样是描绘、传递、表达的手段,它们本身就是描写的客体或对象。它们不仅是构筑形象的手段,而且本身就是构筑成的形象。

关于不含说话人形象的单语体体裁是否存在的问题。

直接的作者语言不能使职业作家的言语获得典型化。例如托尔斯泰。他使说话人典型化,而人即使在沉默的时候仍在说话(用内心言语,表现为内心的独白)。

构成形象的言语,也就是典型化了的言语,和未典型化而指物的作者直接言语(在有这种未典型化言语的地方)。

在文学的各个发展时期,我们都可以看到对特定流派作家直接言语的讽拟,对这种言语的程式、对作家惯用语的讽拟。这里已是这类言语的典型化形象、凸现了的形象。

复杂的组织中心问题。

非文学作品也可以是混杂语体的,但语体在那里用于自己的直接用途(如索罗金文中所引谢切诺夫的例子),或用于辩论的目的(在政论中)。

建立作者形象在什么时候和多大程度上可纳入到作者的构思(他的艺术目标)之中?

语言学的应用领域,研究的是语言手段在言语交际的特定领域(日常交际、文学等)里的应用。与文学研究者、各学科代表等合作的必要性。具体的言语交际条件。我们宁愿把这个领域称作边缘领域,而不是应用领域。它研究的是语言手段在一定交际条件和交际目的下最普遍的应用形式,从语言到言语的转换形式,但不是转换为孤立的(封闭的)个人话语,而是转换为"思想的交流",转换为话语的相互作用。

作品作为统一整体的背景。在这个背景上,人物的言语听起来完全不同于在现实的言语交际条件下独立存在的情形：在与其他言语、与作者言语的对比中，它获得了附加意义，在它那直接指物的因素上增加了新的、作者的声音（嘲讽、愤怒等等），就像周围语境的影子落在它的身上。例如，在法庭上宣读商人尸体的解剖记录（《复活》），它有速记式的准确，不夸张、不渲染、不事铺张，但却变得十分荒谬，听上去完全不同于现实的法庭上与其他法庭文书和记录一起宣读的那样。这不是在法庭上，而是在小说中；在这里，这些记录和整个法庭都处在其他言语（主人公的内心独白等）的包围之中，与它们相呼应，其中包括与托尔斯泰的作者语言的呼应。在各种声音、言语、语体的背景上，法庭验尸记录变成了记录的形象，它的特殊语体，也成了语体的形象。在一部完整作品的统一体中，一个言语受其他言语框定，这一事实本身就赋予了言语以附加的因素，使它凝聚为言语的形象，为它确立了不同于该领域实际生存条件的新边界。

除此之外，作者会渲染语体，强调它的某些因素而加以夸张，有时则相反是加以淡化（例如，阿·托尔斯泰笔下的彼得大帝时代的语言因素）。但主要的是语境作用。语境中多少较为独立的部分，都会伸展出一条条对话的脉络，最后汇集到组织中心来。

列昂诺夫《俄罗斯森林》中法西斯分子讲的德语。维赫罗夫的讲座[①]。

为语境所框定的相对独立的部分话语，具有对话的性质。

在语言手段向言语交际转换的边缘地带，发生了语言学与其他学科、文化领域与生活的交叉。如果语言学家远离自己的边界，他将永不能与文学家谋面。而封闭在抽象的思想性和社会学问题中的文学家，也永不能真正地与语言学家晤面。对边缘问题的恐惧，导致各学科无法容忍的自我封闭，导致学术的停滞（导致各学科之

[①] 这里从《俄罗斯森林》中引出两段话语为例。一段是审讯时法西斯所讲的蹩脚的德语，目的在讽刺。另一段是科学家维赫罗夫关于保护森林的学术讲演，极有文采，意在褒扬说者。——译者

间联系的中断)。

　　自己的语境(指向对象的)和半他人语境,对言语成分的不同影响。三维的语境。

　　这些现象基本上属于语义学的范围。

潘月琴　译

《玛丽·都铎》

两年前我国和全体进步人类一道纪念了维克多·雨果这位法国进步作家,民主主义者和人道主义者的一百五十周年诞辰。《玛丽·都铎》是他最杰出的和最富社会蕴涵的剧作之一。因此,不能不为该剧在莫尔多瓦剧院的舞台上演感到高兴。

维克多·雨果是位浪漫主义作家,不过他的创作属于那种进步的浪漫主义,高尔基称之为"积极的浪漫主义";我们归于这一类的作家还有莱蒙托夫、密茨凯维奇、拜伦。这种浪漫主义的特色是,充满生机勃勃的乐观主义,并积极号召人们为崇高的社会理想而奋斗。

雨果的戏剧手法主要靠运用一切不同寻常和出乎意料的因素。特殊的事件(密谋、叛乱、复仇、死刑、杀人),特殊的人物(国王和王后、小丑、强盗、密探、滑稽演员、刽子手、畸形人、神秘的陌生人),不同寻常的环境(宫殿、监狱、行刑地、地窖和地洞、夜间的广场和街道),命运的突变,幸运和不幸的偶然事件,情节的急剧发展,鲜明的对照——这就是雨果戏剧的艺术特色。

不过,雨果运用所有不同寻常的特异因素这种鲜明而独特的手法,并不是为了达到某种表面的效果和空洞无聊的趣味性。雨果使它服务于崇高的认识和道德的目的:它能更尖锐地揭露社会矛盾(首先是统治者与被统治者之间不可调和的矛盾),并且更深刻地挖掘人物性格的本质。雨果让人物脱离正常的生活轨道,而置身于特殊的境况下,以便彻底地显露自己,展现出所有为平常生活所掩盖的固有而潜在的善与恶,以便自己的主人公们以全力充分地行动,并非常坦率地讲话。

雨果在自己的戏剧中展现的是白热化的生活,目的是在观众中燃起对罪恶的仇恨和对善行的热爱。

雨果浪漫主义戏剧的所有这些特点在《玛丽·都铎》中表现得非常鲜明。

莫尔多瓦剧院的创作集体,面对着一个并不轻松的任务——正确理解和把握雨果戏剧的这些特色。不可迷恋表面上的浪漫主义效果,不误入庸俗的资产阶级情节剧的歧途,而是使所有这一切都服务于揭示作者深刻的思想意图。

在我们看来,剧院出色地胜任了这一艰苦的任务。本剧导演 М.Г.戈里高利耶夫整体上无论从思想风格还是历史方面都对该剧作出了深思熟虑的准确诠释。观众感受到了舞台上传来的 16 世纪中叶时英国暗无天日的残酷氛围。阴沉沉类乎监狱的石砌舞台布景,引导观众准确把握剧中那如同监狱般的生活:监狱还不仅指"塔维尔"(那是古代英国的皇家监狱,该剧最后两幕剧情就是在这里展开的),同时又指皇宫、泰晤士河岸、伦敦,以及那一时代整个英国的生活,连同那里的处决、刽子手、绞刑架、火场、骇人听闻的暴行、永久的恐怖。这种舞台设计有助于正确揭示雨果的思想意图。

从第一场的前几幕开始,正如雨果风格所要求的,全剧首要的一种对比就清晰而尖锐地逐渐展开了,这是两个世界的对立:压迫者的社会(女王、法比阿诺、列那尔、勋爵)充斥着阴谋,倾轧,宠臣,刽子手,残忍,凶恶,嫉妒和贪婪;被压迫人民的世界("民众的一员",压模工吉里贝特、登恩、若舒阿)——这里是诚实的劳动,爱,无私与公正。这对矛盾通过生动的剧情贯穿全剧,并以人民的胜利而得到最终的解决。

第二对重要的矛盾与第一个密不可分,这是两种爱情的矛盾:女王玛丽的爱情——工人吉里贝特与登恩的爱情。这对矛盾也以极其激烈的戏剧冲突贯穿全剧,并在剧尾以"民众一员"的真正爱情的胜利获得解决。

导演和演员们,如上所述,正确领会了雨果的思想意图,并把它作为演出的基本任务来完成。在我看来,剧情的节奏掌握得也很好。

再来看看剧中一些形象的处理,亦即演员的表演。

女王玛丽的角色是比较难演的。按照雨果的意图,这个形象应该引出观众的双重态度:既反感又同情,而且反面态度应居主导的地位。这种双重评价的形象,表演时较难把握,常常有把形象简单化的危险,使它变得单一乏味。演员 А.С.卡普斯金娜避开了这一危险。她正确塑造了足够复杂和细腻的角色形象,展示出真正高超的演技和精确的艺术分寸。依据雨果的意图,女王形象体现的是一种只有在可憎可怕的剥削阶级世界中才可能产生的爱情。女王强烈而炽热地爱着自己的宠臣法比阿诺。但这种爱情被愤怒的猜忌,时时刻刻的怀疑和傲慢所吞噬。女王爱的不是法比阿诺,而是自己的法比阿诺,也就是说法比阿诺的肉体和灵魂都必须仅属于她所有。对别人的法比阿诺,她以心灵的全部力量投以憎恨。这样的爱情不可能升华为自我牺牲,也不能带来幸福,因为它只能给法比阿诺和女王的心灵带来痛苦和折磨。但不管怎样这终究是爱情。在雨果看来,就是这种爱情也给玛丽·科罗瓦娃的被专权腐蚀而失去人性的心灵带来一丝人性的闪光。在剧末两场戏里爱情的悲剧几乎把女王升华为真正的悲剧形象。А.С.卡普斯金娜把所有这些展示得既有震撼力又有说服力,但我们认为角色的悲剧性在后两场里还应再加强一些。

Б.И.卡尔波夫塑造了鲜明而有魅力的吉里贝特的形象。勇敢、刚毅、果断在这个来自民众的人身上和深沉的柔情、体恤集中在一起。由于在他简单的劳动生活中闯入了一些奇特可怕的事,他那深刻而完整的心灵得以充分展现出巨大财富。他体现了雨果眼中真正的爱情。他对登恩的爱情是忘我的,同时又是充实、勇敢、炽烈的:他希望登恩成为自己的人,他为得到登恩而斗争,他憎恶诱惑她的人,但他爱的是登恩本人,而不是"自己的登恩",他时刻准备以自己生命作代价换得她与别人的幸福。在他身上,自我牺牲的精神同对生活和幸福的强烈渴望交织在一起。这一点我们可以从第三场逃走之前一幕演员令人信服的表演中清楚地看到。在雨果看来,只有这样的爱情才能创造人类真正的幸福。这种爱情在压迫者中间是不可能的,来自民众的普通人才会享有。

演员在角色中充分展示了这一切。只是有一处,即在女王内室的一幕开始时,吉里贝特声明他"不想去死了",因为登恩的不忠还无法证实,此时 Б.И.卡尔波夫的表演不完全令人信服。在他那平静的、几乎是法律般冷静的对陷害登恩的罪证的分析中,我们看不到整夜与疑虑和失望艰苦搏斗而使心智备受折磨的任何痕迹。这在某种程度上减弱了舞台的戏剧效果。

登恩的形象(由 З.П.乌兰诺夫斯卡娅扮演)展示了真正爱情的萌生。在戏的开头登恩还没爱上吉里贝特。更准确地说,对他是一种感激和尊敬之情,因为他对她像父亲一样。但在情节的发展中,当她看到吉里贝特在斗争和英勇的行为中展现出心灵的力量和对她强烈的爱,她的心中也产生了同样强烈、富有激情和自我牺牲精神的爱。登恩发生了变化,在我们眼中长大成人了,她投入拯救吉里贝特的斗争,而且得到了胜利。乌兰诺夫斯卡娅对这个角色的理解是准确而深刻的,它在雨果的思想意图中占有重要的位置。

Я.И.卡洛马索夫塑造出了若舒阿这一出色的形象。在他身上结合了见多识广的长者智慧,善良的心灵,甚至还有一种童稚的温情。

西蒙·列那尔(由 Н.А.伊万诺夫扮演),是西班牙的代表,在全剧中承担着全部外在的线索。这是剥削者世界的一个典型代表,冷酷无情的阴谋家,能把所有的一切,无论是人还是人类最崇高的感情(如吉里贝特的爱情),全用作自己肮脏的政治游戏的工具。Н.А.伊万诺夫成功地扮演了这个角色。只是这个强大西班牙的全权代表应更多一些自以为是和厚颜无耻。

В.И.扬瓦廖夫扮演的陌生人形象也很成功。这是个典型的浪漫主义人物（几乎雨果所有的戏剧中都有这种人物），神秘而恐怖，既体现厄运，也体现良知和闯进生活的可怕的偶然事件。

А.С.诺沃巴甫洛夫斯基娴熟地饰演了那个时代的典型的冒险主义者：毫无原则和道德，却俊美而有激情，利用所有的一切，首先是爱情，来攫取权力和财富。特别在第一场中演员很好地揭示了法比阿诺的内心，但在第二场，阴谋被揭穿时，演员对角色的处理有些简单化了。但这也不是А.С.诺沃巴甫洛夫斯基一人的过错。

原因在于剧中有一个薄弱的环节——第二、三两场中勋爵们的多人场面。第一场密谋一幕勋爵们演得不错（这是很成功的一幕），但第二场在女王内室中，他们好像忘记了自己的阴谋和对法比阿诺的愤恨憎恶。而在被揭穿的一幕里，他们像无动于衷的旁观者。

我们的演员都是斯坦尼斯拉夫斯基思想教育出来的，不可想象他们会轻视"群众角色"的演出。他们当然清楚群众场面的表演是多么艰苦和重要。看来是对这一幕没能找到正确的处理方法。只有这个原因才能解释在女王内室中，众多勋爵何以会无精打采，甚至有些漠然的举动。我们以为，这一幕里勋爵们应该表现出勉强抑制的对法比阿诺的狂怒，如果可能甚至想冲下来把他撕成碎片。当法比阿诺被揭穿和推翻时，暴怒应转为愤愤的欢呼。法比阿诺的不共戴天的敌人——勋爵们的如此举动，也将使法比阿诺做出相应的反应：如受伤恶狼般的狂怒。可是法比阿诺演得好像台上没有勋爵在场，他甚至都不朝他们那边看一眼。

如果这一幕处理得好，会更好地揭示本剧的思想意图，也将更鲜明地展示导致压迫者世界分崩离析的相互仇恨。

第三场人民起义时，勋爵们面对人民惊恐万状。列那尔也吓坏了。他通过自己的密探促进了这场有利于他的起义。可起义一旦爆发，他听到了人民强烈的愤怒，就不能不感到一切压迫者面对起义人民的那种动物般的恐惧。当他吓唬女王劝她让步时,自己也惊魂不定。

我想,这样的处理可能会深化人民起义一幕的思想意义。

最后还想指出画家 M.M.马秋宁的出色工作,这对全剧氛围的烘托起了不小的作用。

《玛丽·都铎》是莫尔多瓦剧院全体人员的成功创造。

M.巴赫金

语文学副博士

附　录①

利用特异和矛盾对照的艺术手法。

非人的境遇和未体现于境遇中的纯粹人性。

常轨的生活道路,一般的正常命运,不可能展现出人的真正的潜力。

爱情与报复。爱情战胜复仇。

情节的迅速发展。不用独白,而用 a parte(旁白)。

从丑恶到美好(甚至体现在玛丽·科罗瓦娃女王身上)。

意外性,偶然性,突发性。充满事件的生活。人们大声说话,充分发挥自己的能力,不抑制自己,不约束自己,不压低声音,言语的响亮(提高嗓音)。

极端的坦率。神秘的揭发者。

对历史事件的争议性态度。

外在和内在的矛盾对照。

---

① 在作者文稿中存有为撰写剧评所作的大量札记,现将其中与作者一贯关心的课题相关的部分附录于此。——译者

阴谋(狡诈)与爱情。马比洛与他研究雨果的专著①。用墨水和牛奶画的雨果素描。

对拿破仑的态度。态度是双重的。他不同于七月王朝的狭隘委琐的重商主义,不同于资产阶级可悲的怯懦和局限性,与此同时他又是一位暴君。

我们无时无刻不感受到有一种辩论,反对当时的资产阶级和资产阶级类型的人。他卑微、偏向理论,不懂得爱和恨。这就形成了第二组矛盾对照(除了作品本身的外在对比以外)。也因此,与雨果(1802年生)同时代而稍长的司汤达(1783年生),把目光转向了文艺复兴时期。

浪漫主义的表情、手势、语调、主题。出乎意料、无可预见、偶然性。非对称。反常法。对立和对照。

剧首的对照:维斯特敏捷尔与塔维尔对照,维斯特敏捷尔、塔维尔与吉里贝特简陋小屋的对照。(这已是两个世界的对照。)

两对恋人;女王——法比阿诺,吉里贝特——登恩。

黑色哥特式小说的神秘风格:神秘陌生人牵着阴谋的线索,(犹太人),女主人公的秘密身世。

爱情不在乎情人的外在地位。

刽子手的浪漫主义处理。

约定的游戏规则,所有参与者都须遵守。生活是约定性游戏。心理上的不合理性。吉里贝特相信女王的话。这往往如击剑时成功或不利的招数步法,而不是与心理吻合的,内在必要的举动。

女王的爱情,登恩的爱情和吉里贝特的爱情。法比阿诺是个没有爱的人。

真实与伟大。为谁击钟宣扬。无人知晓:为谁?极端的浪漫主义情境。先是辗转不宁,然后是等待。

---

① 指《维克多·雨果》,巴黎,1893年。——作者

吉里贝特对另外一个世界的事情毫无所知。通过矛盾对照展示两个世界的格格不入。

把人加以人化(人道化)。女王与登恩既互相憎恨又互相同情。

人在生活的常轨之外得到人化(人道化)。无论在戏剧或是在小说中均如此。这就是浪漫主义之所在。看不到人化的现实途径。这就是空想主义之所在。但不管怎样,视线还是投向了人民(吉里贝特)。

妨碍爱情的王朝和宫廷内部关系。阴谋与爱情之间的永恒冲突。[……]

矛盾对照具有某种外在性。使对照变成外在可睹而醒目的对照。对照手法的各种效果。

例行的手势与表情(威严的),同感情激动而非常真实的手势与表情,两者急剧而富于效果的转换。女王转变成了一个能爱、能妒忌、能恨、能痛苦的女人。

庄严的情调。仅从情节发生地点的更换所获得的效果。

真实与伟大的交叉点。

暴动和情话。生活中混杂交织的一切,也在舞台上混杂交织起来。

是混杂交织,而不是渐进的过渡和发展。混杂交织具有某种静态性。在急剧的外在变化的条件下,缺乏内在的形成过程。

强烈而矛盾的恋情与巨大的赌注(吉里贝特)。押上并付出了自己的生命,而列那尔正要找这样的人。

生与死的较量。命运的突变。

在女王与法比阿诺出场的第一幕中,欺骗与真诚、真实的混杂。

情欲的袒露和冷漠无耻的袒露。

善与恶,伟大与可笑,丑恶与美好。

时代精神及其复杂多样性,不可归之于单调的统一(如席勒那样)。[……]

苗　澍　译

几点建议

由于专业不同，高等学校大学生的独立工作表现为多种不同的形式。但无论什么专业，都有一项基本的和必须的工作，就是阅读学术著作。

读书要有效的首要前提，是对书里的研究对象抱有浓厚的兴趣。我们的求知欲望越强，越是锲而不舍，书给我们的就越多。书不喜欢心不在焉的读者，也不回答他们的问题。应认真而投入地阅读，并不是消极地掌握，而是与书进行生动的热烈的对话。

大学生钻研任何一部科学著作，首先应当争取尽可能全面深入地理解，而不是记住词语的表述，以便日后在考场上复述出来。显然，许多文章背诵下来要比真正领会容易。年轻的时候，记忆力极好，而智力还不够成熟，记忆往往超前于理解。但所有我们未经透彻理解就记下来的东西，一是不牢固，更主要的是，毫无用处。着手研读科学著作时，永远不要指望能快速轻松地掌握。科学总是复杂的，没有思维的高度集中和孜孜不倦的劳动，就不可能读懂一本严肃的专著，甚至一本教科书。

不论读一本什么书，重要的是不仅要领会其中包含的科学事实和现成的科学原理，而要学会发现、确立和证明它们所用的方法。应该掌握科学本身的逻辑。

在独立工作的过程中不能忘记实践。所有的理论观点都必须与现实联系起来,明确它们在实践中应用的可能性。当然,这里也不能简单化和庸俗化:有些科学原理不可能直接应用,只能通过该学科的其他原理来实现。不过,以运用于实践为目的,是有效掌握一切学术著作的必要条件。科学工作者、工程师和教师在工作中需要大量的科学信息,不可能把这一切都贮存在记忆里。因此,知道到哪里和怎样能找到这些信息是非常重要的。为此,必须了解研究课题的资料索引,学会利用各类参考书,正确使用它们,迅速从中找到我们需要的东西。

书籍本身也包含着超出文本之外的东西。这就是几乎一切学术出版物都使用的治学工具。

治学工具处于文本之外:或前或后,或在每页下面。它一般包括:卷首扉页、前言、后记、页尾横线以下的注释与引文;还有集中在书末的附录(有时叫注释)、目次或内容,各种索引,首先是人名索引与主题索引,地图、各种图表。

一本书的组成成分,随专业不同而有差异。但阅读任何一部科学著作,都应首先了解它的治学工具,以便日后研读时从开头至结尾系统地使用它们。

使用治学工具,能培养学生的准确性与严密的系统性,并使其养成运用资料索引的习惯。如果不详细而全面地使用治学工具,那么对书籍的阅读就是没有成效的和学术上不充分的。

在这篇建议中,我们完全没有涉及如何做笔记(提纲、提要、摘录)这一重要问题。而这是读书过程中所需要做的。不过,这已是一个需专门讨论的题目了。

1958 年

苗 澍 译

感伤主义问题

在当前关于现实主义的争论中对感伤主义重视不够。感伤主义（像所有如此规模的流派一样）界限模糊而不确定。一方面它转变为并且部分地融合于浪漫主义（前浪漫主义，卢梭主义，感伤的浪漫主义），另一方面它又几乎同现实主义潮流交会在一起（狄更斯，福楼拜，自然派，陀思妥耶夫斯基）。尽管感伤主义的历史界限如此模糊不定，但其核心是完全确定、清晰而且极为独特的现象。这是名副其实的一个发现。人与人之间的内在联系（马克思讲到个性的交换）[1]。不作为社会经济单位的家庭。内在的人与他们之间的亲密关系。小人物，弱小者。粗暴强力，伟大和英雄主义（粗俗的外表的英雄主义）的失势。孩童与怪人（指丑角的不同色彩，不同形象的接近，它们在隐喻中的对应，但不是概念上的区分）。感伤主义的要素。乡间田园诗阶段。

中世纪。文艺复兴时期田园诗。18世纪的乡村感伤主义。感伤主义向城市的过渡（都市感伤主义）。小人物和弱者在社会方面的具体化。痛苦的主题。个性的自我价值和自我完整。感伤主义中的动物、物品和自然界。自然界（及动物）作为利用的对象不可能成为形象。感伤主义诸形式：书信、日记、自白、内心独白、各种文书等。

---

[1] 可能指马克思《1844年经济学哲学手稿》中关于金钱全面破坏个性的论述。古希腊罗马阶段。——原编者

感伤主义的实质和它的历史变体。资产阶级写实主义的冷漠和清醒①。

同物化的斗争,其中包括同解释性(以因果关系解释)物化的斗争。

同情、同受痛苦、怜悯、丰富的情感。感伤主义的崇拜与这种崇拜的情感类型。主人公超越作品的范围②。主人公形象的独特结构。

经考察直至今日(直到布莱希特的)感伤主义因素。

《世界的迷宫与心灵的天堂》(A.考门斯基)③。

不是模仿,而是同受痛苦、同情,哀悼和永远地纪念。

罗曼·罗兰的感伤主义。

对感伤主义狭隘的和轻蔑的评价。以多愁善感偷换感伤主义,而这只是感伤主义的副产品。生活中的善感动情,以善感动情为时髦。但其基础是对人和对世界(对自然界、动物、物品)的一种特殊的有深刻内容的态度。这一视角可以看到并理解(艺术地把握)现实中那些在其他流派看来不存在的方面。重新评价小人物、弱者、亲人的分量,赞扬他们;重新审视年龄与人生处境(孩童、女人、怪人、穷人)。重新看待生活细节、琐碎小事。我为他人而存在。

感伤主义人物(孩童、怪人、穷人[？]等),有治外法权,处于这个世界之外,生活的常轨之外。绝对的无私。古怪行为的独特哲学。自然派作为俄国感伤主义的一种变体。

各种流派与体裁的相互作用。体裁对流派的影响(田园诗对感伤主义的影响)。各流派对体裁的改造。

苗 澍 译

---

① 这里首先是指 18 世纪的启蒙现实主义。——原编者
② 作者关于教育小说的文稿中,指出感伤主义特点是把人的形象视若活生生的真人,这是艺术上有意为之的幼稚现实主义。——原编者
③ A.考门斯基(1592—1670),捷克人文主义思想家和教育家。——译者

文本问题

语言学、语文学和其他人文科学中的文本①问题。哲学分析之尝试。

把我们的分析称作哲学分析,首先是出于排除法的考虑:这不是语言学分析,不是语文学分析,不是文艺学的或别的什么学科的专门分析(研究)。正面的考虑则是:我们的研究是处在边缘上,亦即处于上述各学科的边界上,它们的衔接点和交叉点上。

文本(书面的和口头的)作为所有这些学科以及整个人文思维和语文学思维(其中甚至包括初始的神学和哲学思维)的第一性实体。文本是这些学科和这一思维作为唯一出发点的直接现实(思想的和情感的现实)。没有文本,也就没有了研究和思维的对象。"不言而喻"的文本②。如果宽泛地理解文本,释为任何的连贯的符号综合体,那么艺术学(音乐学、造型艺术的理论和历史)也是同文本(艺术作品)打交道。这是思想的思想,是对感受的感受,是论话语的话语,是论文本的文本。我们的(人文的)学科与自然科学(研究自然界)的基本区别就在这里,虽然这两者间也不存在绝对的不可逾越的界限。人文思想的诞生,总是作为关于他人思想、他人意志、他人表态、他人话语、他人符号的思想;而在这些他人思想的背后,存在着表现自身的天神(神的

---

① 原文为 текст,在此文中,所指接近于 высказывание(表述)、речь(言语)、речевой поток(语流)。——译者
② 指人文的创造思维莫不体现于文本中,故文本之存在是不言而喻的。——译者

启示)或人们(统治者的法规、祖先的戒条、无名者的格言和隐语等等)。对文本进行科学上精确的说明和批评,是后来的事(这里人文思维中的一个全面的转折,开始出现质疑)。初起是信任,只要求理解即阐释。求助于蹩脚的文本(只为学习语言等用途)。我们不打算深入研究人文科学的发展史,包括其中的语文学史和语言学史;我们感兴趣的,是人文思想的特殊性,而人文思想是指向他人思想、他人含义、他人意义[……]的,后者只能体现于文本中而呈现给研究者。不管研究的目的如何,出发点只能是文本。

我们所关注的是表现为话语的文本问题,这是相应的人文学科——首先是语言学、语文学、文艺学等的第一性实体。

任何文本都有主体、作者(说者、笔者)。各种可能出现的作者类型、变体及其表现形式。语言学分析在一定的范围里也可以完全排除作者因素,把文本作为"例子"(如逻辑学中作为判断、三段论法的例子,语法中的句子,语言学中的"转换"①等等)加以解释。设想出的文本(典型的和其他的文本)。构造的文本(用于语言学或修辞学的实验目的)。上述情形中处处都出现特殊类型的作者、用作例子的虚构者、试验者,他们都负有特殊的作者责任(这里还存在着第二个主体:有谁能这么说呢)。

文本的边界问题。作为话语的文本即表述。文本功能和文本体裁问题。

决定文本即表述的两个因素:它的主旨("意图")及这一主旨的实现。这两个因素间动态的相互关系,它们之间的斗争,这种斗争决定着文本的性质。这两个因素的脱节能够说明很多问题。"пелестрадал"(列夫·托尔斯泰)②。弗洛伊德论失言和笔误(视为无意识的表现)。

---

① Коммутация(转换)是结构语言学的术语,是哥本哈根学派(又谓"语符学")最著名的语言学家 L.叶姆斯列夫提出的。它是指语言中表达层面在很大程度上服从于内容层面。——原编者
② 见《安娜·卡列尼娜》,第4部,第4章。此词意为"受够折磨",出于安娜丈夫之口,但因激动将词的"ре"错说成"ле"。——译者

247

文本实现过程中主旨的变化。发音意图的未能实现。

第二主体问题。这里再现(为了各种不同目的,也包括研究目的)文本(他人文本)和构建边框文本(诠释性的、评价性的、反驳性的等文本)的主体。

人文思维的特殊的两重性和双主体性。

文本学作为科学地复原文学文本的理论和实践。文本学主体(文本学家)及其特点。

天文学和物理学中观察者的视角(时空位置)问题。

文本作为纳入到该领域言语交际(文本链条)中的表述。文本作为一种特殊的单子,反映着该意义范围内的全部文本(达到极限时)。所有各种意义的相互联系(因为意义体现于表述中)。

不同文本之间和一个文本内部的对话关系。这种对话关系的特殊的(不是语言学的)性质。对话和辩证法。

文本的两极。每一文本都以人所共识的(即在该集体内约定俗成的)符号体系、"语言"(至少是艺术的语言)为前提。如果文本背后没有"语言",那么它已不是文本,而是自然存在的(不是符号的)现象,例如,一声自然的喊叫和呻吟,它们不具有语言(符号)的复制性。当然,每一文本(无论口头的还是书面的)都包含着大量不具任何符号性的各种自然的因素;这些因素超出了人文研究(语言学、语文学等的研究)的范围,但在研究中也须给以注意(如手稿的损坏、发音吐字不清等等)。纯净的文本是没有的,也不可能有。此外,每一文本中还有一系列可以称为技术因素的东西(字体的技术方面、发音等)。总之,每一文本的背后都存在着语言体系。在文本中与这一语言体系相对应的,是一切重出复现的成分,一切能够重出复现的成分,一切可以给定在该文本之外的成分(给定物)。但同时,每一文本(即表述)又是某种个人的、唯一的、不可重复的东西;文本的全部含义(所以要创造这一文本的主旨)就在这里。这指的是文本中关系到真理、真、善、美、历史的东西。对这一因素来说,一切能够重复出现的成分都只是材料和手段。这一因素在某种程度上已超出语言学和语文学的范围。这第二个因素(另一极)为文本本身所固有,但只能在情境中和文本链条中(即在该领域的言语交际中)才能揭示出来。这一极不是与语言(符号)体系的成分(可复现的成分)相关联,而是与其他文本(不可重复的文本)通过特殊的对话关系(如果排除作者也就是辩证关系)相关联。

这个第二极与作者因素有着不可分割的联系。第二极与自然出现的偶然的唯一性是毫无共同之处的。它整个是由语言符号体系的手段来实现的。它是由纯粹的语境实现的,虽然也伴有一些自然的因素。任何边界都具有相对性(如朗诵者、说话者的音色应归于哪里等等)。功能的改变决定着边界的改变。音位学[①]和语音学之间的区别。

在特定领域的范围内文本之间在意义上的(辩证的)相互关系和对话的相互关系问题。文本之间历史上的相互关系这一特殊问题。所有这一切从第二极的角度加以观察。进行因果角度的解释之界限问题。主要的是不可脱离开文本(哪怕是可能的、想象的、组构的文本)。

关于精神的科学。精神(无论自己的精神还是他人的精神)不能作为物(物是自然科学的直接对象)出现,无论对自己和他人来说都只能表现为符号,体现于文本中。对内省的批评。但对文本需要有深刻的、博大和精微的理解。文本理论[②]。

演员表演时的自然手势,获得了符号意义(作为随意的、玩耍的姿态,却服从于塑造角色的意图)。

文本中自然出现的唯一性(例如指纹)同含有意义的(符号的)不可重复性。只能机械地复现指纹(复制多少份都可以),当然也能如此机械地再现文本(例如重印);但是由主体来复现文本(如反顾文本、

[①] 音位学是语言学中的一个学科,由俄国语言学家 H.C.特鲁别茨科伊所创立(见特鲁别茨科伊著的《音位学基础》,布拉格,1939 年版,莫斯科,1960 年版)。特鲁别茨科伊在索绪尔区分语言和言语的基础上,区分出了语音学和音位学。语音学研究作为物质现象的言语发音,而音位学研究语音在语言体系中区别意义的功能。——原编者

[②] 原文为 теория текста,又可译为"话语理论""篇章理论"。——译者

重读文本、重新上演、引用文本),是文本生活中新的不可重复的事件,是言语交际的历史链条中的一个新环节。

任何的符号体系(即任何的"语言"),不管其假定性通行于怎样狭小的群体中,原则上都总是可能解码的,即译成其他的符号体系(其他的语言);因此,也就存在各种符号体系的共同逻辑,有一个潜在的统一的语言之语言(当然这一语言任何时候也不可能成为一个具体的语言,成为诸语言中之一种)。然而文本(不同于作为手段体系的语言)任何时候也不能彻底翻译,因为不存在潜在的统一的文本之文本。

文本的生活事件,即它的真正本质,总是在两个意识、两个主体的交界线上展开。

人文思维的速记——总是一种特殊对话的速记;这是文本(研究的思考的对象)与所创造的框架语境(置疑性的、理解性的、诠释性的、反驳性的等语境)两者复杂的相互关系;在这一关系中实现着学者的认识和评价思维。这是两个文本的交锋,一个是现成的文本,另一个是创作出来的应答性的文本,因而也是两个主体、两个作者的交锋。

文本不是物,所以绝不可把第二个意识、接受者的意识取消或淡化。

可以以第一极为取向,即走向语言——作者的语言,体裁的语言、流派的语言、时代的语言、民族的语言(这是语言学),最后还走向潜在的语言之语言(这是结构主义、语符学[①])。又可以以第二极为取向,走向不可重复的文本事件。在这两极之间分布着一切可能的社会科学,它们全以文本这个第一性实体为出发点。

两极的存在是无条件的:潜在的语言之语言是无条件的,唯一而不可重复的文本也是无条件的。

任何真正创造性的文本,在某种程度上总是个人自由的领悟,不

[①] 语符学试图建立一种普遍的语言学理论,把各具体语言的材料加以极端的抽象,并用来"描写与预测用任何语言表现的任何可能的文本"(Л.叶姆斯列夫:《语言理论导论》,载《语言学新成果》,第 1 卷,莫斯科,1960 年,第 277 页)。语符学的语言学理论由是发展为一种普遍的符号体系论。——原编者

受经验之必然所决定的个人领悟。所以它(在自己的自由的内核中)不可能用因果关系来解释,也不可能诉诸科学的预见。但这当然不是说文本的自由内核不具有内在的必然性、内在的逻辑(如果没有这个,文本也不可能为人理解,被人承认,不可能有效能)。

人文科学中的文本问题。人文科学是研究人及其特性的科学,而不是研究无声之物和自然现象的科学。人带着他做人的特性,总是在表现自己(在说话),亦即创造文本(哪怕是潜在的文本)。如果在文本之外,不依赖文本而研究人,那么这已不是人文科学(如人体解剖学和生理学等等)。

文本学(版本学)中的文本问题。这一问题的哲学方面。

把文本作为"口头反应"来加以研究的尝试(行为主义)。控制论、信息理论、统计学与文本问题。文本的物化问题。这种物化的界限。

人的行为是潜在的文本,而且只有在自己时代的对话语境中(作为对白、作为意义立场、作为动因体系)才能被人理解(理解为人的行动,而不是物理作用)。

"一切崇高和美好的东西"——这不是普通含义上的一句完整的话语,而是带着语调和感情的特殊词组。这是风格、世界观、一类人的代表,它让人联想起语境,它包含着两个声音、两个主体(一个一本正经地这么说,另一个则讽刺地模仿前者这么说)。单抽出来(在词组之外)说"美好"和"崇高"这两个词,它们并没有双声性;只有当词组变成表述时(即获得言语主体时。没有言语主体也不可能有第二个声音),第二个声音才会进入这词组。一个词如果成为表述的缩影(即获得作者),也能变成双声的。这里话语的完整性不是第一个声音而是第二个声音创造的。

语言和言语,句子和表述。言语的主体(概括的"实有的"个人)和表述的作者。言语主体的交替和说话者(表述的作者)的交替。可以把语言和言语等同起来,因为言语中抹掉了表述间的对话界限。然而语言和言语交际(即表述的对话交流)任何时候也不可等同。两个或更多的句子可能绝对相同(把句子如几何图形一样一个摞在另一个上面,它们就会重合),况且我们得承认,任何一个句子,甚至是复合句,在无尽的语流中可能以完全相同的形式作无数次的重复;但作为表述(或者表述的一部分),一个句子甚至是一个独词句,从来也不可能重复:这总是一个新的表述(哪怕是引文)。

　　这里会出现一个问题:科学是否能够同表述这种绝对不可重复的个性之物打交道,后者是否已超出科学的概括认识的范围。当然,是能够打交道的。第一,每一门科学都是以不可重复的唯一事物为出发点的,而且在自身发展的道路上总是与它们相关联。第二,科学,首先是哲学,可能而且应该研究这种个性之物的特殊形式和功能。必须明确地意识到需要经常改正,以便使抽象的分析(如语言学分析)能全面涵盖具体的表述。对表述间对话关系的种类和形式,以及它们的类型(即表述的体裁)的研究。对表述的非语言学因素同时也是非含义因素(指艺术因素、科学因素等)的研究。在语言学分析和纯含义分析之间的整个领域;这一领域为科学所忽略。

　　在同一个表述中,一个句子可以重复出现(重叠法,自我引述,无意间造成的),但每次出现都已是表述的一个新的部分,因为它在表述整体中的地位和功能发生了变化。

　　表述本身整个的是由非语言学因素(对话因素)构筑成的,它也与其他的表述紧密相连。这种非语言学因素(对话因素)也从内部渗透表述。

　　说话人在语言中的概括表现方法(人称代词、动词的人称形式、表现情态和表现说话者对自己言语态度的语法和词汇形式)与言语主体。表述的作者。

　　从表述的非语言学目的出发来看,所有属于语言学的成分,只不过是手段而已。

　　作者及其作品中的表现形式问题。在何种程度上可以说有作者的"形象"?

作者是我们在任何艺术作品中都能发现的(都能感知、理解、意识、感觉)。例如,我们在绘画作品中总能感觉到它的作者(艺术家),但我们任何时候也不能像看到他所描绘的形象那样看到他。我们在一切方面都能感觉到他,但这时他纯粹是描绘的本源(即绘画主体),而不是被描绘的(可睹的)形象。即使在自画像中,我们所见的也无疑不是画像的作者,而仅仅是艺术家的肖像。严格地说,"作者形象"——这是 contradictio in adjecto①。所谓的"作者形象",这自然是不同于作品中其他形象的一种特殊的形象,但它总还是形象,而形象要有自己的作者。如小说中以"我"的口气来叙述的叙事者形象,如自传性作品(自传、自白、日记、回忆录等)中的主人公形象(为自传主人公,抒情主人公等等)的考察和判断。所有这些人,都得看他们与作者其人(作为特殊的描写对象)是什么关系。不过他们所有的人全是被描绘的形象,有着自己的作者,这作者是纯粹的描绘本源。我们可以说有一类纯粹的作者,他不同于某种程度上被描绘的、被表现的、引入作品而成为作品的一部分的那种作者。

最普通、最熟套的生活表述的作者问题。我们可能创造出任何一个说者的形象,把任何的话语、任何的言语作为客体来接受,但创造这种客体形象并不属于说者本人的意图和任务;说者不是作为自己表述的作者来创造这种客体形象的。

但这并不意味着,纯粹的作者没有途径可以通向作者其人。途径当然是存在的,而且可以通向作者其人的内心深处,进入核心的核心之中;不过这种核心绝不可能成为作品本身中的一个形象。作者其人存在于作品的整体之中。而且渗透很深,却从来也不成为作品的一部分形象要素(客体的要素)。这不是 natura creata,也不是 natura naturata et creans,而是纯粹的 natura creans et non creata②。

---

① 拉丁语:自相矛盾的说法。——译者
② 三句均为拉丁语,分别是"被创造的自然","被创造而又能创造的自然","能创造却非被创造的自然"。——译者

文学中在何种程度上可能有绝无客体的纯粹的单声话语？如果作者在一个话语中听不到他人的声音，只有他自己，而且是整个的他，那么这一话语能否成为文学作品的建筑材料？某种程度的客体性，是不是应成为任何风格的一个必要条件？作者是不是总是处在作为文学作品材料的语言之外？任何的作家(甚至纯粹的抒情诗人)是不是总是一位"剧作家"，亦即把所有话语分配给他人声音，其中包括分配给作者形象(以及作者的其他假面)？或许，任何无客体的单声语对真正的创作来说，都是幼稚而无用的。任何真正创造性的声音，只能是话语中的第二个声音。只这第二个声音(纯粹关系)才能成为彻底无客体的声音，才不会留下形象的影子、实体的影子。作家——这是处于语言之外而善于运用语言工作的人，是会驾驭非直接言语的人。

表现自己——这就意味着把自己变成他人眼里和自己本人眼里的客体("意识的现实")。这是客体化的第一步。但又可以把自己视为客体而表现对自身的态度(客体化的第二步)。在这种情况下，自己的话语便要成为客体的话语，并获得第二个(也是自己的)声音。但这第二个声音已不会映出(自身的)影子，因为它表示的是纯粹的关系；而话语那现实客体化、物质化的实体，则全交给了第一个声音。

我们对别人讲的话，要表示自己的态度。在日常言语中，这可表现在轻微的嘲弄或讥讽的语调中(如列夫·托尔斯泰笔下的卡列宁[①])，表现出惊异、困惑、疑问、忧虑、赞赏等语气。这在日常会话的言语交际中、在科学和其他思想话题的对话和论争中，是相当简单和十分寻常的双声现象。这是相当粗俗而少有概括力的双声性，往往是个人的直接的双声性：重复一个参与者的话语而改变其语调。另一种这样粗俗而少有概括力的形式，则是讽刺模拟的各种变体。他人声音

---

① "哦，你看，你的温柔的丈夫，还是和新婚后第一年那样地温存，望你眼睛都望穿了。"他用缓慢的尖细的声音说，而且用他差不多老是用的那种声调对她说的，那是一种讥笑任何认真地说他这种话的人的声调。(《安娜·卡列尼娜》，第1部，第30章)——译者

受到限制,是消极的,在不同声音的相互关系中也缺乏深度和有效性(指有丰富的创造性能力)。在文学中,这是正面人物和反面人物。

在所有这些形式中,都表现出一种直接意义上的双声性,可说是一种自然的双声性。

戏剧中的作者声音则要复杂些,在这里作者声音看来不体现在话语中。

(卡尔·弗里德里·瓦伊杰克尔著《物理学中的世界图画》,什图特加特,1958年①)

"人文科学对自然科学方法的责难,我可概括如下:自然科学不知道'你'。这里指的是:对精神现象需要的不是解释其因果,而是理解。当我作为一个语文学家试图理解作者贯注于文本中的含义时,当我作为一个历史学家试图理解人类活动的目的时,我作为'我'要同某个'你'进入对话之中。物理学不知道与自己对象会有这样的交锋,因为它的对象不是作为主体出现在它面前的。这种个人的理解,是我们经验的形式;这种经验形式可施与我们亲近的人,但不能施与石头、星斗和原子。"(第177—178页)

人是历史的生物,因之大部分人文学科是历史的学科。"历史性在我们的理解中,首先是时间进程的不可逆转、命运的一次性、一切境遇的不可重复性。第二,我们理解的历史性,是知道事情的确如此,即意识到生活是自己的一次性的命运。"(第178页)在这第二层意义上,自然界不是意识到的历史。但在第一层意义上,自然界实际上也是历史性的,同人一样。例如第二皮肤活动律的历史性。物理的、自然的"命运"就时间跨度来说,当然要长得多;但是能够找到在相当程度上重复的事件和进程(过程)的领域,却要多得多。

实验是同相信规律(规律性)相联系的。我们做实验,目的不在于

---

① 以下8段文字是巴赫金阅读此书(第177—180页)时所做的笔记。其中1、5、7、8段是摘引德文原话,现据俄译文译出;2、3、4、6段是对原文的部分翻译或转述。——译者

个别的事例,目的在于典型的事件,我们实验是为了预言。因此,事实上的历史性,就限制了实验方法的采用。对过去任何东西都已无法改变。但即使在研究自然界的各学科中,每一规律的运用也有其一定的局限的范围。局限性的实验在某些人文学科(经济学、心理学)中也是可能的。

个人的客体性和主体性问题。对人进行客体性研究的边界。

"自然科学不知有'你'存在的这一事实,给我们提出了完全另一个问题。这问题不是有无可能在人的身上做实验,而是允许不允许和应该不应该在人的身上做实验。如果我在脑海里或在事实上把我的一位亲近之人当作普通的客体来对待,我会给他造成什么结果呢?我以为,反对把自然科学施与人身所已举出的理由(是正当的理由),全都可以归结到这个问题里。要知道,依我想纯粹从理论上说,我的亲近之人作为个人,绝不会阻挠把因果原则施与他身上,以他来做实验。谁要是拒绝把自己亲人当作'你'来对待,他这样就会使自己失去对亲人的至关重要的了解。不过,没有什么能妨碍我最终获得这种了解,而后把这种纯靠描写方法得来的了解,加入到原有材料的因果关系中去,也就是在这一知识范围内如同在其他范围内一样,进行一次实验。我们大家谁都有过自我省悟的时刻,我们领会到虽然自以为在自由地行动,实际上我们遵从了社会俗规、经济利益、不自觉的嗜好、盲目的迷恋;还有的时刻,我们成了自己进行因果认识的对象。在现代人所处的介乎恨、爱和冷漠之间的过渡状况中,我们大家谁没经受过这样的诱惑呢?(即用人的经验来做不体面的实验。)我们之中谁又没有成为这种实验的牺牲品呢?我们时代的经验告诉人们:'你'是有价值的,只是这价值几乎微不足道。"(第178—179页)

理解与解释之间的差别,以及它们的相互边界问题。

"同样在生物学中这个思想的形象,也一再遭到反驳。这种合理的反驳,按其本质,我还是归于一点:'你'被遗忘了。在理论上这意味着没有利用理解的经验。为了在利用这一经验时,如在动物心理学领域,不至于陷入类人说,可能需要在方法论上有非常高的要求。这里出现的一个尚未解决的原则问题,涉及应'理解'的生命现象同应'解释'的生命现象之间的联系;正是靠这种联系,躯体成为心灵的庇护所或者就是心灵本身,而心灵出现于躯体中或者作为躯体而出现。但是生命论(狭义或广义的理解)的一个尝试我认为是个失误,那就是要找到一种现象,它可用身体体现出来却又不能用物理学给以完全的解释。有机体无论从理论上还是在实际上,都很少能避免实验,它只能忍受实验。物理学家可以观察的东西,他最终总能够用自己的概念描写出来。"(第180页)

"但另一方面他又能提醒我们,生命同时又是主体,像我一样的主体;我作为这样的主体,自己是生命的一部分。为了研究生命,必须参与到生命之中。"(维克托·瓦伊杰克尔)"如果我以杀死的代价去认知,如果我参与生命的手段是谋杀,那么获取到的知识即使正确,可是值得庆幸的吗?"(第181页)

外部的影响和真正的趋同(当两种思想倾向都接触到同一真理的某特定方面时)。

笛卡尔的 Res cogitans и res extensa[①]。现代物理学中对这两者的绝对脱节的克服。原子物理学中的"观察者"问题。量子力学中客体与主体的融合。量子力学中的"话语"。原子与人的相互作用。客观与主观的"状态"概念。

看到并理解作品的作者,就意味着看到并理解了他人的另一个意识及其世界,亦即另一个主体("Du"[②])。在解释的时候,只存在一个意识、一个主体;在理解的时候,则有两个意识、两个主体。对客体不可能有对话关系,所以解释不含有对话因素(形式上的雄辩因素除外)。而理解在某种程度上总是对话性的。

理解的不同种类和形式。对符号语言的理解,即对特定符号体系

---

① 思考之物和延伸之物。——译者
② 意为"你"。——译者

(如某一种语言)的理解(掌握)。使用已知的,即已经理解的语言来理解作品。实践中在一种理解同另一种理解之间没有明确的界限,它们之间的转化。

是否可以说,对作为体系的语言的理解,是无主体的理解,也完全不含有对话因素?在多大程度上可以说,作为体系的语言有其主体?对不通晓的语言的破译:设想可能的不确定的说话者,用这一语言构造可能出现的表述。

用十分熟悉的语言(哪怕是母语)来理解任何作品,总能丰富我们对作为体系的该语言的理解。

从语言主体到作品主体。各种不同的过渡阶段。各种语言风格(语体)的主体(官吏、商人、学者等等)。作者的各种面具(作者的各种形象)和作者本人。

穷困小吏、九级文官(如杰符什金)的社会的和修辞的形象。这一形象虽是用自我揭露的方式描写的,但是作为"他"(第三人称)而非"你"出现的。这个形象是客体性的,是同类中的一个。对他还没有真正的对话关系。

描绘手段尽力接近描绘对象(如自我介绍、个人的声音、社会语体,不是描绘说话的主人公而是引他的话语)——这是现实主义的一个特征。

任何风格(语体)中都有的客体因素和纯功能因素。

表述的理解问题。为了理解,首先必须确定表述的原则和明晰的边界。言语主体的交替。决定应答的能力。任何理解原则上都具有的应答性。"卡尼特费斯坦特"[1]。

在有意地(自觉地)采用多语体(风格)的情况下,各语体(风格)

---

[1] 见 B.A.茹可夫斯基的《两个故事再加一个》(1831)。第三个故事是用诗歌形式转述 И.黑贝尔的小说 kannitverstan,叙述一位德国手艺人,住在阿姆斯特丹,却不懂荷兰语,人家问什么问题都只得到一个答话"卡尼特费斯坦特"(意为"我不明白您的话"),就把这话当成了一个人名,脑子里幻想出这个卡尼特费斯坦特的形象。——原编者

之间总是存在着对话关系①。不可用纯语言学观点(或者甚至是机械的观点)来理解这种相互关系。

在一部作品内对不同的语体(风格)作纯粹语言学的(而且是纯粹描写语言学的)描述和界定,不可能揭示它们之间意义上的(包括艺术上的)相互关系。重要的是要从作者不是作为一个形象,而是作为一种功能的角度上去理解不同语体(风格)之间对话的总体意义。当人们谈到描绘手段接近描绘的对象时,他们理解的描绘对象是客体,而不是另一个主体("你")。

描绘物和描绘人(实质上是说者)。现实主义往往把人物化,但这并不是对人的接近。自然主义因倾向于对人的行为和思想(他在世界上的观点立场)作因果的解释,更加把人物化。似乎为现实主义所固有的"归纳法",本质上是对人进行物化的因果阐释。在这种情况下,人的不同声音(亦即物化了的社会性语体)只不过成了物的特征(或是过程的征兆),已不能对它们应答,不能同它们争论,与这些声音的对话关系遂告消失。

文学中所描绘的人们的客体性和主体性(相应地还有作者对他们的态度中的对话性),程度上是截然不同的。在这一方面,杰符什金的形象,原则上不同于其他作家所写的穷困小吏的客体形象,而且可说是同这些形象强烈争辩的,因为这些形象中没有真正的对话的"你"。在长篇小说中,通常不写出在作者看来已经终结而可定论的争论(当然如果写了争论的话)。在陀思妥耶夫斯基作品里,记录的则是未完成的、无法结果的争论。然而,任何的长篇小说都无不充满对话的泛音(当然不总是与小说的主人公们对话)。在陀思妥耶夫斯基之后,复调有力地闯入了整个世界文学。

---

① 巴赫金以《叶甫盖尼·奥涅金》为例,研究了在有意为之的多语体(风格)的作品中,诸语体(风格)之间的对话。作者在后来的笔记中力求把自己对《叶甫盖尼·奥涅金》一书中多语体(风格)的理解与ΙΟ.Μ.洛特曼著作中对此的分析方法加以区别。——原编者

对人而发出的爱、恨、怜悯、慈悲,以至任何的情感,在某种程度上总具有对话性。

在对话性上(因之也在自己主人公的主体性上),陀思妥耶夫斯基超越了某种界限,因而他的对话性具有新的质(高级的质)。

人的形象的客体性不是纯粹的物性。对人的形象可以去爱,去怜悯,等等,但主要的是可以(而且应该)去理解。在文学中(也像整个艺术中一样),甚至在死物上(与人相关的)也有主体性之反照。

作为客体被理解的言语(客体性言语也一定要求理解,否则它就不是言语了,不过在这一理解中对话的因素相当微弱),有可能被纳入因果关系的阐释中去。无客体的言语(纯粹表意的、功能性的言语)则依然处在未完成的指物的对话中(例如科学研究)。

比较物理学中的记述性表述。

作为主观反映客观世界之文本,是意识的表现,是反映某种事物的意识之表现。而当文本成为我们认识的客体时,我们可以说这是反映之反映。理解文本也就是正确的反映之反映。通过他人的反映达到被反映的客体。

自然界没有任何一个现象有"意义",只有符号(其中包括语词)才有意义。所以研究任何符号,不管这种研究的取向如何,都必然始于理解。

文本是任何人文学科的第一性实体(现实)和出发点。被称作"语文学""语言学""文学理论""科学学"等的诸学科,以其多样的知识和方法形成一个混合体。这些学科都从文本出发,朝着各自不同方向发展,撷取自然界、社会生活、心理、历史的不同片段,根据因果联系或含义上的联系将片段组合起来,再把现实与评价结合到一起。必须从指明实际的客体,过渡到明确区分科学研究的对象。实际的客体是社会的人,是说话的并用其他手段表现自我的人。对人及其生活(劳动、斗争等等),除了通过他已创造或正创造的符号文本之外,是否还能找到别的什么途径去接近和研究呢?是否可以把人当作自然现象、当作物来观察和研究呢？人的身体行动应该当作行为来理解；而要理解行为，离开行为可能有的（我们再现的）符号表现（如动因、目的、促发因素、自觉程度等等），是不可能的。我们好像在强迫人说话（建构他的可能的记述、解释、忏悔、自白，促进他的可能的或实际的内心言语，等等）。无处不是实际的或可能的文本和对文本的理解。研究变成为询问和谈话，即变成对话。对自然界我们不会去询问，自然界也不会对我们应答；我们只能对自己提出问题，以一定方式组织观察或实现，以此获得回答。而在研究人的时候，我们是到处寻找和发现符号，力求理解它们的意义。

我们关心的首先是文本的具体形式，以及文本生活的具体条件，它们的相互关系和相互作用。

不同表述之间的对话关系（这种关系也渗进每个表述的内部），属于超语言学①。这种对话关系从根本上说，不同于语言体系中以及单个表述中各要素之间一切可能出现的语言学关系。

表述（言语作品）的超语言学性质。

一个表述（哪怕潜在的是无限长的表述，如在科学系统中）内部的含义联系，具有指物的逻辑的性质（广义的理解）；而不同表述之间的含义联系，则获得了对话性质（或至少是对话色彩）。含义在不同声音之间所具有的区分性。声音、个性具有的极端重要性。

语言学因素对区分表述是漠不关心的，它们自由地移动，不承认表述的边界，不承认（不尊重）声音的主权。

那么，表述的不可动摇的边界是什么决定的呢？是超语言学的力量决定的。

非文学的表述及其边界（对白、书信、日记、内心言语等等），移用到文学作品中（如进入长篇小说）。在这里，它们的总体含义要发生变化。他人声音反射到它们身上，作者本人的声音也进入其中。

拿两个彼此一无所知的他人表述来对比，只要它们稍微涉及同一

---

① 亦译"元语言学"，本文集统译为"超语言学"。——译者

个主题(思想),彼此便不可避免地要进入对话关系。它们在共同主题、同一思想的疆域内互相接触。

铭文学(зпиграфика)。古代题铭的体裁问题。题铭的作者和接收人。必备的套式。墓碑题铭(《快乐安眠》)。指名呼吁、诅咒、祈祷等的必须遵守的套式。颂扬和赞美的形式。非难和(仪式的)咒骂的形式。话语与思想的关系,话语与愿望、意志、要求的关系问题。关于话语魔力的见解。作为事业的话语。当话语成为一种表现,一种纯粹的(不涉及行动的)告知(交流)时,这在话语史上是一场巨大的变革。在话语中感受到自己的东西和他人的东西。作者的意识产生较晚。

文学作品(长篇小说)的作者创造统一而完整的言语作品(表述)。但他是用各种不同性质的表述,犹如他人的表述来创造的。甚至连作者的直接引语,也充满为人意识到的他人话语。非直接的言论(говорение),视自己的语言为可能出现的语言之一(而不是唯一可能的和无条件的语言)。

绘画中(包括肖像画)完成了的或"封闭的"人脸。这些面孔画出了一个完全的人,这人整个儿就在眼前,不可能再成为他人。这些面孔已经说明了一切,它们已经死去或仿佛已经死去。艺术家把注意力集中在那些完成性的、决定性的、封闭性的特征上。我们看到了人的全部,不再期望任何更多的(别样的)东西。此人不能再重生、更新、变形——这是他的完成阶段(最后的和终结的阶段)。

作者对所描绘物的态度,向来是形象的组成部分。作者态度是形象的一个建构因素。这一态度是异常复杂的。不可把它归结为直线性的评价。这种线性评价会破坏艺术形象。出色的讽刺作品(如果戈理、谢德林的作品)也不采用这样的评价。第一次看到某种东西,第一次意识到某种东西——这已经意味着同它有了关系:它已不囿于自身,为自己而存在,而是为他人存在(这里已是两个相联系的意识)。理解已是一种十分重要的态度(理解从来也不是同义反复或照搬,因为这里总有两个人,还有潜在的第三者)。听而不闻和无法领会的状态(参看托马斯·曼)。"我不知道。""是这么回事,可与我何干?"——这已是很重要的态度。改变已融于事物中的线性评价,改变任何的态度,都会产生出新的态度。情感评价态度的特殊类型。这种关系的多样性与复杂性。

不可把作者同人物形象分割开来,因为作者要融进这些形象之中成为不可分割的一部分(形象是合二而一的,有时也是双声的)。但作者的形象却可以同人物的形象分开,只是这个作者形象本身就是作者创造的,所以也是合二而一的。人们往往以为人物形象似乎指的是真人。

人物的言语和作者的言语,分属于不同的含义层面。人物说话是作为被描绘生活的参与者,可说是从个人立场出发,他们的观点或多或少受到局限(他们的所知少于作者)。作者则处在被描绘世界(在一定意义上又是他创造的世界)之外。作者从更高的立场上,另一种性质的立场上,来思考这一整个世界。最后,所有的人物及其言语,都是作者施以态度(以及作者言语)的客体。不过人物言语和作者言语的不同层面,可以相互交错在一起,即它们之间可以有对话关系。在陀思妥耶夫斯基作品中,因为人物全是思想家,作者和这类主人公(思想家兼哲人)同处一个层面上。人物言语和作者言语的对话语境和情境,是有显著的不同。人物的言语是参与作品内部所描绘的对话中,并不直接进入当代实际的意识形态对话里,亦即不进入实际的言语交际之中;而作品是作为一个整体参与到这一实际的言语交际之中,并在其中得到理解的(人物言语参与到作品中只是作为这一整体的成分)。与此同时,作者正是在这一实际的对话中采取立场,并为当代的现实情境所左右。与真实的作者不同,他所创造的作者形象并不直接参与到实际的对话中(他只是通过整个作品才能参与),然而他参与到作品的情节之中,并进入同人物的被描绘的对话之中(如"作者"与奥涅金的交谈)。作为描绘者的作者(真实作者)的言语,如果确实存在的话,那是原则上一种特殊类型的言语,不可能与人物言语同处一个层面上。正是这一言语决定了作品的最终的统一性,决定了它的最后的含义立场,或说是它的最后结论。

作者的形象和人物的形象,根据B.B.维诺格拉多夫的见解,是受语言和风格决定的;它们的区别归结为语言和风格的不同,即属于纯语言学的区别。而它们之间的超语言学的相互关系,维诺格拉多夫却没有揭示。但要知道,这些形象(语言和风格)在作品中,不是作为语言学的实体而并列的,它们在这里进入一种特殊类型的复杂而能动的含义关系之中。这类关系可以界定为对话关系。对话关系具有特殊的性质:它们既不可归于纯粹的逻辑关系(即或是辩证关系),也不可归于纯粹的语言学关系(布局和句法的关系)。它们只能存在于不同言语主体的完整表述之间(与自己对话是第二性的对话,在大多数情况下带有表演的性质)。在这里我们不涉及"对话"这一术语的起源问题(参看希采尔①的论述)。

在没有话语、没有语言的地方,不可能有对话关系;在事物之间或逻辑范畴(概念、判断等)之间也不可能有对话关系。对话关系的前提是要有语言,但在语言体系中不存在对话关系。对话关系不可能存在于语言的各成分之间。对话关系的特性需要作专门的研究。

狭义的理解是把对话作为言语的一种结构形式(对话语和独白语)。可以说,每一个对语本身是独白性的(是最小的独白语),而每一独白都是大型对话(特定领域的言语交际)中的一个对语。独白是不诉诸任何人也不要求回答的言语。独白性的程度可能有不同。

对话关系——这是言语交际中任何表述之间的(含义)关系。任何两个表述,如果我们把它们放在含义层面上加以对比(不是作为物,也不是作为语言学的例证),那它们就会处于对话的关系之中。但这是一种特殊的并非有意为之的对话性形式(如就一个问题选辑不同时代不同学者和哲人的不同表述)。

"真饿,真冷!"——这是一个言语主体的一个表述。"真饿!""真

---

① Hirzel R. *Der Dialog Ein literaturhistorische Versuch*. T.1—2. Leipzig, 1895.——作者

冷!"——这是两个不同主体间的两个相互对话的表述;这里出现了对话关系,而在前一种情况下没有对话关系。两个扩展的句子,情形也同样如此(举出令人信服的例子)。

当表述用来作语言学分析的时候,它的对话本质就已不在考虑之列;表述这时取于语言体系(作为这一体系的体现),而不是取于言语交际的大型对话。

言语体裁极其丰富多样,而迄今对这多样性未作研究,如从内心言语的隐蔽领域直到文学作品和科学论著。广场体裁(参见论拉伯雷一书)、隐秘体裁等等的多样性。在不同时代里,语言是在不同体裁中形成发展的。

语言、话语——这几乎是人类生活中的一切。但不要以为这个包罗万象、有着众多方面的实在,只是一个学科——语言学的对象,只能以语言学的方法来理解。语言学的对象只是言语交际的材料、手段,而不是言语交际本身,不是本质意义上的表述,也不是表述之间的关系(对话的关系),不是言语交际的各种形式,不是言语体裁。

语言学只研究语言体系内部各种成分间的关系,但不是表述之间的关系,也不是表述同现实的关系和同说话人(作者)的关系。

对实际的表述和实际的说话人来说,语言体系纯粹是潜在性的。词义因为是从语言学角度研究的(语言学中的语义学),只能借助于同一语言(或另一语言)的其他词汇来确定,通过它与其他词汇的关系来确定;至于与概念或艺术形象,或实际的现实的关系,词义只能在表述中和通过表述而获得。词语作为语言学的对象,情况就是如此(这不是作为具体表述或其一部分而非其手段的实际词语)。

卢小合　译

1961 年笔记

　　从言语作品问题入手，视言语作品为言语生活的第一性实体。从日常对语直到多卷本长篇小说或科学论著。在言语过程的不同领域里言语作品之间的相互关系。"文学发展过程"、科学中各种见解的斗争、意识形态斗争等等。相互比较的两部言语作品、两个表述，要进入一种特殊的含义关系，我们称之为对话关系。这种关系的特殊性质。语言体系内部或"文本"（在严格的语言学含义上）内部的诸语言成分，不能进入对话关系。不同的语言、方言（地域方言、社会方言、行话）、语言的（功能的）语体（如日常亲昵言语、科学语言等）等等，是否可以进入那种对话关系，即相互交谈呢？那需有个条件，即对它们采取非语言学的视角，亦即把它们变成为"世界观"（或者某种语言的或言语的世界感受），变成为"观点""社会性声音"等等。艺术家在创造典型人物（哪怕是没有彻底显现的、没有名字的人物）的典型表述或代表性表述时，他就是实现了这种转向；语言美学（福斯勒学派，看来特别是施皮策尔最后一部著作[①]）也实现了这样的转向（角度稍有不同）。在类似的转向中，语言获得了特殊的"作者"、言语主体、集体的载体（人民、民族、行业、社会集团等等）。这种转向向来都标志着超越了语言学的范围（严格而确切意义上的语言学）。类似的转向是否合

[①] 可能指的是：Spitzer L. *Romanische Literaturstudien*. 1936—1956, Tübingen, 1959.——原编者

理呢？是的,是合理的,不过必须是在严格的确定的条件下(如在文学中。在这里,特别是在长篇小说中,我们常见不同"语言"和语言语体的对话),必须有严格而明确的方法论。但如果一方面宣称语言作为语言学意义上的体系是非意识形态的(即是非个人的),而另一方面却偷偷塞进对语言和风格(语体)的社会意识形态性的描述(在 B.B.维诺格拉多夫著作中部分的就是如此),那么,这样的转向就不可取了。这个问题是十分复杂而饶有趣味的[例如在多大程度上可以说语言语体(风格)有自己的语言主体或言语主体,或可以说在科学语言背后有着学者的"形象",或可以说在事务性语言背后有办事人员的形象,公文语言背后有官僚的形象,如此等等]。

对话关系的特殊本质。内部对话性问题。话语边缘的界线。双声语问题。作为对话的理解。我们在这里已进入到语言哲学的前沿和一切人文思维的前沿,进入到处女地。作者(创作个性)问题的新提法。

表述中给定的东西和创新的东西。表述从来都不仅仅是在它之外先已存在的某种给定的和现成的东西的反映或表现。表述总是创造某种在它之前并不存在的东西,绝对新的和不可重复的,且总是具有价值(真、善、美等)的东西。但这新的东西总是从某种给定的东西(语言、所观照的现实、经历的感受、说话主体本人、他实有的世界观等等)中创造出来的。一切给定的东西,全在创新的东西中得到变形。试分析一个最简单的日常对话("几点了?"——"七点。")较为复杂的提问情境。必须看一下表。回答可能对也可能不对,可能含有意义,等等。根据什么时间提问,同一问题还可在宇宙空间中提出,如此等等。

词语和形式作为实有的或可能的表述,世界观、观点等的缩影和代表。语言中潜在的种种可能性和前景,它们实际上是无限的。

对话的边界纵横交错在人们现实的思维空间里。人文思维的独白主义。语言学家接受一切,都习惯于在一个统一的封闭的语境中

(在语言体系中,或在语言学所理解的文本中;却不考虑这种文本与其他的、应答的文本之间的对话关系),而他作为语言学家,这样做当然也是正确的。我们对于作品、理论、表述的思考,我们关于人的全部思维,都具有对话的性质。

为什么可以接受非直接引语,却不肯把它理解为双声语?

在创新的东西中找出给定的成分(如语言、世界观中普遍已有的成分、已获得反映的现实现象等等)来研究,远比研究创新的成分本身要容易。常常是整个的科学分析,只是揭示一切给定的东西,先于作品存在的现成的东西(是艺术家事先找到的,而不是他创造的)。一切给定的东西仿佛在创新的东西中再造出来,在其中获得变形。一切全归结于先已给定的现成的东西。研究对象是现成的,表现这一对象的语言手段是现成的,艺术家本人是现成的,艺术家的世界观也是现成的。于是借助现成的手段,依据现成的世界观,现成的诗人反映现成的对象。而实际上,对象是在创作过程中创造出来的,就连诗人自己、他的世界观、表现手段也都是创造出来的。

打在引号里的话语(即令人感到并用作他人话语)和不加引号的同一个话语(或另一个话语)。言语之间在他性的程度上(或被掌握的程度上)存在着无数的级差,同说话者保持着不同的距离。与作者的话语层面比较,各种话语处于各种不同层面上,并保持着不同的距离。

不仅存在着非直接引语,而且存在着不同形式的隐蔽的、半隐蔽的、分散的他人言语等等①,所有这一切还没有利用起来。

当在语言中、行业言语中和风格(语体)中开始听到各种声音的时候,它们就已不再是潜在的表达手段,而成为实际的、现实的表现了;声音进入其中并掌握了它们。它们的任务就是在言语(创造性的)交际中起到唯一的不可重复的作用。

语言和语体(风格)的相互阐发。对物的态度和对含义的态度,而

---

① 指俄语句法中转述他人言语的各种不同形式。——译者

含义是体现在语词中或其他某种符号材料中的。对物（取其纯粹的物性）的态度不可能是对话的态度（即不可能成为交谈、论争、赞同等等）。对含义的态度总是对话的态度。理解本身就是对话性的。

含义的物化，以便能把它纳入因果系列中。

狭义的理解把对话性①视为争论、辩证、讽刺性模拟。这是对话性的外在的最醒目也是最简陋的形式。信任他人的话语，诚心地接受（权威性话语），用来学习请教，探索和发掘深层含义，赞同，赞同中的许多不同程度和色彩变化（但不是逻辑上的限制，不是纯粹对象的但书），在含义上复加一层含义，在声音上复加一个声音，通过融合（而不是等同）达到加强，多个声音的组合（声音走廊），补充性的理解，超出所理解物的范围，如此等等。上述这些特殊的态度，既不可归于纯逻辑关系，也不可归于纯事物间的关系。这里相交的，是完整的立场，完整的个人（个人不需集约化揭示，他可以表现为统一的声音，可以展示在统一的话语中），也就是不同的声音。

话语（以至于任何符号）都是处于人与人之间的。凡是说出来的，表现出来的东西，都处在说话者的"心灵"之外，不属于他一人。不能把话语全归于一个说话者。作者（说话者）对话语有其不容剥夺的权利，但听众也有自己的权利；有些人的声音出现在作者事先发现的话语中（要知道不存在不属于任何人的话语），他们也有自己的话语权。话语——这是有三个人物参加的戏剧（这不是二重唱，而是三重唱）。这个戏是在作者身外演出的，不允许把它归到作者内心里的。

如果我们对话语不期待什么，如果我们预先知道话语所能说出的一切，那么它就要脱离对话而物化了。

自我客体化（在抒情诗中，在自白中等）便是自我异化，在某种程度上也是一种克服。我把自己客体化（即超越自己）时，便获得了同自身真正对话的可能。

只有表述才同现实、同活生生的说话人（主体）有直接的关系。语

---

① 原文为 диалогизм，亦可译为"对话主义"。——译者

言则只有表达这种关系的潜在可能性(模式)(如代词、时间形式和情态形式,词汇手段,等等)。但决定表述的,不仅是表述与事物的关系,不仅是表述与说话主体即作者的关系,不仅是表述与作为潜能、体系、实体的语言之间的关系;对我们来说更为重要的是,还有表述与交际领域内其他表述的直接联系。脱离这一联系,表述实际上(只作为文本)是不能存在的。只有表述才可能是正确的(或不正确的),才可能是真理性的,才可能是真的(或假的)、美的、公正的等等。

对语言的理解和对表述的理解(后者包括应答,因之也包括评价)。

我们关注的,不是对他人表述(和理解)态度的心理方面,而是这个心理方面在表述本身结构中的反映。

语言学为语言及其要素所作的(纯语言学的)定义,在多大程度上可以用来进行艺术的修辞的分析呢?它们只能作为描写的基础性术语。而最主要的东西用它们是无法描写的,是它们容纳不下的。因为这里有的,不是语言体系的成分(单位)变成了文本的成分,这里有的是表述的成分。

作为含义整体的表述。

与他人表述的关系不能脱离与对象的关系(因为争论的是这个对象,同意的是它,交锋也因为它)以及与说话者本人的关系。这是活生生的三位一体的关系。但第三个因素至今仍常常不被人注意。即使在受到人们注意的地方(在分析文学作品过程、政论作品、辩论、学术观点的争论时),与他人表述关系(即与含义整体的关系)的特殊本质,依然未能揭示出来,未得到研究(对这种关系的理解是抽象的,是从对象逻辑出发的,或是从心理学出发的,甚至是从机械的因果关系出发的)。不同的含义整体、不同的含义立场,亦即不同表述,它们相互关系的特殊的对话本质,也未得到理解。

实验者构成实验系统的一个组成部分(在微观物理学中)。可以说,理解者也构成所理解表述、文本的一个组成部分(更准确地说,这里是多个表述,是它们的对话;理解者进入对话之中,成为一个新的参与者)。人文科学中两个意识的对话式交锋。用对话语境包容他人的表述。因为,即使当我们对他人表述作因果关系的解释时,我们因而也就在反驳它。将他人表述物化,是一种特殊的驳难方法(错误的方法)。如果把表述理解为是机械的反应,而对话是一连串的反应(如描写语言学或行为主义者),那么,不论是正确的还是谬误的表述,无论是天才的作品还是平庸的作品,都同样地应该这样来理解(它们的不同只在于机械理解的效果、益处有所差异)。这种观点,如同纯语言学观点一样(尽管它们有所不同),只具有相对的合理性,却未触及表述的本质,即表述作为含义整体、含义观点、含义立场等的本质。任何表述都希望自己是公正的,是真的、美的和真实的(形象的表述)。而表述的这些价值不是由它们与语言(作为纯语言学意义上的体系)的关系决定的,而是由它们与现实、与说话者主体、与其他(他人)表述(包括认为它们具有真和美等价值的那些表述)之间各种形式的关系决定的。

语言学同文本而不是同作品打交道。它论及作品所说的一切,是通过走私运进来的,不是从纯语言学分析中获得的。当然,这种语言学本身常常从一开始就带有混合性质,充斥着非语言学的因素。如果把问题多少加以简化,可以说,纯粹语言学的关系(即语言学的对象)——这是在语言体系或文本范围内符号对符号的关系(亦即符号之间的体系关系或线性关系)。表述与实际的现实的关系,与实际的说话主体的关系,与实际的其他表述的关系,第一次使表述成了正确的或谬误的,或美的,等等;上述这些关系永远也不会成为语言学的研究对象。个别的符号、语言体系或文本(作为符号的统一体),永远也不能成为正确的或谬误的,或美的,等等。

每一个巨大而具创造性的话语整体,都是十分复杂而多面的关系体系。如果对语言采取一种创造性态度,就不可能有无声音的、不属于任何人的话语。在每一话语中,都存在着不同的声音,有时是相隔十分遥远的声音,佚名的声音,几乎是无人称的声音[如词汇色彩中的、语体(风格)中的各种声音],勉强不可捉摸的声音;但也有十分接近的、同时发出的声音。

从任何立场、任何视点所做的任何一个实际的、有见地的、没有偏颇的观察,总是有着自己的价值和意义。观点(观照者的立场)的片面和局限,总是可以借助于其他视点上的同样观察而得到校正、补充和改进(改变)。空洞的视点(没有实际的新鲜的观照)是毫无效果的。

普希金关于词汇和出书的名言[1]。

谈谈对话关系。这种关系具有深刻的特殊性,不可把它归于逻辑关系、语言学关系、心理学关系、机械的关系或任何别的自然界的关系。这是一种特殊类型的含义关系,构成这一关系的成分只能是完整的表述(或者被视作整体,或者是潜在的整体),而在完整表述背后有着实际的或潜在的言语主体,即这些表述的作者(他们并且在表述中表现出自己)。实际的对话(日常交谈、学术辩论、政治争论等等)。这种对话中对语之间的关系,是对话关系最外显醒目而又简单的一类。但对话关系无疑绝不等同于实际对话的对语之间的关系,它要更为广泛、更为多样、更为复杂。两个表述在时间和空间上可能相距很远,互不知道,但只要从含义上加以对比,便会显露出对话关系,条件是它们之间只需存在着某种含义上的相通之处(哪怕主题、视点等部分地相通)。对某个学术问题研究历史的任何综述(独立成篇或收入某一问题的专著中),都要进行对话性的对比,对比不同表述(即表述、见解、观点),也对比那些相互间并不知道也不可能知道的学者。问题的共性在这里产生着对话关系。在文学作品中有"死者的对话"(卢奇安的作品,17世纪);这里从文学的特点出发,虚构出阴间相会的情节。相反的例子,是喜剧中广泛采用的两个聋子对话的情境;这里有实际的对话交往,但对语之间没有任何含义上的交流(或者只是一种

---

[1] 出自普希金的文章《论人的责任·评西利维茨·别里科一文》(1836):"……理性在想象概念方面永不枯竭,就像语言在组合词语方面永不枯竭一样。所有的词都储存在辞典中;但一本接一本出现的书籍,并非是辞典的重复。"(A.C.普希金:《普希金全集》(10卷),第7卷,莫斯科—列宁格勒,1964年,第472页)——原编者

想象中的交流)。零度的对话关系。这里显露出对话中第三者的观点(他不参与到对话中,但理解这一对话)。对完整表述的理解,总是对话性质的。

从另一方面说,又不能简单地片面地理解对话关系,把它归结为矛盾、斗争、论争、反对。赞同是对话关系中最重要的形式之一。赞同具有丰富的变体和细微差异。在一切方面都相同的两个表述("多好的天气!"——"多好的天气!"),如果确实是属于不同声音的两个表述,而不是一个话语,那么,就是用赞同的对话关系联系在一起的。这是两人相互关系中的一个确定的对话事件,而不是回声,因为这里也可能是不赞同("不,天气不怎么好")。

由此可见,对话关系比起狭义的对话言语来要广泛得多。即使在深刻独白性的言语作品之间,也总是存在着对话关系。

在言语单位之间,不管我们如何理解这些单位,也不管从语言结构的哪个层次上来观察它们,都不可能有对话关系(如音位、词素、词位、句子等等)。表述(作为言语整体)不可算做是语言结构最后一个、最高一个层次(在句法之上的)的单位;因为表述进入的是完全另一种关系(对话关系)的世界,与其他层次的语言学关系是不可比的。(在一定的层面上,完整表述只可能与词语相对照。)完整的表述——这已不是语言单位(也不是"语流"或"言语链"的单位),而是言语交际的单位,它具有的不是意义(значение),而是含义(смысл)(亦即与真、美等价值相关联的整体含义,并要求包括评价在内的应答性理解)。对言语整体的应答理解,总带有对话的性质。

对完整表述及它们相互间对话关系的理解,不可避免地具有对话性质(其中包括人文学者的理解);理解者(包括研究者在内)自己成了对话的参与者,虽然是在一个特殊的层面上(视理解或研究所取的方向而定)。与实验者进入实验系统(作为这一系统的一部分),或微观物理学(量子理论)中观察者进入所观照世界相类比。观照者在所观照世界之外没有自己的立场,他的观察作为组成部分进入被观照的对象。这完全相当于完整表述以及其间的关系。完整表述及其相互关系不可能从旁观的角度上理解。理解本身作为一个对话因素，进入到对话体系中，并且要给对话体系的总体含义带来某些变化。理解者不可避免地要成为对话中的第三者（当然不是指字面上的算术含义，因为在理解性对话中除了第三者以外可能有为数无限的参与者），而这个第三者的对话立场是一种完全特殊的立场。任何表述总有受话人（其性质不同，其关系的密切程度、具体程度、自觉程度等大有不同），表述作品的作者要寻找并预见到这一受话人的应答性理解。这个受话人是第二者（同样不指算术的含义）。但除了这个受话人（第二者）之外，表述作者在不同程度上自觉地预知存在着最高的"超受话人"（第三者）；这第三者的绝对公正的应答性理解，预料应在玄想莫测的远方，或者在遥远的历史时间中。（留有后路的受话人。）在不同时代和不同世界观条件下，这个超受话人及其绝对正确的应答性理解，会采取不同的具体的意识形态来加以表现（如上帝、绝对真理、人类良心的公正审判、人民、历史的裁判、科学等等）。

  作者任何时候都不会把自己和自己全部言语作品，交由现有的或近期的受话人作出全面的和最终的裁决（要知道，近期的后人也可能犯错误），而总是设想（自觉的程度有大有小）有某种最高层次的应答性理解，这种理解在不同方面都保持着很大的距离。在每一场对话发生的背景上，都好像有个隐约存在着的第三者，高踞于所有对话参与者（伙伴）之上而做着应答性的理解。（参看托马斯·曼把法西斯的刑讯室或地狱，理解为绝对无法听见的地方，就像绝对不存在第三者一样①。）

---

① 托马斯·曼：《浮士德博士》，第25章，《托马斯·曼文集》（10卷），第5卷，莫斯科，1960年，第319—320页。魔鬼在与阿特里恩·列韦尔屈恩交谈时，地狱被描写成一个"深不可测的、密不透音的、上帝听不见的隐蔽的地窖"。托马斯·曼在自己的文章《浮士德博士·写作经历》中，对这段描写作了评述。他说："如果在心灵中没有感受到盖世太保刑讯室中的全部恐惧的话"，那它"是不可思议的"。（同上，第9卷，第274页）——原编者

这里指出的第三者,全然不是什么神秘的或玄妙的东西(虽然在一定的世界观条件下可能获得类似的表现)。这是完整表述的一个建构要素。如果进行较为深入的分析,可以在表述中发现这一因素。这是从话语的本质中引出的结论,话语总想让别人听到,总在寻找应答性理解,而不满足于近期的理解上,因此延伸得越来越远(无限地)。

对于话语来说(因此也是对于人来说),最可怕的莫过于没有人应答了。甚至明显的谎话也不常是绝对的谎话,而总是设想有个高层次能理解它,为它辩护,至少可以采用这一说法:"任何人处在我的位置上也会这样扯谎的。"

卡尔·马克思说过,只有在语言中表述出来的思想,在别人看来才是现实的思想,因此在我本人看来也才是如此[①]。但这一别人不仅是最接近的他人(第二者、受话人),为了寻求应答性的理解,话语要走得更远更远。

"使人听到"——这本身已是对话关系了。话语希望被人聆听、让人理解、得到应答,然后再对应答作出回应,如此往返,ad infinitum[②]。于是话语进入没有含义终点的对话(但对每一个参与者来说,对话实际上可能会中断)。这当然丝毫也不影响话语纯粹指物的意向、研究对象的意向,不影响话语把自己的注意力集中在对象身上。两种因素是同一事物的两个方面,它们不可分割地联系在一起。它们之间的脱节只发生在明显的谎话中,即在企图欺骗人的话语中(指物的意向与求人听到、求人理解的意向两者之间的脱节)。

有一种话语害怕第三者,而只寻求近期受话人的暂时的认可(即有限深度的应答性理解)。

理解的深度是人文认识的最高标准之一。话语只要不是明显的谎言,便是深邃无底的。向深度(而不是高度和广度)的开拓。话语的微观世界。

---

① 《马克思恩格斯全集》(俄文版),第3卷,第29页。——原编者
② 拉丁语:以至无穷。——译者

表述(言语作品)作为个人的不可复现的、历史上唯一的整体。

毋庸置疑,这并不排除对言语作品作布局和修辞的类型学研究。存在着言语体裁(日常的、演说的、科学的、文学的等体裁)。言语体裁——这是构建言语整体的类型模式。但这些类型模式原则上有别于语言学中的句子模式。

为语言学所研究的语言单位,原则上可在无限多的表述中再现无数次(其中也包括句子模式的再现)。诚然,不同的单位再现的频率是不同的(音位最高,而句子最低)。只是由于这种再现性,它们才能成为语言的单位并完成自己的功能。不管怎样界定这些复现单位之间的关系(如对举、对立、相反、分布等),这些关系永远也不会是对话的关系;否则这将会破坏它们的语言学(语言)的功能。

言语交际的单位(即完整的表述),是不可复现的(虽则可以援引它们),相互间以对话关系联系在一起。

修改论陀思妥耶夫斯基一书中的情节一章。一种特殊类型的惊险性。梅尼普讽刺问题。艺术空间的概念。陀思妥耶夫斯基作品中的广场。狂欢灯火的星光。陀思妥耶夫斯基作品中的荒唐行为、插科打诨、不般配的婚姻、歇斯底里等等。这些东西的根源是狂欢广场。分析娜斯塔西娅·菲利波夫娜命名日的晚会。演示表白爱情(试看《豆粒》)。乞丐成为百万富翁,妓女成为公爵夫人,等等。陀思妥耶夫斯基作品中冲突的世界性,甚至可说世界教会性。"终极问题的冲突"。同世上一切事物相联系的无限性。伊万对俄罗斯青年的评语。他作为主要人物来描写的只是这样一些人;他同这些人的争论尚未结束(这种争论在世界上也还没有结束)。开放型主人公问题。作者立场的问题。对话中的第三者问题,这一问题在当代小说家作品中的不同解决(莫里亚克、格兰姆·格林等人)。

托马斯·曼的《浮士德博士》是对我的观点的间接证明。陀思妥耶夫斯基的影响。同小鬼的交谈。叙事的讲述者和主要人物。复杂的作者立场(参看托马斯·曼的书信)。音乐作品的复述(话语的改写):《涅托奇卡·涅兹瓦诺娃》,尤其是特里沙托夫歌剧①的复述(这里关于魔鬼声音的部分,文字完全吻合);最后是伊万·卡拉马佐夫长诗的复述。主人公兼作者。主要的还是复调问题。

人物形象有一种全新的结构,那就是血肉丰满、意义充实的他人意识;这个意识没有纳入最终完成作品的现实生活框架之中,也不会被任何东西(甚至死亡)所最终完成,因为他人意识的蕴涵不可能以现实生活来解决或取消(杀死并不意味着驳倒)。这一他人意识没有嵌入作者意识的框架中,它是从自身内部向外展开的;他人意识处在作者意识之外而与之平起平坐,作者同它处于一种对话关系之中。作者像普罗米修斯一样,创造着(确切说是"再造")独立于自身之外的有生命的东西,他与这些再造的东西处于平等的地位。作者无力完成它们,因为他揭示了是什么使个人区别于一切非个人的东西。对于这一个人,存在是无能为力的。这就是陀思妥耶夫斯基这位艺术家的第一个发现。

第二个发现是如何描绘(确切说是"再现")自我发展的思想(与个人不可分割的思想)。思想成为艺术描绘的对象,思想不是从体系方面(哲学体系、科学体系),而是从人间事件方面揭示出来。

艺术家的第三个发现是:在地位平等、价值相当的不同意识之间,对话性是它们相互作用的一种特殊形式。

所有这三项发现本质上是统一的:这是同一现象的三个侧面。

这些发现兼有形式和内容的性质。在陀思妥耶夫斯基作品中,这些发现在形式方面的蕴涵,比具体易变的思想内容要更深刻、更凝练、更具普遍性。各个平等意识的内容会变化,思想要变换,对话的内容要更改,而陀思妥耶夫斯基所发现的艺术地认识人类世界的新形式却依然不变。假如在屠格涅夫小说里排除了巴扎罗夫和基尔沙诺夫争论的内容,就不会有任何新的结构保存下来(他们的对话采取的是旧

---

① 参看《少年》,第3部,第3章。——原编者

有的单一层次的形式)。与语言形式和逻辑形式相比,这里讲的是艺术形式。索绪尔论棋子的形象①。陀思妥耶夫斯基打破了描绘世界的旧的单一艺术层面。描绘第一次具有了多维的性质。

我的书出版之后(但不是由于它的出版),复调、对话、未完成性等思想已广为传播。这原因在于陀思妥耶夫斯基与日俱增的影响,但首先当然还是因为现实本身发生了变化,而陀思妥耶夫斯基在别人之前率先揭示出这些变化(在这一含义上可以说他有先见之明)。

克服独白性。最高意义上的独白性是什么东西。否认不同意识在真理(指对真理的抽象理解、理论体系上的理解)问题上的平等权利。老师和学生(苏格拉底的对话)。

我们的观点绝非肯定作者的某种消极性,即作者只是剪辑他人的观点、他人的道理,却完全放弃自己的观点、自己的道理。问题完全不是这样,问题的实质在于自己的道理和他人的道理之间出现一种崭新的特殊的相互关系。作者具有积极的主动性,但这个主动性带有特殊的对话性质。针对死物、不会说话的材料,是一种主动性,这种材料可以随心所欲地塑制和编织。而针对活生生的、有充分权利的他人意识,则是另一种主动性。这是提问、激发、应答、赞同、反对等等的主动性,即对话的主动性。这里的主动程度,并不逊于完成的、物化的、解释因果的、用非情理性的理由来取消、压倒他人声音的主动性。陀思妥耶夫斯基常常打断他人声音,但从不去扼杀它,从不以自己的意志,即从自己这个他人意识出发来结束他人的声音。不妨说这是上帝对待人的那种主动性,人仍然能够自己彻底展现自己(在内在的发展中),自己谴责自己,自己否定自己。这是一种更高水平上的主动性。它所克服的,不是死材料的抵抗,而是他人意识、他人道理的对抗。在其他作家那里,我们也看到针对那些进行内心抗争的主人公表现出的

---

① 索绪尔举了一个象棋棋子的例子,来说明自己对语言体系以及语言单位的自身意义的理解。后者类似于象棋棋子的意义。参看索绪尔的《语言学著作集》,第120—122页。——原编者

对话的主动性(如屠格涅夫针对巴扎罗夫①)。不过这里的对话性只是戏剧性表演,对整个作品来说,是无足轻重的。

弗里德林捷尔在论《白痴》②的那篇出色的文章中讲到作者的主动性和干预时,多数情况下谈的正是这样的对话主动性。这些恰好证实了我的论点。

真正的对话关系只有针对这样的主人公才有可能出现:他须是自己道理的载体,他须持有具有价值的(表现思想观点的)立场。如果一种感受或行为不求具有价值(赞同或反对),而仅求具有真实性(评价),那么,只能有最微弱的对话关系。

但是,有价值的含义能否成为艺术描绘的对象呢?如果对艺术描绘作更深一层的理解,那么思想是可以成为它的对象的。这是陀思妥耶夫斯基的第二个发现。

任何长篇小说都要描绘"自我发展的生活",都要"再现"这一生活。生活的这种自我发展,不依赖作者,不依赖作者的自觉意志和倾向。但这是存在、现实(事件、性格、行为)的独立性。这是不依赖于作者的存在本身所具有的逻辑,而不是含义的逻辑、意识的逻辑。含义和意识最终属于作者,也只能属于作者。而且这个含义是针对存在的,不是针对另一个含义(即他人的平等的意识)。

任何创作者都是再现事物本身的逻辑,但不创造也不破坏这一逻辑。甚至孩子做游戏时也在再现他游戏那一东西的逻辑。陀思妥耶夫斯基是揭示出新的事物以及这一事物新的逻辑。他发现了个人和个人自我发展的逻辑,这一个人在世界观根本问题上持有一定的立场并采取一定的解决措施。在这种情况下,一些中间环节,其中包括眼

---

① 试比较巴赫金在俄国文学史讲座中对巴扎罗夫的论述:"作者如果在主人公身上看到了力量并想把他英雄化,那么他对这种主人公是无力驾驭的。面对巴扎罗夫,所有人都甘拜下风,屠格涅夫本人也甘拜下风;他迎合他,想讨好他,但与此同时,却又憎恨他。"——原编者
② Г.М.弗里德林捷尔的长篇小说《白痴》,载《Ф.М.陀思妥耶夫斯基的创作》,莫斯科,1959年,第173—214页。——原编者

前日常生活的环节,并非放过不提,而是要在上述根本问题的背景上加以思考,视为最终解决的不同阶段或象征。所有这一切过去都发生在独白的层面上,发生在一个意识的层面上,这里则发现了多个意识的存在。

无私艺术家的最高典范,不向世界索取任何东西。如此始终一贯的反享乐主义,是无处可寻的。

陀思妥耶夫斯基"只是投射出了自己心灵的景观"(莱滕鲍埃尔语)①。

作家之我在文学作品中的表现。陀思妥耶夫斯基创作的独白化。不是分析表现为统一而且唯一之我的一个意识,而恰是分析诸多意识间的相互作用;不是分析在一个意识的视角下的多个人,而是分析诸多平等的有价值的意识。单个意识不能自足、不能存在。我要想意识到自己并成为我自己,必须把自己揭示给他人,必须通过他人并借助于他人。构成自我意识的一些最重要的行动,都同他人的意识(同你)相关联。离群、隔绝、自我封闭,是丧失自我的基本原因。关键不是在内心发生了什么事,而是在自我意识与他人意识的交界处,在门槛上发生了什么事。一切内在的东西,都不能自足,它要转向外部,它要对话;每一内在的感受都处在边界上,都与他人相遇;这种紧张的交会,便是感受的全部实质。这是最高程度的社会性(不是外在的、实物的社会性,而是内在的社会性)。在这一点上,陀思妥耶夫斯基截然不同于一切颓废主义的和唯心主义的(个人主义的)文化,不同于原则上无出路的孤独文化。他认定孤独是不可能的,孤独是虚幻的。人的存在本身(外部的和内部的存在)就是最深刻的交际。存在就意味着交际。绝对的死(不存在)意味着再听不到声音,得不到承认,被完全遗忘(希波吕托斯②)。存在意味着为他人而存在,再通过他人为自己而存

---

① 参看莱滕鲍埃尔的《俄国文学史》,法兰克福/美因—维也纳,1955年,第250页。——原编者
② 系古希腊神话中雅典国王忒修斯之子。继母淮德拉狂热地追求他,遭到拒绝,便在国王面前诬告他,结果使他被害。——译者

在。人并没有自己内部的主权领土,他整个地永远地处在边界上①;在他注视自身内部时,他是在看着他人的眼睛,或者说他是在用他人的眼睛来观察。

所有这一切并不是陀思妥耶夫斯基的哲学观点,而是他施于人类意识活动的艺术观照,是体现在充满内容的形式中的观照。自白不是他创作所用的形式或最后的整体成品(不是他针对自身的目的,不是他对自身所取的形式,不是自我观照的形式);自白是他的艺术观照和艺术描绘的对象。他描绘自白和他人的自白意识,以便揭示自白内在的社会结构,以便表明自白恰恰是不同意识相互作用的事件,以便展示自白中表现出来的不同意识的相互依赖性。我离不开他人,离开他人我不能成其为我;我应先在自己身上找到他人,再在他人身上发现自己(即在相互的反映中,在相互的接受中)。证明不可能是自我证明,承认不可能是自我承认。我的名字是我从别人那里获得的,它是为他人才存在的(自我命名是冒名欺世)。对自己施爱心也是不可能的。

资本主义为一种特殊的绝对孤单的意识创造了条件。陀思妥耶夫斯基揭开了这个在怪圈中打转的意识的全部虚伪性。

由此便有人来描绘人在阶级社会中的痛苦、屈辱和低贱。人在这里不为人所承认,也失去了名字。他被赶入不得已的孤独之境,而一些倔强之人力求把这孤独化为孤傲(即不需承认,不要他人)。

一个复杂的问题——屈辱和受屈辱的人。

人的事件无论是什么样的,都不能在一个意识的范围内展开和解决。因此,陀思妥耶夫斯基与下述的世界观格格不入,它们认为最终目的在于把多个意识融合、消解在一个意识里,在于取消个性化。对

---

① 参看1924年的《话语创作美学方法论问题》一文。对个人和文化作结构上统一的理解,对哲学人类学问题和文化史问题采取统一视角,是巴赫金思想的一个本质特征。——原编者

一个意识来说，任何圆寂都是不可能的。一个意识是 contradictio in adjecto①。意识本质上是多数的。Pluralia tantum②。陀思妥耶夫斯基也不接受这样的世界观：它认为高等意识有权替低等意识做出决定，把后者变成了没有声音的物体。

我把曾是具体生动的艺术观照对象的东西，把那种成为形式原则的东西，翻译成了抽象世界观的语言。这样的翻译向来是不能尽意的。

这里说的不是一个他人，依然作为我意识对象的一个他人；而是具有充分权利的一个他人意识，它与我的意识平起平坐，我本人的意识因为与它相关联才能存在。

陀思妥耶夫斯基把精神，亦即个人的最终的含义立场，变成了审美观照的对象；他善于看到人的精神，犹如在他之前的人们只能看到人的躯体和心灵。他把审美观照推向深入，推到新的深度；但不是推向无意识的深处，而是推向意识的深层和高处。意识的深层同时又是它的高处③（高和低在宇宙中和微观世界中都是相对的）。意识要比任何的无意识都要可怕得多。

存在着一种观点，说陀思妥耶夫斯基的全部创作是一个整体的自白。实际上诸多自白（而不是一个自白）在这里并不是某一整体的形式，而是描绘的对象。自白是从内部和外部两方面来展现的（展现它本身的不可完成性）。

地下室人面镜而立。

在陀思妥耶夫斯基的"他人"自白之后，旧式的自白体裁实际上已不能存在了。自白的那种天真坦诚的因素，它的修辞因素，以及约定俗成的体裁因素（连同它的全部传统手法和修辞形式），同样也不会再

---

① 拉丁语：有矛盾的形容法。指以"一个"来形容"意识"是有矛盾的。——译者
② 拉丁语：只用复数。——原编者
③ 试比较：陀思妥耶夫斯基曾论及自己的"最高意义上的现实主义"，就是描绘"人的内心深处的隐秘"。见《Ф.М.陀思妥耶夫斯基的生平、书信和笔记》，圣彼得堡，1883年，第373页。巴赫金在论证陀思妥耶夫斯基的创作时所表述的思想，正是以此为依据的。——原编者

存在了。自白中不可能再有直接施于自身的态度(从自我欣赏到自我否定)。这时揭示出了他人的作用,构建任何有关自身的话语都必须依赖他人的视角。在自照镜子的这一简单现象中也揭示出了复杂性:用自己和他人眼睛同时观察,他人和自己目光的相遇和相互作用,(自己的和他人的)不同视野的交错,两个意识的交错。

统一体不是指天然生成的一个唯一的单体,而是指互不融合的两个或数个单体之间的对话性协调。

"投射出了自己心灵的景观"。但"投射"是什么意思?"自己的"又是什么意思?不能对投射作机械的理解,说它是改变姓名,改变外部生活环境,改变生活(或事件)的结局,等等;也不能理解为某种人所共有的内容,并非属于我和他人,即视为一种客观的、中性的内在现实。感受在这里只局限于一个客观而确定的人物范围内,却不是在我和他人的交叉点上,亦即不处于不同意识的相互作用点上。同样也不能把"自己的"理解为相对的和偶然的属有形式,似乎能轻而易举地改变他人和第三者的属性(如改变所有者或改变地址那样)。

陀思妥耶夫斯基作品中和托尔斯泰作品中的死亡描写。总的来说,陀思妥耶夫斯基作品里死人场景就比托尔斯泰少得多,而且大多是凶杀和自杀。托尔斯泰写的死亡却非常多。可以说他对写死情有独钟,而且(这一点很典型),他描绘死亡不仅是从外部着眼,还要从内部入手,即从死者自己的意识出发,几乎把死视为这一意识的事实。他所感兴趣的,是自己之死,即濒死之人感受之死,而不是为他人眼中、生者眼中之死。对于他人如何看自己之死,他实际上是漠不关心的①。"我需要自己一个人活,自己一个人死。"为了从内部入手写死,托尔斯泰不惜严重破坏叙述者角度的生活真实性(仿佛死者本人向他讲述了自身死亡的情形,就像阿伽门农死后对俄底修斯讲的那样)。从意识者本人的感觉来说,他的意识是如何熄灭的呢?要了解这一

---

① 关于为自己之死和为他人之死,请参看《审美活动中的作者与主人公》一文("主人公的时间整体"一章)。——原编者

点,只能把意识在一定程度上加以物化。意识在这里成了某种客观的(客体的)东西,它对我与他人之间不可逾越的(绝对的)界线,几乎是采取中立的态度而不予理会。他从一个意识转入另一个意识,就像从这个房间进入另一个房间一样,他不知道有绝对的门槛。

陀思妥耶夫斯基从来也不从内部描写死亡。临终前的痛苦和死亡,总是由他人来观察。死亡不可能成为意识自身中的事实。当然,问题不在于叙述者角度的真实与否(陀思妥耶夫斯基在需要的时候全然不怕采用虚幻的叙述角度)。意识就其本性来说,不可能有自觉的(即使意识形成的)开头和结尾(作为意识最后一个成分的结尾,而这一成分则是由意识的其余因素那一材料形成的)。能有开头和结尾的,能有生有死的,是人,是生命,是命运,而不是意识;意识自身的本质只是从内部展示,亦即只展现给意识本身;从这一本质上说,意识是没有终结的。开头和结尾只是对他人来说,而不是对意识者本人来说,才处在客观的(以及客体的)世界里。问题不在于无法从内部窥视到死亡,看不到死亡,就像不借助镜子无法看到自己的后脑勺儿一样。后脑勺儿是客观存在的,别人能看见它。然而,能从内部看到死亡,即被意识到的自身之死,却无论对谁来说——对垂死之人也好,他人也好——都是根本不存在的。正是这个由本人感受的意识,不知有也不能有最后结论的意识,在陀思妥耶夫斯基的世界中成了描绘的对象。这就是为什么从内部着眼的死亡不能进入这个世界,它与这个世界的内在逻辑是格格不入的。死亡在这里向来都是他人意识中的客观事实;这里是他人享有的特权。在托尔斯泰的世界中,描绘的是另一种意识,它具有某种最低程度的物化特点(客体性),所以从内部入手之死(由垂死的本人来体验)与外部着眼之死(由他人来观察)之间不存在不可逾越的鸿沟,它们是彼此接近的。

在陀思妥耶夫斯基的世界里,死亡不起任何完成的作用,因为它不触及这一世界里最重要的东西——本人感受的意识。而在托尔斯泰的世界里,死亡具有一定的完成和解题的力量。

陀思妥耶夫斯基对所有这一切给予了唯心主义的解释，得出了本体论和形而上学的结论（如灵魂永生等等）。但是揭示意识的内在特殊性并不与唯物主义相矛盾。意识是第二性的，它产生在物质肌体发展的一定阶段上，它的产生是客观的，它又与物质肌体一起（有时先于肌体）死亡（也是客观的）。但意识具有特殊性，具有主观的一面；从本人的感觉来说，用意识本身的术语来表述，意识不可能有开头，也不可能有结尾。这个主观方面又是客观的（但不是客体的，不是实物的）。没有被意识到的死亡（自己感受之死），这如同没有自觉的出生一样，也是客观的事实。意识的特殊性就在这里。

指向性话语问题。车尔尼雪夫斯基关于创作长篇小说无作者评价和无作者语调的观点[①]。

陀思妥耶夫斯基的影响还远未达到顶峰。他的艺术观照的最本质最深刻之处，他在长篇小说体裁中以至整个文学创作领域中所实现的变革，至今还未被完全地领会和掌握。至今我们只是参与到一些眼下题目的对话，而由他揭示出来的艺术思维的对话性以及艺术世界画面的对话性，内在对话化了的世界新模式，还没有得到彻底的发掘。取代悲剧对话的苏格拉底对话，是长篇小说新体裁发展史中的第一步。但这不过是对话而已，仅仅是对话性的外部表现形式。

充盈内容的形式中一些最为稳定的因素。这些因素是经过了数个世纪的准备、酝酿（也是为了其后数个世纪的发展），只是到了一定的最有利的时机，在最有利的地方（在俄国的陀思妥耶夫斯基时代）才得以诞生。陀思妥耶夫斯基论巴尔扎克创作的人物形象以及这些形象的准备工作[②]。马克思关于古希腊罗马艺术的论述[③]。产生出永恒

[①] 参看巴赫金《陀思妥耶夫斯基诗学问题》的有关章节。——译者
[②] "巴尔扎克真伟大！他写出的性格，是整个宇宙智慧的杰作！不是一个时代的精神，而是数千年来的历史以自身的奋斗精神造就了人类心灵中的这一奇迹。"引自1839年8月9日Ф.М.陀思妥耶夫斯基致М.М.陀思妥耶夫斯基的信，载《Ф.М.陀思妥耶夫斯基通信集》，第1卷，莫斯科—列宁格勒，1928年，第47页。——原编者
[③] 见《马克思、恩格斯论艺术》（两卷本），第1卷，莫斯科，1957年，第134—136页。——原编者

价值的短暂时代。当莎士比亚已成为莎士比亚的时候,陀思妥耶夫斯基还没有成为陀思妥耶夫斯基,他还只是处在这一形成过程中。

本书的第一部分:长篇小说新形式的诞生(新的观照形式的诞生和新人物的诞生,对物化过程的克服)。第二部分是语言和风格问题(话语着装、语言着装的新方式,表现自己形体、自己形象的新方式)。

第一部阐述作者立场的根本改变(指对被描写的人物,他们从物化了的人变成个性化了的人)。人身上内在因素和外在因素的辩证法。对果戈理《外套》中作者立场之批评(变主人公为个性之人的过程,在这里还处于相当幼稚的初创阶段)。作者立场、作者情态、作者话语之危机。

人的物化。这一物化过程的社会、伦理条件与形式。陀思妥耶夫斯基对资本主义的痛恨。对个性之人的艺术发现。对个性之人的唯一能维护他的自由和未完成性的关系,就是对话关系。表现关系和影响的所有外在形式之批判:从强制到权威;作为一种强制形式的艺术上的完成。内在的个性不容讨论(《卡拉马佐夫兄弟》中斯涅吉廖夫与丽莎的讨论,《白痴》中伊鲍里特与阿格拉耶的讨论;试比较:托马斯·曼《魔山》中同绍什和别别科恩之间更加粗鲁的讨论形式;如同间谍的心理学家)。不可能预设出一个个性(及个性的发展),不能让个性屈从于自己的构思。不能偷看和偷听个性,不能强迫它自我揭示。自白和他人的关系问题。不能强迫和预先规定自白(伊鲍里特)。以爱心说服人。

新型长篇小说(复调小说)的创造和整个文学的变化。长篇小说对其他所有体裁的更新性影响,这些体裁的"长篇小说化"。

不同意识(不同个性)相互制约的所有这些结构因素,都译成了社会关系的语言、个人间生活关系(广义上的情节关系)的语言。

苏格拉底的对话和狂欢的广场。

对陀思妥耶夫斯基的诸多主人公如果从物化的、客体的、完成的角度来阐释,会同他们的本质不相符合。

对世界的独白模式的克服。这种努力在苏格拉底的对话中已露端倪。

狂欢化使人脱离平时正常的生活轨道,脱离"自身环境",人失去他在等级中所占的位置(《同貌人》中已表现得十分明显)。《女房东》中的狂欢因素。

陀思妥耶夫斯基与感伤主义。发现个性之人及其意识(不是心理学含义上的意识)——要做到这一点,必须在话语中发现新的因素,在表现人的话语手段中发现新的因素。于是话语的深刻对话性就被揭示出来。

陀思妥耶夫斯基总是把人放在门槛上来描绘,或者换句话说,放在危机状态中来描绘。

在陀思妥耶夫斯基创作中意识的概念得以拓展。意识从本质上说等同于个性之人:这是"我本人"或者"你本人"这词语所蕴含的人身上的一切,是人借以发现自己和感受自己的一切,是人所要负责的一切,是人从生到死之间的一切。

对话关系要求意向所指是共同的对象。

独白原则最大限度地否认在自身之外还存在着他人的平等的以及平等且有回应的意识,还存在着另一个平等的我(或你)。在独白方法中(极端的或纯粹的独白),他人只能完全地作为意识的客体,而不是另一个意识。不能期望他的应答会改变我的意识世界里的一切。独白是完篇之作,对他人的回答置若罔闻,它不期待他人的回答,也不承认有决定性的应答力量。独白可以在没有他人的情况下进行,所以它在某种程度上把整个现实都给物化了。独白觊觎成为最终的话语。它要把被描绘的世界和被描绘的人物盖棺论定。

人物形象具有生平传记(以及自传)的整体性,这一形象包含着人物本身从来不可能经验的东西,须要通过他人的意识和思想获得的东西(出生、外表等等)。镜子。这个整体性形象的分解。有些东西只能从他人那里获得,带有他人的语调;本身找不到相应的语调表示这些东西。

意识的对话本质,人类生活本身的对话本质。用话语来表现真正的人类生活,唯一贴切的形式就是未完成的对话。生活就其本质说是对话的。生活意味着参与对话:提问、聆听、应答、赞同等等。人是整个地以其全部生活参与到这一对话之中,包括眼睛、嘴巴、双手、心灵、精神、整个躯体、行为。他以整个身心投入话语之中,这个话语则进到人类生活的对话网络里,参与到国际的研讨中。

物体形象(物化形象、客体形象),对生活来说和对话语来说,都远远做不到充分的表达。世界的物质模式被对话模式所取代。每一思想和每一生活都汇入未完成的对话之中。话语的物化同样不足取,因为话语的本性也是对话性的。

辩证法是对话的抽象结果。

声音的定义。它包括音高、音域、音色,还有审美范畴(抒情的声音、戏剧的声音等等)。声音还指人的世界观和人的命运。人作为一个完整的声音进入对话。他不仅以自己的思想,而且以自己的命运、自己的全部个性参与对话。

自为之我的自我形象和为他人之我的形象。人实际存在于我和他人两种形式之中("你""他"或者"man"[①])。但我们思考人的问题可以不管他的这些存在形式,就像思考任何别的现象和物体一样。问题在于我自己是人,而人只存在于我和他人的形式中;我所思考的任何其他现象都不是这样。文学创造的是完全特殊的人物形象,这里我和他人以特别的、独一无二的方法结合到一起:我存在他人的形式中,或他人存在我的形式中。这不是人的概念(如物的概念、现象的概念),而是人的形象,而人的形象不可能不闻不问他的存在形式(即我和他人的形式)。所以,只要人的形象依然是形象,就不可能把他完完全全地物化。但当我们对这一形象进行"客观的"社会学(或其他学科)的分析时,我们把它变成了概念,使它脱离了"我——他人"的相

---

① man(德语中一个实词化了的不定人称代词),属于马丁·海德格尔的一个哲学范畴。Man 是能确定人的日常存在的一种无人称的力量。——原编者

互关系,把它给物化了。不过他性的形式,在形象中依然是占着优势的;我在世界上依然还是独一无二的人(试与同貌人问题作一比较)。但人的形象的出现,要走通向他人之我的道路,要走向[字迹不清]。所有这些问题会不可避免地出现在分析陀思妥耶夫斯基的创作之时。陀思妥耶夫斯基异常鲜明地感觉到了以我或他人作为自己的存在形式。

不是理论(一时的内容),而是"对理论的感觉"。

自白作为人从内部自由揭示自我的最高形式(而不是从外部完成人物的形式),自从陀思妥耶夫斯基走上创作道路时起,就展现在他面前。自白是深层之我与他人和众人(人民)的相会,是我和他人在最高层面上或终点上的相会。但我在这一相会中,应该是一个纯粹的、深层的、从自身内部出发的我,不掺杂任何设想的和强制的或幼稚借用的他人观点和评价,即不含有他人眼睛对我自身的观照。不要假面具(指他人眼中的我之外表,不是从内部而是从外部形成我自身的形象;这涉及言语的假面、修辞的假面),不要留有后路,不要虚假的最终话语,亦即不要一切外化的东西和虚假的东西。

不是信念(指对东正教、对进步、对人、对革命等的一定信念),而是对信念的感情,亦即对最高和最后价值的整体态度(整个人的态度)。陀思妥耶夫斯基常常把无神论理解为缺乏这一含义上的信念,如对最终价值的漠不关心,而最终价值要求人的整个投入,如在统一的世界中缺乏最终的立场。陀思妥耶夫斯基对这种最终价值的内容,态度上是摇摆不定的。佐西马论伊万。有一类人不能离开最高价值而生活,可同时又不能最终选定这一价值;另一类人在生活里丝毫不考虑最高价值的态度,如窃贼、道德败坏者、市侩、势利小人、野心家、死人等等。中间类型的人,陀思妥耶夫斯基几乎全然不知。

异常鲜明地感觉出什么是自己的,什么是他人的,是在话语中,风格中,风格的精微变化中,语调中,言语姿态中,形体(表情)中,通过眼睛、面容、手势、整个外貌来表现,通过自己的一举一动来表现。羞怯、自信、蛮横、无耻（斯涅吉廖夫），扭扭捏捏，装腔作势（在他人面前摆动身子、搔首弄姿），如此等等。总之在人们从里向外展现自身（因而也是做给他人看的）的一切手段之中（从躯体到话语），都贯穿着我和他人紧张的相互作用：即两者的斗争（实打实的斗争或相互的欺诈）、均衡、和谐（理想的状态），彼此幼稚的无知，相互有意的轻视、挑战、不买账（来自地下室的人对什么都"不屑一顾"等等）。我们再说一遍，这一斗争贯穿于人们向外（为了他人）表现（揭示）自己的一切手段中，从躯体到话语，最后直到自白的话语。风度就是从里向外表现自己的外表形式，是训练有素的、固定不变的、心领神会的（作了机械的领会的）形式（即控制自己的体态、姿势、声音、话语等）；这里取得了完全但呆板的均衡，这里没有斗争，没有活生生的我和他人，没有我和他人之间生动持久的相互作用。与这种僵死的形式相对立的，是建立在共同的最高思想（价值、目的）基础上的自由协调，最高思想基础上的"雅致"和"和谐"（爱心）（"黄金时代""天国"等）。

  陀思妥耶夫斯基具有明察秋毫的眼力和灵敏的听力，能够在人的每一外露中（每一脸色、手势、话语），在他那个时代的每一生动的交际形式中，辨别出我和他人之间这种十分紧张的斗争。一切的表现（富有表现力的形式）都丢弃了自己天真的完整性，发生了分裂和分化，就像他那个时代的社会历史世界里"中断了时代间的联系"一样。陀思妥耶夫斯基世界里的离心倾向、荒唐行为、歇斯底里等。这不是心理学和精神病理学的问题，因为这里讲的是人的个性，而不是人的物质构成，讲的是人的自由的自我揭示，而不是对物化了的人进行背靠背的客体分析。

  托尔斯泰创作中人的概念和人的形象。"卡依是凡人"与我（伊万·伊里奇）[①]。人的概念与以我的形式出现的活生生的人。

  本篇引言的任务，是揭示陀思妥耶夫斯基艺术观照的特殊性，揭示他所创造的世界的艺术统一性，展现他所创造的长篇小说体裁的类

[①] 参看《伊万·伊里奇之死》，第6章。——原编者

型(变体),展现他对作为艺术创作材料的话语所持的特殊态度。我们也将涉及文学史的问题,但仅限于为正确揭示这一特殊性所必需的范围内。

为自己的自白,是一种客观看待自己的尝试,不管是用我和他人的形式。但脱离了这些形式恰恰就失去了最本质的东西(即自为之我与为他人之我的区别)。在我和他人之间采取中间立场,在活生生的形象身上和伦理思想里是不可能做到的。不可能把他们等量齐观(如同使右面和左面达到几何学上的相等关系)。每个人都是自为之我,但在具体的独一无二的生活事件中,自为之我只有我一个人,而所有其余人都是为我之他人。处于世界中的这个唯一的不可取代的立场,是不能由于概念化的概括(以及抽象)解释而被取消。

不是作为客体而被完成的人们和命运的不同类型,而是世界观的不同类型(如恰达耶夫、赫尔岑、格拉诺夫斯基、巴枯宁、别林斯基、涅恰耶夫派、多尔古申派[①]等的世界观)。而且陀思妥耶夫斯基理解的世界观,不是思想和原则体系的抽象统一体,而是在世界中对最高价值所持的最终立场。这是体现在声音中的世界观。这些具体体现出来的世界观形成对话,他本人就参与其中。在构思形成之初的草稿中,直接使用了这些名字(恰达耶夫、赫尔岑、格拉诺夫斯基等人)。后来随着情节的发展和人物命运的形成,换成了虚构的名字。从构思之初就出现了各种不同的世界观,然后才有了情节和主人公们的命运(主人公们面对"机遇",能最鲜明地揭示出自己的立场)。陀思妥耶夫斯基不是从一个主题思想开始构思的,他是从对话中的几个思想,即几个主人公开始构思的。他寻找的是完整的声音,而命运和事件(情节)只是表现各种声音的手段。

偏爱自杀,把自杀视为自觉意识链条中的一个环节,是一种有意

[①] 恰达耶夫(1794—1856),俄国神学家、哲学家。格拉诺夫斯基(1813—1855),俄国历史学家。涅恰耶夫(1847—1882),俄国革命活动参与者,秘密团体"人民审判"首领。多尔古申(1848—1885),民粹派分子,"多尔古申"小组首领。——译者

的死亡，人在这里从内部最终完成自己。

为人们自己已意识到的完成性因素，也就纳入到他的意识链条之中，成为一时的自我界定因素，从而丧失了自己的完成的作用。"倘若一个笨蛋懂得他是笨蛋的话，那他就不再是笨蛋了。"——这个思想虽表现得故作粗俗而且带有讽刺模拟意味（《被欺凌与被侮辱的》中的阿廖沙①），却表达了事情的本质。

作者的完成性话语（丝毫没有一致指向性的话语），第三者背地里说的话语。从原则上说，主人公本人不可能听见、不可能理解这种话语，不可能把它变成自我意识中的因素，也不能对它作出回应。这样的话语，即使有也只能处在对话整体之外。这样的话语会把个性之人完全物化并且予以贬低。

陀思妥耶夫斯基笔下最终的整体是对话性的整体。所以主要人物都是对话的参与者。他们听得到他人讲他们的一切，而且对此作出回答（对他们从不背地里或关起房门议论）。作者仅是对话的一个参与者（兼对话的组织者）而已。在对话之外背后议论的，将人物化的话语，可说寥寥无几；而且它们只对次要的客体性人物才具有重要的完成的作用（这些人物实际上已被排除在对话之外，成为跑龙套的配角，自己说不出能丰富对话和改变对话含义的话语）。

处于意识之外而从外部（机械地）决定着意识的力量：从环境、强力到奇迹、秘事和权威。意识在这些力量的作用下会丧失自己真正的自由，个性因而遭到破坏。还有潜意识的东西（"它"）也应归于这种力量。

感伤的人道主义要克服对人的物化，但这种物化依然是客体的物化；克服的手段是怜悯、浅层次的爱心（对孩子、对一切弱小者的爱）。人于是不再是物，但也还不成为个性，仍是处在他人疆域中的客体，以纯粹的他人的形式被感知，与我的疆域相离甚远。早期创作中的许多主人公，和后期的一些次要人物（卡捷琳娜·伊凡诺夫娜、孩子以及其

---

① 参看《被欺凌与被侮辱的》，第3部，第2章。——原编者

他人)都是这样描绘的。

讽刺手法中的客体性和对个性的破坏(卡尔马齐诺夫,部分地还有斯捷潘·特罗菲莫维奇和其他人)。

在与主人们一起,"借题发挥"作了一番兴致勃勃的抽象哲理论述之后,便开始客观地研究外在于作品却决定着作品的真正的历史现实,亦即处在审美之前、创作之前的现实。这种研究既有必要又有成效。

形象越是接近自为之我的疆域,那么它身上的客体性和完成性就越少,它就越能成为自由的未完成的个性形象。阿斯科尔多夫的经典性分类,尽管很有深度,却把个性的特点(个性独特的不同程度)说成人的客体特征。其实,性格与个性之间的原则区别(阿斯科尔多夫①对这一区别的理解十分深刻而正确),不决定于质的特征(客体的特征),而决定于形象在"自为之我与他人(含他人的各种变体)"这一坐标系中所处的地位(不管这一形象有怎样的性格特征)。自由和未完成性的疆域。

陀思妥耶夫斯基在一切秘密的、隐蔽的、神秘莫测的东西中(由于它们对个性有着决定性的影响),看到了一种破坏个性的强制力量。对老年问题的相互矛盾的理解。有害的神灵(会为魔鬼所奴役的)。正是这决定了陀思妥耶夫斯基的艺术观照(但并不总是决定着他的思想观念)。

阶级社会条件下人的物化,到资本主义时已达顶峰。这一物化是由外部力量实现的,这一力量从内外两方面作用于个性。这一强制力量以一切可能的形式出现(经济的、政治的、意识形态的强制力量),与这种力量做斗争也只能从外部入手,并以外部力量来进行(正当理由的革命暴力);而目的在于获得个性。

---

① C.阿斯科尔多夫:《陀思妥耶夫斯基的宗教伦理意义》,载《Ф.М.陀思妥耶夫斯基·论文和资料》,第1集,А.С.多利宁主编,彼得堡,1922年。巴赫金对阿斯科尔多夫文章的评析,见《陀思妥耶夫斯基诗学问题》,《巴赫金全集》,第5卷,河北教育出版社,2009年,第11—15页。——编者

悲剧性结局问题。悲剧性结局不是完成。这是各种观点(平等的意识及其世界)的冲突和斗争中的一个高峰。悲剧性结局不会解决这些冲突和斗争,相反却揭示出它们在人世间的条件下是不可能解决的。悲剧性结局不加解决地扫除了这一切冲突和斗争。悲剧性结局与凯旋式胜利和庄严结局是相对的。从本质上说,它失去了净化的因素。

在复调小说中作者及其意识所面临的任务,比起齐唱(独白)小说要远为复杂和深刻。爱因斯坦世界的统一性要比牛顿世界更加复杂和深刻,这是更高层次上的统一性(是另一种质的统一)。

详尽分析一下性格和个性之间的区别。性格在某种程度上也独立于作者之外(如塔吉雅娜的结婚,对普希金来说,就出其不意),但这一独立性(本身的逻辑)带有客体性质。个性的独立性具有另一种性质:个性无视(甚至抗拒)客体性认识,而只能自由地通过对话方式(犹如我相对于你)揭示自己。作者是对话的参与者(实际上与主人公们是平等的),但他还有其他十分复杂的功能(是作品中理想对话与现实中实际对话之间的传动装置)。

陀思妥耶夫斯基揭开了社会生活、人类生活的对话本质。这不是一个现成的存在(而由作家来揭示它的内涵),这是与形成中的多种含义进行的一种不可完成的对话。

陀思妥耶夫斯基小说的整体统一性,不是情节的统一性,也不是独白的思想上的统一性,即单一的思想上的统一性。这是超情节的和超思想的统一性。

客体的性格学规定(主要体现在言语风格之中)与个性因素(即未完成性)在陀思妥耶夫斯基早期作品中的斗争(《穷人》《同貌人》等)。陀思妥耶夫斯基从果戈理脱胎而来,个性从性格发展而来。

分析娜斯塔西娅·菲利波夫娜的命名日晚会。分析马尔梅拉多夫的丧事。

人物形象的史诗式整体性之解体。主观性,自我歧异。二重人格。

与他人不相融合,而保持自己的外位立场和与之相关的超视和超悟立场。问题在于陀思妥耶夫斯基是如何运用这种超视超悟的。目的不是为了物化和完成。这种超视超悟的一个最重要因素是爱心(不能爱自身,这是同格同位关系),其次是认同、宽恕(斯塔夫罗金与吉洪的谈话)。最后,则不过是积极的(非复制式的)领悟、倾听。这种超视超悟因素从来也不用作埋伏,以便从背后对人出击。这是公开的诚实的超视超悟,是通过对话向他人展示的超视超悟,是当面而非背地话语表现的超视超悟。所有本质的东西都融进了对话,作面对面的交流。

门槛、门和楼梯。这些东西的时空体含义。瞬间将地狱变天堂的可能性(即从一个东西转化成另一个。请参看"神秘的造访者"①)。

独立于个人意识之外的思想(自在的思想,或通常意识中的思想,或一般精神中的思想),其本身的发展逻辑,即思想在指物逻辑方面和系统理论方面的发展;另一种是具现在个性身上的思想,它的发展有其特殊的逻辑。这里的思想因具现在个性身上,须以我和他人的坐标进行调整,以不同的方式折射在不同的疆域之中。这一特殊的逻辑在陀思妥耶夫斯基的作品中得到了揭示。所以,不应从一般的指物逻辑层面和系统理论层面上(作为普通的哲学理论)来理解和分析这些思想。

特定时代作品的"终极意义",特定时代的利益和需求、时代的历史力量和弱点等的"终极意义"。终极意义是受到局限的意义。现象在这里一如自我,没有超出自我。

但除了这一终极意义之外,作品还有一种活跃的、发展着的、形成着的、变化着的意义。这一意义不产生在(完全不产生在)作品面世的有限时代里;它在作品面世之前就有了几个世纪的酝酿过程,在作品诞生之后的许多世纪里继续存在和发展。这一生机勃勃的意义不能只从作品诞生那个时代的有限条件中加以推断和阐释。请看卡尔·

---

① 参看《卡拉马佐夫兄弟》,第6卷,第2章。——原编者

马克思有关古希腊罗马艺术的论述。这一生机勃勃的意义,是每部伟大作品都要作出的一种发现。像任何一种发现一样(例如科学发现),它经过世世代代的酝酿,成熟之后在第一特定时代的有利条件下完成。这种有利条件是什么,应该给以揭示;当然它们并不会穷尽作品那不断发展而永不消逝的意义。

序言:这一入门研究的目的、任务和局限性。陀思妥耶夫斯基所作的发现。这一发现的三个基本方面。但首先我们要从这个发现的角度对有关陀思妥耶夫斯基研究的文献,作一简短的评述。

与对话交际密不可分的话语、活生生的话语,就其本性来说,希望被人听到,得到人的回应。对话的本质又要求有对话的终结。要获得回话,要被人听到。不允许背地里解决。我的话语总处在持续不断的对话中,在那里被人听到,得到回答,被反复理解。

在陀思妥耶夫斯基的世界中,严格地说,不存在客体自然死亡的事例,没有人的负责而主动的意识参与其中的死亡;在陀思妥耶夫斯基的世界里,只有凶杀、自杀和疯狂,即都是一些与责任不可分的有意识的死亡行为。虔诚教徒之死(马卡尔、佐西马,他的年小兄弟、神秘的造访者)则属于特殊情况。人(或他人,如杀人犯,其中包括刽子手)对于意识之死(至于自然死亡,即躯体之死,陀思妥耶夫斯基是不感兴趣的)要自己承担责任。只有客体人物,不参与大对话的人们(仅仅作为对话的材料或典范)才有自然的死亡。陀思妥耶夫斯基不知道有自然过程的死亡,没有人的负责意识参与的老死。个性不会死亡。死亡是回老家。人是自己回去的。只有这种回老家的死亡,才能成为陀思妥耶夫斯基世界中重要的艺术观照之对象(事实)。人说完自己的话后就离去,但话语却留在未完成的对话里。

关于阿斯科尔多夫:个性不是客体,而是另一个主体。描写个性,首先要求描绘的作者根本改变立场——要对你说话。不是发现客体的新特征,而是改变对所写之人的艺术视角,改变坐标系。

对单声和复调小说中的作者立场问题须加补充。说明独白性和对话性，放在第二章的结尾。个性的形象（即不是客体形象，而是话语）。陀思妥耶夫斯基的发现（艺术上的）。在同一章中讲托尔斯泰和陀思妥耶夫斯基对死亡的描写。这里还要讲主人公内在的未完成性。本章开头，从果戈理转到陀思妥耶夫斯基时，说明为什么必然会出现思想家式的主人公，即在世上持有最终立场的主人公，能做出最后决定的主人公类型（佐西马对伊万的评述①）。偶合之家的主人公②不是由稳定的社会存在决定的，而是由他本人负责做出的最后决定。在第三章里详细论述这一点。

第二章要谈车尔尼雪夫斯基"客观小说"（即没有作者观点的小说）的构思（根据 B.B.维诺格拉多夫的说法）。陀思妥耶夫斯基真正的复调构思与这一构思的区别。在车尔尼雪夫斯基的构思中，不存在复调小说的对话性（相当于对位法的对话性）。

卢小合　译

---

① 参看《卡拉马佐夫兄弟》，第 2 卷，第 6 章。——原编者
② 参看《少年》，第 3 部，第 13 章。——原编者

陀思妥耶夫斯基——1961年

　　赞同是一个极其重要的对话范畴。赞同的种类和细微意味(基本语调及其泛音)极为丰富和多样。与音乐相类似。不赞同则贫乏无力。尤其重要的是不一致,不一致在本质上趋向于赞同;赞同中总保持着声音与声音的差异和不相融合。赞同从不是机械的或逻辑上的等同,它也不是回声:它总是意味着缩短距离和互相接近(但不是融合)。无限遥远而隐约可辨的是和声。赞同里总有出乎意料的东西,有赠予和奇迹,因为对话中的赞同就其本质来说是自由的,也就是说它不是可以预先决定的,不是不可避免的。

　　有一种最起码的赞同,它是对话必不可少的条件(共同的语言,某种最起码的相互理解)。真正的赞同是一种(可调整的)思想,也是任何对话性的最终目的。

　　第二章要与那些认为陀思妥耶夫斯基诸作品构成统一的自白、一个心灵、一个心灵景观的人们辩论,要与心理分析主义、波波夫的文章等进行辩论。

　　讲讲有什么东西:内容方面有一种特殊的委婉审慎,不强加于人。自由地展示和诱发。与科马洛维奇辩论。

　　在独白型长篇小说中,经常是法庭审判而不给被告以最后讲话的机会。第二章要论述自我意识的最终结论,第三章要讲思想得出的最终结论。无论是人的自我意识(即个人),还是体现在人身上的思想,都不应是被判决或被作结论的无言的对象。它们是处于永不完结的对话中,各有自己的话语。

第三章讲到通过声音进行思维的问题时,要展开来给声音作出定义,视它为世界中一种思想立场的体现。声音在躯体上的体现。陀思妥耶夫斯基作品中的表现力问题(是精神,而非心灵)。在这一章中还要根据笔记草稿(多利宁)论述以具体的世界观进行思维的问题(别林斯基、恰达耶夫和其他人)[1]。

此章以《女房东》中的年轻学者形象作为结束。他是用形象的方式表现一种思想,也就是说他不是在思考,而是在看一种思想。

狂欢节广场那种自由和亲昵坦率,一搬进客厅就变成了出丑和乖戾。

陀思妥耶夫斯基的主人公们从不以死收场。死者(比如拉斯科尔尼科夫或伊万之死)的尸体形象在陀思妥耶夫斯基的观察视野中是不可能出现的。

为什么对《同貌人》的分析在我们的书中占了那么大的比重?陀思妥耶夫斯基自己在晚年对它的评价不是偶然的[2]。未能成功地实现一个十分严肃的构想,这告诉了分析家很多东西。对话主义,自白。对人而发的话语。十分紧张的话语气氛。

以独白方式将人物化的题目,在何处可以发挥一下。"我"与"他人"之间的坐标差异何在。

---

[1] 《陀思妥耶夫斯基诗学问题》一书中指出:主人公具有自己的"思想原型"(恰达耶夫和赫尔岑的思想是韦尔西洛夫思想的原型)。可参阅 A.C.多利宁研究陀思妥耶夫斯基笔记手稿的书《陀思妥耶夫斯基的创作实践》,莫斯科,1947 年。多利宁在本书中研究了韦尔西洛夫思想肖像中所反映的别林斯基、赫尔岑和恰达耶夫的思想。又见 A.C.多利宁第二本书《陀思妥耶夫斯基最后的长篇小说——〈少年〉和〈卡拉马佐夫兄弟〉是如何创作出来的》(莫斯科,1963 年)。——原编者

[2] "我把这部中篇完全给写砸了,但其中的思想却相当有光彩,我还从未在文学中表现过比它更重要的思想。但这篇小说的形式很不成功。十五年后,为了编我作品的《全集》,我曾尽力地修改过,但当时就再一次确信这部作品是完全失败的,如果我现在重新阐述这个思想,我会选一个完全不同的形式。可在 1946 年时我还没有悟到这个形式,因此无法写好小说。"(《作家日记》,1877 年 11 月)——原编者

把自我意识作为描绘主人公的主要方面。但这个主要方面要求对所描绘的主人公应有一种全新的作者立场。问题不在于发现某些新的特点或新的(在社会特征上)人物类型;这些靠原有的立场就能发现、观察和理解,也就是说不需要立场上的根本转变。问题恰在于要去发现人的某种新的完整的方面(个性或"人身上的人")。这种发现要求对人有一种全新的态度,全新的作者立场。"人身上的人"不是物,不是无声的客体,这是另一个主体,另一个平等的"我",他应能自由地展示自己。而从观察、理解、发现这另一个"我",亦即"人身上的人"的角度看,需要有一种对待他的特殊方法——对话的方法。这也就是那个全新的立场,它能将客体(实质上是被物化了的人)转化为另一个主体,另一个能自由展示自己的"我"。作者不再将人客体化和将人盖棺论定,人也不再被和盘托出,作为客体被人一览无余,不管他自己是否愿意这样(人们不会去问被认知的客体,他是否愿意和在多大限度内愿意成为被认知的客体,人们不会向他请教;研究者和试验者不是向他,而是向自己或其他参加统一认知行动的人提出有关客体的问题):此时人既成为客体化了的认识对象,便不再是自己所认为的("自为之我")和真实存在着的那个唯一的、无尽头、不会完结的世界,而成了在各个角度和各个方面都受到限制的、处于认识意识中众多客体当中的一个。正是在这里提出了一个任务:如何从真正的本质上把人当作另一个唯一的、无尽的和不会完结的"我"来认识;这里认识的不是自我,而是另一个他人之"我"。陀思妥耶夫斯基认为,就是自己的这个"我"("自为之我")也不能脱离他人来理解、认识和确证,即不能脱离另一个"我",不能没有另一个"我"对自己之"我"的承认和确证("为他之我")。"我"从本质上就不可能是孤独的、单个的"我"。必须是(身份平等的)两个和许多个"我",两个和许多个无穷性相互映照和相互确证。

必须指出的是,对人的艺术认识和对人的抽象认识在原则上是截然不同的,人的形象与关于人的概念原则上是不同的。形象对"我"和

"他人"这两种形态(两种坐标关系)不可能取中立态度,不可能摆脱这些形态。形象看人和表现人,总是不仅从内部(从"自为之我")也从外部(从他人的角度也为着他人,最终是从作者的角度也为着作者),在自己的视野中也在他人统摄一切的视野中,最终是在作者的视野中。我们既在形象之内又在它之外。形象不可能只在一个视点上构成,形象的本质就在于"从内"和"从外"的独特结合(与融合)(内在物的外化和外在物的激活)。而作者的基本立场则是外位的立场。整体的统一和整体的完成(思想上和其他方面的),都得从这种统摄一切的外位立场。如果作者从内部与自己的主人公融为一体(完全地移情或共感他们的生活),那么他只是复制生活而已,这既不可能也不需要。作者较之从内部描绘的生活,总有一种超视。正是依靠这种超视,作者能创造整体并完成整体。任何人物形象中都存在着一个内部视角(它好像是促成唯一性、无穷性和不可完成性的潜在力量),这就使形象中的人不被完全彻底地物化。但物化的倾向是存在的,因为人的形象仍然是客体性的。在阶级社会的条件下,形象中的人在某种程度上出现物化是不可避免的。但是完全的物化却不可能,因为在作者的超视中有对他人的珍爱、同情、怜悯以及其他纯属对人的反应,这些对纯粹的物是不可能有的。

　　复调小说中作者的新立场,揭示出人身上的另一个无穷尽的、不可完成的"自为之我",但这并没有损害形象,因为作者的外位立场依然充分发挥作用。只是这种外位的地点和超视的内容有所改变。人的客体性被克服了。世界的独白型单一主体性被克服了。独白的模式被对话的模式所取代。每个主人公都成了永不完结的对话中的一种声音和立场。作者的立场(其本身便是对话性的)不再是统摄一切和完成一切的了。一个多元的世界展现在眼前,这里不只有一个,而是有许多个视点(就像在爱因斯坦的世界里)[①]。但不同的视点,也就

[①] Л.В.篷皮扬斯基的笔记,证实了20年代巴赫金小组对爱因斯坦相对论的兴趣。——原编者

是不同的世界,彼此紧密地联系在一个复杂的、多声的统一体中。而使这个复杂的统一体运转起来的是作者(爱因斯坦的理性)。

什么是完成了的独白世界呢?在这个世界里主人公们已经无话可说,他们把一切都说尽了;作者凭着自己的外位和起决定作用的超视,替主人公也替自己说出盖棺论定的最终话语。当然,这个话语不一定是直接的作者语言,可以根本没有作者语言;同时这个话语在艺术上起着完成的作用,而不是抽象地(从哲学上、伦理上等等)评价和议论。

就是在纯粹以"我"的口吻写成的故事(例如文学中的自述)里,也总有作者的外位存在(不然的话,文学作品就变成非艺术性的个人档案了)。

为了发现人身上的人并把他艺术地展现出来(而不是把他变成抽象哲理思维的对象),必须使自己对他的态度完全摆脱把人物化的倾向,包括摆脱他的艺术上的客体性。对待他必须像对待一个自由的、不可完成的、与我平等的"我"一样,不能强迫他,不能用认识来阻止他和完成他。

关于引言。维·什克洛夫斯基的《反对》[①]。"陀思妥耶夫斯基最突出的特点,是将现象的本质用争论的形式转达出来……"

"……引发了一场争论,而这场争论涉及的就是陀思妥耶夫斯基的文学形式……"

"……用思想来解释修辞上的独特之处……"

"……争论深入到陀思妥耶夫斯基作品艺术结构的根本。"

"陀思妥耶夫斯基的复调小说。"

陀思妥耶夫斯基的主人公,整个地、全身心地投入到世界性的对话中:他用自己的语言,自己的行为,自己的面容、眼睛、躯体、每一个

[①] 指维克多·什克洛夫斯基的争鸣短文《反对》。文中说:"并不是我第一个说,陀思妥耶夫斯基最典型的特点是用对话的形式转达现象的本质。格罗斯曼在《陀思妥耶夫斯基的道路》(1928)中,巴赫金在《陀思妥耶夫斯基创作问题》中都讲到了这一点。"(《文学问题》杂志,1960年第4期)——原编者

手势,自己的沉默,甚至是自己的死(自杀)。屠格涅夫的主人公们却在生活,实践着自己社会的和个人的命运(这命运能充分地完成人物),只是顺便地进行争论。在陀思妥耶夫斯基笔下,主人公们的全部生活和命运都分解在争论中,分解在他们所持的对话性立场中。

这一点也决定了陀思妥耶夫斯基独特的表现力。这是一种对话性的表现力。主人公所表达的一切,都带有和渗透着他对他人的态度,都包含着辩论或赞同的因素,都在他人意识的镜子中反映自己。主人公的任何感受都处在自己意识和他人意识的交界处,同时被自己和他人所领悟。陀思妥耶夫斯基的主人公总是处在镜子前面,也就是说,他看的既是自己,又是自己在他人意识中的影像。这就构成了他的外在表现上的特殊之处。他知道自己对他人来说处于外位。波尔松科夫的外表。斯涅吉列夫的外表。

任何感情的表达都因融入对他人的态度而变得复杂。

对自己在他人意识的镜子中的影像采取异常激烈的态度,直至对这面镜子生出憎恨,极想打碎它(《神秘来访者》)[①]。

阿斯科利多夫的《陀思妥耶夫斯基作品中人物性格的心理》一书。

个人和性格,个性化程度上的差异。

主人公们的特点:富有超乎个人范围的情感,善于自成目的的表演,双重体验和由此产生的自己在他人眼中并为着他人的影像,等等。

П.波波夫的《陀思妥耶夫斯基创作中的"我"与"它"》。载《陀思妥耶夫斯基》,莫斯科,国家艺术科学院,1928 年。

恶魔和同貌人的功用:"它"被具现为人物,以便和"我"形成对话关系,并以这种方式被人理解和领悟。其他主人公也是一个作者意识分解所得的产物,比如少年和韦尔西洛夫。因此才感到情节上似乎不

[①] 巴赫金美学中的这一思想最早见于《审美活动中的作者与主人公》一文中。作者本计划在此文的后一部分探讨陀思妥耶夫斯基创作中的主人公和作者的关系,但这后一部分没能写完。——原编者

很协调。实际上只存在作者本人的唯一的一个意识。

我们这项入门研究的任务是：揭示出陀思妥耶夫斯基（艺术）创作的主要艺术特点。我们坚信，陀思妥耶夫斯基是形式领域，即艺术地观察和理解人与世界的基础所在里最伟大的创新者之一。我觉得，可以直截了当地说陀思妥耶夫斯基完成了一次艺术变革（尽管这次变革显然经过了以前千百年艺术散文发展的酝酿）：陀思妥耶夫斯基可说是创立了一种新型的艺术世界。

陀思妥耶夫斯基的艺术创新表现在四个方面：

（1）陀思妥耶夫斯基创造了一种新型的长篇小说，我们权且称为复调小说；未来要属于这种复调型的小说（以至一切创作）。

（2）陀思妥耶夫斯基开辟了一种将人作为艺术观照和考察对象的新的艺术方法，为观察者实验者找到了一种新的艺术立场，使他得以揭示出人身上以前不曾被触及的深层本质；其结果是文学中人的艺术形象发生了根本的变化。

（3）在陀思妥耶夫斯基的创作中思想（或准确些说是思想的命运）第一次成了艺术观察和表现的对象。

（4）陀思妥耶夫斯基善于发掘和利用作为文学材料的话语（语言）中那些在他之前不被人注意、很少问津又不加区分的方面；这便是话语的对话性方面。陀思妥耶夫斯基为了艺术目的，以一种异乎寻常的力度和深度实现了蕴含在话语中的对话潜能、话语的内在对话性。在他之前运用得较多的是话语的独白因素，也就是说在单一的创作意识的统一体中组织话语整体（单层面的和单声的组合），文学中的艺术世界是独白型的。陀思妥耶夫斯基笔触所及，则将一切变为对话；对他而言，表现人类生活唯一贴切的语言方式就是永不完结的对话，他在文学中创立了一个对话的世界模式（我们指的当然不是篇章结构上狭义的独白与对话，不是对独自和对话的外在表面的理解）。

陀思妥耶夫斯基创新的艺术观察所具有的上述四个特点，组成了一个不可分割的整体。所有这些实质上都只是陀思妥耶夫斯基创立的统一的艺术世界模式的不同侧面。本书对每一个特点都辟出专章讨论。

这四个基本特点又决定了陀思妥耶夫斯基创作的其他一些特点(因素):情节特点,运用时空价值的特点,等等。所有这些派生的方面,我们将分别予以专门的研究。

在关于陀思妥耶夫斯基的浩瀚文献中,他的上述创作特点不可能不为人所注意(第一章里我们对这些发现作一概述),但是我们认为,这些特点的革新本质以及陀思妥耶夫斯基所创立的世界新模式的有机统一,却至今还没有得到充分的揭示。有关陀思妥耶夫斯基的文献,本身就过分陷入了未完成的对话,集中在最尖锐的意识形态问题(宗教、伦理、社会政治问题)上,陀思妥耶夫斯基的全部创作也就是这样一场对话。意识形态问题的尖锐性是有限的和暂时的,但它掩盖了作家艺术观照中更深层和更稳定的结构因素。

我们还认为,尽管陀思妥耶夫斯基对当代文学产生了巨大的影响,但是陀思妥耶夫斯基所提出的崭新的艺术原则,至今没有为作家们所掌握。我们深信,作为一个艺术家,陀思妥耶夫斯基的时代还在未来。

我们提出的任务也要求我们作出一系列的限定。首先我们将不涉及陀思妥耶夫斯基所提出的那些思想问题的具体(有限)内容,也就是说,我们将不让自己陷入有关陀思妥耶夫斯基作品实质的没有完成的对话中,因为我们感兴趣的是这个对话的结构本身,这个完全对话化了的艺术世界的独特逻辑,也就是说,我们感兴趣的是这个世界的模式。这是第一个限定。

第二个限定涉及陀思妥耶夫斯基的时代,也就是那时的社会经济条件,那时的社会政治的、一般思想的和文学界的斗争;陀思妥耶夫斯基的作品直接产生于这些因素,并由这些因素所决定。陀思妥耶夫斯基的时代将不是我们研究的直接对象,然而我们显然不可能不涉及它:陀思妥耶夫斯基所完成的变革,在任何别的时代都是不可能的。

但在这个问题上,我们将依靠其他研究者的著作。(有关这个问题,近年来恰好出现了一系列有价值的著作,它们丰富了苏联的文学理论。)

最后,第三个限定或许是最根本的。我们确认,陀思妥耶夫斯基在文学领域里完成了某种变革,创立了一种艺术世界的新模式。这种变革只有在陀思妥耶夫斯基所处的那样一种特定时代的适宜条件下才能实现。陀思妥耶夫斯基与自己的时代血肉相连。但是,这种变革虽在一定时代得以完成,可以说得以体现,它却是经历了数百年甚至上千年漫长的酝酿过程。陀思妥耶夫斯基是一种古老传统的继承者、延续者和完成者;这一传统植根于古希腊罗马的土壤上(苏格拉底对话,檄书,梅尼普讽刺,农神节,狂欢节,忏悔体,使徒行传,等等)。这个传统非常复杂,含有许多矛盾的因素,至今很少研究。只有以这一传统为背景,才能真正理解和评价陀思妥耶夫斯基艺术世界的独特性。以上我们指出的陀思妥耶夫斯基艺术世界的四个特点,其元素、胚胎和萌芽都是在两千五百年的过程中孕育、形成和发展的;但达到成熟和真正出世,成为一种完备的和统一的艺术世界,成为文学中的一个变革,却只有在陀思妥耶夫斯基时代的最佳条件下才有可能。不过,追溯这一历史传统的发展,是我们这项入门研究所不得不完全放弃的。只是在论述情节、时空价值的第四章里,我们涉及这一传统,因为脱离开这一传统来理解陀思妥耶夫斯基处理时空的某些特点,几乎是不可能的(例如"门槛"时空体,陀思妥耶夫斯基的世界中几乎所有最重要的事件都发生在这一时空体中)。大体上说,我们的入门研究带有一种纯理论的性质。

受我们的任务决定而采取的限定措施就是这些。但同时我们的任务又要求我们在某种程度上超出陀思妥耶夫斯基创作的范围,而提出一系列普通美学和文学理论的问题(还有一部分哲学问题),没有这些就无法揭示陀思妥耶夫斯基艺术创新的独特之处。

作为时空体的门槛①。时间上的过渡。陀思妥耶夫斯基在科兹洛娃的纪念册里写道：他无法弄清，他是在结束抑或是刚刚开始自己的生活②。

第二个特点：重要的正是作者立场的改变。

对话关系不是存在于具体对话的对语之间，而是存在于各种声音之间、完整的形象之间、小说的完整层面之间（大型对话），而同时在每一句话、每一个手势、每一次感受中，都有对话的回响（微型对话）。在这个含义上发挥说明第四个特点。

活人声音之间的对话关系不可能逻辑化，不可能归结为赤裸裸的赞同和反对。所有精神上的关系（和所有被意识到的关系，正在被思考的关系），都是对话性的。

把第一个特点再加阐发：复调小说或多声小说与占统治地位的单声小说或独白小说截然不同。与作者平等的声音。

关于第四点：复调小说中所有重要的联系和关系，都具有对话性，如声音、人物形象、小说布局，还有每一句话中的微型对话关系（准确地说是分解），等等。

书信③：第五、十二、三十三、三十四、五十二页（关于虚无主义者及其前辈），第五十三页（《卡拉马佐夫兄弟》里的形象，思想的载体和

---

① "在门槛上"作为陀思妥耶夫斯基表达危机性时空的说法，在《陀思妥耶夫斯基诗学问题》一书中被广泛使用，但巴赫金早在30年代就研究过"时空体"概念，并没有写入书中。在60年代初的条件下，经过30年的销声匿迹重新踏入学术界的巴赫金还不敢使用过于大胆的全新的术语。——原编者

② 见《Ф.М.陀思妥耶夫斯基书信集》，第4卷，莫斯科，国家文学出版社，1959年，第339页。原话为："同时，尽管失去了很多，但我仍热爱生活，为了生活而热爱生活，并且仍在认真地想重新开始我的生活。我快五十岁了，可我还弄不明白：我的生活正在结束，还是才刚刚开始。这就是我性格的主要特点，或许也是我工作的主要特点。"——原编者

③ 这里的列举系据陀思妥耶夫斯基4卷本的书信集。这部书信集是 А.С.多利宁从1928年开始至1959年编辑完成的。巴赫金研究了第4卷，标出了可用于研究的信件。但这些信件都没有反映到书中。本段标出的信件分别是：第5页，致 Н.Л.奥济米多娃；第12页，致"不为人知的母亲"，1878年3月27日；第33—34页，致 Л.В.格里戈里耶夫，1878年7月21日；第52页，致 В.Ф.布齐科维奇，1879年5月3日

对话关系），第五十六至五十七页（内容同上），第五十八至五十九页（对伊万和宗教大法官形象的解释），第六十二至六十五页（《卡拉马佐夫兄弟》），第九十一至九十二页（佐西玛的形象），第一〇八至一〇九页（以对话体现赞同和反对，不是直接点出，而是间接地，等等），第一一七至一一八页（米佳的形象），第一二八页（关于否定基督），第一三六至一三七页（索洛维约夫论人类的知识，关于人性的两重性），第

<接上页>（"如果您要写俄国的虚无主义者，那么看在上帝的分上，与其责骂他们，还不如责骂他们的父辈。您要把这个意思写出来，因为不仅虚无主义的根源在于父辈，而且父辈是比后辈更严重的虚无主义者"）；第53页，致H.A.柳比莫夫，1879年5月10日（关于第5本书《卡拉马佐夫兄弟》，"赞成和反对"，伊万的反抗）；第56—57页，致К.П.波别多诺斯采夫，1879年5月19日；第58—59页，致H.A.柳比莫夫，1879年6月11日；第62—63页，致Е.А.什塔肯什涅杰尔，1879年6月15日；第64—65页，致H.A.柳比莫夫，1879年7月8日；第91—92页，再致H.A.柳比莫夫，1879年8月7日—19日（关于第6部长篇小说《俄罗斯修士》："当然了，我的佐西玛长老的许多训诫'或者最好说是表达训诫的方法'是属于他本人的，也就是说是属于他的艺术形象的。尽管我也完全持有他所表达的那些想法，但如果让我完全从自己的角度来表达的话，我会用另外一种形式和另外一种语言。除了我所赋予他的那种方式，他不能用任何其他的语言、任何其他的方式来表达。不然的话，就成不了一个艺术形象了"）；第108—109页，致К.П.波别多诺斯采夫，1879年8月24日—9月13日；第117页，致К.И.列别捷娃，1879年11月8日；第118页，致H.A.柳比莫夫，1879年11月16日；第128页，致高等女子学校的学生，1880年1月15日（"你们确实很痛苦，而且不能不痛苦。但干吗要垂头丧气呢？不仅仅是你们丧失了对基督的信仰……我知道有许多否定基督的人，最后却全身心地转投到基督的怀抱。他们对真理的渴望不是虚假的，谁去寻找，谁最终就一定能够找到"）；第136—137页，致Е.Ф.云加，1880年4月11日［"在不久前这里举行的青年哲学家符拉德·索洛维约夫（历史学家之子）的哲学博士答辩会上，我听他说了这么一句十分深刻的话：'我坚信，人类所知道的比迄今为止他在自己的科学和艺术中已经表达出来的要多得多'……您就您的双重人格写了些什么？这是人身上最普通的特点……其实也不太普通。这是人性本身所固有的一个特点，但它远非在任何人身上都像在您身上表现得那样强烈。因此，您使我感到很亲近，因为在您身上的这种二重分化，就和在我身上发生的一模一样，而且我一生都是如此。这是一种巨大的痛苦，但同时也是一种很大的享受：这是一种强大有力的意识，要求您自我总结，要求您的天性中有一种对自己和人类的责任感。这就是双重人格的意义所在"］；第175页，致С.А.托尔斯泰，1880年6月13日（关于普希金的讲话）；第177—178页，致Ю.Ф.阿巴扎，1880年6月15日（关于"《艺术中的虚构》和《黑桃皇后》"）；第190页，致H.A.柳比莫夫，1880年8月10日。——原编者

一七五、一七七、一七八、一九〇页(伊万和恶魔)。

(与弗兰斯的《塔伊斯》和库安亚尔系列进行对比①。《讽刺集》里真理的奇遇②,妓院,艺妓和其他,之后才出现玛丽娅·叶吉佩茨卡娅和其他。)

陀思妥耶夫斯基的诗学(在绪论中作为入门研究的任务提出)。

浩繁的技术性工作,出版手稿,四卷本的书信集,对每部作品的创作过程的研究。最后是对陀思妥耶夫斯基所处时代的研究。陀思妥耶夫斯基的创作从未被置于苏联文艺学的研究课题之外。

面对历史地研究陀思妥耶夫斯基的时代,批判陀思妥耶夫斯基政论作品中的个别反动思想及其复调小说中的个别声音(这种批判继承了革命民主主义者们,特别是萨尔蒂科夫·谢德林的传统,以及高尔基的传统)这些非常重要的任务,诗学的任务一度退居到了次要的位置。

最近重又兴起了对诗学问题的研究(部分地在叶尔米洛夫著作中,特别是在基尔波金的书里)③。在我们将要提到的科学院文集中,

---

① A.弗兰斯的名字对修改《论陀思妥耶夫斯基》一书的意义,在巴赫金下面一段话中显现出来:"我们可以设想陀思妥耶夫斯基曾直接地、哪怕是表面地或通过第二手材料对柏拉图谈话录、卢奇安、阿普列乌斯的《金驴记》等有所了解,但我们认为这些作品的直接影响并不大,也不是实质性的。重要的决定性的影响是通过在时间、主题和艺术性上更接近陀思妥耶夫斯基的基督教文学传统、18世纪和文艺复兴等间接得来的。对他发生作用的有伏尔泰和狄德罗那种卢奇安式的对话。他未必知道格里美豪森的月下讽刺。我们几乎完全可以排除他知道发禄讽刺的可能性(哪怕是据第三手材料)。但这种与艺术散文中对话源头的直接接触,即使有也并不具有重要的意义。这些对阿那托尔·弗兰斯那种古式的、享乐色彩的对话主义,产生了一定的影响;弗兰斯咀嚼过不同时代——前基督教时期和基督教早期——杂语式的他人思想、观念和世界观(《埃皮库尔的花园》《塔伊斯》等)。"(摘自巴赫金手稿)——原编者

② 参见《陀思妥耶夫斯基诗学问题》一书:"在这个意义上可以说,梅尼普体的内容是某一思想或真理在世界上(包括人间、地狱和奥林匹斯山)的探险。"这里也谈到《萨蒂里孔》(即正文中的《讽刺集》):"彼特罗尼乌斯的《萨蒂里孔》不是别的,正是扩展成长篇小说的'梅尼普讽刺'。"——原编者

③ B.叶尔米洛夫:《费·米·陀思妥耶夫斯基》,莫斯科,1956年;B.基尔波金:《费·米·陀思妥耶夫斯基》,莫斯科,1947年。——原编者

诗学问题也占据了相当重要的位置①。

相信有可能把不同的声音结合在一起,但不是汇成一个声音,而是汇成一种众声合唱;每个声音的个性,每个人真正的个性,在这里都能得到完全的保留。不参加对话的,是那些不需要任何真理的人(卢仁、米乌索夫、卡尔玛济诺夫之类的人)。但是无神论者和虚无主义者是参加这个对话的。参看书信集,第五十二页。只有这样的真理才能打破独白型的单调。列别贾特尼科夫一类人是无法打破它的。

"我们尽管在胡扯,但总有一天我们会扯到真理上去。"卢仁不管说多少瞎话,也永远不会跟真理沾上边②。

能够实现的永远仅是一部分真理。

如果只想要佐西玛一个人的声音,那就完全没有了伊万(或者相反)。

"陀思妥耶夫斯基在古老的书中寻找并找到了争论。"(维·什克洛夫斯基,第172页起,圣经中的争论等等)③

潘月琴　译

---

① 《费·米·陀思妥耶夫斯基的创作》,高尔基世界文学研究所文集,苏联科学院出版社,1959年。——原编者
② 《罪与罚》中拉祖米欣说:"因为我们大家都在瞎扯,所以,我也瞎扯,可尽管如此,最终我们总会扯到真理上去的,因为我们踏在一条光明正大的道路上,而彼得·彼得洛维奇……走的不是光明大道。"(《陀思妥耶夫斯基全集》,第6卷,第156页)他在小说的另一个地方也说过:"瞎扯总是可以原谅的;瞎扯是一件好事,因为它总是引向真理。"(《陀思妥耶夫斯基全集》,第6卷,第105页)——原编者
③ 维克多·什克洛夫斯基:《赞成和反对·关于陀思妥耶夫斯基研究札记》,莫斯科,苏联作家出版社,1957年,第172页。——原编者

1962—1963 年笔记

1. 陀思妥耶夫斯基创作中笑的弱化。
2. 和谐恒势的体系与体裁①。
3. 将个人的世界观转化为艺术观察的对象,也就是转换为思想的形象所依据的原型。
4. 每一个形象都与整体相关联,都预示着整体,并且是那个矛盾的、形成中的整体的代表。没有与这个整体的关联,形象就不再成其为形象,而只能成为无法越出自己边界的、单个的、局部的现象。

托马斯·曼笔下二位一体的形象(《克鲁尔》《当选者》)。

胜利的背后透露着失败,而失败的背后透露着胜利,开端的背后透露着结尾,等等。任何一个"会有的",都不可避免地蕴含着"会过去的"。

作为陀思妥耶夫斯基的中心主题的犯罪问题。犯罪与过失。

谁都与拉斯科尔尼科夫的犯罪无关(无论是索尼娅,还是杜尼娅,还是波尔费里,唯独斯维德里加依洛夫除外)。梅什金觉得自己与凶手罗戈任是同谋(参与了犯罪)。

为自己的生存地位而斗争(巴尔扎克的主题)。个人主义和孤独。受尽折磨的孩子的眼泪。自己的和他人的痛苦。通过犯罪而越出自

---

① 指古希腊罗马时期文学体裁相互间和谐稳定的关系,而长篇小说当时还未进入这和谐的体系。——原编者

然的法则(生活法规)。

将死亡中所有那些无法以"我"的形式加以体验的东西减到最低限度。

陀思妥耶夫斯基创作中的笑的问题。

陀思妥耶夫斯基早期书信中虚假的、直露的、幻想的激情。做作的成分。摒弃直露的激昂言词。严肃性的问题。果戈理的笑:对它的错误阐释。《死魂灵》作为"宗教喜剧"的笑谑层面。果戈理创作中的神秘剧。听上去只是 дьяблерий(魔鬼),而神秘剧本身则被弱化了。普希金和果戈理之后,俄罗斯文学中笑谑的(狂欢节的)线索就中断了。笑谑(狂欢节)地狱的传统(果戈理——陀思妥耶夫斯基)。普希金未实现的构思(《玛丽娅·肖宁科》——死亡——笑,精神分裂,妓女——谋杀以及其他)。

对《卡拉马佐夫兄弟》的分析。作为小丑形象的费道尔·巴甫洛维奇。斯麦尔佳科夫的小丑外形:不苟言笑的、沉着脸、阴郁而又严肃的小丑(小丑的特殊类型),眼神暗示的严肃(黑桃皇后)。魔鬼般的寄食者——费道尔·巴甫洛维奇的私生子和复制品。疯傻和美女在费道尔·巴甫洛维奇生活中的作用。儿子的问题——摆脱他们的愿望(视他们为潜在的继承人和凶手)。《吝啬的骑士》。我会活得很久并且不把财产留给任何人。作为情节基础的关于财产的争论。它又和关于美女的争论融合在一起。对发生在佐西玛修道室的丑闻的分析。逸事(关于狄德罗,关于无头圣人),伊万对教堂礼俗的戏弄(取笑)。

陀思妥耶夫斯基早期书信的风格和列别德金关于"耻辱"和"深渊"的长篇大论(在瓦尔瓦拉·彼得洛芙娜的客厅里)。

一系列的模拟讽刺性的反映或复现(有信仰的婆娘——没信仰的太太)。霍赫拉克瓦娅的笑谑形象,它既进入佐西玛——也就是教会——领域,又进入虚无主义者的领域。

斯维德里加依洛夫等的眼神暗示。

外国医生的形象(即兴剧,假面喜剧)。民间歌舞剧中的醉鬼(神经质的小丑)形象。笑谑层面上的信仰与无信仰的争论(对照法):

"拿白兰地来","瓦拉穆驴"对生活和布道的模拟讽刺因素,格里戈里的愚蠢信仰。信仰和无信仰同等地置于讽刺模拟的笑谑层面上。费道尔·巴甫洛维奇醉后呓语中的那个讽拟的又模糊不清的佐西玛形象(参看《舅舅的梦》中把拜伦与他人搞混)。

　　虚假的严肃性问题。这个问题与绝对严肃的、最后的、终结的话语问题相关联。想避开、摆脱(这种话语)的努力(避下断语)。

　　"我可不像傻瓜似的信神","怀疑的熔炉"。与格里戈里傻子似的信仰一起,还有霍赫拉克瓦娅傻子似的怀疑。费拉波特的愚蠢信仰。轻信奇迹可待,连严谨的修士和阿廖沙都表赞同。基督给宗教大法官的吻。但即使大法官也不能烧毁基督。强力在此无法解决任何问题。应该有两个交谈者留下。

　　陀思妥耶夫斯基主人公的类型(文学类型和普通美学的类型)。莫罗索夫(愚蠢的智者)。苏格拉底、第欧根尼、伊壁鸠鲁、马尔科里福[1]、乌列伊施比赫里、堂吉诃德、痴儿西木等,与史诗主人公类型的区别。"大罪人生平"的主人公痴儿与西木极为相似。在长篇小说的主人公中,则有斯塔夫罗金。生活境况和命运还不能涵盖一切。不可完成性和不等同于自我。古怪性。出丑。小丑和怪人的举动。

　　整个世界文学中在精神和形式上最接近陀思妥耶夫斯基的,有两部作品:《科利缅金一家》[2]和《痴儿历险记》。他对《科利缅金一家》多半毫无所知,而对《痴儿历险记》只是间接听说过而已。(在没有实际接触的情况下)这样对比的基础是什么呢?是含义上(艺术含义)的接近和传统的一致。

　　关于时髦术语(模式、模式化等等)以至一切术语的讽刺性运用。术语的确定性(以及它的稳定性、单义性)只能是功能上的,并且只有在体系中才能实现。在没有这种体系的地方(在文学理论中),孤立个别的术语的确定性和单义性,把术语变成了流水不到的卧石,它的下面没

---

[1] 中世纪传说文学中的人物。——译者
[2] 早期基督教文学的作品,文学形式近似古希腊罗马的小说。——译者

有思想的活水。这涉及所有人文学科,只有结构主义语言学除外。

狂欢节形式及其巨大的模式化力量。与不断更替的官方世界观形式的区别。主要区别是:两重性(称颂与谩骂、生与死的结合),现象之间的另一种界限,不具完成性(最终结局、终点),对片面的严肃性等的否定。加冕——脱冕是两重性最重要的表现之一。官方的体系——这是一种实体性体系(它把象棋棋子的材料和形状都给教条化了)。下与上。轮子般的运转(上与下在轮子中都是相对的)。

关于陀思妥耶夫斯基主人公的外形:他们或者是小丑(费道尔·巴甫洛维奇、斯麦尔佳科夫、魔鬼等),或者是假面(斯维德里加依洛夫、斯塔夫罗金)。但其他人却没有确定的面貌(拉斯科尔尼科夫、伊万)。陀思妥耶夫斯基赋予彼得·韦尔霍文斯基的小丑捷尔西特的形象。语调的问题及其对文学的特殊意义。有限的严肃性(在旧时阶级制度范围内)。

小丑在等级制度中不占有位置。严肃性则受制于其在等级制度中所占的地位。威胁、恐吓、禁止的因素。否定上与下的相对性。不接受脱冕。

人如何变为小丑(格里美豪森)。

产生于压迫、强制和恐吓条件下的严肃语调,组织起了某些特定的文化形式,其中包括文学(主要是官方文学)在体裁、情节、修辞方面的一些特定形式。这些形式在一定程度上具有内在和外在的强制性。它们的严格的等级关系;边界变得神圣而不可动摇;边界不可擅越和贬低。这是一幅世界的图画,其中一切现象均严加区分,各自占有不变的等级位置。这幅世界图画是深刻地实体化了的,与之开不得玩笑,它磐石般地严肃。这里没有讽刺模拟和揶揄的位置,没有进行讽拟的两面人的位置,没有更换面具和服饰的位置。这里的一切都与自己相等同。这里没有模仿和备用计划。官方的等级不可动摇。

潘月琴　译

唯灵论者(陀思妥耶夫斯基问题)[①]

与绝对的联系。将各种人性的、"太人性的"[②]观念移入绝对之中。绝对的极权主义。获胜的与胜利的真理。获胜与胜利同真理(或者绝对)之本性的排斥性。"宗教大法官"希望真理能够在尘世获胜与胜利：那样真理就变成极权主义的真理。

分析审美的欢娱(它的积极性、它的客观性等等)的特点。

分析"形象思维"。形象同"直观表象"的区别。后者只是生动接受的影子，它没有生动接受时所看到的一切。它比生动接受更贫乏。

形象总是具有某种全新的东西，这种东西在纯粹的接受中是根本不可能出现的。这就是它的创造性(或者塑造性)。进入这一创造性的，是创作之手、整个的构思—提纲、自由的合理性及创作者本人。但是，这一创造性所要求具备的材料，永远不会是被塑造之物本身的材料。作为人的艺术家不是神，不可能创造出有血有肉的活人。人能够创造出的只不过要么是所需要的各种死物(劳动)，要么是形诸材料而非血肉的生动形象(创作)。最鲜明而丰富的想象，如果不使用材料，也依然是直观认识生活本身所构成的图案(幻想者)，在艺术上将是徒劳而无结果的。

[①] 本标题下原作者注有"关于陀思妥耶夫斯基问题"的说明。——译者
[②] 出自尼采的《人性的，太人性的》(*Menschliches, Allzumenschliches*, 1878)一书。——原编者

进入形象之中的创作者,这不是创作者的形象(即声名赫赫的"作者形象"),而是"创作者",不是存在之物(实有的现实、某种设定的东西),而是不会凝固于实存之中的创作活动。这不是人——躯体,而是形诸躯体的人,这样的人能够把自己的躯体和躯体中所具有的一切现有的、实存的、存在的东西转化为工具。创作者仍然是创作者,永远不会成为形象。

真理(绝对)不可能去战胜、征服、统治、要求(以及其他"太人性的"词语)。它是自由的,并且只能诉诸自由,只能自由地揭示自身并向自由揭示自身。否则它将变成极权主义的真理。

被创造出来的(或者被塑造出来的)形象作为创作者的因素包不包含创作者的思想,其世界观,其道德的或者政治的目的,等等。它们与作者的自传经历和生活事件相同,只有作为被创造出来的现实,而不是作为进行创作的创作者的因素,才能被包含进去,否则他将不再是艺术家,而开始成为思想家、政治家、学者,或者成为自我表白者与个人档案书写者。被塑造之世界的艺术真理,这是特殊的真理,而不是道德、政治、科学诸如此类的真理,它不可能成为极权主义的真理。

材料的问题。材料应该拥有的不只是描绘力,而且还有表现力。两类材料:物理的(自然界的、自然的)和人类思想的。第一类:建筑,写生画、线条画、雕塑。第二类:文学,舞蹈,用面部表情表演的艺术。音乐占据中间地位。物理材料——空间、质量、线条、色彩——只有通过与人的关系(上、下、远、近、天边、视域和周围等等)才获得表现力。空间价值。包括语言在内的材料,本身没有审美意义。它只有在结构中,只有在整个作品中,才获得这样的意义。

我们转而讨论形象与生动生活的直观表象的十分重要的区别。形象始终与整体相关,始终带有整体的烙印,但这个整体并不是现实的、真实的、非艺术的生活的整体(实质上生活永远不是整体的)。这个整体是由艺术的构思、艺术的真实所决定的,它并不关心各种经验的存在主义的判断。形象是现象性的。所以形象从平常的直观表象

（同样有评价、感情、感受、概念性思想等等）的链条上脱落下来，成为另一个世界里的一小块东西，处于另一个维度中的一小块东西。

从最高的意义上说，任何材料在艺术中都成为话语（词），都开始说话。

各种空间的和时间的价值都不承载审美意义，因为它们不是由结构生成的，而是属于材料（只有在建构作为整体的世界时它们才能获得这种意义）。

用现代实用主义的方法看待空间和时间，就不能理解过去的艺术（其中包括古希腊、罗马的悲剧，各种体裁的建构法）。

对现代绘画的许多流派而言（对原始主义而言，对抽象主义而言，等等），具有代表性的是竭力摆脱"视点"和"视平线"。

严格地讲，纯粹的直观表象是没有的，因为在思维中这些直观表象始终与各种词汇联系在一起（想象着大海，然后我们称呼它），而词——这已经是材料了，这种材料能够很轻松地转入形象的结构之中（隐喻，比喻）；在这种情况下，直观表象就变成形象的胚胎（出现用别的材料即语言材料的塑造）。随着材料的出现，直观表象与其元素之间的各种新的、现实中不可能的联系与关系（譬如无边无际的大海连带着人的宽广无边的胸怀）也出现了。同时，将直观表象转译为语言材料，存在主义判断的意义开始减弱。材料摆脱与现实的各种真实的联系。不过，摆脱各种真实的联系却能够创造出现实的形象，深入现实之本质中的形象。

凌建侯　译

工作笔记
60年代—70年代初[1]

笔记本 1

超语言学和话语哲学。古希腊的逻各斯学说。约恩。语言、言语、言语交际、表述。言语交际的特点。

说话人。说话人以谁的面孔讲话,为何(即在何种情景中)讲话。言语作者的不同形式——从最简单的日常表述到文学体裁的长篇巨制。人们经常讲到作者的面具。[2] 但在什么样的表述中(言语活动中),是人物自己在说话而不戴面具;换言之,在什么表述中没有作者的问题?作者的表现形式取决于表述体裁。而体裁本身是受表述所论说的对象、目的和情景决定的。作者的表现形式和说话人的等级位置(地位)(如领袖、皇帝、法官、军人、祭司、教师、个人、父亲、儿子、丈夫、妻子、兄弟等等)。受话人相对的等级地位(国民、被告、学生、儿子

---

[1] 整个笔记为卢小合、白春仁合作完成。——编者
[2] 笔记本1写于60年代初至1965年初。
　　60年代初文论界热议的一个问题,是文学作品中作者立场及其表现方式。当时文学界风气,正值张扬作家的独立人格与自由思想,关注作者在现代写实作品中的自我展现。维诺格拉多夫和利哈乔夫等提出作者形象论,认为作家在作品中通常不以个人真实身份发声,而是假托叙事人,不过透过这种假面具总会透露出自己的主观立场。巴赫金考察发现,这种作者假面所在多有,也包括现代作品,但是作者在小说中不可能径直地表达自己的思想立场,这首先是小说体裁的特性决定的,也是小说创作的历史传统使然。——编者

等等)。谁在说话和对谁说话。所有这一切决定着表述的体裁、语调和风格,如领袖话语、法官话语、教师话语、父亲话语等等。这也决定着表现作者的形式。现实中同一个人能以不同的作者形式讲话。说话人的面貌以什么样的形式以及如何揭示出来呢?

　　到了现代,生发出多种多样的职业性的作者形式,作家的作者形式成为一种职业形式,分成各种体裁的变体(浪漫主义者、抒情诗人、喜剧作家、颂歌诗人等)。作者形式可能被人篡改,成为假定的形式。譬如,长篇小说家可以掌握祭司、预言家、法官、教师、传教士等人的语调。与等级不相关的诸种体裁形式,有着复杂的形成过程。作者的各种形式,特别是这些形式的语调,在相当程度上都是传统的,溯源于遥远的古代。这些形式在新的环境中得到更生。作者形式是杜撰不出来的(就像语言不能杜撰一样)。

　　言语体裁和作者形式,在日常言语交际(传播有趣的和隐秘的消息、不同类型的请求和要求、表白爱情、争论和漫骂、互相客套等等)当中呈现无穷尽的多样化。它们又因属不同等级范畴而有差异:如亲昵的场合、官方的场合及其不同变体。

　　从话语(言语作品)说起,这是言语交际的单位。言语交际中属于自己的部分和属于他人的部分。话语间的相互作用。

　　是否存在纯粹自我表现[①](没有传统上的作者形式)的体裁。是否存在没有受话人的体裁。

――――――――

　　说话人(个人、言语主体、表述作者等)的问题。语言学只知道语言体系和文本。而任何的表述,即使是句通行的问候话,也具有一定形式的作者(以及受话人)。

――――――――

[①] 小说作者在何种程度上表现自己个人的思想见解和立场,是当时争论的焦点之一。作者形象论和复调小说论,被一些人视为作家思想偏向守旧的表现。这里巴赫金以提问方式表示了自己的质疑:小说不可能是作者纯粹的自我表现,也不可能是没有受话人的自我独白。——编者

言语活动的问题。①

言语活动的一个结构特征,是它的个人性质。言语活动的个人属性,又区分为层级的不同,社会职业的不同,独特个性的不同。言语不可能没有作者(说话主体)。语言学与人类学(以及心理学)在或大或小的程度上把话语从个人属性中抽象了出来。言语过程、言语流、言语链等与单篇文本。

哲学人类学简述。②

我所知的我本人的形象。对自己的想象,对整个自己之我的想象,具有何种性质。它同我对他人的想象,有何原则性区别。我作为一个形象,或是关于我的概念,或是对我的感受、感觉,等等,这一形象的存在属何种类型,这一形象的构成成分如何(譬如是否包括对我的躯体、我的外貌、我的过去等的了解)。当我说"我活着""我要死了"之类的话(又如"我在""我要不在了""那时没有我"),并且体验这种感受时,我所说的这个我是指什么。自为之我和为他人之我,为我之他人。我身上哪些东西直接为我所知,哪些东西只能通过别人而为我所知。所知的最少和最多——前者是肤浅的自我感觉,后者是复杂的自我意识,但最多是发挥了潜在于最少中的东西。自我意识的历史发展。这一发展又与符号表达手段(首先是语言)的发展相关联。自传的发展史(米什③)。我的形象的多相成分。镜前之人。在我身上的是非我,换言之,在我身上的是存在,是某种大于我的东西。我和他人

---

① 巴赫金从言语活动的角度思考作者问题。他既强调小说作者不可能直接地表现自己,却又肯定言语活动必然采取个人化的形式。文学视角与语言学、人类学、心理学不同,它极端重视言语的个人属性,并且认为任何话语都具有特定体裁所决定的作者形式。——编者
② 巴赫金早年探索认识论课题(作者与主人公、行为哲学等)之后,60年代初又潜心研究人的自我认知、自我意识问题,并将其归入当时哲学论争中通行的术语"哲学人类学"。在之后的工作笔记里,这一术语虽不常见,而人的自我认知问题却一直占据着重要传统课题的地位。——编者
③ 参看 Misch G.*Geschichte der Autobiographie*.Leipzig und Berlin,1907.——原编者

在何种程度上可能统一在一个中态的人的形象中。只能施之于他人的感情(如爱情),和只能施之于自身的感情(如自尊心、忘我精神),我无从把握我的时间边缘和我的空间边缘,但能把握整个的他人。我进入到一个空间世界里,而他人一直处在这一世界之中。我和他人在空间和时间上的差异。这些差异存在于实际的感觉里,但抽象的思维把它们全给取消了。思想能够创造出一个统一的总体的人的世界而不分我和他人。在肤浅的自然的自我感觉中,我和他人合为一体。这里还不存在利己主义,也不存在利他主义。

我要藏到一个他人身上和许多他人之中,我只希望成为他人眼里的他人,以他人身份彻底融入他人的世界,甩掉世界上唯一之我(自为之我)的重负。

符号学主要是研究用现成的代码传达现成的信息。而在实际言语中,严格地说,信息是在传达过程中首次创造出来的,实质上没有任何代码。[1] 内部语言中的代码转换问题(任金[2])。

夹在一号笔记本中的内容提纲[3]

1. 作者形象问题。(第21—23页)

---

[1] 与维诺格拉多夫作者形象论几乎同时,苏联文论界兴起了一个新学派——结构主义符号学。它从剖析文学作品的结构模式入手,探索作者—信息—读者的互动机制,如洛特曼的纲领性著作就取名为《文学文本的结构》。上述两个学派关注的核心,最终都落在作者的立场和功能上,由此也同巴赫金复调思想的作者问题发生交汇交锋。不过,巴赫金认为在前两个学派的理论中,文学作者构思立意,塑造主人公,描绘艺术世界,无不只从自己单一的意识出发,故均应属于独白型创作。这与他所阐发的复调型小说恰好相反相成。于是小说艺术展开了独白与复调双峰对峙的局面。——编者

[2] Н.И.任金:《论内部语言中的代码转换》,载《语言学问题》,1964年第6期。——原编者

[3] 这是作者为写在一号笔记本中的《文本问题》所拟内容提纲,多半是为修改论陀思妥耶夫斯基一书时便于检索。提纲中数字为笔记本页码。——译者

2. 文学中是否可能有纯单声的(无客体的)话语？创作家总处于作为材料的语言之外,这总是话语中的第二个声音,即纯粹的关系。(第23—25页)

3. 生活言语中双声的性质。(第25—27页)

4. 瓦伊杰克尔的论述。对自然现象不可能采取对话态度(谈话,诉诸"你")。理解问题。理解与因果的解释。(第27—34页)

5. 原子物理学中的"观察者"问题。量子力学中客体与主体的融合。客观与主观的"状态"概念。(第35页)

6. 解释时只有一个意识(解释的意识),理解时有两个意识。解释不含有对话因素(除雄辩因素或诉诸听众的因素之外)。(第35—36页)

7. 穷困小吏的形象作为客体之"他"出现,对他可取感伤态度,但不是对话关系。(第37页)

8. 风格(语体)中的客体因素和功能因素。作者风格中功能因素为主；主人公和叙述人风格中客体因素为主。当存在重要的功能因素时,不同风格(语体)进入对话关系。(第38页)

9. 人的物化。不同声音变为物的特征或过程的征兆。(第39—40页)

10. 客体性(以及对话性)的不同程度。杰符什金形象与其他穷吏形象的比较。(第40页)

11. 在长篇小说(独白型的)中一般是写作者已经作出总结的争论；陀思妥耶夫斯基则写未完成的争论。对话的泛音。在陀思妥耶夫斯基之后,复调有力地闯进世界文学。(第40—41页)

12. 客体性与理解。(第41—42页)

13. 不同声音间的指物意义联系与对话联系。语言学成分不知道话语的边界,不知道声音的主权。他人声音的反响。(第46—48页)

14. 理解已是非常重要的对话关系。听得到的能力。(第50—52页)

15. 作者与主人公的不同实体。他们的语言处于不同的层面。作品内部的(主人公的)对话与现代现实的意识形态对话(作者参与其中)。在何等程度上和什么时候,作者言语和主人公言语的不同层面相互交错。塑造出来的作者形象(作者的不同面具),可进入主人公的层面中。(第52—54页)

16. 确定对话关系的特殊性。狭义的理解将对话与独白视为言语的布局修辞形式。(第54—58页)

17. 作为无所不包的实体的话语,和作为语言学对象的语言。(第58—60页)

笔记本 2

言语体裁与文学体裁。言语体裁、文化体裁(宗教体裁、法律体裁等)与文学体裁。

话语的空间和时间坐标,即体裁的时空体,以至形象的(神话的、叙事的、童话的、编年史的、长篇小说的等等)时空体。假如形象的时空体同读者(听众、观众)的时空体相重合,那么这个形象就成了真实的事件,读者和生活的真实事件。

言语活动中自己的因素和他人的因素。在这方面,言语还从未得到过系统连贯的研究。

俄国和苏联的文学理论(与西方比较)的高水平。鲍捷布尼亚,维谢洛夫斯基。形式主义者,维诺格拉多夫,季莫菲耶夫等。[①]

形式问题与历史主义眼光。体裁。不存在雷同划一,每种都有特色和个性。

---

① 笔记本2的写作始于1966年与1967年之交,终于70年代初。
　　由此段起至下一横线,是工作笔记中第一篇评论文学研究现状的短文,作于1966至1967年间。整个60年代里,人们不断询问巴赫金,希望了解他如何评价当代的文学理论,又是从哪些视角出发立论。这一切就为巴赫金1970年回答波兰记者的采访打下了基础。——编者

研究的性质。实验。无畏精神。打破了教条主义年代积累起来的僵化濒死却"毋庸置疑"的提法和定义,但保留了优良且富生命力的传统,和对<创造性理解>马克思列宁主义牢固基础的极度忠诚。

已然获得的现成的知识,尚不可加以系统化,因为数量还少,并且还有许多可疑的不准确的内容。对此已有深刻的认识。人们不怕追求深刻。已经成功地避免了循规蹈矩和实证主义的经验论。

———

情节在何种程度上表现作者对主人公的立场,而首先是表现作者的总体评价。情节在何种程度上能使作者建构起对主人公们的评判。随心所欲的主观情节。普希金论塔吉雅娜和托尔斯泰论沃伦斯基。受奖赏的善举和被惩治的恶行。悲剧情节和喜剧情节。情节本身的简要概括与复现。情节的辅助性质。陀思妥耶夫斯基作品中的含混和清晰。陀思妥耶夫斯基的情节(特别在《卡拉马佐夫兄弟》中)表现了作者的复调立场,这是复调整体的创作者立场,而不是独白型局限性世界观的作者立场。情节在整个艺术作品中可能是最粗疏也最中性的一个成分。情节的完结带有文学的假定性。[①]

长篇小说的时空体。时间——是尚未结束的当代(在历史小说中是现代人的视角,用现代人的眼睛观察),空间——是可能交往(亲昵交际)的区域。体裁形成的缓慢过程。

文学理论(语言学也同样)的取向,主要依据相对稳定的时代(依据成形的确定的东西)。它探寻最近的原因和要素,担心远离研究的对象(所谓"局限于时代的框架内")。流派、风格等等之间微不足道的斗争因素。狭隘的时间视野。

长篇小说则以未来为生机。史诗也罢,悲剧也罢,都没有未来。

[①] 此段论述是针对文论界多数学者(其中包括新兴的结构主义学派,如洛特曼)早有共识的情节观而发。巴赫金不否认情节在体现作者对主人公的立场,在建构作品的整体性等方面的作用;但他更加强调文学体裁(尤其是长篇小说体裁)在这里的举足轻重。他特别指出体裁中的时空体因素,作为观察世界的方法所具有的决定性意义。——编者

讽刺进入了现代的所有语言之中①（特别是法语），进入了一切的词语和形式之中（特别是句法形式），例如讽刺解体了言语中那烦冗"华丽藻饰"的排比句。讽刺无处不在：从隐约可辨的揶揄到高声的挖苦、几近乎嘲笑。现代的人不作宣讲，而是说话，亦即娓娓道来的诉说。一切宣讲的体裁得以流传，主要是作为长篇小说中讽刺模拟性或半讽刺模拟性的建构成分。普希金的语言正是这样渗透着讽刺的（有不同的程度）、有附加意味的现代语言。

那些崇高的宣讲体裁的言语主体——祭司、预言家、传教士、法官、首领、宗法长者等——都已退出生活。取而代之的是作家，仅仅是作家，也是他们风格的继承者。作家要么仿效他们的风格（即装出预言家、传教士等的姿态），要么对他们加以讽刺性的模拟（在不同的程度上）。他还需要形成自己的风格、作家的风格。对古代歌手、行吟诗人、悲剧演员（祭司狄奥尼斯）来说，甚至对现代的宫廷诗人来说，还提不出这个问题。他们面对的是现成的情境：各种类型的节日庆典、宗教仪式、饮筵。甚至长篇小说之前的话语，也都有其情境——狂欢节类的庆典。而作家却没有风格和情境。于是文学出现了完全的世俗化。不具备风格和情境的长篇小说，实质上还不算一种体裁；它不得不模仿（演示）某些非艺术性体裁：日常叙事、书信、日记等等。

所有新语言都具有某种特殊的清醒、朴实、民主性、自由随意等性质。在一定意义上可以认为，所有这些语言（特别是法语）源自民间的粗俗不雅的体裁；所有语言都在一定程度上受到一种排斥他人圣明话语以至排斥一切圣明和权威话语的长期复杂的过程所决定，这种圣明

---

① 由此处至下文横线，是作者对长篇小说理论诸多课题的思政议论，或是由阅读书刊著述而引发的联想，或是在撰写小说论文过程中的有感而作。涉及的方面和问题虽广，关注的中心却在于耐人寻味的深层探索：长篇小说体裁的形成过程中如何建构小说庄与谐的格调，如何驾驭传统的文学语言和社会各种语体风格，如何把研究视野从语言学扩大到超语言学，最后则要归结到复调小说中对话机制的结构与功能。——编者

和权威话语则是无可争辩的、绝对的、无条件的话语。这种话语有神圣不可侵犯的边界,因而也就有惰性,交锋与组合的可能性十分有限。它妨碍思想,束缚思想。它要求的是虔敬的重复,而不是进一步的发展、修正和补充。它是从对话中截取出来的:它只能被引用于对语之中,而本身不能成为与自己平等的其他对语中间的一员。这种话语分布到各处,起着限制、引导、约束思想和现实经验的作用,正是在与这一话语做斗争的过程中,在(借助讽刺性模拟的抗体)摆脱它的过程中,形成了现代的诸语言。他人话语的边界。留在句法结构中的痕迹。

圣明的(权威的)话语之性质;它在言语交际的语境中,以及在民间(口头)创作和文学体裁的语境中表现出的特征(它的因循惰性、它与对话的脱离,它的极其有限的组合能力,特别是与粗俗不雅即非圣明话语的组合能力),显然绝不是它的语言学特征。这些特征属于超语言学的特征。属于超语言学研究范围的,还有他人话语的不同类型和这个他性的不同程度,以及对这一话语所采取的不同种类的态度(模拟其风格,讽刺性模拟,论辩,等等),还有从言语生活中排除它所用的不同方法。不过,所有上述现象和过程,也包括数百年间摆脱他人圣明话语的过程,同样在语言学意义上的语言中也有所反映(积淀),其中包括现代语言的句法结构和词汇语义结构。修辞学应建立在对各同人民言语生活里重大事件(数百年间的事件)的超语言学研究上。话语在不同文化和不同时代中发生变化所形成的诸类型(如姓名、绰号等等)。

话语的类型:神圣的话语、专断的话语(属不同领域的——国家的、社会的、哲学的、科学的等等)、内在的专断话语、外行的话语、下流的话语、禁忌的话语等。它们在当代言语活动中所占的比重。

社会性与职业性的惯用语和行话。需要从超语言学的角度重新审视它们的定义和含义。每种方言、惯用语和行话,都是一个特定的世界观(即便处在萌芽状态),有其自己的评价体系,对崇高和卑劣有独自的理解,有自己的等级观念,对自己对话者,有特殊的感受,有自己的话语主体。① 意识形态方面的(如存在主义)与文学方面的风格与流派问题。

　　言语的活动。它的个人属性。话语是言语活动的一个单位(这不是如同词、句子、音位一般的抽象单位,而是完全具体的单位,它是历史的属于个人的一个整体)。话语和话语之间的关系(是最广义的对话关系)。它们同样是有个人属性的。这种关系不可归之于逻辑的关系或语言学的关系(如对立关系、同一关系等)。当然,也不属于机械关系或物理(生物)关系(如恼怒——回应的关系)。

　　问题——回答不属于逻辑关系(这是为激活逻辑结构而赋予个人的属性)。一切逻辑关系和数学关系上都是独白性质的。

　　反对、对立、差异、同一等关系的分析。寂静和声音。对声音的感知(在寂静的背景上)。寂静和沉默(无人说话)。话语的停顿和话语的开始。以声音打破寂静,是力学的和生理学的现象(作为感知声音的条件);而以话语打破沉默,则是个人的和有意的行为,因为这完全是另一个世界。在寂静中没有东西发出声音(或者某种东西不发出声音);在沉默中则没有人说话(或某人不说话)。沉默只是在人类世界上(也只是对人来说)才可能有。

　　诚然,寂静也好,沉默也好,总是相对的。

　　感知声音的条件,理解识别符号的条件,思考理解话语的条件。

　　沉默——有含义的声音(话语)——停顿,这构成一个特殊的语境(логосфера),一个统一而连贯的结构,一个开放的(未完结的)整体。

　　一是理解识别言语中可重复的要素(即语言),一是思考理解不可

---

① 地域方言、职业行话、功能语体、文章体式等问题,在当时的报刊上广受重视,引发了热烈讨论。巴赫金立足于话语的传情达意功能,亦即从超语言学角度出发,提出话语各类型和各体裁均代表特定的世界观,有自己的评价体系,有自己的言语主体,能唤起不同的感受。他认同维诺格拉多夫对文学话语的社会学分析,而其不足在于忽视各种社会语体之间存在的对话关系。同样他也批评结构主义者根本不理会语体(即编码符号)之间可能存在对话关系。——编者

重复的表述。言语的每一要素都要从两个层面上看:可重复的语言层面和不可重复的表述层面。语言通过表述的媒介,参与到不可重复的历史中和未完成的语境整体中。

话语作为一种工具(即语言)和作为一种理解。作为理解的话语属于目的的王国。话语作为最终的(最高的)目的。

对符号的理解——识别。对话语的一种专业化的理解,把话语看作是说话人(设想自己处在他人的地位上)之间的互相交替,互相趋同(部分地)。由完整的(不可替代的)个性,来理解完整的话语,之间是没有任何的相互等同可言的。

在言语表述的历史上(其中也包括讽刺的历史),沉默的形式和非直接表述的话语形式。

每种社会的、职业的习用语言(以及俚语行话),都有相对应的完全确定的一套言语体式,借以体现自身。语言学不过问这些体式。至于功能语体,这基本上是体裁的模式。

研究话语(言语作品),不应视之为封闭的囿于自身的文本[①],要把它当作言语交际链条中的一环,当作是答话又是问话。

科学的体系是已得成果的总和,是科学在当下所处的状态。然而科学的形成过程,不可能体现在系统的独白形式中。[②]

艺术思维(特别是古代的艺术思维)的时空体性质。视角具有时空体的性质,亦即既包含空间因素,又包含时间因素。与此直接相关的,是价值(等级)的视角(对上和对下的态度)。所写事件的时空体,叙述者的时空体和作者(作者最终一级)的时空体。造型艺术中

---

① "不应视作品为囿于自身的文本",是巴赫金批评结构主义一贯采用的提法。而结构主义者反过来,批评当时的传统文论界是利用文本外因素解释作品,从而给直觉和主观主义大开绿灯,堵塞了真正的科学描述之路。——编者

② 这段文字是巴赫金笔记的典型代表。开头一句引述某个他人的话(观点)接着通过"然而"讲出巴赫金对此观点的质疑。假如科学(观点、成果)尚处于形成过程中,它不可能体现为系统的独白形式,而应是处于对话中的成熟过程。——编者

想象的空间和真实的空间。摆在画架上的画作，处于（依层次）设定的空间之外，它是悬空而在的。语言形象和现实时间（历史时间）的关系。

作者超知的问题。① 所知相同的人们和同样少知的人们（探求知识的人们）相互交谈，进行平等的对话。其实，两个完整个性相互对话，不可能出现交融，不可能置身于他人的地位上去（这他人就是"你"）。

不可能只有单一语调（严肃语调）。多语调的文化。严肃语调的诸领域。讽刺作为沉默的形式。讽刺（和笑）是对情境的征服，是对情境的提高。只有教条的文化和权威的文化，才会片面地单有严肃性。强权是不懂得笑的。对严肃面孔的分析（是恐惧还是威胁）。对微笑面孔的分析。激昂的位置。激昂慷慨转为声嘶力竭。播送重要消息的播音员，其语调中隐伏的威胁。严肃性会加重困境，而笑则能超脱困境之外，笑使人摆脱困境。笑不束缚人的手脚，而是解放人。

笑的社会性、合唱性，笑趋向于成为全民的和世界的。笑之大门对一切人，也对每个人洞开。生气、恼怒、愤恨向来是单方面的，因为它排斥发怒的对象，也引起对方的愤怒。愤恨使人们分离，而笑只会联合人，笑不会离间人。笑可以与内心深处隐秘的感情相结合（斯特恩、让·保罗等人）。笑和节庆。日常生活的文化。笑与目的的王国（而工具总是严肃的）。一切真正伟大的东西，都应包含有笑的因素。反之伟大便会变为威严、可怖或装腔作势，至少会变为有限的伟大。笑把路上的拦道木抬起，使道路畅行无阻。

欢快的、爽朗的、节庆的笑。封闭的、纯否定性的讽刺之笑。笑和自由。笑和平等。笑使人们亲近而无拘无束。不能强令人笑，强令人

---

① "超知"的说法，是巴赫金探讨人们对话和认知的关系时提出的，主要指认知活动中人们由于所处地位与环境不同，立场与视角不同，对事物获得了超越他人的了解，所谓外位导致超知。这里还特别强调了认知者如此完整深刻的个性，在平等对话中定能保持自己的独立个性，既不至于混同他人而失去自我，也不会轻率接受他人的立场。——编者

节庆般欢娱。节日向来自古就有的或者是找不到源头的。

在多语调的文化中，就连严肃的语调听起来也已不同，其中有笑和戏谑语调的回声，失去了自己的绝对性和唯一性，补充了笑的成分。①

在体系的层面上以及有机整体的更高层面上对文化(和文化的某一领域)进行研究②，这个有机整体是开放的、形成中的、没有结束也不能预先论定的，它可能死亡也可能更新，它能超越自身(即越出自己边界)。

把《叶甫盖尼·奥涅金》的多语体性(参看洛特曼③)，理解为一种重新编码(从浪漫主义变为现实主义，诸如此类)，其结果是最重要的对话因素消失了，不同语体的对话变成同一东西不同说法的简单共存。在语体的背后，存在着完整个性的完整视角。代码要求先要有现成的内容，先要在给定的代码之间实现选择。

而表述(言语作品)作为一个整体，进入一个全新的言语交际领域(作为这一新领域中的单位)。这个领域不可能使用语言学以及(更宽泛一点说)符号学的术语和方法来加以描述和界定。④ 这一领域受特殊的规律所支配，并要求对自身的研究须有特殊的方法，直截了当

---

① 这则笔记写于巴赫金修订出版论拉伯雷专著之后，反映了他对长篇小说中庄谐关系的见解。巴赫金不主张小说局限于单一语调，提倡庄谐的多样统一。这不仅针对拉伯雷小说的艺术世界而言，而是视此为建构小说艺术的普遍原则。——编者
② 这里的"在体系的层面上……对文化……进行研究"，是巴赫金引述苏联文论中结构主义符号学派对符号体系施以结构描写的方针。由此段起直到下一横线(在"我国文艺学历史视野的狭隘性"之前)，是巴赫金研读《符号体系论集》第二辑论文时，写下的一系列回应结构主义符号学的笔记。——编者
③ Ю.М.洛特曼：《论二度模式体系中的意义问题》，载《符号体系论集》，第2辑，塔尔图，1965年，第22—37页。——原编者
④ 此段论述反映出巴赫金对结构主义所持的总括的看法。直到60年代前，他始终认为语言学的术语和方法，不可施于超语言学。这里则说表述"不可能使用语言学以及(更宽泛一点说)符号学的术语和方法来加以描述和界定"。意即符号学与语言学密切相关，而涵盖的范围更广泛，建构在语言学的基础上。——编者

地说,须有特殊的科学(学科)。① 表述作为一个整体,不能用语言学(和符号学)的术语来界定。"文本"这一术语不符合完整表述的实质。

不可能存在孤立的表述。它总是要求有先于它的和后于它的表述。没有一个表述能成为第一个或最后一个表述。它只是链条中的一个环节,脱离这一链条便无法研究。不同表述之间存在的关系,不可能用机械的范畴或是语言学的范畴来界定。这种关系找不到自己的类似物。

可以排除文本外的因素,但不能脱离开在言语交际链条中与该文本相联系的其他文本。② 内在社会性。在理解和研究表述的过程中两个意识的相交。不同表述间的关系,是个人间的关系。对表述及其边界的界定。

第二意识和元语言。③ 元语言不单是代码,它对所描述和分析的那一语言,总是取对话的态度,量子理论中实验者和观照者的立场。这一积极立场之存在,改变着整个情境,因而也改变着实验之结果。具有观照者的事件,不管观照者离得多远,多么隐蔽和消极,都已完全是另一种事件了。(参看佐西玛的"神秘造访者"。)人文科学中第二个意识的问题。能够改变被问者意识的那些问题(征询表)。

第二个意识,即理解者和应答者的意识,是不可穷尽的,因为这一

---

① 这里提出的"特殊的科学""特殊的学科",就是所谓"超语言学"。由此向下隔过四个自然段,在"所指与能指,接受信息的符号"后面,巴赫金明确提出"从语言学领域进入到超语言学",意在严格区分开传统的语言学现象和新兴的小说话语理论。——编者
② 巴赫金诟病结构主义方法的重要一条,就是后者排除文本外因素,而囿于文本自身。巴赫金则认为,每一话语都与其他话语处于对话关系之中。——编者
③ 巴赫金提出的典型范畴"第二意识",是指理解者和应答者的意识。它与话语主体的意识构成对话关系,是巴赫金所称人文科学的哲学基础。"元语言"则是符号学的一个基本概念,属于结构主义的人文科学方法论的范畴。第二意识和语言在形式上很相近,在含义和功能上却是相反的。元语言是符号学建构的一种语言,用来研究和描写另一语言,二者意义上没有关联。巴赫金的立场相反,认为人文科学中的"第二意识"(研究者意识)不把对象物化,而是与这个他人意识展开对话交流。——编者

意识中潜存着无可计数的问答、语言、代码。以无限对无限。上帝创造了人,并非在他用地上泥土塑出人身之时(这是从猿到人之间自然天成的阶段),而是当他给人装进鲜活心灵的时刻。这已然超出了自然界和自然规律(人类心灵史的开端)。

所指与能指,接受信息的符号。这里没有言语主体。从语言学领域进入到超语言学。

出现生命和意识,就是出现存在事件的目击者,这目击者的出现,从根本上改变了事件的总体含义。友善地划清界限,然后进行合作。① 不是去正面地揭示自己理论和观点的相对(局部)真理性,而是极力(对此不惜竭尽全力)要完全驳倒和消灭自己的对手,全面消除另一种观点。

任何人也不能代表科学讲话,代表这一或那一科学流派讲话,而只能代表自己讲话。但他要对科学负责,对自己的流派负责。科学不会任命任何人、推举任何人做自己的代表。

没有任何一种科学流派(不是骗人的流派)不是[字迹不清]总体的,也没有任何一种流派保留下来自己初始的形式而不发生变化。在科学中没有任何一个时代是只有唯一一个流派存在(不过几乎总有一个流派占据统治地位)。这里根本谈不上有什么折中,因为把所有流派全融合成唯一的一个流派,对科学来说是致命的(如果科学能够死亡的话)。界限划分得越清楚就越好,但应是友善地划分。不要在边界线上打架。要合作。存在着边缘区(在这个区域里通常会出现新的流派和学科)。

见证人和裁判官。随着世界上(存在中)意识的出现,也许是随着生物的出现(可能不仅有兽类,还有树木和花草都可作见证和评判),世界(存在)发生着根本的变化。石头依然是石头,太阳依然是太阳,

---

① 这里开始一个新论题:"存在事件的目击者"。从下一句起转入另一论题:"不同学派的友善共存",长达三个自然段。之后自"见证人和裁判官"起,论述再返回"存在事件的目击者"一题。——编者

可是存在事件作为整体(不可完成的整体)却完全变成另一个样子。因为在地球的存在舞台上第一次出现了事件的新的主要角色——见证人和裁判官。太阳在物理上依然如故,可已经变成另一个样子,因为开始为见证人和裁判官所意识。太阳不再单纯地存在,而是开始既是自在之物、为自身而存在(这些范畴在这里首次出现),也是为他人而存在;因为它反映到了他人的(见证人和裁判官的)意识之中;这样,它便从根本上发生了变化,得到丰富和改观(这里说的不是"异体存在"——инобытие)。

对此不能理解成是存在(自然)开始在人身上意识到自己,开始自我反映。要是这样,存在依然是与自身同在,只不过是复制自己罢了(存在依然是孤独的,就像意识——见证人和裁判官——出现之前的世界一样)。事情不是这样!是出现了某种绝对新的东西,出现了超存在。在这一超存在里,连存在的一点影子都没有了,然而整个存在却寓于这个超存在之中,并为这个超存在而在。

这类似于人的自我意识问题。意识者与被意识者是否完全相吻合?换言之,人是否依然是与自己共在,亦即依然是孤独一身?在这里,人的整个存在事件是不是要从根本上发生变化?实际上的确是这样。这里出现了某种绝对新的东西:超人、超我,即对整个人(整个我)的见证者和裁判者,因而这已不是人、不是我,而是一个他人。自己反映在真实的他人眼中,需要通过他人才可获得自为之我(这个自为之我难道能是孤独一人吗?)。这个我有绝对的自由。但是这一自由不能改变存在,不能有所谓物质上的改变(甚至也不向往这样)。这一自由只能改变存在的含义(如承认存在,为存在辩护,等等)。这是见证人和裁判官的自由。它表现为话语。真理、真实不为存在本身所有,它只是属于被认知的和被说出的存在。

相对自由的问题,相对自由是指仍处于存在之中,改变着存在的构成却不改变其含义的那种自由。这种自由改变着物质的存在,脱离开含义之后,会成为暴力,成为赤裸裸的粗暴的物质力量。创作向来是关联着含义的改变,却不会成为赤裸裸的物质力量。

即使见证人能够看到和了解到的,只是存在的微不足道的一角,他没有认识和看到的存在也要改变自己的质(即含义),因为变成了未被认知和未被看见的存在,而不简单是存在,不简单是与见证人发生联系以前的那个存在。

一切与我有关的东西,从我的姓名开始,为了由外部世界进入到我的意识中,都得经过他人(母亲等)之口,带着他人的语调,带着他人的情感价值色彩。我最早是通过他人才意识到自己的,因为我从别人那里习得话语、形式、语气,以形成关于自己的最初表象。自我意识中的童稚成分("妈妈可不喜欢这样的哟……")①,有时一直到死都还记得(以爱抚的语调感知自己和想象自己,以及自己的形体、面容、往昔)。正如躯体最初在母亲怀里(母体)形成一样,人的意识也是在他人意识的笼罩中觉醒起来的。后来才开始用中态的词语和范畴来归纳自己,亦即把自己作为一个人来界定而不管他同"我"和"他人"有何种关系。

关系的三种类型:

1. 客体之间的关系:物体之间、物理现象之间、化学现象之间的关系,因果关系,数学关系,逻辑关系,语言学关系,等等。

2. 主体和客体之间的关系。

3. 主体之间的关系——个人之间、个性之间的关系:表述之间的对话关系,伦理关系,等等。属于此类的还有一切人格化了的含义联系。意识之间、真理之间的关系,互相的影响,师徒关系,爱,恨,欺骗,友谊,尊敬,虔诚,信任,猜疑,等等。

但是,假如这种关系发生了非人格化(如以语言学观点看表述间和风格语体间的关系),那么,它就要转化为第一种类型。另一方面,

---

① 出自 B.霍达谢维奇的诗歌《镜前》(1924):
"我、我、我。这词儿多么古怪!难道对面的那个,真的是我?妈妈可不喜欢这样的哟,皮肤土黄、头发灰白、无所不知,活像一条蛇。"——译者

许多客体间关系有可能人格化,这时就转变为第三种类型。物化和人格化。

界定主体相互关系中的主体(个人):他的具体性(姓名)、整体性、责任等等,不可穷尽性、未完成性、开放性。

三种关系类型之转化和混合。例如,文艺学家与作者或主人公争论(争辩讨论),同时又把他用完全确定的因果关系(社会上、心理上、生物上确定的因果关系)来解释。两种观点都有道理,但须在一定的明确的方法论范围内,不可互相混淆。不能以医生应该治疗活人而不是死人为理由,禁止他解剖尸体。致死的分析在自己的范围内是完全合理的。一个人越是理解自己的限定性(自己的物性),就越能准确地理解和实现自己真正的自由。

毕巧林尽管性格极为复杂而充满矛盾,与斯塔夫罗金[①]相比,依然是完整而天真的。他没有尝到认识之树的果实。俄国文学在陀思妥耶夫斯基之前的所有主人公,都没有尝到认识之树的善果与恶果。所以在长篇小说的范围内,还可能有天真而完整的诗意、抒情、优美的景色。他们(陀思妥耶夫斯基之前的主人公们)还能找得到人间天堂之一隅(某些角落),而陀思妥耶夫斯基的主人公们则一下子被永远逐出了这个天堂。

我国文艺学历史视野的狭隘性。[②] 局限在较近的时代里。时代这一范畴本身的不确定性(方法论上的)。我们解释某一现象只从它的当代和不久的过去出发(在"时代"的范围内)。我们首先关注的,是

[①] 斯塔夫罗金是陀思妥耶夫斯基《群魔》中的主人公,毕巧林是莱蒙托夫《当代英雄》中的主人公。——译者
[②] 由此句起一下连续7段合为一题,是分析当代文学理论现状的第二篇论述(第一篇见笔记本2中注①)。评论中心没有脱离开时代问题。巴赫金批评文学研究中局限于某一时代,局限于本文自身的倾向;研究者重视定型完成的现象,却忽略发展变化的过程,往往聚焦在普遍规律上而忘记了历史主义原则。结果是奢谈创作方法、风格、结构、情节、功能等等,唯独让体裁这一项遭受冷遇,也就暴露出明显的弊端。——编者

定型的和完成的东西。即便在古希腊罗马文学中,我们突出的也是定型和完成的东西,而不是萌芽的和发展中的东西。我们不研究文学产生前的文学萌芽(在语言中和仪式中的萌芽)状态。对特征的狭隘("专门化")的理解。可能性与必然性。在人文科学中未必能谈得上必然性。这里能够科学地加以揭示的,只是种种可能性,以及其中得以实现的一种可能性。可复现的东西和不可复现性。

韦尔纳茨基[①]论基本范畴(不仅是科学的范畴,还有艺术的范畴)历史形成的缓慢过程。文学在自身历史阶段上应运而生时,它是坐享其成的:语言是现成的,观照和思维的基本形式也是现成的。但它们还在继续向前缓慢地发展(局限在一个时代里,很难观察到它们的发展趋势)。文艺学与文化史的联系(这里的文化不是众多现象的总和,而是一个整体)。维谢洛夫斯基[②]理论的力量(符号学)正在于此。文学是文化整体不可分割的一部分,不能脱离文化的完整语境去研究文学。不可把文学同其他文化割裂开来,也不可把文学直接地(越过文化)与社会、经济等其他因素联系起来。这些因素作用于文化的整体,而且只有通过文化并与文化一起再作用于文学。文学过程是文化过程不可割裂的一部分。

在广袤无垠的文学世界中,19世纪的学术界(以及文化意识)只涉猎了一个小小的世界(我们则把它缩得更小)。东方在这个小世界里几乎完全没有得到反映。文化和文学的世界,实际上如宇宙一样广大无涯。我们不是指它地理上的大小(它在这方面是有限的),我们指的是它含义的深邃;含义也像物质一样是深不可测的。领会、形象、形象含义的组合、材料及对材料的理解等等,都呈现出无限的多样性。我们通过筛选,再通过将所选部分加以现代化,把这个世界浓缩得极小极小。我们把过去变成了贫瘠的过去,自己也没有得到充实。我们囿于狭窄和划一的理解而感到窒息。

---

① 韦尔纳茨基(1863—1945),苏联学者,自然科学家。——译者
② 维谢洛夫斯基(1838—1906),俄国哲学家。——译者

文学发展的康庄大道经过数个世纪(并在不同民族中间)的酝酿,造就出这位或那位作家,这部或那部作品。而我们却只知道作家、作家的世界观和他的时代。《叶甫盖尼·奥涅金》共写了七年。确实如此。但创造条件使它可能出现,需要数百年(或许上千年)。像体裁这样伟大的文学现象,至今完全被人忽视。

更为重要的是关注即将要做的事。经过半个世纪的准备,文学理论有了可能出现真正的高峰,只有我们能达到的高峰。这种可能性的酝酿形成,与其说是在文学理论界自身,莫如说是在生活中,在人们的生活实践和文化实践中。

仅局限在时代之内(即囿于近期),也难以理解作品在随后时代(即长远时期中)未来的命运如何。粗略地说,如果把一部作品的意义归结到与奴隶制斗争,那么在奴隶制及其残余退出生活之后,作品应该失去它的意义。可是,作品往往还会扩大自己的作用,即具有了长远时期的意义。不过,假若作品没有把过去时代的经验汲取到自身,它就不可能生存在未来的时代中。任何一个当下的时代,对后来时代来说都将成为过去。当下成为过去之后,在未来时代看来可能是富有成效的,也可能是没有成效的。当下要想对未来富有成效,必须让过去在当下就成熟并结果(内含籽粒)。一个非常重要的方法论任务,就是正确地在时间中(指长远时期,而非眼前)把握作品。同时既需要空间上的广阔(地域上的),又需要思考上的深邃。

同公式化做斗争,方法不是抽象地批评这些公式,而是正面地揭示和发现那些无法纳入公式、在公式中观察不到的生活现象。这样做的结果不是导致建立新的公式,而是扩展开了世界。①

---

① 对当今文论现状评述的第二篇,到此结束。如果合乎此篇与1970年发表的《答新世界编辑部问》相比较,仅数年之隔,内容却有了显著不同。笔记涉及的问题,有些没收入答编辑部问,有些收入时做了改动。笔记中列举的代表文学理论最高水准的学者名单,到答编辑部问里大为删减。笔记里视为核心内容的作者问题,在答编辑部问中竟未提及。此外,评述间加强了批评的语气。这些变化都是值得深入探究的。——编者

文学中的语调问题(笑声和眼泪及其衍生物)。类型问题(情节和形象的有机整体)。感伤现实主义的问题(区别于感伤浪漫主义;维谢洛夫斯基①)。眼泪和悲伤对观照世界所具有的意义。世界的悲哭侧面。怜悯。莎士比亚作品中(一系列的情节)对这一侧面的发现。唯灵论者②。斯特恩。崇拜弱小、无助、善良等——对动物、儿童、弱女性、傻子和白痴、花卉、一切小东西。自然主义世界观、实用主义、功利主义、实证主义创造出单调而灰色的严肃性。世界文学中语调日见贫乏。尼采同反对怜悯的斗争。崇拜力量和成功。怜悯伤害人的尊严。真实不能成功、不能取胜。罗曼·罗兰作品中的感伤主义成分。眼泪(与笑一起)构成边缘情境(当排除了实际的行动时)。眼泪(还有感伤主义)是同官方正式的气氛格格不入的。官场应酬的精神振奋。情绪高涨激昂。感伤主义的资产阶级色调。理智的脆弱、愚蠢、庸俗(爱玛·包法利以及对她的怜悯,动物)。退化为矫揉造作。抒情诗中和长篇小说抒情段落里的感伤主义。歌剧中的感伤主义成分。感伤主义的田园诗。果戈理与感伤主义。屠格涅夫。格里戈罗维奇。感伤主义的生活描写。对家庭日常生活的感伤主义赞美。感伤的浪漫曲。怜恤、惋惜、动情。伪装。感伤主义的刽子手。狂欢性与感伤主义的复杂结合(斯特恩、让·保罗以及其他作家)。生活和人都有一些确定的侧面,只能在感伤主义的层面上加以理解,找到根据。感伤主义的侧面不可能覆盖一切,不是宇宙性的。它使世界变得狭小、孤立。崇尚纤小和局部。感伤主义的幽室性。阿尔丰斯·都德。俄罗斯文学

---

① 参看 A.H.维谢洛夫斯基著《B.A.茹可夫斯基·情感和"心灵想象"之诗》,圣彼得堡,1904年。书中首先视茹可夫斯基为感伤主义诗人,是"我们时代唯一的、真正的多愁善感的诗人",他只是受到"浪漫主义思潮"的影响。——原编者
② 唯灵论者是13世纪末弗朗西斯科·阿西斯基的最激进的追随者,他们激烈反对异教徒进入教堂。看来巴赫金在这里首先指的是宗教诗人雅可波涅·达·托基,一个热心的唯灵论者。他在诗作中用意大利民间语言,以极强的洞察力表现了对基督和圣母玛利亚所受的苦难的同情。在一首赞美玛利亚的诗中表现了悲痛欲绝的心情。其中一段写道:
"谁看到这个情景能不泪水盈眶,抽泣不已。谁不哀痛、谁不悲戚?哦,谁又不唤醒心灵那温暖的同情与怜惜?"——原编者

中"穷吏"主题。拒绝时空上恢宏的历史概括。遁入普通人情感的窄小天地。没有旅程的游历(斯特恩)。对新古典主义英勇精神和启蒙主义纯理性的反响。崇尚情感。对宏大的批判现实主义的反响。俄罗斯文学中的卢梭和维特主义。

――――――――

他人话语是人文科学中一个特殊的研究对象。①

所谓他人话语,我理解是用研究者本人的语言,或是用某种外人的语言所表述的话语(话语所用的语言,自然对研究来说就有了重要意义)。与他人话语打交道的,不仅是人文科学,还有逻辑学,还有各种自然科学。不仅如此,任何的科学思想无可避免地生活和运作在他人话语的世界里(如该学科其他学者的话语等)。科学思想不能在孤独中生存和发展。不过,在非人文的学科中,他人话语从来不构成独立的研究对象。只有相应的自然现象才能成为这样的独立研究对象。自然科学家正是完全摆脱了话语的"他人"属性,即话语为他人所说这一点。因为自然科学家仅汲取他本人以及任何他人在相同时空点上能够感受和说出的东西,亦即说话人能够讲出的纯粹客观的质实的东西。简略地说,在这里理解的含义归结为从话语(实证)中抽取出纯物质的方面而完全摒弃话语主体本人。说话人个体在这里完全可以替换,因为研究者同他人的意识思想不发生关系。当然,规避观察者和实验者主体的问题,在有些学科中是很为复杂的(例如量子理论中的实验者)。但说话者的个性任何时候也不会成为独立研究的对象。

――――――――

把一切都归结于一个意识之中,把他人(所要理解的人)意识消解

――――

① 此句前的横线,可能是(但不一定)间隔两段时光的标记,一是居住于萨兰斯克时(至1969年底),一是移居莫斯科后。从此刻开始,他人话语问题作为独立思考的论题,不止一次出现在巴赫金笔记中。在入住莫斯科的整个时期,巴赫金一直关注他人话语的问题;凡与话语相关联,与人文学术的哲学基础相关联的思政探索,都被纳入其中。可以认为,正是未能完成的他人话语一题,成了巴赫金在生命最后数年间孜孜不倦耕耘的对象。——编者

其中,这是一种错误倾向。外位性(空间上的、时间上的、民族的)具有的根本的优越性。不可把理解视为移情,视为把自己摆到他人的位置上(即丧失自己的位置)。这样做只能涉及理解的一些表面因素。不可把理解视为将他人语言译成自己的语言。

(他人话语的)理解问题。两个意识。第一个意识(理解与阐释的对象)——不单纯是他人的个体意识,而且是特定的文化意识,是特定时代、特定文化区域、特定社会群体的意识。

两个意识、两个时间(两个时代)的交会,二者都创造性地共同参与,二者相互丰富对方。

这些学科各类之间的模糊界限和相互过渡。方法的重要性。自然科学的方法——实验与数学加工;人文科学没有这样成型的方法。

理解的问题。

当创造者完全地实现自己创意时理解的简单与轻松。对生活状态的理解。体现于世界观中的对生活的理解。处于同样生活环境和文化环境中的人们,相互间的了解。

对文本的理解,应达到该文本作者本人对它的理解,然而,可能并且应该达到更好的理解。深刻有力的创作,多半是无意识而又多含义的创作。作品在理解中获得意义之充实,显示出多种含义。于是,理解能充实文本,因为理解是能动的,带有创造性质。创造性理解在继续创造,从而丰富了人类艺术宝库理解者参与共同的创造。

[将作品纳入到新的重大语境(文化历史语境)中,这本身就能揭示出作品的新的方面。]

理解和评价。不可能有无评价的理解。理解和评价不可分割:它们是同时的,构成一个完整统一的行为。理解者看作品,出于自己已定型的世界观、自己的视点、自己的立场。这种立场在一定程度上决定他的评价,但立场本身并不是一成不变的:立场要受到作品的影响,而作品总要带来某种新东西。只是当立场具有教条主义的惰性时,才不能在作品中揭示出任何新东西(教条主义者只知抱残守缺,他不可能自我丰富)。理解者不应排除改变或者甚至放弃自己原有观点和立场的可能性。理解的行为中包含着斗争,而斗争的结果便是相互改变,相互丰富。

与某种伟大的东西相会(встреча)①,而这种伟大的东西总在决定着什么、赋予某种义务、施以某种约束——这是理解的最高境界。

K. Jaspers'a (*Philosophie*, 2Bd. Berlin, 1932)论相会与交流(Коммуникация)②。

积极的赞同或反对(如果不是教条主义地事先决定的话),能促进并深化理解,使得他人话语更富弹性和特性;不允许相互融合和混淆。要清晰地区分开两个意识,两个意识的对话及其相互关系。

理解可重复的要素和理解不可重复的整体。认识新的、陌生的东西,同它的相会。这两个因素(认识可重复的东西和发现新的东西)应该不可分地统一在实际的理解行为中。要知道,整体的不可重复性也反映在参与整体的每一可重复的要素里(这要素可说是既可重复又不可重复)。单纯以认识为目标,只寻找熟悉的东西(已有过的东西),是不能揭示新事物的(即主要的东西,不可重复的整体)。解说和释义的方法,往往只归结为揭示可重复的东西,认识已熟悉的东西,至于新事物即使有所察觉,也显得十分贫乏和抽象。这时创造者(说者)的独特个性自然已荡然无存。一切可重复的和已认识出来的东西,完全消融在理解者一人的意识里,并为这一意识所同化;因为理解者在他人意识中所能见到、理解到的,只是自己的意识。他没有任何东西可以丰富自己。他在他人身上只能认出自己。

他人话语问题。

---

① 在《长篇小说的时间形式和时空体形式》一文中,把"相会"作为文学中最重要的"时空体因素"进行了描述。——原编者
② Коммуникация——交流,是德国存在主义哲学家卡尔·雅斯别尔斯的核心概念。交流是个人间在"真理"中的隐秘交际,被雅斯别尔斯提升到哲学真理性的标准这样的高度:思想所以具有真理性,就是因为能促成交流。——原编者

我所理解的他人话语①(表述、言语作品),是指任何他人的任何话语,不管是用自己语言(即我的母语)还是任何别的语言说的或写的;换言之,是指任何非我的话语。从这个意义上说,所有话语(表述、言语作品和文学作品)除了我本人的话语之外,都是他人话语。我生活在他人话语的世界里。我的全部生活,都是在这一世界里定位,都是对他人话语的反应(这反应是极其多样而无穷尽的),以掌握他人话语始(在最初掌握语言的过程中),以掌握人类文化财富终(用话语或其他符号表现的文化财富)。他人话语给人们提出了一个特殊任务——理解这个话语(针对自己话语不存在这样的任务,或者存在这样的任务但在完全另一种含义上)。用话语表现的一切对每个人来说都分解为二,一个是自己话语(感觉到是自己的话语)的狭小世界;另一个是他人话语的无边世界,这是人类意识和人类生活中一个基本事实。这一事实也像一切不言而喻的基本事实一样,至今很少研究(很少被人意识到),至少没有意识到它那重大的原则性意义。这一事实对个人、对每人之我(指人的不可重复性)所具有的重大意义。在一切文化活动领域中,与他人话语发生的复杂的相互关系,充满了人的全部生活。但无论是这种相互关系中的话语,还是处于这种关系中的说话者之我,均没有得到研究。

  对每一个人来说,所有话语都分为自己的和他人的两类;但它们的边界可能交错不清,而在这边缘上进行着对话式的紧张斗争。然而在研究语言以及意识形态创作的各个不同领域时,人们通过抽象对此避而不谈,因为存在着一个抽象的第三者立场;人们把这个第三者立场等同于一般的"客观立场",等同于一切"科学认知"的立场。第三者立场只是在下列条件下才能完全成立:一个人可以站到另一个人的

---

① 关于"他人话语"的笔记,是准备为《哲学问题》杂志撰文所作的思考;在1970至1971年的笔记中,曾为此拟过两个不同的标题:《他人话语作为人文科学的特殊研究对象》和《文化和文学中的他人话语(他人言语)问题·元语言学概述之一》。——原编者

位置上,一个人完全可以由另一个替代。这个条件只有在以下情境中,在解决以下的问题时才可能也才有理由出现。这就是:不需要有人的不可重复的整体个性,人只需专门表现出自己的脱离整体的部分个性,他的出现不是作为自身之我,而是作为"工程师""物理学家"等等。在抽象的科学认知领域和抽象思维领域中,是可能这样以人易人的,也就是从我和你中抽象出来(即使在这里大概也只能在一定程度上做到这一点)。在作为思维(抽象思维)对象的生活中,存在的是笼统的人,存在着第三者;而在实际经历的生活中,只存在我、你、他;也只有在这个生活中才展现出(存在着)我的话语和他人话语这样的基本现实,以至一切的这类基本事实;它们目前还难以认识(抽象的、概括的认识),因而也不为认识活动所注意。

与他人话语相会并交互作用的复杂事件,在相关的各人文科学中(首先是文艺学中),几乎完全被忽视。关于精神的科学;这类学科的对象,不是一个"精神",而是两个"精神"(一个是被研究的精神,另一个是从事研究的精神,两者不应合为一个精神)。真正的研究对象,是不同"精神"间的相互关系和相互作用。

试图通过心理分析和"集体无意识"的方法来理解与他人话语的相互作用。心理学家(首先是精神病学家)揭示的东西,确是昔日发生之事;它并不是存留在无意识之中(哪怕是集体的无意识),而是积淀在语言、体裁、仪式的记忆里;从这里它又渗透到人们(具有确定的心理构造并处于确定的状态之中)的言语和梦境(讲出来的梦,有意回忆起来的梦)之中。心理学及所谓文化心理学具有的作用。

第一个任务是依照作者本人的理解来领会作品,不超出作者的理解。解决这一任务是十分困难的,通常需要借助大量的资料。

第二个任务是利用自己时间上和文化上的外位性。把作品纳入我们的语境(对作者来说是他人语境)。

第一阶段是理解(这里包括上述两个任务),第二阶段是科学研究(科学描述、概括、历史定位)。

人文科学区别于自然科学。拒绝承认有不可逾越的界限。把两者对立起来的做法(狄尔泰、李凯尔特)[①]为人文科学后来的发展所推翻。引进数学方法和其他方法,是不可逆转的过程;但同时又发展着也应该发展特有的方法,以至其整个特点(如价值论方法)。理解与科学研究两者的严格区分。

科学如以非真实的交际为基础,亦即不掌握真正研究对象的第一性现实,就是虚假的科学。这一现实的充分程度有不同(即真正艺术感受的充分程度的不同)。当程度较低时,科学分析将必然失之表面化,甚至导致错误。

他人话语应转变成自己的他人话语(或他人的自己话语)。距离(外位性)与尊重。客体在同它的对话式交际过程中,要转化成主体(另一个我)。

艺术感受和科学研究的同步性。不可把它们割裂开来,但它们并不总是同时经历不同的阶段和达到同等的程度。

学会对话的交流。材料的抗拒,可视为正面的特征,因为抗拒一旦结束,科学也就完结。

狄尔泰讲到"在'你'身上重新发现了'我'自己"。

现代科学中的交际(交流)问题。整个生活和所有文化领域(也包括科学和艺术)都充满了交际,即言语的交流(或者借助其他符号形式的交流),因此也就是与他人话语的对话互动。他人话语(区别于我的话语)以及与之的相互应对,前所述是生活本身中、意识和自我意识中原来就有的某种本初因素。这一本初因素,以其全部特殊性和深刻

[①] 狄尔泰曾详细论证了"精神科学"与"自然科学"的不同(*Einleitung in die Geistwissenschaften*)。"精神科学"的方法是"理解"(不同于自然科学中因果关系的"解释"),这种理解与领会基础上的感受是相一致的;相应地,认识精神的方法(即狄尔泰的"阐释学")与"理解心理学"的方法也是相吻合的。对狄尔泰的理解和阐释心理学,联系语言哲学,联系"人文科学的方法论需求"所作的描述,可参见《马克思主义与语言哲学》一书。李凯尔特则把"文化科学"的个体方法与自然科学的普遍化方法对立起来(参看李凯尔特著《关于自然的科学与关于文化的科学》,圣彼得堡,1911年)。——原编者

性而成为研究对象,只是不久以前的事(研究者主要是哲学家、存在主义者、海德格尔等),并且研究得还远远不够(而且主要站在唯心主义立场上)。不过我们在这里不准备从实质上涉及这个问题。我们在这讲他人话语,是把它当作人文科学里一个特别的研究对象。

一切科学都要同他人话语打交道,其中也包括自然科学。但在自然科学这里,它不是一个特别的研究对象。在这里它只是作为纯粹指物的信息来起作用(这信息实际上是没有讲话主体的)。无论是传达信息者(说话人)的个人特点,也无论是他的时代、他的文化(即此人所属的时代和文化),在这里都没有意义。重要的只是他在时间上(当然不是指历史时间)和空间上(当然不是指文化空间)的位置。这里没有什么是我的或他人的(确切些说,是从其间抽象了出来)。这里是第三者的视角,而第三者视角总是可以取而代之的。

我们要讲的他人话语,不仅是针对研究者、读者、听众的"我的话语"而言,即不仅指另一人的话语,还要指另个时代、另种文化的话语(不管是使用本族语还是他族语)。两个时代的交会,两种文化的交会(还包括两种语言的交会,如果说到外国语的文本)。在语文学中,在其中的文学理论中,情况就是如此。文艺信息具有复杂性,理解文艺信息包含着对它的评价(不仅是美学的评价,还有哲学的、道德的、政治的评价,总起来说是文化的评价)。文艺信息的价值与其说在于改变我们的知识范围和性质,与其说在于丰富我们对特定文化领域的识见,不如说在于改变我们自己,改变我们的人格。我们自己将成为另一种人(是自己又是他人)。

意识可说是特殊的个人语境,是独特而不可复制的语境。

我把对问题的回答称作含义(смысл)。不能回答任何问题的东西,对我们来说,就没有含义。

不仅是有可能理解唯一而不可重复的个人,而且也有可能理解个人的因果关系。

对他人的(而且异己的)文化——如中世纪民间文化、非洲诸文化、"原始"文化(泰勒、列维-布留里、列维-斯特劳斯)的理解。原始简单的意识,把他人的东西,只认作是疏远而异己的东西,也就是说不能克服古人对一切不属于自己的东西都怀有的那种敌意。克服敌意,是理解的第一步。加于他人文化的敌意色彩,完全不可能用来针对自己的文化。这种敌意会歪曲他人文化,并且妨碍(使之无法)尽量深入到文化的深层次中去。敌意总会是在不同程度上导致抵触和排斥。他人的东西再掺和上其引发的抵触和敌意,在文化史上(以至在整个历史中),曾有过巨大的作用。权力机构(国家与教会)利用它们达到自己的目的(挑起对一切他人东西的敌视)。

模仿,影响,类型相同。确定属于相同类型,是用独白方式完成的,因为被比较的现象,相互并不知道,不了解同属一个类型,它们各自分处,不构成对话关系,它们根本处于对话之外,所以相互间本质上是一种机械的联系。类型研究者对所比较的现象来说站在第三者立场上(不参与对话),故在某种程度上物化了这些现象,在相同中听不到同意或不同意的声音,随之把类型相同这一点也给物化了。类型的认知——这是抽象的认知,而不是生动的(参与性的)认知;对后者来说,抽象认知只能是一种辅助的性质。

含义的应答性质。含义总是对某些问题的回答。对什么也不能作出回答的东西,在我们看来,就是脱离了对话而变成毫无意义的东西。含义和意义。意义是从对话中截取出来的,但这是有意截取的,是假定性的抽象。意义具有成为含义的潜能。

含义的共通性,它的世界性和全时性。

含义就其潜能来说是无尽的,但它要实现自己,则必须与别的(他人的)含义联系起来,哪怕是与理解者内心言语中的发问联系起来。含义每次都应与别的含义相接触,才能在自己的无尽性中揭示出新的因素(正如词语只能在语境中才能揭示出自己的意义一样)。现实的含义不是属于一个(与其相同的)含义,而只能是属于两个相会一起相互接触的含义。不可能有"自在的含义",含义只能为其他的含义而存在,即只能与其他含义共存。不可能有唯一的(一个)含义。因而也不可能有第一个和最后一个含义,含义总是处在其他的含义之间,是含义链条中的一个环节;这个链条只有整个地作为一个整体才是现实的链条。而在生活的历史进程中,这一链条要无止境地生长,因此,它的每一环节便一再地更新,仿佛重新产生的一样。

科学(以及一切知识)的无个性体系和意识(或个性)的有机整体。

夹在二号笔记本中的内容提纲[①]

1. 关于语言间、社会方言间、语言语体(风格)间是否可能有对话关系。语言、方言、语体等如何演变为社会性声音、概括性的职业声音。(第1—4页)

2. 对话性(对话主义)的定义,各种不同的对话关系,声音作为对话的单位。声音能在统一的话语中得到强烈的表现。作为戏剧的对话中言语,言语脱离对话,言语的物化。(第9—11页)

3. 实验者作为实验系统的一部分,理解就是进入对话,因果关系的阐释是虚假的驳难。(第14—15页)

4. 对话关系,它与逻辑等关系的区别,对话性大于对话,死者的对话,赞同的对话关系,与语言学关系的区别。(第19—24页)

5. 对话中的第三者问题,话语的超受话人,能够听到和获得应答的问题,深度的标准。(第24—30页)

6. 陀思妥耶夫斯基作品中的情节问题,情节的影响。(第32—33页)

7. 托马斯·曼的《浮士德博士》。(第33—34页)

[①] 这是作者为写在二号笔记本中的《1961年笔记》所拟内容提纲,提纲中数字为笔记本页码。——译者

8. 人物形象新结构的一个发现——没有嵌入现实生活完整框架的他人意识,外在和旁侧的意识。普罗米修斯创造了自由的人物,可这些人与他(即自己的作者)享有同等的地位。他所发现的东西,从外部是无法完成的。(第34—35页)

9. 第二个发现——所描写的思想能自我发展。第三个发现——对话性是平等意识之间相互关系的一种特殊形式。三个发现的统一。(第35页)

10. 上述发现兼有形式和内容的性质。与屠格涅夫比较。(第35—36页)

11. 我的书出版之后的复调思想。

12. 复调小说作者的特殊积极性(对话积极性)。(第37—40页)

13. 思想作为艺术观察和描写的对象。(第40—41页)

14. 现实生活的逻辑(它限制了艺术家的随心所欲)和个人的逻辑(这个个人体现着思想)。(第41页)

15. 个人总连着最终的问题和最终的解决。(第41—42页)

16. 一个意识不能没有他人意识而存在,边缘上、门槛上所发生的事,意识内在地不能自足。交际。存在意味着交际,意味着也为他人存在,意味着被人听到和看到。(第43—45页)

17. 忏悔和陀思妥耶夫斯基对它的解释,将它视为不同意识间相互作用和相互制约的事件。不可能有独自一人的自我倾诉和自我辩护,阶级社会中人的不被承认。不可能存在单个的意识,观照的不是心灵而是精神。(第45—49页)

18. 自白不是最终的形式,而是陀思妥耶夫斯基描绘的对象。天真自白的解体。人在镜前。(第49—51页)

19. 不区分"我"和"他人"形式的感受。(第51—52页)

20. 托尔斯泰和陀思妥耶夫斯基两人对死的描写。意识的物化。与作者立场的联系。(第52—57页)

21. 陀思妥耶夫斯基的影响尚未达到顶峰。他的创作还有哪些方

面尚未被人理解。（第57—58页）

22. 为形式（含有内容的形式）准备出发稳定的形式要素。实现这一形式的最佳时代。（第58—59页）

23. 第一部分的内容。（第59—60页）

24. 人的物化。同强制、内在压迫、盯梢、不尊重做斗争。（第60—61页）

25. 克服独白型世界模式。揭示话语的深刻对话性。门槛和危机。个人的定义。（第62—63页）

26. 独白性（独白主义）的界定。拒绝他人的最终话语。（第63—64页）

27. 形象的传记完整性永远不会成为亲身经验的对象。镜子。（第64页）

28. 人类生活本身的对话本质。不可完成的对话。人以话语和整个身体（眼睛、嘴唇等）参与这一对话。表现力的问题。人整个是富有表现力的，他利用一切在对话中表现自己的立场，既有对最终含义的立场，也有对他人的立场。任何由内向外的表现，都是对他人的态度，内在之我与"他人"交锋。声音的界定。自己眼中我的形象和他人眼中我的形象。人的概念和人的形象（在"我"和"他人"的形式中）。自白是深藏之我同他人交锋的形式。面具和留有后路。（第64—69页）

29. 根据对最终价值的态度，人们分为不同的类型。（第69—70页）

30. 在语言和身体中能尖锐地感觉到自己的东西和他人的东西：蛮横、羞涩、不理智（地下室人的牙痛）。理智与和谐。上流社会风度、傲慢等（米乌索夫尊重自己的观点）作为停滞而虚假的平衡。在最高的问题上自由地赞同。陀思妥耶夫斯基对"我"与"他人"的斗争极端地敏感。（第70—72页）

31. 不是物的心理学，而是个人的逻辑。（第72—73页）

32. 入门研究的任务。（第73—74页）

33. 在"我"和"他人"之间不可能有中间立场。自白。（第74页）

34. 世界观的类型(恰达耶夫、格拉诺夫斯基等人的世界观)，历史的具体的声音和它们之间的对话，其后才是情节和主人公们的命运。（第75—76页）

35. 作者的完成性话语会把人物化，会损害人的尊严。背地的话语都是讲不参与对话的次要人物的。（第77—78页）

36. 外在于意识的力量(从环境到奇迹、秘密、权威)会破坏个性。感伤主义的和讽刺的客体性。（第78—79页）

37. 对前审美时期、前创作时期现实(时代)的研究。（第79页）

38. 性格和个人。评阿斯科尔多夫。形象在坐标体系中的位置。（第80页）

39. 强制(奇迹)。阶级社会中人的物化。（第80—81页）

40. 惨剧的问题。（第81—82页）

41. 复调小说作者的任务，在于揭示自由的个性而非性格。生活的对话本质。从果戈理身上产生出了陀思妥耶夫斯基。（第82、84页）

42. 外位和超视。（第84—85页）

43. 门槛和危机。（第86页）

44. 所表现思想的发展逻辑。（第86—87页）

45. 文物的最终含义(在某个时代的条件下)和它不断增长的含义，它经过若干世纪的酝酿准备而在最适宜的时代条件下被人发现。（第87—88页）

46. 序文及其任务。（第88—89页）

47. 言语的对话本质。（第89页）

48. 陀思妥耶夫斯基作品中的谋杀和自杀。虔诚者的出走。（第89—90页）

49. 对第二部分的补充。（第91—92页）

笔记本 3

探寻自己的(作者的)声音①。要表现出自己,变得更确定些、更微弱些、更局限些、更愚钝些。不停在边缘上,要闯入生活圈,成为人群中的一个。不再添油加醋什么说明,放弃讽刺。果戈理也曾寻找过严肃的话语、严肃的舞台,因为要说服人相信(教训人),自己也就得信服。果戈理的幼稚,在写严肃方面极乏经验。所以他觉得应该克服笑。要拯救改造可笑的主人公。创造严肃话语的权利。脱离了说话人,脱离了说者的地位,脱离了他对听者之态度以及制约性情境(如领袖、祭司等的话),就没有话语。个人的话语。诗人。小说家。"作家"。扮演预言者、领袖、教师、法官、检察官(诉讼人)、律师(辩护人)。公民。新闻撰稿人。科学话语的纯粹指物性。陀思妥耶夫斯基的探寻。《作家日记》。流派。民众的语言。白痴的语言(列比亚特金、梅什金)。修士、长老、朝圣者(马卡尔)的语言。还有传教士、学究、圣徒。"同时阴暗斗室蛰居的修道士"(普希金语)。被害的王子德米特里。孩子备受折磨的泪水。许多东西源自普希金(还未被揭示出来)。话语作为个人的东西。耶稣作为真理。深刻理解话语的个人性质。陀思妥耶夫斯基关于普希金的讲话。任何个人诉诸任何人的话语。标准语与口语的接近,突出了作者话语的问题。纯粹指物的科学论证,到了文学中总要在某种程度上获得讽刺模拟的性质。古代俄罗斯文学的体裁(圣徒传、布道词等

---

① 笔记本3写于1971至1972年间。
　　其时文艺界讨论的中心问题,就是作者本人的话语问题,透过话语的研究,进而探索作者在小说中的立场和功能。这里巴赫金思考小说作者是如何建构自己话语的。他认为小说家有权讲出自己严肃的话语,这话语离不开说者其人,离不开说者对听众的态度,更离不开周边情境与思想氛围。可是小说体裁的特点,却决定了作者不能亲自现身于小说世界里,只可能迂回地变通地作用于艺术的现实中。巴赫金指出,时代既然存在权威而不容争议的话语,小说家在作品中的立场和话语就不能不依托这个时代,不能不透过人物的话语和声音表现自己。——编者

等),整个中世纪文学的体裁。陀思妥耶夫斯基作品中没有说出来的真实(基督之吻)。沉默问题。讽刺作为沉默的一种特殊替代物。脱离了生活的话语:白痴、疯子、癫狂人、婴儿、临终者、部分地还有女人等等的话语。呓语、梦幻、顿悟(灵感)、无意识、悖论、下意识、癫痫等。

存在着权威而不容争议的话语的时代。这话语决定着直截而又严肃的各种体裁和语体(且不仅在文学中)。这是与宗教的时代,是不容置疑的权力的时代。

作者形象问题。① 第一性的作者(不是创造出来的)和第二性的作者(由第一性作者创造的作者形象)。第一性作者是 natura non creata quae creat;第二性作者是 natura creata quae creat。主人公形象是 natura creata quae non creat。② 第一性作者不可能是形象,他回避任何形象的表现。当我们努力设想第一性作者的形象时,我们自己已经在创造他的形象,也就是说我们本身成了这一形象的第一性作者。创造形象者(即第一性作者),任何时候也不能进入由他创造出的任何形

---

① 巴赫金联想到维诺格拉多夫的作者形象论,进而探讨小说中作者语言的内涵、要素和功能。他从分析作者话语入手,揭示出第一性作者(又译初始作者)和第二性作者(又译派生作者)两种情形。初始作者就是作者其人,以真实身份在作品中现身发声。不过这样的初始作者在现代小说艺术中已不多见,代之而起的是由初始作者虚拟和假托的某个形象,并且被赋予了作者的声音,是为派生作者。巴赫金强调"初始作者原则上没有自己的话语",又说"初始作者的话语不可能是他本人的话语",因为这个话语需要依仗更高的非个人的权威立场来支撑,或者说以某种文化传统和社会共识的认知为基础。这样的话语,有时被误当成初始作者自己的声音,其实属于派生作者的话语。用维诺格拉多夫的术语来说,此处的作者已非作者本人,而是作家假托的"作者形象"。——编者

② 中世纪早期哲学家约恩·斯科特·埃里乌盖纳在其主要著作《论自然的区分》中描述了四种存在模式:(1)"从事创造而非被创造的自然",即作为一切事物本源之上帝。(2)"被创造并从事创造的自然",即柏拉图的理念世界;它存在上帝的理智之中并决定着物的存在。(3)"被创造而不从事创造的自然",即个别物体的世界。(4)"非被创造亦不从事创造的自然",这又是上帝,不过已作为一切事物的终极目的;上帝在世界辩证过程行将结束时,重又收回这些事物。巴赫金把用来描述神的创造活动的这些术语,隐喻地用来对人的艺术积极性作本体论的描述。属于这一类的还有其他一些术语,如"natura naturans"("能创造的自然")和"naturna naturata"("被创造的自然")。它们出自阿韦罗埃斯(伊宾-罗什特)拉丁语译本中的语汇,常用于基督经院哲学中,由于在斯宾诺莎作品中作用巨大而广为人知。——原编者

象之中。第一性作者的话语,不可能是他本人的话语:这个话语需要由一种最高的而又非个人的立场来加以提高升华(科学的论证、实验、客观资料、灵感、颖悟、权力等等)。第一性作者如果以直接话语说话,就不仅仅只是个作家了;以作家的名义是什么也不好说的(那样作家要变成为政论家、道德家、学者等等)。所以,第一性作者便要归于沉默。然而这沉默又可采取各种不同的表现形式,成为各种形式的弱化的笑(讽刺)、寓言等等。

作家及其第一性的作者立场问题,到18世纪变得十分尖锐了(由于权威和专制形式解体,专制的言语形式被抛弃)。

简单的无人称叙述形式,使用接近口语的标准语。这种叙述距离主人公不远,距离中等水平的读者也不远。在给出版商的信中复述长篇小说的梗概。对构思的复述。这不是假面具,而是普通人的普通面孔(第一性作者的面孔不可能是普通人的面孔)。存在本身在讲述,但要通过作家,通过作家之口(参看海德格尔的论述①)。

绘画中艺术家有时要画出自己来(通常在画幅边缘)。自画像。艺术家是把自己作为普通人来画,而不是作为艺术家,不是作为画作的创造者。

作为自我表现的抒情诗问题。

寻找自己的话语,其实寻找的不是自己的话语,而是大于我自己的话语;这是力图摆脱自己的话语,因为借助这种话语说不出任何重要的东西。我本人只可能是个主人公,但不能是第一性作者。作者寻找自己的话语,基本上是寻找体裁和风格,寻找作者的立场。② 目前这

---

① 马丁·海德格尔艺术哲学的基本思想是:话语诞生于存在本身内部,并通过诗人这一"媒介"而向世界说话;诗人"聆听"(海德格尔使用这一概念,同欧洲哲学中传统的"直观"范畴相对立)存在,特别是聆听存在最隐秘的表现——语言。——原编者
② 巴赫金在这里进一步阐释"初始作者的话语,不可能是他本人的话语"。他认为作者寻找自己的话语,基本上是"寻找体裁、风格、自己的立场"。小说体裁规定了作者须有主导全局、整合艺术世界的立场,但作者又不能径直用话语申说自己的立场(那样这就成了政论家、道德家、学者的话语了)。这时初始作者的话语不能不依仗社会的权威观念和主流思想,借以展示作者立场,即所谓"大于为自己的话语"。——编者

是当代文学中最尖锐的一个问题；它导致许多人放弃长篇小说的体裁，代之以剪接文件、描述细物，导致 леттризм，在一定程度上还导致了荒诞的文学。所有这一切在某种意义上都可视为沉默的不同形式。这种探索的结果，使陀思妥耶夫斯基创造了复调小说。他没有找到适合独白小说的话语。与此并行的又有列夫·托尔斯泰的道路，它引向了民间故事（原始派），引述福音书文字（故事结尾）。另一条道路则是迫使世界说话，让它聆听世界自己的话语（海德格尔）。①

艺术的真实性与世界观问题。

作者形象与初始作者。在诗人那里，为表现初始作者，有节奏、音响等手段。在作者本人的话语方面，诗歌与小说之间的差别（诗歌掌握有更丰富的非语言的表现手段）。

塑造自身的骗人形象（薄伽丘的小说）。

"陀思妥耶夫斯基和感伤主义。类型分析的探索"。

复调和演说体。② 作为现代演说体的新闻报刊及其体裁。演说体的话语和长篇小说的话语。艺术作品的说服力和演说体的说服力。

演说体中围绕终极问题（从整体上论述整体）的论争和对话。获

---

① 这里巴赫金画龙点睛，指出小说作者的立场和话语问题，是当代文学理论中一个最尖锐的问题。作者在探索，在寻找自己的话语。许多作者找不到适合的话语而放弃长篇小说体裁。有的作者由此陷入沉默，转而从事剪接拼凑文件、描述具体事物。有的更去涉足讥刺、戏谑、荒诞的题材。列夫·托尔斯泰的小说创造，晚年转向了民间故事，也引述起福音书文字，依托教义来构筑自己的作者话语。

陀思妥耶夫斯基探索的结果，没有找到适合独白小说的话语，创造了复调小说的立场和声音。如果说巴赫金论陀思妥耶夫斯基诗学的专著，核心内容是复调小说论，那么，之后的研究笔记所关注的中心，就是小说作者的立场和话语问题。后者是前者的深化和发展。——编者

② 认识复调小说的本质特征，需要把它同诸多类型的话语相互比较鉴别。这里巴赫金专注于复调小说与演说体的不同。小说中我的话语（自己的话语）与他人话语的对立，是一种根本性的关系，因为双方都构成现代含义上的深刻个性。而演说体则是一种报刊新闻的体裁，多半围绕终极问题展开论争和对话，却并不涉及对话者深层的个人因素。如陀思妥耶夫斯基的《作家日记》里，大部分文章都介乎演说体与个人领域话语之间，这显然有别于他的小说创作。巴赫金的看法是，有两种不同的对话：演说的对话和复调小说的对话；有两种不同的说服力：演说话语的说服力和私人话语的说服力。——编者

胜或是达到相互理解。我的话语和他人话语。这一对立所具有的基础性质。第三者的观点(立场)。演说体话语的有限目标。演说体言语以第三者的视角进行论证,因为个人的深层因素不参与进来。在古希腊罗马文化中,演说雄辩术与文学作品之间有另外的划分方法,但不存在明显的界限,因为当时还没有现代含义上的深刻个性。它(个性)的产生是在中世纪开始时(马可·奥勒留①的《论自我》,爱比克泰德②,奥古斯丁③,soliloquia④,等等)。这里明显看出了(或者甚至可说是最早出现了)自己话语与他人话语的界限。

在演说体中有绝对正确的人和绝对错误的人,有消灭对手的彻底胜利。在对话中,消灭对手也就消灭了话语生活中的对话领域。在古希腊罗马的古典时期,还没有这一最高的对话领域。这个对话领域十分脆弱,很容易遭到破坏(只要有一点强制,只要一引证权威之话)。拉祖米兴视谎言为通向真相的途径⑤。陀思妥耶夫斯基把真理同基督对立起来⑥。这里指的是非个人的客观真理,亦即第三者视角下的真理。仲裁法庭是雄辩法庭。陀思妥耶夫斯基对陪审团裁决的态度。不偏不倚与最极端的偏袒。所有的个人伦理范畴均得到异常的精微化。这些范畴处在伦理与审美两者的边界上。

陀思妥耶夫斯基的"基点",是处于个人因素与非个人因素之间的某种中间物(媒介)。沙托夫⑦是这一典型人物的代表。渴望获得具

---

① 马可·奥勒留(121—180),罗马皇帝。——译者
② 爱比克泰德(约50—约140),罗马斯多葛派哲学家。——译者
③ 奥古斯丁(354—430),基督教早期思想家。著述颇丰,近百种,主要有《忏悔录》《上帝之城》等。——译者
④ 拉丁语:与自己交谈。是中世纪文学的一种体裁,因圣·奥古斯丁的文章而得名。关于这种与自己交谈的体裁,参看《陀思妥耶夫斯基诗学问题》(俄文版),第203页。——原编者
⑤ 参看《罪与罚》,第2部,第4章。——原编者
⑥ 参看Ф.М.陀思妥耶夫斯基于1854年2月致Н.Д.方维津娜的信,载《陀思妥耶夫斯基书信集》,第1卷,第142页;Ф.М.陀思妥耶夫斯基的《1880年笔记》,载《文学遗产》,第83卷,莫斯科,1971年,第676页。——原编者
⑦ 沙托夫是陀思妥耶夫斯基小说《白痴》中的人物。——译者

体的体现。《作家日记》的大部分文章,处在演说体与个人领域两者之间的这个地方(即在沙托夫的范围内,在"基点"上)。这一中间领域亦见于《豆粒》中(文雅的小老板)。对国家、法律、经济、公务等领域,还有对客观的学术领域,一定程度上不甚理解(这是浪漫主义的遗产);这些都是自由派(卡维林①等人)活动的领域。乌托邦的信念,认为可以通过纯粹内部的途径把生活变成天堂。清醒的过程。力求从狂热(癫痫)中清醒过来。"醉汉"②(感伤者)。马尔美拉陀夫③与费多尔·巴夫洛维奇·卡拉马佐夫④。

陀思妥耶夫斯基与狄更斯。相同与差异(《圣诞节的故事》《豆粒》和《一个荒唐人的梦》);《穷人》《被欺凌与被侮辱的》《醉汉》——感伤主义。

否定(不理解)必然性领域,而自由必须通过这一领域(既在历史的层面上,又在独特的个人层面上);否定(不理解)中间领域,指大裁判官(连同他的国家、雄辩术、权力)与基督(连同他的沉默和亲吻)之间的领域。

拉斯科尔尼柯夫想成为大裁判官那样的角色(自己承担罪过和痛苦)。

"有一种话语。它不是那博得包厢里掌声雷动的话。"(马雅可夫斯基)

"他不过是个时髦的文学家,只会胡诌些轻浮的词句。"(布洛克)

"客气里飘过一句不解的话,发自神魂颠倒的内心。"(安年斯基)

---

① К.Д.卡维林在《致 Ф.М.陀思妥耶夫斯基的信》(载《欧罗巴时报》,1880 年第 11 期)中,与陀思妥耶夫斯基论普希金的讲话展开了争论。在陀思妥耶夫斯基 1880 年的笔记中,有给卡维林回信的底稿。参看《文学遗产》,第 89 卷,第 674—696 页。——原编者

② 《醉汉》,是在《罪与罚》之前的长篇小说的构思。参看 Ф.М.陀思妥耶夫斯基于 1865 年 6 月 8 号给 А.А.克拉耶夫斯基的信,载《陀思妥耶夫斯基书信集》,第 1 卷,第 408 页。——译者

③ 马尔美拉陀夫是《罪与罚》中的人物。——译者

④ 费·巴·卡拉马佐夫是同名小说中的人物。——译者

两种说服性话语:演说的话语和私人的话语。两种对话:演说的对话和复调的对话。

争论与高踞争论之上的第三者观点。第三者应该从更高的立场上包容对话(停止对话、取消对话)。争论的双方,起诉人和辩护人,作为第三者的法庭的判决。演说体——是可能作出最终判决的领域。因此演说体不可能适用于一切场合(如终极的问题,科学问题——科学是无止境的,对话永远不会结束)。演说的领域是相对的,有止境的。

自然科学中会出现纯粹的第三者,在数学和逻辑学中是更纯粹的第三者,不受空间和时间的限制。在演说中第三者总要体现出来,但体现的完整和具体程度有所不同(通常体现为社会性、民族性、党派性、群体性、层级性、职务性、行业性等)。不过,第三者不可能是个独一无二的个人。

复调小说的作者不是个第三者,他是有个性的人。他不作最终的定论(他只能给自己作最终的定论)。他对自己的主人公不能最终论定,不会结束主人公之间的论争。①

复调的特点。复调对话(关于终极问题的对话)的不可完成性。进行这种对话的,是不可能完成的个性,而不是心理的主体。这种个性在某种程度上是难以具体表现的(无私的富有)。

---

① 问题从小说话语与演说话语的原则区别,转到复调小说中作者的声音和立场。巴赫金始终坚持一点,作家原则上不可能有属于自己的声音、属于自己的话语。而人们在小说中看到的作者话语,实际上多是一种假象,是一种误判。症结所在,是小说家一旦进入作品,本就不显现自己真实的身份,而是根据艺术表现的需要,假托某人之口来演绎故事。据巴赫金的观察,无论独白小说还是复调小说,无不如此,概莫能外。据此他做出一个重要的区分,小说中有两种作者——初始作者与派生作者,他们合力为之,完成小说的创作。以这一认识作为基础,巴赫金进而深入探究他最关注的核心问题:复调作者立场的特点何在?怎样不同于独白的作者?他强调指出:复调作者对自己的主人公不做最终的论定,也不会结束主人公之间的论争。这就意味着复调作者拒绝选择某种优先的价值体系,也因此不确立某种主导的立场观点。这样一来,他既非直接也非间接地表达自己的个人见解。他只是描绘不同主人公思想之间的对话,描绘最大价值体系之间的对话;而在这些方面,独白小说作者恰恰持有相反的立场。——编者

任何一个伟大的作家都要参与这种对话,他以自己的作品参与,作为对话的一方;但这些参与者本人并不创造复调小说。他们在这一对话中的对语具有独白的形式;每一个人都有一个自己的世界,其他参与对话者以及他们的世界依然处在他们的作品之外。他们活动在自己本人的世界中,有自己的直接的个人话语。不过对小说家来说,特别是对长篇小说家来说,存在着一个自己话语的问题。这一话语不可能简单地只是我的话语(由我讲出的话)。诗人、预言家、领袖、学者等人的话语,和"作家"的话语。对作家话语需加以论证。有必要想象和表现某个人。学者有其论据、经验、实验。诗人依赖灵感和特殊的诗歌语言,小说家则没有这样的诗语。

只有像陀思妥耶夫斯基这样的复调作家,才善于在各种见解和思想(不同时代的)的斗争中,感觉出终极问题上(长远时间里)的不可完成的对话。其他人则热衷于能够在一个时代的范围内解决的问题。[1]

笔记本　4

语境问题。词的语境和整个话语的语境。自己的语境和他人的语境。他人言语问题的重要性。何时语境具有更新的力量。没有语境能够达到理解吗?遥远(在空间和时间上)语境的问题。我们有权

---

[1] 复调这一鲜明的特点,巴赫金认为来源于作者强势的个性。复调小说中围绕终极问题的对话,是永无终结而不可完成的;参与其中的对话者,也是思辨无尽的个性。如此强势的个性,一定程度上也是不易充分表现出来的。

　　小说的世界,充满各种见解和思想的交锋与斗争。这种体现在不同主人公之间的论争,甚至是不同时代之间的论争,就其深刻的意蕴说,就是在终极问题上的对话。而终极问题上的对话,是永无终结,不可完成的。巴赫金在这里深刻地指出:"任何一个伟大的作家,都要参与这种对话,他以自己的作品参与,作为对话的一方;但这些参与者本人并不创造复调小说。"例如独白型作家列夫·托尔斯泰。"只有像陀思妥耶夫斯基这样的复调作家,才善于在各种见解和思想的斗争中,感觉出终极问题上的不可完成的对话。"——编者

在对话的任何阶段上对比任何的语境。

环境与语境问题。

为《哲学问题》作。①

《文化与文学中的他人话语问题》。超语言学中的一题简述。

他人话语问题是根本的根本。话语按其在文化生活和社会生活中的功能可分类如下：权威的话语、亲昵的话语、不向外宣布的话语领域。沉默的类型。言语的交替。权威话语的世俗化。标准语的交替。思想-词语在形成过程中相互间潜在的斗争。思想家由于自己在阶级社会条件下的特殊地位，很少能听到这些处于形成中的思想-词语。它们在外缘上出现。

在文化中和文学中探索自己的话语。没有主体的话语及其在不同时代文化中的比重。言语的孤立。话语进入对话。大型对话。文学与演讲。进入对话的不同形式及其在对话中的表现。是舞台指挥而非作曲家。

作者问题。第三者立场，作为将人化作物的一种形式。

言语主体问题。言语主体的轮替，是话语的边界。初始主体与派生主体（如小说中的人物）。

现实中人的他人话语和完全虚构人物的他人话语。

---

① 笔记本 4 的写作，始于 1971 年 2 至 3 月间，终于 1974 年初。这一笔记本的结尾，当是巴赫金生前研究写作的绝笔。

由"为《哲学问题》作"起，到"精确科学中的实验者问题"止，这段笔记明显是为科学院刊物《哲学问题》构思的文稿，中心内容拟为"文化与文学中的他人话语问题"，显而易见是延续 60 年代末笔记本 2 中关于他人话语的专门论述。而此次的构思，包括了大部分前文已提及的论题，如超语言学、话语类型、言语交替、探索自己的话语、大型对话、演说体、作者及其立场问题、第三者问题与人的物化形式、言语主体及其交替问题、初始主体和派生主体（包括作品人物在内）、存在见证人问题及其与作者问题的关系、作者识见的来源问题（"超知"问题）、传说和个人经验、精确科学的实验者问题等等。——编者

"医生兼哲人,形同上帝。"(希波克拉底)

"见证人"问题。此问题与作者问题的联系。作者对所写事件的知识来源问题;荷马书中的德漠多克情节。"传说"作为故事来源。个人经历及其多样性和复杂性。虚构及其初始来源。出自文学本身的来源。

薄伽丘小说讲到恶棍和骗子被奉为神圣。极端的欺骗如同人的最终话语(忏悔)。

人们见证的相对性(每人都有不同的看法)。

人是整个存在的见证者。见证者和参与者。精确科学中的实验者问题。

人文科学方法论。[①]

理解。理解可分解成一些单个的活动。[②] 在现实的实际而具体的理解中,这些活动不可分割地融合成一个统一的理解过程;但每一单个的活动却具有理想的含义上(内容上)的独立性,能够从具体的经验行为中分离出来。(1)对物理符号(词语、颜色、空间形式)的心理、生理上的感知。(2)对这一符号(已知的或未知的)的认知。

---

① "人文科学方法论"是巴赫金在笔记本4习惯性地预设了一个思政课题,在未见后续的情况下随即转向了其他论题。后来编辑俄文版巴赫金文集时发生误读,把这一标题同相近相关的三段论述合成一篇独立的研究。三段论述分别是:1.笔记本4中由"人文科学方法论"起,至"戏剧中的日常礼仪"(见笔记本4中第32—41页)。2.笔记本4中散页1、3。3.笔记本4中散页2。

　　此次修订中文版巴赫金全集,据俄文学术版(2002)恢复了巴赫金晚年笔记的原貌,自然也就撤掉了人为拼成的《人文科学方法论》一文。——编者

② "理解"这一范畴在此前笔记中已多次出现。以巴赫金的观点看,整个人文科学中研究者的认知理解立场,与复调小说中作者立场是相同的。复调作者对待主人公,从对物的最终论定方法,转变为对话的方法。而人文研究者则应从自然科学的因果阐释法,转变为同文本及其作者进行对话,亦即转变为"理解"的方法,如此处第(4)项所述。从这一意义上说,巴赫金论证的复调小说主人公的一切特点,都可移在小说作者身上,而复调小说作者的一切特点及其特殊立场,都可移到人文研究者本人的立场上。反之亦然,巴赫金所描写的人文研究者的特点,可以视作复调小说作者的立场,而自然科学研究者的特点,在一定程度上能够等同于巴赫金对独白小说作者立场的界定。——编者

理解符号在语言中复现的(概括的)意义。(3)理解符号在该语境(靠近的和较远的语境)中的意义。(4)能动的对话的理解(争论——赞同)。进入对话的语境之中。理解中的评价因素以及理解的深度和普遍性程度。

∨

形象转化为象征(符号)①,这会使形象获得含义的深度和含义的前瞻。

同一性和非同一性之间辩证的相互关系。既要把形象理解为它实际的情形,又要理解为它所表示的东西。真正的象征(符号),其内容会通过种种含义的组合,间接地与世界整体性思想相联系,与丰富充实的整个宇宙和整个人类相联系。世界具有含义。"显现于话语中的世界形象"(帕斯捷尔纳克语)②。每一个个别的现象,都沉积在存在的始源之中。与神话不同,这里能意识到自己不等同于自己的含义。

在象征(符号)中,一种"联络人的秘密"释放出"温暖"(阿韦林采夫语)③。存在着自己与他人相对立的因素。珍爱的温暖与排斥的冷漠。对立与对照。对象征(符号)所做的任何阐释,其本身就是象征(符号),不过是较为理性化了的,亦即多少接近于概念的象征(符号)。④

对含义的界定,揭示其深刻而复杂的本质。理解含义就是通过直

---

① 原文为символ,兼有"符号"与"象征"意义。此段前的勾号表示上文意思已完,下文另起新意,即引述学者阿韦林采夫在辞典中对символ含义的分析。——译者
② 引自帕斯捷尔纳克的诗《八月》。——原编者
③ 引自С.С.阿韦林采夫为《简明文学百科辞典》第7卷(莫斯科,1972年)所写的"象征"词条。阿韦林采夫认为,象征从词源上说,起源于古希腊人凭借某种神秘符号而相互识别同族、同盟之间的亲密关系,因此,"自己人"能够根据符号来相互认定。后来象征保持了这种统一、团结的性质。——原编者
④ 笔记由此开启一新课题——"象征"的艺术功能。巴赫金这里引述阿韦林采夫所著"象征"词条的用语,指出象征的词语和象征的手法,能带给人以温暖,能驱除冷漠,并且强调:阐发象征的含义往往也只能利用象征手法和象征词语,只不过倾向于理性化、概念化罢了。——编者

361

观(观照)来发现实有的东西,再通过建树性的创造去加以补充。① 要预测进一步生成着的语境,将含义归为已完成的整体或是归为未完成的语境。这种含义(指在未完成的语境中)不可能是平静的和舒适的(在其中不可能心平气和和悄然消亡)。

意义与含义。增添的回忆与预见的潜能(放在遥远的语境中来理解)。我们在回忆某事时,也关注到其后的事态(在往事的范围内),也就是说我们接受和理解追忆之事,是在未完成的过去之语境中。那么,整体在意识中以什么形式存在呢?(柏拉图与胡塞尔)②

在何种程度上可以揭示和诠释含义(形象的含义或象征即符号的含义)呢?只能借助于另一种(同构的)含义(象征——符号或形象)。把含义融解于概念之中是不可能的。诠释的作用。或者把含义相对地理念化(作通常的科学分析),或者借助于其他含义把它加以深化(这是哲学的艺术的阐释)。通过拓宽长远语境③的途径达到深化。

对象征性结构的阐释,必然会涉及无限的象征含义,所以这里的解释不具有精密科学的那种科学性。④

作品的作者只存在于作品的整体之中,而不存在于从这整体解释出来的某一成分中,尤其不存在于脱离了整体的作品内容中。作者处在作品中内容和形式紧密融合而不可分割的地方,而我们感受到作者的存在主要是在形式中。文艺学通常是在从整体里分解出来的内容中寻找作者,这个内容很容易把作品作者与作者其人,即与处在特定时代、有特定经历和特定世界观的人等同起来。在这种情况下,作者

---

① 此段与下段的分析,可能也由阿韦林采夫的词条引起,但就其内容和用词看,当属巴赫金本人的见解。例如,词语的含义(也包括象征的含义)有着深刻而复杂的结构;理解含义不仅限于直观地揭示实有的东西,还需做出创造性的补充;通过扩展语境深化对象征性含义的把握;等等。——编者
② 胡塞尔(1859—1938),德国哲学家,20世纪现象学派创始人。——译者
③ 长远语境,是巴赫金晚年构思中的一个课题。——原编者
④ 此处巴赫金引述阿韦林采夫的观点,强调人文学术的研究不具有精密科学的科学性,而具有自己的科学性,是有别于自然科学的另种科学性。——编者

形象与现实中人的形象几乎要融为一体了。①

真正的作者不可能是形象,因为他是作品中任何形象、整个形象世界的创造者。因此,所谓的作者形象只能是该作品诸多形象中的一员(诚然是一个特殊类型的形象)。② 画家往往在画面上(在边缘上)画出自己来,也作自画像。但在自画像中我们看不到作者本人(不可能看到他本人);至少不能比在他的任何其他作品中更多地看出作者来。作者得到最充分的揭示,是在他优秀的画卷中。作为创造者的作者,不可能在他本人从事创造的领域里被创造出来。这是 natura naturans,而不是 natura naturata③。我们看到创造者,只能在他的创作之中,无论如何也不是在他的创作之外。

对含义的阐释不可能具有科学性,但这种阐释具有深刻的认识价值。它可以直接服务于同物体打交道的实践活动。④

"……应该承认象征学(симвопогия)并非是不科学的,而是有着另一种科学性的认识形态,它有自己内在的规律性和准确程度的标准。"(C.C.阿韦林采夫)⑤

精密科学是独白型的认识形态,即人以智力观察物体,并表达对

---

① 此段和下段中,阿韦林采夫词条的话题一时中断,关注点转向当时文论界热议的文学作者立场问题。例如李哈乔夫论证了作者形象与作者其人在作品中会融为一体;洛特曼主张作者就存在于他自己创造的作品结构之中;还有维诺格拉多夫提出了"作者形象说"。巴赫金多半是看到了苏鲍京著文坚称作家必定要寓身于作品内容里而非形式上,才写下这篇论述。在巴赫金看来,作品只能存在于作品整体中,即作品内容和形式的紧密融合中。作品中的作者,绝不可等同于作者其人;换句话说,这不是"处在特定时代、有特定经历和特定世界观"的真人。——编者

② 这里巴赫金进一步强调,书中的作者既不是作者其人,也不是作品中的某一人物形象。他在书中是形象的创造者,因而只能栖身于作品之中,不会置身于作品之外。联系到前面巴赫金对初始作者和派生作者的区分,不难看出此处所论的作者实际上是指初始作者,并不涉及派生作者。——编者

③ 此句的两个拉丁语分别意为"能生产的自然""被生产的自然"。——译者

④ 话题返回到阿韦林采夫的词条。巴赫金引述阿韦林采夫的用语"具有另种科学性的认识形态",来说明文学象征手法的独特的价值。之后他把这一见解推而广之,直至强调:人文科学相对于精密的自然科学而言,也是具有另种科学性的认知形态,诚如阿韦林采夫指出的,有着自己的内在规律性,自己的衡量精确度的标准。

⑤ 见《简明文学百科辞典》上引词条,第828页。——原编者

它的看法。① 这里只有一个主体——认识（观照）和说话（表述）者。与他相对的只是不具声音的物体。任何的认识客体（其中包括人）均可被当作物来感知和认识。但主体本身不可能作为物来感知和研究，因为他作为主体，不能既是主体而又不具声音；所以，对他的认识只能是对话性的。狄尔泰②与理解问题。认识活动同不同类型的积极性。认识不具声音之物的积极性与认识另一主体的积极性，后者亦即认识者的对话积极性。被认识主体的对话积极性以及这一积极性的不同程度。物体和个人（主体）作为认识的两个极端。不同程度的物体性与个人性。对话性认识具有事件性。相遇。评价作为对话性认识的必备因素。

人文科学——关于精神的科学——语文科学（话语是上述科学的一个部分，同时又是它们所共有的东西）。③

历史性、内在性。把分析（认识和理解）局限在该文本之中。④ 文本和语境的界限问题。文本的每一个词语（每一个符号）都引导人走出文本的范围。任何的理解都要把该文本与其他文本联系起来。诠释。上述这种联系的对话性质。

---

① 这一广为流传的见解，援引自阿韦林采夫相关词条的分析。接下来巴赫金讨论人文科学中认知活动的特点，指出存在人与物的两个极端，而对人的认知必然须有对话的积极性。这一见解是与他早年所作《人文科学的哲学基础》遥相呼应的。对话的积极性，又必然导致认识主体与认识客体相互间的评价。——编者
② 狄尔泰（1833—1911），德国哲学家和文化史学家，生命哲学的主要代表人物，哲学阐释学、理解心理学、文艺学中宗教历史学派的奠基人。——译者
③ 巴赫金把文学认识论提升到宏观的哲理活动来把握。他区分三个层次考察人文领域的认知活动：人文科学——精神科学——语文科学。他视这三者为不可分割的统一体，简言之，就是以人为认识对象，以精神思想为探索内涵，以话语文本为共有载体。在三者的相互关联和制约中，立足于分析解剖话语和文本，从而揭示语言艺术创作的奥秘。——编者
④ 依据巴赫金在笔记中通常的写法，先引述他人的见解，之后阐明自己的意见。此处"把分析（认识和理解）局限在该文本之中"，是援引他人观点而不指名。接下来的"文本的每一个词语都引导人走出文本的范围"，则是表明自己观点，用作回应。他所诟病的，是一些结构主义学者认为，理解文本只需局限于关注文本自身，无须顾及与文本因素的关联。推而言之，封闭文本意味着排除与其他文本的对话关系。——编者

哲学的位置。哲学开始于精确的科学性,结束于另一种科学性初露端倪的地方。哲学可定义为所有科学的(以及一切类型认识和意识的)超语言①。

理解是将文本与其他文本相互比照,并在新的语境(我的语境、现代语境、未来语境)中得出新意。预感的未来语境,即感觉我在迈出新的一步(从原地朝前有所移动)。

理解的对话运动可分成以下几个阶段:出发点是该文本——文本向后运动是过去诸语境——文本向前运动是预测未来语境(的开端)。

辩证法源自对话,而后再回到对话——更高一层的对话(即个人与个人之间的对话)上。

黑格尔《精神现象学》的独白主义。

没有彻底克服的狄尔泰独白主义。

关于世界的思想和处在世界中的思想。力图囊括世界的思想,以及在世界中感受自己(作为世界的一部分)的思想。世界中的事件,以及对事件的参与。作为事件(而不是作为现成的存在)的世界。

文本只是在与其他文本(语境)的相互关联中才有生命。只有在诸文本间的这一接触点上,才能迸发出火花,它会烛照过去和未来,使该文本进入对话之中。我们要强调说,这种接触是文本(表述)之间的对话性接触,而不是"对立见解"的机械性接触;这种对立见解的机械性接触,只可能是出现在某一文本内部(而非文本和语境内部),发生于抽象的因素之间(在文本内部的不同符号之间),并且必然是处在理解的第一阶段上(即理解词义,还不是深入内涵)。在对话性接触的背后,是个人与个人的接触,而不是物与物的接触(指极端的情形)。如果我们把对话变成一个连贯的文本,就是说如果抹去各种声音的界限(取消说话主体的更替)(这在一定范围内是可能的,例如,黑格尔的独白性辩证法),那么深层的(无尽的)含义就会消失殆尽(我们就会

---

① 原文为 метаязык,在语言分析中指作为方法、工具使用的语言。——译者

触底而无法深入了)。①

完全的极端的物化,不可避免地会导致含义(任何含义)失去自己无穷无尽的无限性。

不是用其他的文本(或语境),而是用文本以外物的(物化的)现实来阐释文本。这通常发生在用生平经历、庸俗社会学和因果关系来解释(如自然科学那样)文本的情况下,还有就是在排除个人因素时而作历史的阐释("没有人名的历史"②)。在文学和文艺学中,真正的理解总是历史性的和与个人相联系的。所谓实物所具有的位置和界限。物孕育着话语。

思想只知道有假定性的句号;思想要扫除一切以前设定的句号。

独白的统一性和对话特有的统一性。

纯粹的史诗和纯粹的抒情诗不知道有附加说明。只在长篇小说中才出现有附加说明的言语。

有的思想就像鱼缸里的鱼一样,总是四处碰壁,而不能长游和深游。教条主义的思想。

文本外的现实对作家(以及文化领域的其他创造者)艺术观照和艺术思想的形成所产生的影响。③

在一个人成长的早期,文本外的影响具有特别重要的意义。这些影响通过话语(或其他符号)体现出来,而这些话语是别人的话语,首先是母亲的话。然后,这些"他人话语"借助另外的"他人话语"(以前

---

① 人文领域中的理解和阐释文本,在巴赫金看来就是作者与读者的对话性交流。这不是人与物的接触,而是两个意识的沟通。所以才能揭示文本的深层含义,也才能推出对话者新颖的创见。——编者
② 指19世纪末20世纪初,西欧艺术学中关于"没有人名的艺术史"的设想(就是巴赫金在《审美活动中的作者与主人公》一文中称为"印象美学"的那一学派),可参看他的《文艺学中的形式方法》一书。——原编者
③ 此起连续三个段落,描绘出作者意识独白化的生动过程。巴赫金深刻指出"文本只是在与其他文本的相互关联中才有生命",又强调"这种接触是文本之间的对话性接触"。这意味着,在艺术观照和艺术创作中,对话机制是根本,是常态。而创作者和研究者的意识在对话基础上不时发生的独白化,其实只是过渡的状态。巴赫金在这里对此做出了令人信服的分析和论证。——编者

听到的)通过对话式的加工变成"自己的他人话语",而后再变成自己的话语(即去掉引号),这自己的话语已具有创新的性质。相会、观照、"领会"、"顿悟"等的作用。这一过程在教育小说或成长小说中,在自传、日记、自白等作品中的反映。又可参看阿列克谢·列米佐夫的《透过修剪的目光·一本记忆的杂汇》①。这里讲到素描的作用是用作自我表现的符号。从这一点上看,《克里姆·萨姆金的一生》很有趣(此人有一整套的口头语)。口头语"несказанное"②,它的特殊性质和作用。话语意识的早期阶段。"潜意识"只有在意识和话语相交的门槛上(即半话语半符号的意识),才能成为创造的因素。大自然留给的印象如何进入我的意识语境之中。印象孕育着话语,潜在的话语。"несказанное"是移动着的边界,是创造性意识的"调节性思想"(在康德的含义上说)。

逐渐忘记作者(他人话语的载体)的过程。他人话语成为佚名话语,被人据为己有(当然经过改头换面);意识发生独白化。与他人话语的初始的对话关系也被忘却,因为他人话语仿佛吸收到业已掌握了的他人话语之中(通过"自己的他人话语"这一阶段)。创造性意识在独白化过程中,靠匿名作者充实了自身。这一独白化过程是十分重要的。随后,已独白化的意识作为一个统一的整体进入新的对话(已是与外部新的他人声音进行对话)。已独白化的创造性意识,往往把已佚名的他人声音组合起来,使其人格化,变成一些特殊的象征:"生活本身的声音""大自然的声音""人民的声音""上帝的声音"等等。在这一过程中,权威话语所起的作用;权威话语一般不会丧失自己的载体,也不会成为匿名的话语。

人们力求把话语外的匿名语境加以物化(用非话语的生活把自己包围起来)。只有我一人是从事创造的说话的个人,在我之外的其他

---

① 列米佐夫(1877—1957),俄国作家,1921年侨居国外。《透过修剪的目光·一本记忆的杂汇》,1951年,巴黎版。——译者
② "未说出的话",是主人公萨姆金的一个用词不当的口头禅。——译者

人只不过是物体性的条件,是引发并决定我的话语的一个原因。我不与它们交谈,我只是对它们做出机械的反应,就像物体对外界刺激做出的反应一样。①

诸如命令、要求、戒律、禁止、允诺(诺言)、威胁、赞扬、谴责、谩骂、诅咒、祝福等类的言语现象,构成语境外现实的一个十分重要的部分。所有这些言语都同强烈的语调联系着,而这语调又能够转移(移用)到不直接表示命令、威胁等的任何语汇和表达形式上。

脱离开话语语音和语义因素的语调(以及脱离开其他符号的语调),是至关重要的。这些因素决定着我们意识中的复杂情态,而这个情态又是我们理解(指充分的含义上的理解)所读(或所听)文本时的情感评价语境;而且,在更为复杂的形式中又成为创造性建构(产生)文本时的情感评价语境。②

任务就在于让这个机械地作用于个人身上的物体环境开口说话,亦即在这一环境中揭示出潜在的话语和语调,把这一环境变成思考、说话、行动(其中包括创造)之人的含义语境。实际上,任何严肃而深刻的自省自白、自传、纯粹的抒情诗③等等,都是这么做的。当陀思妥耶夫斯基揭示自己主要人物的行为和思想时,他在把物演化为含义这一点上,达到了诸多作家中最深刻的程度。④ 物倘若不变而依然是物

---

① 此段笔记可看作是巴赫金模拟一位独白型作者的自述:他视自身为唯一的创造者,决定把他人和语境全部物化,拒绝与之对话交流,彰显出精密科学研究者的独白立场。下一段则转为巴赫金本人的论述。——编者
② 以上两段提出了话语语调的功能问题。文学话语总是同强烈的语调相联系。语调的实现不是依托个别词句,却要贯穿在整个话语之中,体现为作者特定的情感态度,透露着作者意识中评价人物事件的复杂情态。巴赫金强调,对文学话语来说,这一复杂的情感态度至关重要。它既是帮读者理解和接受文本内涵的情感价值语境,也是助作者构建文本内涵的情感价值语境。——编者
③ 对这些形式的分析,可参看他的《审美活动中的作者与主人公》一文。——原编者
④ 巴赫金概括陀思妥耶夫斯基揭示主人公行为思想的手法时,采用了"把物演化为含义"的措辞,从而取得画龙点睛的效果。他说文本中每一词语都会在新的语境中发生含义上的变化。不仅词语,文本所述的事件和情境也能在新语境中获得新的潜在含义而形成词语。尽管这里物还是物,但此时此地它用借喻来改变形态,仿佛是在拟人发声,颇有巴赫金所称的复调效果。——编者

时,它也只能对物起作用;要想作用于人,它应该展示出自己的潜在含义而成为话语,亦即参与到一切可能的话语和含义的语境中去。

我们在分析莎士比亚悲剧时,也会观察到:作用于主人公们的整个现实,在不断地演化为主人公行为、思想和感受的含义语境;这要么是直接说出来的话语(女巫、父亲的幽灵等的话语),要么是事件和情境(它们成了帮助理解的潜在的话语)。

需要强调的是,这里并没有把一切都直接而彻底地归结为同一类东西,因为物依然是物,而话语依然是话语。它们都保持着自己的本质,只是都用含义充实了自己。

不应忘记,物和人是两种极限,而不是两个绝对的实体。含义不能(也不希望)改变物理现象、物质现象和其他现象,含义不能像物质力量那样去发挥作用。而且它也不需要这么去做,因为它本身比任何力量都强大;它改变着事件和现实的总体含义,却丝毫也不改变事件和现实的实际(存在的)成分。一切依然故我,但获得了完全另一种含义(存在发生了含义上的变化)。文本中每一词语都会在新的语境中发生含义的变化。

把听者(读者、观照者)纳入作品的体系(结构)之中。作者(话语的载体)与理解者。作者在创作自己的作品时,不是把作品写给文艺学家的,也不预想要求一种特殊的文艺学的理解,不企求创造出一群文艺学家来。他不想邀请文艺学家们参加自己的盛宴。

当代文艺学家们(大都是结构主义者)通常把作品潜在的听众,看作是全能理解的、理想的听众;作品中预设的正是这样的听众。这当然不是实际上的听众,也不是作者心中的心理表象、听众形象。这是一种抽象的理想的构成物。与他相对应的也是同样抽象的理想的作者。按照这种理解,理想的听众实际上只是复制作者的一种镜子里的影像。这个听众对理想化的作品以及作者理想化的圆满构思,不可能增添什么自己的东西、什么新的东西。他与作者本人处在同一时间和同一空间之中,更确切地说,他也像作者一样,是处在时间和空间之外

（如同任何抽象的理想构成物一样）；所以，他对作者来说不可能成为另一个人（或者成为他人），不可能具有来自他性的任何超视。在作者与这样的听者之间，不可能有任何的相互作用，任何积极的戏剧性关系，因为这不是两个声音，而是等同于自身也相互等同的两个抽象概念。这里只能有机械的或教学化的抽象，空洞而重复的抽象。这里毫无基于个性的因素可言。

内容是新东西，而形式则是程式化了的、凝固了的旧内容（熟悉的内容）。形式是通向新东西、通向尚不为人所知的内容的必备桥梁。形式曾是熟悉易解的、凝滞了的旧世界观。在资本主义以前的时代里，形式和内容之间有过不太急剧的、较为平稳的转化，因为形式那时还是没有僵硬，没有完全固定下来的，尚非陈陈相因的内容；形式还与集体共同的创作成果相联系，例如与神话体系关系密切。形式那时仿佛是一种隐含的内容；作品内容则是详尽展现隐伏在形式中的内容，而不是作为某种新东西，通过个人首创出来的。因此，内容在某种程度上先于作品而在，那时的作者不是虚构自己作品的内容，而只是发挥已经隐含在传说中的东西。

最稳定的因素，同时也是最富情感的因素是 символы（象征、符号）；这个因素属于形式，而不属于内容。

作品的语义本身，即作品诸成分的意义（即理解的第一阶段），从原则上说，是任何个人的意识都能明白的。而作品的价值和内涵（其中也包括象征），则只是对有着某种共同生活经历的个人才有意义［参看"символ"（象征）一词的意义①］；——说到底是对有着深厚情谊的个人来说，才有意义。这里会出现参与共鸣，在高级阶段上是参与共享最高的价值（达到极限时是绝对的价值）。

在各民族的言语生活中，表示情感和价值的各种感叹所具有的意义。但情感评价态度的表现，可能不是明显的使用词语，而是所谓隐

---

① 参看 C.C.阿韦林采夫为《简明文学百科辞典》所写的"символ"词条，第 7 卷，第 827 页。——原编者

性的通过语调。一些最为重要和最为稳定的语调,构成一定社会集团(民族、阶级、行业、群体等)惯用的基本语调。在某种程度上可以单用语调来说话,使言语中的词语部分变成了相对的、可以替代的成分,几乎毫无差别。我们不是频繁地使用一些词义上并非我们所需的词语吗?或者总是重复同一个词语或句子吗?而这样做仅仅是为了充作我们所需语调的物质载体。

文本外的语调评价语境,在阅读(朗诵)该文本时只可能得到部分的实现,而其大部分,特别是最重要和最深刻的方面,仍然处在该文本之外,只是作为接受文本时的一种对话背景。作品的社会制约性(非话语的制约性)问题,在某种程度上即属于这种情况。

文本(印刷的、手写的或口说的=笔录的)并不可与作品的整体(或"审美客体")相提并论。进入作品的还有它那必不可少的文本外语境。作品仿佛笼罩在语调和价值语境的乐曲中,正是在这一语境中作品得到理解、得到评价(当然,这个语境随着接受作品的时代不同而不断变化,由此创造了作品的新意)。

相隔几百年、几千年之久,各国人民之间,各民族和文化之间的相互理解,保证了整个人类、人类所有各种文化的繁复的统一(人类文化的繁复的统一),人类文学的繁复的统一。所有这一切只能在长远时间的层次上才能揭示。每个形象也只能在长远时间的层次上才能理解和评价。分析通常在短暂时间、狭窄空间里进行,亦即局限于当代、不久前的过去和即将出现的未来(希望的将来或可怕的将来)。对未来的预感,在语言和言语中所采取的情感评价形式(如命令、愿望、誓言、诅咒等);人对未来的态度是很浅近的(祝愿、希望、恐惧);不理解未定之数、意外之事、所谓"意外惊喜"、绝对新奇、奇迹等等的价值意义。对未来的预卜态度所具有的特殊性质。在对未来的想象中会摆脱自我(没有我的未来)。

戏剧演出的时代及其规律。在宗教祭祀和国家仪式诸形式之存在并主导的那些时代里,人们对演出的接受。戏剧中的日常礼仪。

对话和辩证法。从对话中消除声音(不区分声音),消除语调(个人的情感语调),从生动的词语和对语中剥离出来抽象的概念和判断,把这一切塞进一个抽象的意识中,于是便得出了辩证法。

语境和代码。语境就其潜能说是不可完成的,代码则应是可以完成的。代码只是信息的技术手段,它不具备创造性的认识意义。代码是故意设定的已僵死的语境。

我的这本论文集①,贯穿着一个主题,反映了主题的不同发展阶段。

形成(发展)中的思想具有统一性。也因此我的许多想法在一定程度上有着内在的未完成性,但我不想把缺点变成美德:作品中存在着许多外在的未完成性,不是思想本身的未完成性,而是思想表达和叙述的未完成性。有的时候难于把这两个未完成性区别开来。不可归于一个确定的流派(如结构主义)。我喜好针对一个现象使用变通的多样的术语,采用多种的角度。不指明中间环节而遥相呼应。

研究作品的各个因素,不是把它们当作现实本身的现象(主人公、事件等),而是作为作品结构的要素。这样,就连作品外的现实也都保留了自己的全部意义,而且对它的理解比起幼稚的写实主义来,会更广更深。但为此目的就不应把结构只理解为物质符号的组合(当然结构也应从这方面加以研究)。作品是以人为主体的。

---

① 这是1973年巴赫金编辑自己文集时为序言打的草稿,但序言没有写成。——原编者

散页

〈1〉[①]

自然与人的对立：诡辩论者苏格拉底（"我感兴趣的不是森林里的树木，而是城市中的人们"[②]）。

思想和实践（行为）的两个极端，或者说两种态度（对物体与对个人）。个性越深刻，即越是接近个人的一端，普遍的方法就越不适用，普遍化和形式化要抹杀天才与平庸之间的界限。

实验与数据处理。提出问题而后获得答案——这已是对自然科学认识过程及其主体（实验者）的个性阐释。阐述认知成果的认识史和认知者个人的历史。参看马尔克·勃洛克[③]。

[①] 这组笔记在作者文档中都是零散的稿页，大约成文于60年代末至70年代初，最初发表时编排的先后次序带有很大随意性。散页文稿共5篇，此次发表按1至5排序如下。

　　散页第一篇写于1973年10月以后，据俄文版编者判断，此文多半为一气呵成，至少是围绕同一个题目立论。就内容说完全可题名为"人文科学的哲学基础"，或是"人文科学方法论"。文中巴赫金列举的四个要点，正可归于同一主题，形如简明的提纲。而在这四点提纲中，实际上涉及工作笔记里所有重要的思想，如物化与人格化的两端，增补原则的对话性理解，自己话语与他人话语，人文思维的双主体性，理解问题，"自己眼中之我"作为个人的不可疏离的核心，外位原则，理解中的时空体因素，理解的准确与深刻之间的区别，理解的语境问题，意义的不可穷尽和永恒性，对话的永无完成，短暂时段和长远时段。如果巴赫金确曾有意写一篇《人文科学方法论》，就内容而论正应该是这篇笔记。据见证者回忆，有人在巴赫金文档中发现了他早年写的《人文科学的哲学基础》一文，拿给作者过目。遂成为撰写此篇笔记的初始材料。——编者

[②] 柏拉图的《裴德若篇》："你知道，我是一个好学的人，田园草木不能让我学得什么，能让我学得一些东西的是城市里的人民。"见《文艺对话集》，朱光潜译，人民文学出版社，1980年，第96页。——译者

[③] M.勃洛克：《历史的辩护或历史学家的职业》，莫斯科，1973年。——原编者

物化过程与人格化过程。① 但人格化任何情况下也不是主观化。这里的极限不是我,而是与其他个性处于相互关系中的我,即我和他人,我和你。

在自然科学中是否存在着与"语境"相对应的东西?语境从来都是人格化了的(是无尽的对话,这里没有第一个话语,也没有最后一个话语)。而在自然科学中则是客体的体系(无主体的体系)。

我们的思想和我们的实践,不是技术性的而是道德性的(即我们的负责的行为),是在两个极端之间实现的:一个是对物体的态度,另一个是对个性的态度。物化和人格化。我们的一些行为(认识行为和道德行为)趋向于物化的一极,但永远达不到;另一些行为则趋向人格化一极,但不能彻底达到。

问与答不是逻辑关系(范畴);不可能把它们塞进一个意识中去(统一的、自我封闭的意识);任何回答都要产生新的问题。问与答要求相互的外位性。如果回答自身产生不出新问题,它就会从对话中脱离出来,进入系统的知识中,这实质是无个性的认识。

问者和答者的各不相同的时空体,以及不同的含义世界(我和他人)。取第三者意识及其"中立的"世界(在这里一切都是可以替代的)为视角,来看问与答,那么这问与答必不可免地要非人格化。

愚蠢(双义的)与迟钝(单义的)之间的区别。

已被掌握了的、生命永在的、在新语境中不断创造性地更新的他人话语(即"自己的他人话语"),与惰性的、僵死的他人话语("话语木乃伊")。

洪堡的基本问题是:语言的众多性(这一课题的前提和背景,是人类的统一性)②。这涉及语言及其形式结构(语音的和语法的结构)的

---

① 人们的思想和实践是指向两端的,一端指向物即物化,一端指向人即人格化,将对象视为独立个性,具有各自的价值。作者在此有了独到的发现:人格(个性)一端并非指唯我一人的主观立场,而是指同为个性的他人,即唯与他人或我与你,处于相互关联之中。由此引导出:人格化一端其实存在着唯与他人(或唯和你)的对话关系。在这里,人们认知的独立性与对话性是相互关联,相辅相成的。——编者

② 参看洪堡的《论人类语言结构的不同及其对人类精神发展的影响》。——译者

领域。而在言语领域内(指任何一种语言的范围内),出现的则是自己话语和他人话语的问题。

1. 物化与人格化。物化与"异化"的区别。思维的两极;增补性原则的应用。①

2. 自己话语和他人话语。理解即是他人话语向"自己的他人话语"转化。外位性原则。被理解者与理解者两个主体间的复杂的相互关系;被创造的时空体与理解者创造性地更新了的时空体,两者间复杂的相互关系。挖掘、深入到个性的创造核心的至关重要性(个性在创造核心中的继续生存,亦即是永生不朽的)。

3. 人文科学的准确性和深刻程度。自然科学中的准确性标准是证明同一($A=A$)。在人文科学中,准确性就是克服他人东西的异己性,却又不把它变成纯粹自己的东西(各种性质的替换,使之现代化,看不出是他人的东西,等等)。

古代的人格化阶段(朴素的神话中的人格化)。自然和人的物化时代。自然(和人)人格化的现代阶段,但这时并不排除物化。参看B.B.柯日诺夫文章②对普里什文笔下自然景色的分析。在这一阶段上,人格化不再有神话的性质。虽然不与神话相排斥,并且往往利用神话的语言(神话语言已转化为象征的语言)。③

4. 理解的不同语境。遥远语境的问题。在一切新的语境中,含义无终止地更新。短暂时段(现代、不久前的过去和可预见的未来,即希望实现的未来)与长远时段——无穷尽的和不会完成的对话。在这一对话中没有任何一个含义会消亡。

---

① 由此段起,作者列举四点见解,可视为构思《人文科学方法论》一文的预设提纲。——编者
② B.B.柯日诺夫:《不是竞争而是协作》,苏《文学报》,1973年10月31日。——原编者
③ 第三点的这一段,就内容看应属于上文第一点。作者是接续第一点的思路,区分出物化与人格化进程的三个阶段:1.自然界的朴素的神话人格化阶段;2.自然界的物化时代;3.现代的不排除物化的人格化阶段。不过,巴赫金在这里不仅指自然界,还扩而大之加入人的因素,即强调是自然与人两方面的人格化。——编者

自然界中有生命的东西(有机体)。一切无机体在交际过程中都被吸纳到生命之中(只有在抽象过程中,才会把它们对立起来,使无机体脱离生命)。

〈2〉

我对形式主义的态度:对如何把握特征有不同的理解;对内容的轻视导致了"材料美学"(对它的评述见1924年写的文章)①;不是"制作",而应是创作(从材料出发只能得到"制成品");不理解历史性和更替(机械地看待更替)。形式主义的积极意义(艺术的新问题和新侧面);新的东西在其发展的早期,也是最富创造性的阶段上,向来是采取片面的、极端的形式。②

我对结构主义的态度。反对封闭于文本之中。机械的范畴:"对立关系""代码更替"(洛特曼对《叶甫盖尼·奥涅金》多语体性的解释与我对比的解释③)。一贯始终的形式化和去人格化:一切关系均属逻辑(广义的理解)性质。而我则在一切中听到各种声音和它们之间的对话关系。我同样从对话角度来看待增补原则。高度评价结构主义。"准确性"和"深度"问题。洞悉客体(物体)的深度和洞悉主体(人格主义)的深度。④

---

① 参看《文学作品中的形式、内容与材料问题》,本文集第1卷。——译者
② 此篇写于巴赫金入住莫斯科的早期——1970年。开头两段是回答外国采访者的书面问题,概要表述了对当时苏联语文学领域形式主义和结构主义两大学派的看法和立场。——编者
③ Ю.М.洛特曼:《论二度模式系统中的意义问题》,载《符号系统论集》,第2辑,1965年。——原编者
④ 巴赫金对结构主义的主要责难,概括地说就在于结构主义者把文学作品的研究封闭于文本之中。巴赫金认为,分析作品不可局限于作品的文本自身;文本(不同时代、不同文化的文本)都具有开放性;文本相互间构成对话关系;这种对话关系不断地更新着作品中各种语义结构的含义,随之也就更新着作品的整体含义。结构主义研究家一贯关注的是作品形式化结构,从而完全排除了主体个性间的互动关系(人格化)。与此同时,巴赫金也充分肯定结构主义对文本结构和含义的别开生面的深入研究。——编者

结构主义中只有一个主体,就是研究者本人这个主体。"东西"可化成概念(不同程度上的抽象化);主体永远不可能成为概念(他自己要说话并且回答)。"含义"是可人格化的,因为含义中总是存在着问题、发问和对回答的预料,含义中总是存在着两个人(对话的最低限)。这种人格化不是心理上的,而是含义上的。①

从对话语境来说,既没有第一句话,也没有最后一句话,而且没有边界(语境绵延到无限的过去和无限的未来)。即使是过去的含义,即已往世纪的对话中所产生的含义,也从来不是固定的(一劳永逸完成了的、终结了的),它们总是在随着对话进一步发展的过程中不断变化着(得到更新)。在对话发展的任何时刻,都存在着无穷数量的被遗忘的含义,但在对话进一步发展的特定时刻里,它们随着对话的发展会重新被人忆起,并以更新了的面貌(在新语境中)获得新生。不存在任何绝对死去的东西:每一含义都有自己复活的节日。长远时段的问题。

时代的一致性。对传统(波提布尼亚、维谢洛夫斯基)的不同态度。

时代的一致性。问题的一致性:文学有某些新方面,是未经文学理论阐释的。同幼稚现实主义斗争,和同抽象哲理性斗争的一致性。不同的传统和对传统的不同态度。文学中的新事物和过时的东西。这样一种对立关系是回避不了的,不过文学真正的本质的核心,是处于这一对立关系之外的(如同真理、善良一样)。对现代的态度:不落在后面也不超前(先锋主义)。重作品而非诗性语言。重整体,但理解这整体不能仅限于它(内在的)自身,而只能在与其他整体的相互关联之中。理解文学的过程,将其作为一种对话。不是理解从外部贴到作

---

① 结构主义视"文本""含义"为物,这一点被巴赫金认定为独白主义的研究取向。巴赫金则是在"含义"背后发现了主体并与之对话,故认为"含义是可人格化的"。这是他诟病结构主义最集中的一点。——编者

品身上的抽象的哲理论述,而是贯穿作品之中的深刻的哲学命题。在作品中某些成分与整部作品之间有逻辑关系(反对、对立等),甚至机械的联系(自动引申关系)。(旧现象—新现象。)在这样的情况下,不可能有历史的真实。①

联系比思考的范围更广,我们联系的有些现象(或事物),严格说是我们不可能思考的(但同它们会产生联系)。

这样的联系,我们可见于认知、艺术、生活实际、道德行为之中,亦在文化和生活的所有领域里。这些关系只能在其自身范围内加以确定,也就是说在实际中产生的具体关系,可能靠近于这一面,或者靠近于那一面。

关系是针对主体(个人)说的,但它又可把物品和抽象事物(概念)纳入到自己的领域里,而这只是因为这些东西都同主体联系着。

〈3〉

新闻工作者首先是一个现代人。他应该成为这样一个人。他生活在一堆问题之中,这些问题都是能在现代解决的(或者至少能在不久的将来解决)。他参与的对话,有可能结束甚至完成,有可能转化为行动,有可能成为一种实际的力量。正是在这个范围里才有可能存在"本人的话语"。出了这个范围,"本人的话语"就不是本人的了(个性总是超越自己的);"本人的话语"不可能是终极话语。

演说体话语是活动家自己的话语,或是诉诸活动家的话语。

进入复调小说的新闻时评家话语,面对不可完成的和永无止境的

---

① 由此段开始,内容仍继续原题,行文却回到笔记式的简略随意,显然不同于前面的采访答问风格。巴赫金列举了当时文论界普遍关注的一些问题,如苏联传统文论中存在幼稚现实主义和抽象哲理倾向,需要由新兴学派(包括结构主义)加以克服,如文学中出现了新旧对立的斗争,但不应掩盖文学真正的本质的核心,如应当重作品而非重诗性语言,应该重作品整体却不可仅限于作品自身,最终归结到要把理解文学视为一种对话过程。——编者

对话,变得谦卑顺从了。①

我们一踏入陀思妥耶夫斯基的报章时评领域,就看到视野急剧地缩小,他那长篇小说的全球性不见了,虽说主人公的个人生活问题在这里仍为社会的政治的问题所取代。这些主人公是在整个世界面前(大地和苍穹面前)生活与行动(以及思考)的。在他们狭小的个人生活和日常生活中,产生了那些终极的问题;这些问题打开了他们的生活圈子,使他们参与到"世界大同的生活"②之中。

主人公对整个人类、对整个世界都具有代表性,在这一点上,类似于古希腊罗马的悲剧(以及莎士比亚戏剧),但又与它们有着深刻的不同。

主人公们为着终极问题活着,用自己生命本身来解决这些问题。不是用面向世界的行为,不是用长远时间(现在、过去和未来)的行为,而是用小"举动",用法律规定,用社会组织和政治组织,并且不是在世界范围内和在永生永世,而是在俄罗斯,在今天或者明天。在这个世界里有可能得到最终的解决(当然是相对的最终,因为在这里一切都是相对的)。

有一种特殊的能力,可提出终极的问题,而且不是以独白的方式提出。严刻理解这类问题的对话本质,知道在这类问题上不可能孤军奋战。

这是某人的顽强意志,抑或是僵硬的自然规律。在后一种情况里,无人可以问责,也无人可以怪罪。"推翻没有罪人的暴政"(《判决》)。1876 年 12 月,《迟到的教训》。《毫无根据的见解》(围绕《判

---

① 此篇笔记写于 1970 年底至 1971 年底之间,主题是小说作者语言与新闻记者、演说家语言的区别。问题实质涉及复调小说中作者的独特立场。

新闻记者和演说家在新闻体和演说体的作品中,讲的是"本人的话语"。但二者如果进入复调小说以主人公身份讲出这种话语,其性质就会变得"谦卑顺从",不再是自己的话语了。巴赫金这一思想在笔记本 3 中进一步发展明晰,指出不可认为复调小说中的演说话语就是作者自己的话语。——编者

② 出自丘特切夫的诗《春天》(1838)。——原编者

决》的争论)。世界性问题(历史问题)。外交问题。

演说体的争论,重要的在于战胜论敌,而不在于接近真理。这是演说体最初始的形式。而在较高级的形式中,所解决的问题应能有暂时的历史意义,但还解决不了最后的问题(在最后的终极问题上,演说体是无能为力的)。

〈4〉

(1月26日　星期三)[①]

民间文化呈现为怎样的形态?不是呈现为某种语言(如俚语、行话等),也不是呈现为单个的语汇(成语、俗话),而是完整的话语(至少初始是完整的),且与对话的语境密不可分。每篇话语都是完整生活里的一个片段(不仅是言语的片段),话语在这里伴随着挥拳、敲击、手势,随人离去而中止,如此等等。此处的话语又全是自然生成的。这也正是没被抽象化弄得贫瘠不堪的生活,是未遭到剥夺和克扣的生活。在水中绽放的中国花卉(普鲁斯特用来比作记忆的形象)。[②]

这鲜亮的生活,统一而多样(它总在扩展开来却又在另处合拢一起),总是体现出特殊的意蕴。人们理解这鲜亮生活的成长中的肌体。这些片断的整体,并非机械地相邻相接。但这里不可能有任何系统的概括的联系。它们可能相隔许多世纪和空间,却遥相呼应。当系统的语境(说话的语境、语用性的语境等)被特意阻断,当突然冒出不知所云的无稽之谈,并显示自己有独特存在的权利时,也正是这些片断的整体不期而至,部分地展现出自己的存在。

记忆正如同无稽之谈,有时会破坏我们的语境(并建立自己的独特的语境)。一切语境均具有时断时续的间歇性(从人们的个人生活

[①] 此篇写于1966年,是围绕话语与语境关系的问题,为首次发表。——编者
[②] 法国作家普鲁斯特在《追忆逝水年华》里,有一处回忆起椴树花茶中泡上奶油饼干的香气和美味。随之联想到日本人的一种游戏,把一些纸屑投进沏茶的瓷杯里,纸片在水里涨开飘起,聚成花卉、木屋等各式玩物。——编者

开始)。

民间文化是怎样的形态,而系统的概括的文化又是怎样的形态。民间文化的语境(环境)是变化无穷的,同时又永远是要复现的。

既在空间又在时间上遥远的语境问题。不同寻常的环境。话语与环境的相互关系。

自己话语中的语境与言语主体轮换的语境(他人言语)。任意选择的语境和非任意选择也预料不到的语境(常在文本之后产生)。

他人的并且遥远的语境问题。他人时代与他人文化的革新性语境。

〈5〉[①]

生活超出了我们关于文学(文学体裁和修辞)的观念。体裁如框架,从外到内把作品所写的片断生活框了起来。

建构一种体裁,要它不预设规则,不束缚手脚,不发号施令,不阻碍生活的"荒唐"(以现有的清规戒律角度看)脚步。不必害怕庸俗,描写庸俗可以消除庸俗。

卢小合　白春仁　译

[①] 写作时间不详,为首次发表。——编者

平斯基 莎士比亚戏剧 基本因素[①]

平斯基的书，从独特性与深度方面看，是论剧作家莎士比亚的优秀专著；但是它不乏非专著体例的大量插笔；作者本人在前言中对这些插笔做了预先说明。平斯基的书具有研究性质，一般类型的专著（时代，时代的文化，生平，文学问题的概述，等等），以很大比重的编纂性为前提，因此不符合作者的研究目的。书中没有就所论诸问题对有关莎士比亚的文献进行系统的概述，而且总体上看，引证比较少，不过字里行间都可以感觉到作者对莎学文献非常熟悉。

书的副标题"基本因素"以及没有任何作品名称和主人公名字的目录内容，可能会让人对书的性质迷惑不解：它可能会让人觉得是一部具有深刻的理论性与抽象性的书。实际上那些"基本因素"作者是通过对各个具体作品、形象与修辞特征的十分具体的分析揭示出来的。因此我还是认为，为了不从一开始就吓跑普通的读者（而书完全能够为最广泛的读者所读懂），就需要在目录（内容）的可能的地方引入各种相应的名称与名字（哪怕在相应的标题之后用括号括起来）。

无法同意作者的是，他认为（"蹩脚的结尾"）自己的这部充满各种具体材料并且实质上在思想上十分完整和完备的书，"只是对重读《李尔王》的零散的理论引言"（第4页）。我感到应该在"前言"中删除这一说法。

[①] 本文为"936机"打印稿。——译者

书是以莎士比亚所特有的戏剧体裁特性为基础写成的。按照作者的想法,体裁所展现的并不是奇巧技淫,而是生活在精神内容上的实质。就三种体裁而言,阐发的角度虽然有所不同,但都与对统一的人类生活的评价标准有关:对喜剧来说是人与自然;对历史剧来说是人与国家;对悲剧来说是人与社会。书的第一编讨论的是喜剧。

莎士比亚的喜剧是"欢笑的喜剧",大不同于"嘲笑的喜剧"(譬如在莫里哀那里)。在莎士比亚那里滑稽的源泉,这不是人类的各种缺陷,不是社会生活的各种负面现象,这是正常的人类"习性"(本性),是捉弄人的本性。这种本性最鲜明也最完整地表现和出现在爱情中;所以莎士比亚的喜剧是爱情喜剧。看一看作者如何评价我们(观众)对莎士比亚喜剧主人公所持的立场:"我们同情主人公们,观看他们失足犯错,分享他们的喜悦与痛苦,有时笑他们,有时与他们一起笑,但是在我们的笑声中没有道德上、智力上高人一等的意味。因为我们面对的是生活本身,是事物的自然运行。更确切地讲,对文艺复兴时期莎士比亚喜剧的道德审美评价,就是我们对自然本性和带着令人羡慕的自由服从于自然本性的主人公们的赞赏本身。"(第38页)

平斯基在书中对莎士比亚的所有喜剧作了巧妙的分析,分析简洁,同时完整而细腻。作者把每部喜剧的情节看作是统一的主干情节(爱情情节)的发展,其结果,莎士比亚的整个喜剧世界的深刻统一性以及构成这个世界的喜剧的丰富多样性被揭示了出来。作者在以后分析历史剧和悲剧时也运用了揭示体裁统一性和多样性(主干情节——情节的发展)的这种方法。

在"喜剧因素"编的第二章里,作者展现出莎士比亚诸喜剧的民间节日的基础。在这些喜剧中生活不是以日复一日的日常流逝的角度,而是以节日的角度来描绘的:生活在欢庆和嬉戏。对莎士比亚的"欢笑的喜剧"和对其笑的特点本身产生决定性影响的,是狂欢节类型的各种民间娱乐和游艺,在英国就是用这样的娱乐和游艺来庆祝每个新季节的来临、"换季"、大自然生活的变化的。作者论证了在一系列情况下"莎士比亚的滑稽等同于充满全民自由精神氛围的狂欢节的亲昵色情的诙谐"。作者充分而透彻地考察了莎士比亚喜剧中的各种不同的狂欢因素。他指出,在后期的最具有狂欢色彩的喜剧中,其中出现的那些"严肃的"、阴郁的人物(马尔瓦里奥等等),也是狂欢节式民间节日的传统人物"笑的敌对者"("天生不笑的人")。

在"世界即戏剧"一章里,作者为了适应喜剧而发展了整部书的基本思想,即在文艺复兴时期,包括在莎士比亚那里,世界和生活是如何从戏剧和游戏的角度得到理解的。譬如对生活的戏剧和游戏的理解在喜剧中反映出以下几个方面:戏中戏,无意识地(在早期的那些喜剧中)和有意识地(在晚期的那些喜剧中)把生活当成戏来演,各种丑角的参与(逗笑的丑角乃是日常生活中的演员),在由丑角们营造出的氛围中语言本身在表演,各种类型的换装和愚弄,偷窥和偷听,等等。生活本身、"自然本性"本身在表演。"世界即是戏剧"。这是作者的主干思想。

论喜剧的这一编共占了八十页,也就是不到全书的十分之一,但论述巧妙、简洁,充满了各种新奇的思想和新颖的观察。

书的第二编讨论的是莎士比亚的历史剧。历史剧中出演的已经不是自然本性了,而是时间。历史剧的主人公是时间的演员。

在文艺复兴时期,与"人性的发现"和"自然本性的发现"并列的还有伟大的"历史时间的发现"(不同于大自然的循环时间)。

不过,对莎士比亚的历史剧而言,问题讲的并不是对时间的科学的历史的理解,而是诗意的理解、"诗意的历史主义"。在时间的文学形象中保存着各种神话因素,这些因素能够创造出宏伟的时间,"时间"一词的文学多义性得到了保存和繁荣。在书的第一四五至一四八页,作者详尽地分析了"时间"一词在莎士比亚历史剧中所获得的各种意义及其细微情味。

与喜剧和悲剧不同,历史剧的情节"从外部看如拍照般写实的"。

情节中的事实具有单义性。情节的规模、宏伟性取决于和民族历史上的著名事件与人物的联系。此外,历史给予现在和将来以教训,因此超越了过去的事实的单义性的范围。

人与国家是历史剧中世界的一个方面;所以,历史剧的剧中人物是政治人物。主人公的隐秘生活在历史剧中是没有位置的,确切地说,它与民族国家的生活融为一体。历史剧的对象,这不是某个国王的个人的命运,这不是关于他的戏剧。历史剧,这是关于某个国王在位期间的英国的戏剧,而不是关于他的个人命运的戏剧。所以,历史剧的情节就没有短篇小说的完结性,因为这是开放的情节。从这里也就出现了历史剧系列化的可能性,莎士比亚也使用了这种系列化,创作了两种三部曲。

这就是莎士比亚历史剧诗学的基本特征。作者通过对历史剧的分析揭示了这些特征,并且对政治课题也给予了很大关注。平斯基的分析始终以有实质性内容和新颖独到见长。

福斯塔夫这个形象得到特别深刻而独特的揭示("相互评判面前的时间和自然本性"一章,第175—202页)。讨论福斯塔夫的篇章是书中最出彩的地方之一。

作者仔细地考察世界文学中传承至福斯塔夫的那条形象线索(始于古希腊罗马的"吹牛大战")。他以这样的评述结尾:"福斯塔夫这个形象,本身包含了各种不同的来源,但绝对不是'矛盾的';相反,完全具有自己的(怪诞的)完满性,别具一格,原则上具有未完成性,如同从中诞生了所有的生机的混沌——这是上帝说出自己第一句绝对话语之前的大自然初始状态。"稍后作者又补充自己的论断:"福斯塔夫的本性体现出永恒的大自然女始祖。她的声音无法用各种道理加以反驳,她机智、欢快、不会犯错,一如本能自身。"(第182页)

有必要指出的是,在这里"自然"("本性")一词所用的含义,是文艺复兴时期被赋予的,并且与此后各时代(特别是在19世纪)里所理解的意义具有本质上的区别。福斯塔夫的肉体,他所显示出的躯体因素,在"恢复肉体"的时代具有某种原初的含义,而且在这个意义上讲具有神圣的含义;当然,它也保存着"下部""地狱"(在肉体和宇宙意义上)的含义,也就是说,它具有双重性。平斯基出色地评论了福斯塔夫:"这是滑稽可笑的,而又给人以欢快的肉体,这个肉体不知道任何的道德羁绊。生物学的肉欲,这对文艺复兴时期的人来说是最自然的滑稽的源泉。"(第182页)应该补充的是,即便是"肉欲"也不是在现代狭隘的意义上得到理解的,因为它具有微观的宇宙性,并且因此反映出宇宙。文艺复兴时期的人们善于通过人类自身的肉欲直接洞察宇宙。

作为"自然"的化身,福斯塔夫经常与"历史"发生冲突。当然,这种冲突是以该时代的形式展开的,而这是一个封建骑士生活方式瓦解与灭亡以及新的资产阶级生活方式诞生的时代。不过,福斯塔夫的形象也对其他时代具有代表性。作者这样结束自己的评述:"而福斯塔夫是永生不灭的,像生活本身那样,像人类的本性和各种社会形态的更替中肉体的永恒呼声那样。"(第190页)

当然,关于福斯塔夫这个形象还会有争论,还会提出其他各种可能的含义,而这些含义同样能够用这种双重性的、未完成的和不可穷尽的形象得到证实。

在结束讨论历史剧这一编的时候,我想指出对《亨利五世》的完全正确的评价。无论是对历史剧本身,还是对理想的"民间的"国王亨利五世这个形象,过去曾经流行过较高的评价。平斯基与此不同,完全正确地指出历史剧人物的呆板和不自然,这可能是因为莎士比亚按照伊丽莎白的指令撰写该剧,还指出理想的国王形象片面追求好名声而几乎搔首弄姿。

书的第三编探讨莎士比亚的悲剧。该编占据全书很大篇幅,九七二页中占了七五二页(喜剧和历史剧一共只占220页)。后面我们会特别讲到对该书外在布局结构比例的如此严重的破坏。该编第一部分对各悲剧作了详细的分析;在第二部分(最后部分)里作者作了概括,并展示了自己对莎士比亚悲剧的总体观。我们觉得,合理的做法就得从考察作者的这个总体观开始。

在我们的文艺学界曾经广泛流行这样一种观点,依照这种观点,文艺复兴时期文化的最后的危机的阶段,即文艺复兴时期的人文主义危机,是莎士比亚悲剧的历史根源。人文主义的各种理想和独裁政体及正在形成的资产阶级社团的各种社会条件之间的不协调,导致了莎士比亚及其主人公的悲剧性洞见。

作者正确地扬弃了这种观点;无论具有何种意识形态倾向的危机,也包括人文主义在内,本身不可能成为真实悲剧的基础。这样的基础是中世纪千年文化没落期和资本主义初生期的伟大革命的危机。人文主义的危机也起到了一定的作用,不过当然不是主要的作用。如此看来,莎士比亚悲剧乃是16世纪至17世纪欧洲悲剧的整个黄金时期,就具有比人们通常所认为的更加宽广和更大规模的基础。

作者认为,正确理解整个悲剧和莎士比亚悲剧之历史根源的关键,部分地在于马克思与恩格斯关于悲剧的见解,指的是关于《奥列斯忒》和《被缚的普罗米修斯》的评论以及与拉萨尔的书信。作为探讨该问题的主要论断,作者引述了马克思的以下话语:"当旧制度还是有史以来就存在的世界权力,自由反而是个别人偶然产生的思想的时候,换句话说,当旧制度本身还相信而且也应当相信自己的合理性的时候,它的历史是悲剧性的。当旧制度作为现存的世界制度同新生的世界进行斗争的时候,旧制度犯的就不是个人的谬误,而是世界性的历史谬误。因而旧制度的灭亡也是悲剧性的。"

与对悲剧基础的这种严格的历史性的理解相呼应,平斯基指出了悲剧冲突的三个方面:

(1)史诗状态("旧制度作为有史以来就存在的世界权力");

(2)"旧制度的真正的主人公的灭亡";

(3)自由作为"个别人偶然产生的思想",作为对合理性的魔鬼般的破坏。

在分析个别悲剧作品时(在第一部分里),这三个方面都得到了具体化,而且作者还展现了这三个方面在莎士比亚悲剧创作的进化过程中的不同变体。

第二部分的后面章节概括地阐明了前面分析个别悲剧时作者提出的那些立场。这个部分的写作大概要早于第三编的第一部分。它在某种程度上复制了第一部分,只不过是以较为抽象的形式加以复制的。最后部分因为自己的抽象性而会稍许削弱对平斯基这本书令人称奇的高度具体化的总体印象。

我认为,可以建议作者重新调整最后部分如下:将它的开端,包含从历史角度确定莎士比亚悲剧基础的开端,变成第三编的前言,亦即变成这一编的开头,再修改余下的内容,以避免重复。

这里我想谈一谈平斯基这部书的外在布局结构。此书各编的篇幅,比例极度失调。我认为,前面两编可以合成一编(它将有220页);第三编变成两编,第六章之前为第二编(有225页),第六章到结束为第三编(有400页)。原第三编第二部分负担对最后两编进行一定的扩充。还应该使所分章节的比例较为适当,譬如第三编第六章有三五〇页,而其他各章却只有几十页;把对《李尔王》的分析独立成章是很好的做法。当然,对外在布局结构的这种重新调整我只是作为例子提了出来,作者本人大概会找到较为合理的调整方式,不过我觉得改变外在布局结构是必不可少的。

现在我斗胆就平斯基的莎士比亚悲剧总体观提出几点意见。

从历史的角度确定莎士比亚悲剧的基础,不会引起质疑。但是,欧洲人从中世纪体制向资产阶级体制的过渡中所经历的危机,不可能彻底解释莎士比亚悲剧的所有艺术特点,而且首先解释不了某些基本的体裁特点。这些特点不同于与莎士比亚同时代的西班牙剧作家的特点,也与稍晚的法国剧作家的特点具有较大差异,而同时他们却拥有共同的悲剧基础。问题在于莎士比亚的戏剧是与民间戏剧乃至一般的中世纪民间文化紧密地联系在一起的,在很大程度上继承了它们的传统。与中世纪的民间戏台这一观众世界如此密切的联系,西班牙戏剧家那里没有,更不要说在法国戏剧家那里了。这一点平斯基当然十分清楚,因为他本人就对莎士比亚喜剧的狂欢本质作了出色的分析。但是,分析莎士比亚悲剧的时候,他几乎完全没有讨论这个问题。

Л.Е.平斯基出色地揭示了莎士比亚戏剧(在分析《李尔王》时表现得尤为鲜明)的世界性(指场景象征性地概括了整个世界)和某种永恒性(指囊括人类生存的全部时间)。莎士比亚的戏剧舞台,是整个世界(Theatrum Mundi)。这使得莎士比亚剧中的每个形象、每个场景、每一话语都具有一种特殊的重要性,常常还是有一种恢宏的气势。这在以后的欧洲戏剧中是绝无仅有的(在莎士比亚之后的戏剧中,一切都变得浅薄了)。与此相关的,是莎士比亚剧中形象有一种特殊的宇宙性(和微观宇宙性)。宇宙的天体和力量(太阳、星辰、水、风、火),或者直接参与到剧情中,或者经常出现在人物的话语中,而且总是在自己的宇宙含义上。如果我们看看新时代的戏剧,特别是19世纪的戏剧(瓦格纳除外)中的这些现象,那就不难相信,它们已从宇宙的天体和力量转变成了风景的要素了(只有微弱的象征意味)。从宇宙现象转变为风景的这一过程,贯穿于17和18世纪(这些现象的宇宙特性几乎完全转到了科学思维中)。

莎士比亚的这一特征(在西班牙人那里它已经大为弱化),是中世纪戏剧和民间游艺表演形式的直接继承。把舞台作为世界来加以生动地感受,上与下都具有一定的宇宙价值的意味,这一切都是莎士比亚戏剧从中世纪继承下来的,甚至还包括舞台外部的布景配置(如舞台后部设有楼座,过去代表天空)。但主要的是把整个戏剧场面当作某种特殊的象征性仪式来接受(更准确地说,只是生动地感觉,不伴有明晰的意识)。众所周知,古希腊罗马的悲剧和中世纪的戏剧演出,是从古代宗教仪式中产生和发展起来的;这一点甚至已是老生常谈。戏剧的这一起源在一些专著中已经得到出色的研究和阐释。但它们进一步的发展以及演化为世俗戏剧的情形,却还远未弄清。不过在这一发展过程中,重要的是下面一点:宗教含义和宗教教条的衰亡,使得戏剧中有可能进行自由的艺术创作;但仪式性作为特定形式特征的总和却保留了下来,一直到世俗的发展阶段。仪式性的这些特征——全球性、永恒性、特殊的象征性、宇宙性——都获得了艺术体裁的意义。在由仪式演变成体裁的这一发展阶段上,古希腊悲剧流传了下来,直到今天。也是在这一阶段上,产生出了莎士比亚的悲剧。

我们所提出的这些悲剧艺术体裁特点的形成,经历了长时间的适应过程,也就是悲剧仪式逐渐摆脱宗教束缚的过程。到了莎士比亚时代,悲剧获得了自己在体裁上的成熟。

悲剧的艺术体裁特点已经不能用两个伟大时代更替的历史性危机来解释了,而平斯基则认为,而且完全正确地认为,这个危机就是悲剧的历史基础。作为艺术体裁的悲剧只能产生于体裁在形式上的各种前提条件对它来说成熟的时候,而这些前提条件用了数百年才得以成熟。作为艺术体裁的悲剧并不是对伟大危机的简单反映,而是高于危机的提升,即高于危机的认识和对危机的精神上的驾驭以及对危机的升华。在对个别悲剧特别是《李尔王》的分析中,平斯基出色地揭示了这一莎士比亚式的"净化"。悲剧不会陷于其赖以诞生的危机之中,而是对危机的升华,尽管只是精神上的升华(因为悲剧是艺术);否则它将是毫无出路的、前途暗淡的,而且它的最终话语将是声嘶力竭的叫喊。

莎士比亚是悲剧体裁的巅峰,而此后悲剧开始蜕变为正剧:对仪式性的感受逐渐开始消失,在17世纪戏台变成了没有一块壁板、没有任何宇宙性联想的盒式台架,世界性和永恒性变成了有局限的、几乎是经验的典型性、重要性,变成了现实性,等等。严格地讲,悲剧正在消亡(也许是暂时的),而正剧(及其各种变体)——已经是不同的体裁了。

莎士比亚本人的创作已提到过这一蜕变的过程。在《科利奥兰纳斯》中全人类性(道德剧里的"凡夫俗子")已经发生狭隘化,几乎狭隘化为早期高乃依笔下的公民性。在《雅典的泰门》中出现了讽刺的典型性(几乎就是莫里哀的特点),而且这部悲剧已经没有了宏伟庄严的气势;规模的宏伟开始变成现实性。在这两部悲剧中宇宙元素几乎丧失殆尽。

以上所述完全不是对平斯基的某种反驳。相反,我们必须承认,悲剧的体裁特点——世界性、永恒性等等——正是在他对具体悲剧的分析中得到了十分有力而令人信服的揭示。我只希望,在数百年乃至几千年里(要知道古希腊罗马的悲剧也对莎士比亚产生了十分重大的影响)培育起来的悲剧,其体裁特性不要从距离很近的伟大危机的历史条件中推定出来。体裁可以说具有多时代性,但是它以具体体裁变体的方式所获得的现实意义,则独立地存在于自己的时代中。

正如我们已经讲的那样,在平斯基那里对具体悲剧的分析总是非常深刻而别具一格。作者在任何地方都不重复传统的、流行的或者根据莎士比亚研究文献为人们所熟知的各种解释和观点。在他对悲剧的分析中总有崭新的、由他第一次提出来的一些方面,而且是极为重要的方面。这实质上是被重新解读了的莎士比亚。平斯基的分析也涵盖舞台这个方面,这种涵盖具有如此重要的意义,以至于对舞台工作者(导演和演员)来说也将是极有裨益的。

最深刻的分析(正像我们上面已经讲的那样)是平斯基对《李尔王》作出的。

让我们从这一分析中引几段(概括性的片段)为例,这些片段揭示的是悲剧的世界性和永恒性。

"'李尔'的神秘性总是散发出庄严的冷淡。导演们与批评者们模糊地感觉到,这里讲的东西要比任何当代性更加重要,讲的是具有世界包容性的内容,其中仿佛共存着过去、现在和将来,即讲的是'现在的宇宙'(丘特切夫语)。"(第481页)

"在《李尔王》中莎士比亚省略了主人公过去的经历,其个人生活的所有特殊细节,他也没有描写杰出人物的英雄主义特征。李尔同所有的人一样,过着凡夫俗子的生活。替代个人功勋的,是主人公非个人特有的、最显而易见的情形:他是父亲、老人和国王;前两者赋予其命运以最大限度的普遍意义,而第三种情形,如古代诗歌中通常出现的那样,赋予其宏大的规模,因为这是古代和非一时意义上的主人公的宏伟命运的特征。"(第504、505页)

"对《李尔王》而言,整个历史进程也构成悲剧的内容,不过这个内容被有关李尔及其女儿们的传奇式情节掩盖住了。"(第556页)

"人类本身及其数千年的道德文化发展,在我们眼前经历了五幕,这五幕包含了凡夫俗子生活中几个月内所发生的事件。"(第587页)

当然,想要让读者对平斯基为《李尔王》所作分析的难度和深度有所认识,哪怕是某种程度上的近似的认识,上引几个片段是远远不够的。不过,它们清楚地展示出悲剧体裁所特有的世界性和永恒性因素。

我认为,平斯基的书是对苏联和国外莎士比亚研究的最有价值的贡献。然而,该书还具有更加广泛的意义:书中用莎士比亚或与其相关的材料阐明了一系列最重大的理论问题、方法论问题和历史文学问题。此书的出版无疑将促进我们文学理论科学水平的总体提高。

我认为,平斯基的书毫无疑问应该得到出版。

1970年4月25日

凌建侯 译

答《新世界》编辑部问

《新世界》编辑部向我提出一个问题：你是如何评价当今文学理论现状的？

对这种问题无疑很难作出绝对的很有把握的答复。人们在评价自己的今天、自己的时代时，往往容易出错（朝这一方面或那一方面偏差）。这一点应该考虑到。不过我还是试着作一个答复。

我们的文学理论具有巨大的潜力，因为我们有一大批严肃认真而又才华出众的文艺学家，其中包括年青的学者，我们有高水平的学术传统，包括过去的传统（波捷布尼亚、维谢洛夫斯基），也包括苏维埃时期的传统（蒂尼亚诺夫、托马舍夫斯基、艾亨鲍姆、古科夫斯基等），当然，还有发展文学理论所必需的外部条件（研究机构、教研室、财政拨款、出版能力等等）。但尽管如此，我觉得近年来（实际上几乎是近十年来）我们的文艺学，总的来说并未能发挥这些潜力，也没有达到我们对它理所当然的要求。不敢大胆地提出基本的问题，在广阔的文学世界中没有开拓出新的领域或发现一些重大的现象，没有学派之间的真正的健康的斗争，占主导地位的是对学术风险的恐惧，对假想的恐惧。文艺学实际上还是一门年轻的科学，它不具备自然科学那种经过多次实验检验过的方法。因此，缺乏流派之间的斗争和恐惧大胆的设想，必然导致陈陈相因与千篇一律成为主流；很遗憾，这种情形在我们这里屡见不鲜。

在我看来,我们今天的文艺学的普遍特征就是这样。但任何一种概括的评述,从来都不是完全公正的。无可怀疑,我们今天也出版了一些不错的、有益的书籍(特别在文学史方面),发表了一些有分量的、深刻的论文,最后还出现了一些重大的现象,是我那概括的评述所绝不能包括的。我指的是 Н.康拉德①的《西方与东方》、Д.利哈乔夫的《古俄罗斯文学的诗学》,《符号体系论丛》(1—4辑)(由 Ю.М.洛特曼领导的一批年青研究者所辑)。这是近些年来最令人欣喜的现象。我在下面或许还要涉及这些著作。

如果要我谈谈文艺学面临的首要任务的意见,那么我在这里只讲一讲有关过去时代文学史的两个任务,而且只能作概括的分析。我将完全不涉及当代文学的研究和文学批评问题,虽然正是在这方面有着更多的重要的、首位的任务。我选择了这么两个任务来谈,是因为在我看来,它们业已成熟,并且已经开始了有效的研究,这一研究应继续坚持下去。

首先,文艺学应与文化史建立更紧密的联系。文学是文化不可分割的一部分,脱离了那个时代整个文化的完整语境,是无法理解的。不应该把文学同其余的文化割裂开来,也不应像通常所做的那样,越过文化把文学直接与社会经济因素联系起来。这些因素作用于整个文化,只是通过文化并与文化一起作用于文学。我们在相当长的时间里特别关注了文学的特性问题。这在当时也许是必需的、有益的。应当指出,狭隘的专业化与我国优秀的学术传统是格格不入的。只要想一下波捷布尼亚,特别是维谢洛夫斯基著作那种广阔的文化视野就一清二楚了。由于迷恋于专业化的结果,人们忽略了各种不同文化领域间的相互联系和相互依赖的问题,往往忘记了这些领域的界限不是绝对的,在不同的时代有着不同的划分;没有注意到文化所经历的最紧张、最富成效的生活,恰恰出现在这些文化领域的交界处,而不是在这些文化领域的封闭的特性中。在我国的文学史著作中,通常要描述文

---

① Н.康拉德(1891—1970),苏联科学院院士。——译者

学现象所处时代的特征,但这种描述,在多种情况下与通史毫无差别,没有专门分析文化领域及其与文学的相互作用。而且也还没有深入研究这种分析的方法。而所谓一个时代的文学过程,由于脱离了对文化的深刻分析,不过是归结为文学诸流派的表面斗争;对现代(特别是19世纪)来说,实际上是归结于报刊上的喧闹,而后者对时代的真正的宏伟文学并无重大影响。那些真正决定作家创作的强大而深刻的文化潮流(特别是底层的民间的潮流)却未得到揭示,有时研究者竟一无所知。在这种情况下,难以深入到伟大作品的底蕴,于是文学本身就使人觉得是某种微不足道和不严肃的事情。

我所讲的这一任务,以及与此相关的问题(时代作为文化统一体的边界问题,文化类型学问题,等等),在讨论斯拉夫诸国的巴洛克文学时,特别在持续至今的关于东方各国的文艺复兴和人道主义的争论中,被十分尖锐地提了出来;这里看得特别明显,必须更加深入地研究文学与一个时代的文化的不可分割的联系。

我在上面提到的近些年来优秀的文艺学著作,即康拉德、利哈乔夫、洛特曼及其学派的著作,尽管方法论上有所不同,都同样地不把文学同文化隔离开来,而是力求在一个时代整个文化的有区分的统一体中来理解文学现象。这里应当强调,文学是一种极其复杂和多面的现象,而文艺学又过于年轻,所以还很难说,文艺学有什么类似"灵丹妙药"的方法。因此,采取各种不同的方法就是理所当然的,甚至是完全必要的,只要这些方法是严肃认真的,并且能揭示出新研究的文学现象的某种新东西,有助于对它的更加深刻的理解。

如果说不能脱离开时代的整个文化来研究文学,那么把文学现象封闭在创造它的那个时代里,即封闭在它的同时代里,结果那就更糟了。我们通常是依据作家当时以及不久前的过去(通常以我们所理解的一个时代为界)来阐释作家及其作品的。我们担心在时间上远离所研究的现象。然而事实上作品却植根于遥远的过去。伟大的文学作品都经过若干世纪的酝酿,到了创作它们的时代,只是收获经历了漫长而复杂的成熟过程的果实而已。如果我们试图只根据创作时的条件,只根据相近时代的条件去理解和阐释作品,那么我们永远也不能把握它的深刻的含义。囿于一个时代之中,也不能理解作品在随后若干世纪中的未来的生活;这种未来的生活会让人觉得荒诞不经。文学作品要打破自己时代的界限而生活到世世代代之中,即生活在长远时间里(大时代里),而且往往是(伟大的作品则永远是)比在自己当代更活跃更充实。如果说得简单些、粗俗些,那就是:一部作品的意义,假如只在于反对农奴制斗争中所起的作用(中学里就是这么讲的),那么当农奴制及其残余势力被消灭之后,作品意义也就该完全消失了。然而作品却往往还要扩大自己的意义,亦即进入到长远时间中去。如果作品不是在某种程度上也汲取了以往世纪的东西,那它就不能在未来的世纪里生存。如果作品完全是在今天诞生的(即在它那一时代),没有继承过去也与过去没有重要的联系,那么它也就不能在未来中生活。一切只属于现在的东西,也必然随同现在一起消亡。

  伟大的作品在远离它们的未来时代中的生活,如我上面所说,看起来是很荒诞的。它们在其身后的生存过程中,不断充实新的意义、新的含义;这些作品仿佛超越了它们问世时代的自己。我们可以说,无论是莎士比亚本人,还是他的同时代人,都不知道我们如今所熟悉的那个"伟大的莎士比亚"。无论如何不能把我们的这个莎士比亚塞到伊丽莎白时代中去。别林斯基在世时就曾谈到,每一时代总能在过去的伟大作品中发现某种新东西。那么,是不是我们给莎士比亚作品添加了它所没有的东西,是不是把莎士比亚现代化了、歪曲了呢?当然,现代化和曲解,过去有过将来还会有。但莎士比亚不是靠这个变得强大的。他之所以变得强大,是靠他作品中过去和现在实际存在的东西,只是这些东西无论是他本人,或是他的同时代人,在他那一时代的文化语境中还不能自觉地感知和评价。

  含义现象可能以隐蔽方式潜藏着,只在随后时代里有利的文化内涵语境中才得以揭示。莎士比亚融入作品中的宝贵含义,是若干世纪乃至上千年间的创造和积淀起来的。这些宝贵的含义隐藏在语言之中,不仅是标准语,还有在莎士比亚之前没能进入文学的民间语言成分;也隐藏在言语交际的多种体裁和形式之中,在数千年形成的强大的民间文化形式里(主要在狂欢化形式里),在戏剧表演的体裁里(神秘剧、讽刺喜剧),在渊源于史前远古时代的故事情节里,最后还在思维的形式里。莎士比亚也像任何艺术家一样,构筑自己的作品,不是利用僵死的成分,不是利用砖瓦,而是用充满沉甸甸含义的形式。其实,即使是砖瓦也具有一定的空间形式,所以在建筑师手里也能表现某种内容①。

体裁具有特别重要的意义。在体裁(文学体裁和言语体裁)中,在它们若干世纪的存在过程里,形成了观察和思考世界特定方面所用的形式。作家如果只是个工匠,体裁对他只是一种外在的固定样式;而大艺术家则能激活隐藏在体裁中的潜在含义。莎士比亚利用并在自己作品中纳入了巨大的宝贵的潜在含义,而这些在作者自己及其同时代的人所能见到、意识到并给以评价的,首先是与他们眼前生活相接近的东西。作者是自己时代的囚徒,是他当时生活的囚徒。随后的时代把他从这一牢笼里解脱出来,而文艺学所负的使命就是促进这种解放。

我们上面所讲的绝不意味着对作家所处的现时代可以有所轻视,不意味着可以把作家的作品推到过去或者投射于未来,当代生活仍然保留着自己巨大的意义,在许多方面甚至是决定性的意义。科学分析只能以当代生活为出发点,而在其后的发展中应不断地以这一生活为参照。正如我们刚才说过的,文学作品首先须在它问世那一时代的文化统一体(有区分的统一)中揭示出来。但也不能把它封闭在这个时代之中,因为充分揭示它只能是在长远时间里。

---

① 此例出色地说明了作者含义深广的公式——"有表现力的存在和会说话的存在"。他用这个公式囊括了人文思想的对象和范围;因为,以话语孕育起来的物体参与了存在,而"无声之物"则相反(参看《论人文科学方法论》的笔记及对它的注释)。"有表现力的存在和会说话的存在"——从莎士比亚到砖瓦在建筑师的手里则可说是巴赫金众多思考中的一个最普遍、最主要的主题。——原编者

然而，即使是一个时代的文化，不管它离我们今天多么遥远，也不可封闭于自身中，不可视为某种现成的、彻底完成了的、一去不复返的消亡了的东西。斯宾格勒关于封闭和完成的文化世界的思想，至今仍对史学家和文艺学家产生巨大的影响。但这一思想需要作重大的修正。斯宾格勒把一个时代的文化看成是一个封闭的圆圈。然而特定的文化的统一体，乃是开放的统一体。

每个这样的统一体（如古希腊罗马文化）尽管各具特色，却都进入人类文化的统一形成过程（尽管并非是直线的过程）。在过去时代的每一种文化中，都蕴藏着巨大的含义潜能；这种潜能在该文化的整个历史发展过程中并未得到揭示，未被意识到也未被利用。古希腊罗马文化本身并不知道我们今天所了解的那个古希腊罗马文化。中学里曾流传着这样一则笑话：古希腊人不知道自己的一个最主要的特点，即不知道他们是古代希腊人，从不这样称呼自己。实际上也的确如此，把希腊人变成了古希腊人的那个时间差，具有重大的构成作用：在这个时间差中，不断从古希腊罗马文化里发现新的含义价值；古希腊人虽然自己创造了这些含义价值，却真的不知道它们的存在，需要指出的是，斯宾格勒本人在对古希腊罗马文化的精彩分析中，也揭示出了新的深刻含义。不错，他是硬加上了一些东西，为的是使古希腊罗马文化显得更加圆满和完整。尽管如此，他还是参与了从时代桎梏中解放古希腊罗马文化的伟大事业。

我们应该强调一下，我们在这里说的是蕴含在过去时代的文化中的新的深刻含义，而不是指扩大我们关于这些文化的事实上、物质上的知识，如通过考古发掘、发现新文本、完善解读、重构古迹等所获得的知识。这样获得的东西，是含义的新的物质载体，可以说是含义的躯体。不过，在文化领域中躯体与含义之间不可能有绝对的界限①，因

---

① 关于艺术中"躯体"与"含义"的一种不可分割的特殊性，作者在20年代时就涉及这一主题，当时他一方面拒绝了与之争论的形式主义的"材料美学"，另一方面又拒绝了"抽象的意识形态性"。可参见他的《文艺学中的形式方法》一书（俄文版，第22页）的有关论述。——原编者

为文化不是用僵死的成分构筑起来的,要知道,即使简单的砖瓦,如我们上面说过的,在建筑师手里也以自己的形式表现着什么。所以,发现含义的新的物质载体,也会对我们的含义见解作出某种修正,甚至可以导致它们的根本更新。

存在着一种极为持久但却是片面的,因而也是错误的观念:为了更好地理解别人的文化,似乎应该融于其中,忘却自己的文化而用这别人文化的眼睛来看世界。这种观念,如我所说是片面的。诚然,在一定程度上融入别人文化之中,可以用别人文化的眼睛观照世界——这些都是理解这一文化的过程中所必不可少的因素;然而如果理解仅限于这一个因素的话,那么理解也只不过是简单的重复,不会含有任何新意,不会起到丰富的作用。创造性的理解不排斥自身,不排斥自己在时间中所占的位置,不摒弃自己的文化,也不忘记任何东西。理解者针对他想创造性地加以理解的东西而保持外位性,时间上、空间上、文化上的外位性,对理解来说是件了不起的事。要知道,一个人甚至对自己的外表也不能真正地看清楚,不能整体地加以思考,任何镜子和照片都帮不了忙;只有他人才能看清和理解他那真正的外表,因为他人具有空间上的外位性,因为他们是他人。

在文化领域中,外位性是理解的最强大的推动力。别人的文化只有在他人文化的眼中才能较为充分和深刻地揭示自己(但也不是全部,因为还会有另外的他人文化到来,他们会见得更多,理解得更多)。一种含义在与另一种含义、他人含义相遇交锋之后,就会显现出自己的深层底蕴,因为不同含义之间仿佛开始了对话。这种对话消除了这些含义、这些文化的封闭性与片面性。我们给别人文化提出它自己提不出的新问题,我们在别人文化中寻求对我们这些问题的答案;于是别人文化给我们以回答,在我们面前展现出自己的新层面,新的深层含义。倘若不提出自己的问题,便不可能创造性地理解任何他人和任何他人的东西(这当然应是严肃而认真的问题)。即使两种文化出现了这种对话的交锋,它们也不会相互融合,不会彼此混淆;每一文化仍保持着自己的统一性和开放的完整性。然而它们却相互得到了丰富和充实。

至于说我对我国文艺学今后发展前景的评价,那么我认为,前景是相当好的,因为我们拥有巨大的潜力,我们缺少的只是学术勇气、研究勇气;没有它难以登上高峰,也不可能潜入深层。

卢小合　译

关于陀思妥耶夫斯基
长篇小说的复调性

记　者　照您看来,陀思妥耶夫斯基创作的基本思想是怎样的?

巴赫金　照陀思妥耶夫斯基看来,在终极的世界性问题的领域里,真理不可能在一个个人的范围里被揭示。真理不可能存身于单个意识之中。它总是在许多平等意识对话交往的过程中部分地得到揭示。只要存在着在思索的、探求真理的人类,进行终极性问题的这种对话,就不可能结束、完成。对话的终结与人类的毁灭那是具有同等意义的。如果一切问题都解决了,那么人类未来的生存就失去动因了。犹如我说过的那样,对话的终结与人类的毁灭是具有同等意义的。早在苏格拉底的哲学里,这种思想在其萌芽状态的形式里就已得到体现。但是在陀思妥耶夫斯基的长篇小说里,这一思想得到了最为深刻和充分的体现、艺术的体现。

　　我以为,陀思妥耶夫斯基是多声部复调长篇小说的创造者,这种小说就终极问题组织起了紧张而热烈的对话。作者不完成这一对话,不做出作者自己的决定,他的人类思想在其矛盾与未完成的生成中来揭示它。

　　陀思妥耶夫斯基不承认任何完成的东西。如果他的某些小说(例如《罪与罚》)好像是完成了的,但简单说来,那也只是文学的形式方面的完成。而比如《卡拉马佐夫兄弟》,那无论如何是未完成的,这里一切都是开放的,所有的问题仍然是问题,对问题的某种解决没有任何的暗示。陀思妥耶夫斯基的个人观点(当然,它们是存在的,他把它们注入自己的政论作品、刊物上的文章、书信与讲演)受到自己时代、自己集团利益、自己趋向的局限,它们进入了他的小说。但是,当然,我们可以在小说里找到相应的地方,那些小说好像是在重复、但以主人公的面目在重复着陀思妥耶夫斯基的某些思想与表述。但是,在这些小说里,这些观点完全不具有直接性的作者表述,它们是在与所有其他直接对立观点的平等基础上引入对话的。由此,陀思妥耶夫斯基在自己的小说里,是凌驾于这些有局限性的、狭隘人类的、狭隘教会的、东正教的观点之上的。特别是这点,我认为是陀思妥耶夫斯基的基本方面。不能说,我们可以突出某一特殊的主导思想。一切事物都处于它们的多样之中,体现在不同的个人身上。确切地说,一切事物处于对话之中,何况是处于明显未完成的对话之中。陀思妥耶夫斯基在自己的小说里不止一次地指出,从本质上说,对话的完成,争吵的完成,只可能通过导入某种外在的粗暴的物质力量来达到。而本质上,正是这样的对话思想和整个的思想是不可完成的。

记　者　对于那些纪念陀思妥耶夫斯基创作的批评性著作您是怎么想的?

巴赫金　在大多数场合,文学研究家,还有陀思妥耶夫斯基的专家,如梅列日科夫斯基、舍斯托夫、罗扎诺夫,努力利用陀思妥耶夫斯基服务于自己的目的、宣传自己的观点。他们力图把统一的思想系统强加给陀思妥耶夫斯基,而其实陀思妥耶夫斯基恰恰是不承认任何体系的。他认为任何体系是人为的和暴力造成的。首先,这是对人类的智慧和良知的暴虐。人的思想不是系统性的,而是对话性的。换言之,它要求回答、反驳,要求赞同和有不同意见。只有在这种自由斗争的氛围中,人类的和艺术的思想才能获得发展。这点正好是革命前的文学理论所忽略了的。当然,甚至在我们时代,许多人企图把一定的世界观、那么复杂和某种固定的观点系统,强加给艺术家的陀思妥耶夫斯基,而这种文学研究家相当多。自然,他们的著作并不失去价值,因为陀思妥耶夫斯基是那样复杂而且是多方面的,可以从成千个方面去评价他,但怎么也不可能支配他。正是由于他是对话性的、复调性的,所以不可能穷尽他。

陀思妥耶夫斯基似乎嘱咐过我们,他进行过的、他的主人公进行着的那些争论,我们应该继续下去。它们永远会继续下去,关于这点我们现在论争着,我们要用论争接续陀思妥耶夫斯基。因此所有这些强加给陀思妥耶夫斯基的独白性表述,也是有益的和需要的,它们从某个方面揭示着陀思妥耶夫斯基。正是因为这点,我珍惜那些苏联的文学研究家的著作,它们并不以复调观点来理解陀思妥耶夫斯基长篇小说,虽然这种观点在我们的时代已开始形成。已故的格罗斯曼指出过,陀思妥耶夫斯基是就世界性的问题进行着世界性论争,而这一论争是不会有结束的。我非常珍惜已故的恩格尔哈特所作的观察和提出的见解。最后,正如在什克洛夫斯基的《赞成和反对》一书里所指出,在陀思妥耶夫斯基那里永远是存在着"赞成"与"反对"的。

我认为已故的陀里宁、弗里德林捷尔、基尔波金、布尔索夫、叶夫宁的著作是很有价值的。所有这些著作揭示着陀思妥耶夫斯基的不同方面,一般说来,我并不认为文学研究领域只可能存在某种单一的观点。文学是那么复杂,在某个场合,甚至在不高明的见解中,也总会在文学中发现某种东西的。自然,这无论如何不涉及我上面提及的学者们的著作是非常有价值和有重要意义的。我特别看重弗里德林捷尔论述陀思妥耶夫斯基现实主义的那本理论性著作。

记　者　您是陀思妥耶夫斯基创作研究领域中被认为具有重大意义一书的作者。这书已有波兰文版。您能否提示一下它的主要思想?

巴赫金　陀思妥耶夫斯基的复调性。不能像解释托尔斯泰、屠格涅夫等其他小说家那样对他进行独白性的解释。此外,我试图在自己的著作里,将陀思妥耶夫斯基置于文学发展的历史过程之中。我认为,无论如何不能将陀思妥耶夫斯基和托尔斯泰这些作家,纳入一个时代、他们的时代的框架之中,甚至是被更为广泛领悟的整个19世纪和新时代的框架之中。他们在某种程度上把一切吸纳到自身,使人类置身于自己历史生存的所有世纪之中。这样,我正好在自己的著作中力图揭示陀思妥耶夫斯基的本源。我从古希腊著作开始到陀思妥耶夫斯基,引出一条对话小说的特殊路线,并认为他完成着世界文学发展中的这条巨大的路线。在自己的著作中,我力图把陀思妥耶夫斯基列入现有的、全部的世界文学之中。当然,我自己难以评价自己著作的价值。不过,这本著作我在很早以前就写成了,其中许多方面还需要补充和续写。你看我现在正在做些局部的修改工作。

记　者　作为复调小说的创造者,陀思妥耶夫斯基对后来的作家产生了巨大的影响。陀思妥耶夫斯基之后,哪位作家继承了对话小说的这条路线?同时,一般说来,能否把陀思妥耶夫斯基之前的全部创作一笔勾销,或者认为在陀思妥耶夫斯基之后,在文学中不可能再揭示某种新东西?

巴赫金　在现时代,在达到对话地理解人类思想、人类探索的范围里,陀思妥耶夫斯基是一个高峰。当然,这不能说,之前的所有环节都失去了价值。苏格拉底依然是苏格拉底。一般说来我有一个长远时间的术语。可以看到,在长远时间里任何东西、任何时候都不会失去自己的意义。在长远时间里,荷马、埃斯库尔斯、萨福克勒斯和苏格拉底以及古代的思想家、作家都是平起平坐的。在这一长远时间里还有陀思妥耶夫斯基。在这一意义上,我认为什么都不会死亡,而是一切都更新着。随着每一新的前进的行动,以往的行动都具有新的增补性的含义。但是我们总是在更新和继续着在我们之前伟大作家和思想家已经达到的东西。陀思妥耶夫斯基是复调小说的创造者,我以为,未来是属于复调小说的。但是这并不意味着未来会去除、替换和弱化过去。例如,作为形式的陀思妥耶夫斯基的长篇小说,较之托尔斯泰的小说在未来更为卓有成效。但是即使如此,托尔斯泰不会受到损伤,不会缩小自己影响。相反,托尔斯泰、屠格涅夫和其他作家类型的独白型长篇小说,还会继续存在,甚至在新的复调小说的背景上还会得到发展,获得新的含义。在这种长篇小说里我们可以获得休息,因为在陀思妥耶夫斯基长篇小说里,以及在法国像受到陀思妥耶夫斯基影响而创作出来的复调型长篇小说里,是无论如何谈不上休息的。像法国一样,现在在一些国家,沿着陀思妥耶夫斯基的道路、创作新的小说的尝试是很有地位的。首先是加缪,他的长篇小说《鼠疫》,他的哲学论文《西西弗斯神话》是直接建构在陀思妥耶夫斯基的基础之上的。萨特的许多东西也是受惠于陀思妥耶夫斯基的,虽然照我看来,加缪更为深刻些。在卡夫卡那里,对陀思妥耶夫斯基具有那种正比关系。看来,陀思妥耶夫斯基影响俄国作家应该更多。我只需指出安德烈·别雷的《彼得堡》就可。这是20世纪最为优秀的长篇小说之一,其中就有陀思妥耶夫斯基的多声性。列昂诺夫的早期小说,同样源自陀思妥耶夫斯基,但它们已并不十分有趣。这些作家当然没有达到陀思妥耶夫斯基的力度和深度,但都带来某种新东西。说陀思妥耶夫斯基在文学里所达到的一切,都已完成,不可能被逾越,那简直是不可能的。一般说来,我认为任何完成,甚至这是伟大作品的完成,总会散发出某些死亡的气息。在这一意义上,任何完成都是谈不上的。逾越陀思妥耶夫斯基是可能的,但是无法替代他。

记　者　有关研究陀思妥耶夫斯基的著作中,您认为哪本书最好?

巴赫金　我在上面提到的那些作者的著作都很好,每本都有自己的特色。要挑出哪一本最好是困难的,简直是不可能的。

记　者　您认为在研究陀思妥耶夫斯基创作中,有哪些错误观点是经常发生的？

巴赫金　一般说来并不存在什么错误。只有在小学生那里才有错误。他们用红笔改正和画着重记号。当人们说学者犯了错误，我是反对这种说法的。什么错误？这个词是不对的，它把学者贬到小学生的水平了。要知道，我们还从陀思妥耶夫斯基和托尔斯泰那里去寻找错误。这不是错误。存在一些情况，它们对我们来说更为重要或是并不重要，我们对它们表示同意或是反对。但是我们不同意的东西，完全不是说这是错误。我对于这一问题同样是复调的。我认为不对的东西，宁可说是缺点。这就是陀思妥耶夫斯基的规定。一些人用这样的一些主人公如拉斯科尔尼科夫、伊万·卡拉马佐夫的思想、观点精神来解释陀思妥耶夫斯基的。另一些人则力图把一切合并到索尼娅或是佐西玛老人的形象中去。这是不对的。要把陀思妥耶夫斯基置于一切对立的统一之中。

记　者　在陀思妥耶夫斯基的创作中，有哪些情况还未涉及？

巴赫金　首先是传记。我们有关陀思妥耶夫斯基的传记还是没有。甚至还未摸索到传记的方法：如何写作传记和应包括些什么。我们的传记是某种创作和生活的杂乱的混合物。在创作中，陀思妥耶夫斯基和任何作家一样，这是一个人，而在生活中却是另一个人。而这两个人（创造者与生活中的人）置于一身，我们还不清楚。但是把他分为几部分那是需要的，否则可能导致任意无凭的地步。比如说，拉斯科尔尼科夫杀死老太婆，意味着就是作者完成的，即使是一种想象。这就胡说八道了。可能的是，陀思妥耶夫斯基想象自己是凶手，否则他就不能写作小说，须知，这不是他对之负有法律和道德的责任的真实的行为。艺术家可以想象自己犯有任何罪行、任何过失。如果他想完整地把握生活，在其全部细节中把握生活，那他的职业责任需要他这么做。但这当然不能认为，哪怕是在一种缓和形式的意义上，在生活中发生了这种行为。伦理的和艺术的责任心是不同的东西，不能把它们混同。

我感到布尔索夫在其著作中不是总能充分地划定确切的界限,虽然这点无论如何不会使他的那本出色的著作失去价值。毫无疑问,阅读这本有价值的书使人怀有极大的兴趣,此外它又有宣传意义。生活和创作是以我们称之为人类个性的深刻性而结合起来的。每个人是统一的,虽然难以包含一切。在创作中,如果你想这样做,这个人会破坏自己的统一性,能够在其他人物身上以变形的方式而体现出来。分离和混同生活和创作是不行的,但是必须区别它们,划出它们之间的界限。

记　者　一般地说,研究者研究陀思妥耶夫斯基的生活与创作应具备哪些品格?

巴赫金　首先,这人不应是个教条主义者。教条主义者,无论他在哪个领域出现,如宗教的、政治的或是其他领域里,他总是按照自己的方式、按照自己教条的精神曲解陀思妥耶夫斯基。众所周知,我们现在正与教条主义进行着斗争。当然,非教条主义对于正确地、深入地理解和研究陀思妥耶夫斯基来说,是完全必要的。绝对不能把陀思妥耶夫斯基搞成摩登的,完全是浅薄、庸俗意义上的有趣的人。这同样是一种经常性的干扰。我认为,那位已故的舍斯托夫,陀思妥耶夫斯基严肃的研究者,如今正是想把他搞成某种摩登哲学家的,而陀思妥耶夫斯基从来不是这样的人。这是与严肃性相抵牾的。这种追求廉价的趣味性与尖锐性的意图,这种毛病,妨碍着对陀思妥耶夫斯基的研究。

记　者　您认为陀思妥耶夫斯基是位哲学家吗?

巴赫金　我认为陀思妥耶夫斯基是最伟大的思想家之一。但我严格地区分思想家与哲学家。哲学家是学者,这是专业性,这是哲学,这是严格的科学。在这一意义上,陀思妥耶夫斯基不是哲学家,甚至他对这种哲学是持怀疑、否定态度的。

记　者　您认为在我们这里和西方对陀思妥耶夫斯基创作的兴趣是否在增长?

巴赫金　在我们这里,在苏联,毫无疑问,对陀思妥耶夫斯基的兴趣在增长着,对他的理解在增长着。同样,看来在法国他也有地位。那里对陀思妥耶夫斯基怀有巨大的兴趣。有两个出版社同时用法语出版我关于陀思妥耶夫斯基的著作。陀思妥耶夫斯基的作品在那里十分畅销。在英国和美国,也许我可能有误,对陀思妥耶夫斯基的兴趣正在消退。在德国,对陀思妥耶夫斯基的兴趣不是减弱,甚至可能还在增长。需要说的是,我以为在陀思妥耶夫斯基研究领域,暂时还没有一本深刻的著作,虽然关于陀思妥耶夫斯基近期出版了大量书籍。

我以为,陀思妥耶夫斯基的未来还在前头。现在看来,他还未进入人们的生活。目前还企图把他塞进独白小说的框架之内,寻找统一的世界观,诸如此类。陀思妥耶夫斯基的力量不在这里。他第一个理解新时代的人们,认为不能把真理装进一个头脑之中,认为真理只能在未完成的对话之中得以揭示,认为人与人类的内心是无穷尽的。

记　者　陀思妥耶夫斯基的作品是否应该拍成电影或在舞台上上演?
巴赫金　从宣传的观点来说,是应该做的。因为广大群众还很少知道他。即使有的影片是情节性的,但总能使某人去注意陀思妥耶夫斯基,还可能去阅读他。但是,要在剧院和电影院里表达陀思妥耶夫斯基的思想是特别困难的。根本说来,复调就其本身而言是不可能表达的。所以,舞台和银幕只能从一个观点提供一个世界。而陀思妥耶夫斯基有不同观点的众多世界。例如,在法国,人们试图创作不受同一地点和同一时间限制的剧作,这种剧作不通过场景转换,而犹如不同世界、场景同一时间的共存。现在和进一步的这种纯粹形式的探索并未成功。在这点上,陀思妥耶夫斯基在舞台和银幕上是最为困难的和甚至是不可能被表现出来的。但是,把他的作品拍成电影,或是安排演出那是需要的。可能,上千人里的一人,在观赏电影或是剧作之后,会去阅读他的作品。而在读完这部小说后，他将会阅读陀思妥耶夫斯基的其他作品。从狭隘的实用方面来说我珍惜这点，要唤起任何人，促使他们更多地注意陀思妥耶夫斯基。

记　者　您如何评价被搬上舞台、改编成电影的陀思妥耶夫斯基的作品？

巴赫金　我以前观看过。典型的是缺乏陀思妥耶夫斯基作品的复调性。在艺术剧院，甚至像卡恰洛夫，在排演《卡拉马佐夫兄弟》中，把伊万贬低和庸俗化了。有名的一幕是与魔鬼的谈话，引起了那些不了解陀思妥耶夫斯基的观众的笑声。这一演出同样归纳为一类，归纳为独白性作品。一般说来，戏剧，很可惜，总是被独白化的。在剧院里，多声性、不同声音和它们世界的同等价值，从来没有出现过。

记　者　不久前在苏联出版了艾伦斯特·涅伊兹维斯纳伊的插图本《罪与罚》。您如何评价这些插图？

巴赫金　涅伊兹维斯纳伊的插图给我很深的印象。我第一次在插图中感受到真正的陀思妥耶夫斯基。他成功地传达了陀思妥耶夫斯基各种形象的多样性。这不是插图，这是作家精神的放射。其次，涅伊兹维斯纳伊成功地传达了一般人的特别是陀思妥耶夫斯基主人公的未完成性和不可完成性。当独立的因素获得决定性意义的时候，他成功地传达出了陀思妥耶夫斯基的独特的等级。同时，他这样来给陀思妥耶夫斯基作品插图，就像存在过戏剧的和日常生活的事件。我所见过的插图中，只有表现陀思妥耶夫斯基的《彼得堡》是成功的。这对于插图工作者使用的那些艺术方法还是胜任的。而从涅伊兹维斯纳伊的插图中，我第一次见到人的多样性。从纯艺术观点看，他们是令人感兴趣的。这完全不是插图，这是在另一种范围——版画的范围里，继续了陀思妥耶夫斯基的世界与众多的形象。

钱中文　译

题　注[①]

《论人文科学的哲学基础》

　　本文首次发表在俄文版《巴赫金文集》(1996)第五卷。其中的片段曾收入《话语创作美学》一书，附在《人文科学方法论》一文的注释中。写作时间应在1940年初到1943年之间。手稿中在作者亲自写下的标题后，有两大段文字相连。前段明显是阐发人文科学的认识论问题，后段则结合拉伯雷研究，论述了"严肃性"的问题，实际上同样归结到认识论上。因此将两部分合为一文发表。

《拉伯雷与果戈理》

　　本文作于1940年，是巴赫金撰写的论拉伯雷创作的学位论文的一部分。1965年他的学位论文得以正式成书发表，但此文没有收进这部专著。1975年首次发表于作者的论文集《文学与美学问题》中。

《讽刺》

　　这是为《文学百科》第十卷所写的词条，作于1940年底。该卷因战争爆发未能出版，此稿一直未曾发表。在已知的著述中，此文是唯一的词条体作品。正文包括交编辑部的第一稿，以及修改后的补充。
　　巴赫金认为讽刺是一种跨体裁的现象，是作者对所写现实的特殊

[①] 本集题注皆为该文译者译。——编者

的"批判的"态度;讽刺的基础,是两重性的讽刺之笑,它渊源于旧时民间节庆中的嘲笑。在"补充"中他又提出区分笑谑的讽刺与非笑谑的即严肃的讽刺两种。同创建长篇小说理论的原则一样,巴赫金阐述讽刺理论也是从"大时间"(长远的时间)着眼的。一种体裁的生命,早在其范式化之前就已经开始了。形式上一旦变得稳定不移,便意味着在一定程度上已然穷尽其能。这里巴赫金虽未使用论述长篇小说时提出的史前期的"发端"一词,实际上却是把民间节庆的口头文学形式视为讽刺的先声。讽刺话语产生于民间的讥笑嘲弄形式之中,并在整个发展历史上不断靠此得以更新。

巴赫金自40年代初着手研究的长篇小说史的庄谐体,尤其是梅尼普体讽刺的问题,在此文中只是初露端倪。讽刺性否定具有的两重性,亦即同时包含肯定美好新生活的成分——乌托邦成分,被巴赫金视为这一体裁的一个基本结构特征,而且是由讽刺体的民间口头文学核心决定的,由两重性的节庆笑谑决定的。讽刺进入到一系列的笑谑体裁之中,而讽刺的严肃化则发生在现代,是节庆之笑以至讽刺之笑弱化的结果。到70年代初的笔记中,巴赫金重提这一问题,鲜明地对比了节庆之笑和现代的弱化而无笑声的讽刺之笑。

《史诗历史上的〈伊戈尔远征记〉》

此文首次发表于1981年出版的《诗歌日——1981》一书中,略有删节。此次刊出全文,共分四个片段。写作于1940至1941年间,是为准备在文学研究所作小说问题报告(1940年10月、1941年3月)而拟的提纲。巴赫金文稿中存有一份报告的计划,可使我们了解报告的主要思想:"从术语问题入手。长篇小说的产生。长篇小说与民间口头文学。转谈歌德和普希金的小说(长篇小说在文学史上的功能,在作家创作中的功能)。长篇小说的修辞问题。阐述长篇小说体的各种基本类型。"

在第一部分巴赫金扼要说明话语体裁的理论基础,把体裁界定为

"终结的话语整体",并提出体裁类型内部发生的变化,即史诗解体而形成新的叙事体裁。诗体内部在体裁和修辞上的演变的原因,在巴赫金看来如同长篇小说以及与之相关的诸种小说体裁内部一样,是时空形式和语言形式的变化所引起的非集中化,亦即整体分解。如《伊戈尔远征记》里,史诗型的绝对过去,分解为胜利的时刻和失败的时刻。单纯地讴歌过去虽还是作品的体裁基础,却相应地也穿插了"哀哭"与"嘲弄"的双重语调,而这是古典史诗(在讲述自己的过去时)所不曾有过的。时空形式的变化不仅促成体裁的演变,而且彻底地改变了主人公命运的时空体:伊戈尔没建立功业也没有牺牲;死亡不再是主人公形象绝对的完成形式,也不再是史诗型讴歌的对象。主人公伊戈尔的暂时死亡,在巴赫金看来是关键的转折,从史诗的绝对过去转变为小说体裁和小说主人公的未完成性。就这样,作者通过《伊戈尔远征记》论述了体裁的来源和体裁的理论问题。

第二个片段论述歌德的创作。后两个片段则是涉及短篇小说的来源和理论。

《陀思妥耶夫斯基小说类型(体裁类型)的历史》

本文最早发表于俄文版《巴赫金文集》第五卷。写作于40年代初期,是为修改关于陀思妥耶夫斯基一书所做的准备。

《果戈理之笑的历史传统和民间渊源问题》

本文首次发表于俄文版《巴赫金文集》第五卷中,作于40年代上半期。

《长篇小说理论问题 笑的理论问题》

这三个片段的手稿写在一个笔记本上,推测作于40年代上半期,内容都与作者当时研究的主题——长篇小说有关。除个别段落曾见诸刊物外,均为首次收入俄文版《巴赫金文集》(1996)第五卷。

题 注

　　《长篇小说理论问题》一节,因是不供发表的思考札记,行文简约,思路不很明晰,但却反映了作者对小说理论探索的痕迹。例如对"错误"范畴的阐发,对"粗俗化"范畴的解释,特别是末段表白了自己对民间笑谑世界的外位立场与虔敬态度,很值得注意。

　　《笑的理论问题》实际是对柏格森著《笑》一书的评论。该书有两种俄文译本,分别出版于1900年和1914年。作者主要批评柏格森偏重于在笑中强调它的消极作用。

　　附:《论马雅可夫斯基》

　　这是论马雅可夫斯基文章的草稿,大约写于40年代初,首次发表于《对话·狂欢·时空体》杂志(1995年第2期)。

　　马雅可夫斯基的创作一直为巴赫金所注意。巴赫金对他有较高的评价。除了这篇草稿外,巴赫金在20年代讲授文学史以及70年代同杜瓦金谈话时,都涉及马雅可夫斯基的创作。

　　他称马雅可夫斯基为"未来主义重要的代表人物",认为他同其他未来主义者们一道,彻底打破了传统的文学语言的局限,使"城市底层的俗话""街头的暗语"进入了文学,极大地丰富了文学词汇。他还注意到马雅可夫斯基在其他一些方面的创新,如说"马雅可夫斯基在俄罗斯的土壤中以新的形式、在新的方面使演说体的雄辩进入诗歌,这在他之前很少见到,毋庸置疑,这是他的一大功绩"。在这篇草稿中,巴赫金突出强调了马雅可夫斯基的"亲昵化"和"宇宙主义",认为同时具有豪迈和亲昵两种风格是马雅可夫斯基诗作的一大特点。亲昵的雄辩和广场的叫喊结合起来,表现了马雅可夫斯基创作的狂欢化倾向,而狂欢化思想对于巴赫金来说非常重要,在其后论拉伯雷的书中以及其他许多文章中得到了进一步的发挥。

《演讲体以其某种虚假性》

　　首次发表于《文艺学习》杂志(1992年第5、6期),作于1943年10月。巴赫金从30年代起从事长篇小说历史和理论的研究。1940年和

1941年两次应 Л.И.季莫菲耶夫之邀,在高尔基世界文学研究所作关于小说理论的学术报告。在报告基础上形成的两篇文章(即后来发表的《长篇小说话语的发端》《史诗与长篇小说》),因卫国战争爆发未能问世。1943年9月得知文章有望发表后,巴赫金着手修改旧作。这篇文稿就写于这一时期。作者在此前的小说论著中,主要涉及长篇小说的体裁理论。这里则是向小说理论的哲学方面开拓、探讨长篇小说的认识论问题,例如从"我"与"他人"范畴出发的艺术认知问题、塑造"我"与"他人"形象意识问题,塑造"我"的形象时处于不等同于自己的立场,塑造"他人"形象时处于外位的立场,两种立场不相融合,等等。在完成了拉伯雷小说研究之后,这一基本的哲学问题,即意识在塑造他人形象与自我形象中的立场,又增加了一个新的方面:从"我"与"他人"范畴出发的意识和自我意识,具有亦庄亦谐的双调性。世界与讲述世界的话语都具有庄谐的双调性,这恐怕是巴赫金40年代小说研究的最重要的成果,是对20年代哲学美学的重要补充。本文及(自我意识与自我评价问题……)就反映了这一发展。

《〈镜中人〉》

首次发表于《文艺学习》杂志(1992年第5、6期),约写于1943年底,对镜中人的分析,最早见于20年代所作《审美活动中的作者与主人公》一文中。之后多次出现在作者的文章里,成为贯穿一生研究的比喻,且每次阐发常因语境不同而有所侧重。

《自我意识与自我评价问题》

首次发表于《文艺学习》杂志(1992年第5、6期)。写作时间约在1943年底至1946年初,是一篇小说理论方面的草稿。前一部分论述自我意识的理论问题,后一部分则是分析陀思妥耶夫斯基小说中作为艺术形象主导因素的自我意识。前者几乎完全写进了论陀思妥耶夫斯基一书中,后者只是部分地反映到了作者的论著中。自我意识问题,被巴赫金视为整个哲学的关键问题,也是他的小说理论的中心问题,在这篇文稿中对话式地分解为"在塑造他人形象和塑造自我形象时意识所取的立场"。19 世纪末欧洲的哲学和美学面临着意识的危机。尼采认为意识已经穷尽,由此引出虚无和绝望。巴赫金提出意识和对话的开放性,这可使"我"与"他人"在客体认知中和艺术描绘中摆脱完成性,并且视此为解决意识危机的一个出路。此文虽只有一处提到尼采,却始终贯穿着与尼采的辩论,也因此在他的整个哲学和美学思考中有着重要意义。作者指出了小说创作中自我意识的三种立场。一是幼稚的自我意识,即所谓"镜中人";二是悲剧的自我意识,是悲剧个性的孤独的自我意识;三是复调的自我意识,并且从理论上分析了三者在陀思妥耶夫斯基小说中的相互作用。

《关于福楼拜》

此文作于 1944 至 1945 年间,首次发表于俄文版《巴赫金文集》(1996)第五卷。1940 年完成关于拉伯雷的学术论文初稿后,巴赫金一边修改论文,一边联系拉伯雷着手研究福楼拜。在他的遗稿中有 1944 至 1945 年间编写的福楼拜研究书目和一份系统研究福楼拜的详尽提纲。本文内容只是提纲中的一个片段。

巴赫金在阐发自己的文学史和文学理论见解的过程中,探讨了一系列文学大师的创作,或写成专著,或作为理论观点的重要环节,如陀思妥耶夫斯基、拉伯雷、歌德,部分地还有莎士比亚(在对拉伯雷专论的补充中)。他经常论及的尚有但丁。托尔斯泰却不在此列,虽然巴赫金写过两篇专文分析托尔斯泰的作品。俄国作家中处于他的研究视野中的,还需指出普希金和果戈理。与上述作家比较,福楼拜在巴赫金的评价中稍有逊色——"几乎是个天才"。这是因为在巴赫金看来,福楼拜的形象着重于描绘当代现实,具有历史的典型性,而缺乏莎士比亚人物身上那种普遍典型性。

巴赫金在此文中,结合分析福楼拜的作品,进一步阐发了他一贯关注的普遍性问题。例如欧洲现实主义和欧洲(长篇)小说的命运问题,例如"今日生活的小说形象","有可能以完全另一种生活、完全另一种世界观作为自己的前提";例如实证主义与形式主义的共同本质,例如历史与人类思维之"本源"这个大题目,例如对"原始思维"论的批判,对将运动与形成过程理解为直线前进的批判。本文特别的一点,是强调了动物与孩童的问题,亦即"基本的生命"问题。这个问题虽处于巴赫金理论的边缘上,在一些作品里有时也得到凸现,如探讨田园诗时空体时,探讨感伤主义时。与此同时,对巴赫金来说,在由拉伯雷到田园诗小说的发展脉络(以斯特恩、吉佩利、让·保罗为代表)中,福楼拜是最后的清醒现实主义的一环。文中透露出一个潜在的课题,即野兽形象是福楼拜艺术世界的未意识到的中心。在巴赫金的理解中,这是广义地指人类生命中的动物层面,正是福楼拜在描绘生活时所着意强调的方面。保卫动物与儿童,保卫基本的生命免受蛮横人类(欧洲人)的侵害,在本文中具有了时评的激昂色彩,并且出乎意料地转而求助于东方的精神财富(埃及、佛教)。

　　巴赫金在文中明显地着重批评了简单化庸俗化的人种学。但同时锋芒也指向整个人种学的思维本身。对庸俗人种学观点的批评,在30年代的苏联学术界是一种普遍立场。巴赫金更进一步,认为人种学就其方法的本质来说不可能从事哲学的概括,因为人种学从根本上把文化和整个精神领域给物化了,离开实证主义的成分便无法存在下去。在这里巴赫金把形式主义作为了实证主义的同义语。的确,形式主义在一定程度上是结构主义的源头,而结构主义是这里所批评的原始思维论中的主要流派。正是这种结构主义到了50年代至70年代成为巴赫金学术批判的重点。如果再放大些看,他的批评是指向整个现代欧洲文化的,指向它的唯理主义(亦即独白主义),它的不承认"可能有完全另一种生活和完全另一种具体的价值含义的世界图景",它的试图"分裂"、分解异类的有机整体成为各个局部,以便把它们全纳入纯理性的轨道,如此等等。作为与此相对的另一种选择,文中举出了小说的历史观照;在长篇小说的这种历史观照中,在自觉承认并接受的"千奇百怪多样"的各种类型思维、文化、宗教等之间,形成的不是纯理性化的(或一切类似的)关系,而是对话的(复调的)关系。从这个意义上说,巴赫金在此文中针对原始思维所采取的立场,不仅是反对简单化的庸俗的人种学历史观,而且是反对任何种类的这一人种学历史观。

《关于长篇小说的修辞》

此文首次发表于俄文版《巴赫金文集》第五卷中。写于1944至1945年间,是由研究福楼拜引发的。30年代至40年代作者主要关注的课题之一,便是小说修辞,亦即小说体裁的修辞。此文除已见于其他作品的内容外,又出现一些新提法,如"体裁理论的主要缺点",如关于"传世不朽的作品"的分析,如将体裁喻为国家的论述,如动物主题对小说史的意义,等等。

《中学俄语课上的修辞问题》

此文为巴赫金在加里宁州萨维洛沃市第三十九铁路中学及(同时)基姆拉第十四中学任教时(1942—1945年)所作,据考证写于1945年。首次发表于《俄罗斯语文》杂志(1994年第2期)。

就风格而言,此文属教学法研究著作,甚至可说是这类体裁的"优秀范例",然而观其内容,又远远超出纯教学法体裁的范围。文章在内容方面可与作者的"语言学系列"的理论著作(《马克思主义与语言哲学》、《陀思妥耶夫斯基诗学问题》下半部、《长篇小说的话语》、《言语体裁问题》、《文本问题》等)归为一类,这尤其是因为那些著作与此文之间,不仅在用词上,而且在理论上均有不少相近之处。文章无疑具有双重结构,它的两个层面分别针对两类不同的读者,即教学法指导教师及语言学者。当然,文章的"语言学含义"并不那么一目了然。但只要对当时教学法著作的总体情况有所了解,那么文章第一层面(教学法层面)与第二层面(理论层面)之间在思想内容上的联系就较为清楚了。巴赫金这篇文章也和他的所有其他著作一样,是针对具体情况而发的;作者希望文中包含的纯教学法内容对教学法指导教师具有独立的价值,因为这些内容涉及当时最有争议的教学法问题(直至今日,这些内容仍然有其价值,因为俄语教学法界至今仍未对巴赫金所论述的问题取得一致认识)。巴氏的文章针对的问题之一,是从19世纪中叶以来俄罗斯国内一直在广泛讨论的中学俄语教学危机问题。从形式上看,巴赫金的立场接近于布斯拉叶夫、斯列兹涅夫斯基、乌申斯基、彼什科夫斯基、契尔内舍夫、谢尔巴等人所倡导的教学法传统。遵循这一传统的学者一直在批判俄语课内容脱离学校实际需要的做法(巴赫金进行的批判与此相近);他们主张改变语法在中学俄语课中的地位,强调要创造性地学习"活的"俄语。他们特别重视研究修辞问题,尤其是语法修辞问题,而这一问题正是巴赫金语言学理论兴趣的中心。巴赫金也赞同这一教学法传统对学校教学中存在的教条主义和烦琐哲学所作的坚持不懈的批判。这一统一的传统内部存在着教学法分歧,其根源在于对造成学校中教条主义和烦琐哲学的原因有不同的理解;在不同的时期,这些不同的理解分别占据主导地位。大致说来,可以划分出两个基本阶段,即20世纪初期和20年代至30年代。20世纪初期,多数人认为教条主义和烦琐哲学的根源在于对语言的"不科学"认识统治学校。而20年代至30年代则恰恰相反,多数的学者认为原因在于"极端形式主义",也就是过分"科学"。第一种对学校教学危机的理解集中体现在军事院校俄语教师第一次代表大会(1903年)上,参加此次大会的学者中有博杜安·德·库尔特奈、索波列夫斯基、福尔图纳托夫、沙赫玛托夫、谢尔巴、乌沙科夫等。后来又体现在俄罗斯语言文学教师第一次全国代表大会(1916年12月27日—1917年1月4日)上。两次大会均号召人们到理论语言学中去寻求语言教学的教学法基础,这对革命后初期阶段的学校教育实践有决定性的影响。由于那时的"理论语言学"或者是以索绪尔的学说为指导,或者就是在俄罗斯形式主义的轨道上发展的(这两种语言学理论倾向巴赫金都不赞同),因此学校教学中主要采用形式主义模式和分析方法。虽然到20年代至30年代(教学法讨论的第二阶段),由于一些语言学者不间断地提出了批评(例如,彼什科夫斯基对语言教学中"极端形式主义"倾向的批判),学校俄语教程作了某些修正,但直至40年代,也就是巴赫金撰写本文的时候,学校教学法遵循索绪尔——形式主义(貌似"科学的")语言学的总方针仍未改变。

表面上,巴赫金的观点可以"纳入"上述教学法传统发展第二阶段对学校教育危机的理解(例如它与彼什科夫斯基对极端形式主义的批判相一致)。实际上,它同第一、第二两种对危机原因的理解都是对立的,也就是说,它既与形式主义相对立,又与彼什科夫斯基相对立。根据巴赫金的思想(对这一思想的学术论证见于《马克思主义与语言哲学》,而本文则在教学法上作了具体论述),学校教育受烦琐哲学统治的原因在于:人们遵循根本错误的理论——独白理论,而当时互相斗争着的各派纯学术性质的和教学法性质的语言学思想在这一点上并无不同(彼什科夫斯基著作所体现的那种思想也包括在内。它在形式上似乎与巴赫金在本文中阐述的观点接近,但这仅是外表,实则不然)。巴赫金认为,独白倾向之所以在语言学中占统治地位,根源在于这一学科是在"掌握死的异族语言的过程中"创建和形成的。在独白理论指导下,无论是学术界还是学校中,都"把活的语言当作死的语言,本族语当作异族语"来学习研究。看来,巴赫金的主张实际上是这样:只有在理论语言学本身的独白倾向得到克服之后,学校教育中的烦琐主义和教条主义才有可能克服;而克服语言学中的独白倾向,按巴赫金的语言哲学思想来看,必须使语言学能够适应与他的中心概念"对话关系"相关的一系列课题。

在上述背景下来研究这篇文章,它表层的教学法内容与深层的理论内涵之间的联系就比较清晰了。从表层看,这篇文章是对具体句法现象(无连接词复合句)所作的局部性修辞与教学法的分析,其目的就如文中所指出的那样,在于培养学生言语的个人独特风格;而从第二层面,即理论层面上看,文章的主旨同时又在于更精确地阐释作者一个总的语言学见解。文中(在对对话关系作独特理解的基础上)明确了一个早期著作中已经提出但未得澄清的问题:"摒弃对各种语言形式的现行解释并重新进行研究。"巴赫金设想将一切语言形式以对话性的标准进行分类。他的思想对于语言学理论来说,是一个全新的思想。尽管不论在实践上还是在理论上巴赫金都未能将上述任务完全实现,但这显然是他语言学构想的最终目标。本文以及其他著述所作的具体句法分析,使我们有理由相信巴赫金构想的潜在启示力量。而每一篇著作在这方面又各有不同的特点。

本文的独特之处在于:其他著作论述对话理论,主要是考察传达他人言语的不同方式,而这些方式的自然特性决定了它们必然反映对话关系(考察侧重在文学作品语言,而文学作品中有不同的人物,因此必然存在对话关系);但这篇文章的"新的"研究对象则是无连接词复合句,而这是一种语言中通用的句法结构,是传统上与对话性不发生任何关系的现象。

在分析巴赫金所揭示的句型同对话关系之间的联系之前,有必要先对这里涉及的一个术语问题加以说明。40年代至50年代,巴赫金时常在自己的著作中使用各种嫁接式术语,即借用"别人的"也就是广泛流行的语言"外壳",或完全或部分地表达自己的"含义"。本文中使用术语的情况正是如此。文章在字面上一次也没有使用"对话关系"这一术语,也没有提到对话和对话性质。充当这一范畴的功能性同义词,是"戏剧化"(或者"戏剧性")。当然,术语"戏剧化"与对话关系并不完全等值。不仅如此,在另一些著作中"戏剧化"概念有时几乎是用作对话的对立物。例如,巴赫金在探讨多声理论的文艺学著作中,不仅不把戏剧看作多声现象,而且还称之为独白性体裁。然而,如果考虑到巴赫金这篇文章针对的读者所具有的统觉基础(这种统觉基础,包含有那个时期著名的权威著作中——维诺格拉多夫的许多著作在内——所积极使用的"戏剧化"概念),那么戏剧概念以及与之相关的派生概念(戏剧性、戏剧性质、戏剧化等等)虽然在某种程度上是"属于他人"的,但却是用起来颇为方便的一些"对话关系"的同义语。因为这些同义名词能使读者得到一个直观的形象,使他们看到,一个完整的独白作品如何分解为"不同的声音"。甚至可以说,在对话性与戏剧性之间,存在着某种虽用于一定上下文但却是固定的意义对应关系,这种对应关系在巴赫金的许多著作中均可发现。也完全有理由作另一种推测:"戏剧性"概念是他未及展开论述的又一对话性范畴的雏形,它同一贯与其观点相左的维诺格拉多夫对戏剧性所作的极端的独白性解释是针锋相对的。

至于在本文中,"戏剧性"和"对话关系"之间存在的直接联系,首先便体现在巴赫金运用"戏剧化"方法(有意渲染面部表情、手势和富有情感的语调等)来处理所分析例句的目的上。运用这种方法的目的,在于直观地展示:每一无连接词复合句中都有若干个(不少于两个)"人物";他们在这一形式上统一的(独白的)结构中能够融进各自的"声音",因而能形成对话关系。通过分析,巴赫金引导读者得出普遍性的理论结论,即一切无连接词结构从根本上具有对话性(戏剧性)。

这一看上去似乎只是关系到一个具体句法结构的理论结论,实际上涉及整个句法以至整个语法体系。巴赫金选取按照通常的逻辑—语法(独白的)标准划分出来的句构类型作为分析对象,但在分析中作出了对话性的解释。这样做的结果,实际上使语言学传统上用作语法分类基础的标准,成为需要讨论的问题。这里隐含着的一个根本性问题可以表述如下:独白观点与对话观点的"冲突"将会导致什么结果?巴赫金的对话分析会不会摧毁按形式—逻辑的标准建立起来的现行分类体系并进而摧毁包括所有复合句在内的分类体系?或者恰恰相反,运用对话观点的结果会证实将无连接词复合句(包括各种变体)视为独立句子类型的准确性,而这又将使传统的语言现象分类标准得到支持?要替巴赫金对上述种种问题作出任何断然的回答,都为时过早。这首先是因为,他本人只勾画出了可能成立的语言现象新(对话性质的)分类的轮廓。但是,按照他的看法,对话观点不论怎样都会使传统的分类发生变化,这一点是毋庸置疑的。问题只在于变化的大小:是只涉及一些句子类别,还是(极而言之)将从根本上改变类别构成以及分类对象的相互关系类型?

本文选择无连接词结构作为对话分析的对象是否偶然?如果姑且将以下推测置之不论:巴赫金之所以这样做是因为有人给他出了题目,或者是因为便于实施(可以对学校大纲中包括的句法结构类型作对话理论的解释),那么选择的原因之一就可能是:巴赫金原来就认为无连接词句型能"预示"整个语言发展的内在趋势。《马克思主义与语言哲学》一文中(在论及巴利指出的各种语言普遍倾向于优先使用并列式句子组合方式,而不是主从方式这一最新趋势时)已可看到关于无连接词复合句的此种论述;本文中巴赫金提醒人们注意的,正是无连接词复合句在俄罗斯标准语从18世纪以来的发展史上起的积极作用。从18世纪末开始,俄语经历着这样的过程:书面的,按巴氏的观点也就是独白的言语形式,逐渐趋于消亡;而口语的、面向谈话对象、用于交际、用于对话的言语形式逐渐得到加强。作为体现这一趋势的最佳语言形式,来自口语而逐渐渗透进各种文学体裁中的无连接词句,造成了言语独白因素的削弱和对话因素的增强,从而促进了语言整个句法体系新特点的形成(所谓新特点,按巴赫金的看法就是朝对话方向更新)。

巴赫金在文中运用传统的句法分析方法时,做法也不同寻常:他把独白性语言学中用作"正面"证据的东西当作"反面"证据来使用。例如,将无连接词结构转换为主从复合句的方法,其意义原在于挖掘(用词语表达出)并从而突现出无连接词句两个部分之间的逻辑关系(如因果关系);到了巴赫金笔下,这种方法的作用已不再是使隐含的直接前提显现出来(按独白性语言学思维方式,是使原句的意义显露出来),而是直观地说明与之相反的思想,即无连接词复合句深层内容结构所包含的对话性关系,其实质不能归结为以下任何一种关系:逻辑关系、形式—语法关系、心理关系、机械性关系,或者别的什么天然的关系。在巴赫金看来,不论哪一种"转换"都不仅不能恰当准确地表达出原句的含义,而且由于这种转换按其本性来说就是以强调独白性关系为基础的,所以不可避免地会导致原句中对话性关系的弱化。如果像句法转换方法所要求的那样把隐含的逻辑关系明白表示出来,当然,这种逻辑关系与对话关系一样,确实蕴含在每一个无连接词复合句中,那我们得到的只是"泛泛的"、似乎不依赖于言语情景的主从复合句。而巴赫金的分析把隐含的对话关系表达了出来。其结果是复原了隐蔽的交际情境,这就是总有作者、"人物"、话题、听话人、此前讲话的人这几个方面相互作用的言语情景。换句话说,巴赫金的分析把建立在形式逻辑概念基础上的传统句法分析或者不经意地忽略掉的,或者是出于原则而不予重视的某种隐含意义上的相互关系挖掘了出来。

总起来说,本文的第二层面,也就是深层的、理论的层面,极为重要:要完整地把握巴赫金的语言哲学,还有一些理论和实践的空白有待填补,而这篇文章的理论内涵正好可以帮助我们填补这些空白。

《多语现象作为小说话语发展的前提》

此文首次发表于俄文版《巴赫金文集》第五卷中。大约写于1940年至1941年间。

《言语体裁问题》

成稿于1952至1953年间,写于萨兰斯克,部分曾发表于*литературная учеба* 杂志(1978年第1期)上。

对言语体裁这一现象,巴赫金早在20年代后半期就已开始研究,可参看《马克思主义与语言哲学》一书。

此文中巴赫金对体裁作了十分宽泛的理解,视其为人类交际的现实；同时，文学诸体裁也被纳入言语体裁的范围内加以研究。而对这一范围的界定是在从日常对语直至多卷本长篇小说。这种宽泛理解的原因之一在于：巴赫金认为体裁这一范畴在文学史和文化史上具有极其重要的作用，反映着最稳定最久远的文学发展趋向。

巴赫金在50年代至70年代曾构思《言语体裁》一书，此文只是作者这一未能完成的著作的一篇草稿。

此文译自 М.М.巴赫金的 Эстетика словесного творчества（1986）一书，同时也参考了1996年的新版本。

《〈言语体裁问题〉相关笔记存稿》

收入这组材料的文稿，大部分是准备研究言语体裁的笔记，一小部分是结合日常工作所写的语言学笔记。它们是逐渐积累起来的零散片段，缺乏严整的逻辑结构；涉及的问题广而杂，相互间或毫不相关，或遥相呼应；有时一个思想反复以不同形式出现。其中更有大量的读书摘记，或是引述他人观点而未指明出处。但正因为这是准备性的札记草稿，从一个特别的侧面给人以新的启示。

首先，笔记材料告诉我们，《言语体裁问题》一文并未写完。笔记中几处出现此文的构思提纲，其中一部分课题屡次见于提纲中，却没有写进正文里。例如表述（话语）的事件性、历史性和新意，言语体裁的分类，研究言语体裁应据的文献，等等。由此可以看出巴赫金构思这项研究的规模之大。

其次，从笔记材料中可以看出，巴赫金力求充分占有所选课题的研究资料，紧密联系当时学术界的实际。特别值得注意的，是他博采各家的学术用语，用较为通行的表述方式来阐发自己的思想。例如 высказывание（表述、话语）、завершенность（完成性，通常指句意而言）等，就是50年代语言学界十分流行的术语。由于采用这一方针，《言语体裁问题》发表后迅速得到语言学界以至整个学术界的理解，产生很大影响。这同《马克思主义与语言哲学》在20年代末引起广泛注意的情况相似。对比之下,《长篇小说的话语》和《陀思妥耶夫斯基诗学问题》的话语分析部分,接受起来便困难得多。

再次,笔记说明巴赫金在《言语体裁问题》中,几乎处处都在与他人观点进行对话。他的论述往往暗含具体的针对性。参照笔记草稿,我们可以看出他思想的由来和发展,看出他在时代的学术全景中占据怎样的位置。

《对话》

首次发表于《文艺学习》杂志(1992年第5、6期)。作于1952年初。1951年6月,莫尔多瓦大学学术委员会开会研究在学习斯大林语言学著作基础上改进巴赫金领导的教研室的工作。会议规定由巴赫金作一次题为《以斯大林关于语言是交际工具的学说为基础看对话话语问题》的报告。此文就是报告的提纲,是否举行了报告会不详。

《对话一》

此文写于1950至1952年,是为研究言语体裁所做的笔记。首次发表于俄文版《巴赫金文集》第五卷。

《对话二》

此文写于1952年。除开头部分外,是直接为撰写《言语体裁问题》所作的札记。首次发表于俄文版《巴赫金文集》第五卷。

《准备材料》

首次发表于俄文版《巴赫金文集》(1996)第五卷。同《对话二》一样,这份材料也是直接为撰写《言语体裁问题》准备的,始作于1952年底或1953年初。

《文学作品中的语言》

这是一份笔记草稿,作者没有整理成文,大约写于1954年底。首次发表于《文艺学习》杂志(1992年第5、6期)。文学作品的语言,尤其是长篇小说的语言,是巴赫金文艺美学的重要组成部分,一直是他关注的中心课题之一。此前已经完成三部重要著作:《长篇小说的话语》《长篇小说话语的发端》《史诗与长篇小说》。本文是课题研究的继续和发展。另一方面,此文的写作又有其具体的背景,那就是50年代关于修辞学的一场学术讨论。《语言学问题》杂志由1954年第1期至1955年第1期开展的这次广泛热烈的学术争鸣,引起巴赫金的巨大兴趣。他从自己独特的话语理论和观察视角出发,对讨论中发表的多种见解分析取舍,形成了本文的思想。他特别支持和重视修辞研究和语体划分中的功能原则,希望由此切入,把对话思想引入语言学。但从维诺格拉多夫的讨论总结(《语言学问题》,1955年第1期)以及之后的学术发展来看,功能原则虽获得很大发展,整个语言学却仍然由单一的独白型思维所笼罩。这恐怕是促使巴赫金在60年代提出"超语言学"之说以求振聋发聩的一个因素。

  本文从不同方面反复说明的一个中心思想,就是文学语言不是表达手段而是描写对象。这一观点是作者此前详细阐发过的,如今结合修辞学的讨论,又得到了新的发挥。巴赫金强调语体的形成和区分,主要是交际功能与交际目的决定的。而交际目的和交际功能,都不能离开人——交际的主体。这两层意思在当时和后来逐渐成为学术界的共识。但更进一步的引申,则是巴赫金所特有的了:语言在文学中既是描写对象,它就绝不是抽象的语言体系(或由它分解出的具体语言材料),而是因人而异的话语。于是语言成为艺术形象。描绘者的作者和被描绘的主人公,都以话语(或语体或风格)的面貌出现,而话语在巴赫金看来本质上就是对话性的。如此一来,语言是描写对象便同话语的普遍对话性联系了起来。这就是巴赫金投向文学语言的一种独特目光。

《〈玛丽·都铎〉》

  这篇剧评最初刊在《苏维埃莫尔多瓦》报上(1954年12月12日)。此文是用当时报刊例行剧评的格调写成的。但从作者遗稿材料可以看出,他为写作此文进行了十分充分认真的准备。文稿中发现有他对雨果此剧的注释札记,对其浪漫主义艺术手法的阐释(参看此文后附的作者札记)。比起作者的札记来,此文要简单得多。

《几点建议》

本文是作者为莫尔多瓦大学校报写的短文,首次刊登在1958年11月18日第1期上。

《感伤主义问题》

此文写作于1958至1959年,首次发表于《巴赫金文集》第五卷(莫斯科,1996年)。作者对感伤主义的关注,在于教育小说和拉伯雷创作的研究中,反映在他对田园诗时空体的论述中。除本文外,晚年的笔记也有所涉及。

《文本问题》

这是1959至1961年间的笔记手稿,曾以《文本问题》为题在《文学问题》杂志(1976年第10期)上首次发表。

这份笔记是巴赫金晚期创作中特别典型的写作草稿,是为计划中的大部头研究作准备的,但这项研究未能实现。在这份以及类似的材料中,我们特别明显地看出作者数十年间所关注的一些主要课题,有着内在的有机联系;这些课题吸引着他去实现一种哲学的和语文学的综合。作者把这种综合看作一个新的特殊的人文学科,它建立在"边缘上",在语言学、哲学人类学和文艺学的交界处。巴赫金的这些课题和思想构成的特殊的语境整体,在这类草稿材料中,特别明晰地显露出自己的轮廓。但同时,看来巴赫金对自己的哲学语文学理论没有什么系统的阐述也不是偶然的;因为这一理论具有一种特殊的"内在的未完成性";作者多次认为这是自己思想的特点,认为研究对象是一个开放的整体,不容作外在的系统化。

作者把这里研究的最概括的对象,界定为人文学科和语文学思维的哲学基础和方法论。"文本"在笔记中被视为一切人文思想的"第一性实体"。但同时又可看出作者对文本这一范畴所持的双重态度。他关注的对象是"作为表述的文本",但在这份笔记中,他已把自己对文本的理解与严格的语言学的理解区别开来,声称话语"只作为文本……实际上是不存在的"。他在后来的著述中,对"文本"这个术语抱有明显的批评态度,认为它不符合"完整话语的实质",不能与"整个作品"(或"审美客体")等同起来。巴赫金的美学基础是区分"审美客体"和"物质性作品"两个概念,而"文本"概念看来只相当于后者。

这份笔记的写作,原因之一无疑是 В.В.维诺格拉多夫的《论文学作品的语言》(莫斯科,1959 年)一书促成的,对此书论点的反应散见在笔记中。此外,50 年代末苏联语言学中不少新学科开始关注 текст(文本)问题,也促使巴赫金适应学术的发展,以新形式阐发自己的观点。

巴赫金从最早直到最后的著作中,一直坚持对话语(слово)作非语言学的理解。这一点在这份笔记中以"元语言学"这一术语肯定了下来。之后不久,这一术语在《陀思妥耶夫斯基诗学问题》一书的修订版中获得了充分的论证。

此文根据 М.М.Бахтин, *Эстетика словесного творчества*, издание второе, Москва, искусство, 1986 年译出,并参考了 1996 年的版本,重新做了安排。

《1961 年笔记》

这份笔记的手稿写在二号笔记本中(一号笔记本为《文本问题》的手稿),作者自题为《1961 年笔记》。此文分两大部分,前一部分首次发表于《文学问题》杂志(1976 年第 10 期),后收入《话语创作美学》一书,作为《文本问题》一文的结尾;后一部分首次发表于《语境》杂志,后收入《话语创作美学》,题名为《关于陀思妥耶夫斯基一书的修订》。此次译成中文发表,将前一部分独立成篇,取作者题名《1961 年笔记》;后一部分仍保留原编者的标题,收入第五卷。

《文本问题》和《1961年笔记》(含前后两部分),都是为着具体目的(分析文本问题和修改论陀思妥耶夫斯基的旧作)而写的。不过合而观之,它们在内容上是一个整体。作者在这里把自己的哲学思考、语文学思考、文艺美学的思考联系起来,论证了它们共同的理论基础。两文中提出了一系列新的课题和见解,深化了对许多问题原有的认识,这对了解作者晚年学术思想的发展具有重大的意义。

《陀思妥耶夫斯基——1961年》

本文首次发表于《对话·狂欢节·时空体》杂志(1994年第1期)。这是修改《陀思妥耶夫斯基诗学问题》一书的提纲,写于1961年。但这里作者思考的范围超出了改书的实际目的,结果有许多内容没有或只有部分地收进了修订版。

这首先表现在此文开头提出的主题:"赞同是一个极其重要的对话范畴"。在修订版中,这个主题只体现为一个新的句子:"应当强调的是,在陀思妥耶夫斯基的世界里,连赞同都保留有对话性,也就是说,它不会导致把不同的声音和真理混合为一个统一的、无个性的真理,就像在独白式小说中经常发生的那样。"在本文中这个题目却发挥得相当具体。

修订后另一个没有实现的计划,是在这里已经拟就的辩论提纲,其中之一便是与"心理分析主义"、与波波夫等人的辩论。波波夫的文章很长,显然作者在写《陀思妥耶夫斯基创作问题》一书时并未看到这篇文章。三十二年后修改原书时,引起他注意的是 В.Л.科马罗维奇用德文写的综述。在这篇综述中,波波夫的文章和巴赫金的书被看成是两种平行的"完全对立的,但又是同样未得到充分论证的论题"。本文提到"与科马罗维奇辩论",多半指的是这篇综述。

最后,只是部分地反映到修订版中的,是与不同时代(其中也包括20世纪)的世界文学现象的对比和联系。书中只写进了托马斯·曼和海明威。而在前一份修改提纲中还提到了莫里亚克和格雷姆·格林;在本文中则与阿那托尔·弗兰斯进行了对比。

《1962—1963 年笔记》

  首次发表于《文艺学习》杂志(1992 年第 5、6 期)。笔记写于修改《陀思妥耶夫斯基诗学问题》的第二阶段,即最后完稿时期(该书于 1963 年 2 月定稿,3 月付排)。但其中涉及的问题仍远超出修订原作的需要,表现了作者思考的广度和深度。如笔记中提出陀思妥耶夫斯基作品与俄国文学和世界文学的联系问题。

《唯灵论者(陀思妥耶夫斯基问题)》

  该文根据保存于巴赫金档案资料中未注明日期的手稿第一次发表。它记录在普通练习本上,共九页,由天蓝色墨水写成,字迹清楚,几乎没有修改之处。但手稿并未完成,确切地讲,只开了一个头。猜测该文写于 60 年代初,即巴赫金为论陀思妥耶夫斯基的专著的新版进行修订的时期。唯灵论者是一个贯通性的话题,但在此之前,在巴赫金的档案资料中并未发现与此话题有直接联系的任何记录。在这里,引起巴赫金关注的至少有三点:第一,唯灵论者作为宗教学说及其对历史的影响;第二,唯灵论者作为方济各会(法兰西斯派)教徒的阶段;第三,唯灵论者思想对后世文学与哲学的影响。根据副标题判断,这篇未完稿从构思上看是为了阐明第三点。

《工作笔记》

  这里汇集了巴赫金平时阅读、思政、研究中随笔记下的心得。写作时间由上世纪 60 年代初开始,直到 1973 年底。笔记共四本,依写作先后编为"笔记 1""笔记 2""笔记 3""笔记 4"。另有同期写下的散篇 5 张。这组材料是留给自己备用的,并非为发表而作。里面涉及的问题,大多是巴赫金一向所关注的,但表达的方式不同于正式定稿的文章。除言简意赅,语句浅近,风格不很统一外,还具有"多声"特点,夹杂他人声音,或隐含着自己的褒贬。以上诸多因素,无疑给准确把握作者原意造成一定困难,需要读者细心体会。

在俄罗斯出版的《巴赫金文集》中,工作笔记起初是由编者摘要选编发表的。2002年问世的俄文学术版《巴赫金文集》第六卷,首次回复作者《工作笔记》遗稿的原貌,以笔记本和散篇的结构形式全文刊出。我们此次编辑中文版第三卷,在国内首次据俄文学术版第六卷译出《工作笔记》的原本,完整复现了巴赫金的论述,并参照原书摘要加了编者注释。

《平斯基　莎士比亚戏剧　基本因素》

这是巴赫金为文学出版社写的内部书评,该出版社于1971年出版了平斯基的《莎士比亚戏剧的基本因素》一书,而出版的这部书与巴赫金所阅读的手稿并不相符,由于技术原因,出版时删除了讨论莎士比亚喜剧编,该编内容在作者去世后发表在他的《主干情节》(莫斯科,苏联作家出版社,1989年,第49—147页)一书中。自1960年起平斯基与巴赫金保持着学术联系,在后者的档案资料中保存着平斯基写给巴赫金的二十封书信和电文。巴赫金的这篇书评应该说是他第二次对莎士比亚的相对详细的讨论,第一次是在《〈拉伯雷〉一书的补充与修订》(1944)中,其论题"莎士比亚具有宇宙性、极限性和地形学意义",在这次讨论中得到了新的阐发,譬如莎士比亚之后悲剧如何逐渐演变为正剧,宇宙因素如何演变为风景因素,等等。

《答〈新世界〉编辑部问》

发表于《新世界》杂志1970年第11期。译自巴赫金的《话语创作美学》一书。

《关于陀思妥耶夫斯基长篇小说的复调性》

这是巴赫金于1971年初在克里莫夫斯克老人公寓接受波兰记者

兹皮格涅夫·帕特古热茨采访时的谈话记录，1975年春巴赫金去世后，访问记在意大利刊物上发表出来，该记录曾以删节的形式还在波兰、保加利亚等刊物上发表。特·巴克从波兰文译成俄文，取名《多声部》收入《巴赫金文选》第二卷，莫斯科，1991年。该文俄文文本译自1975年的意大利文本，较之其他文字译文最为完整。中文译自《巴赫金文集》第六卷，莫斯科，斯拉夫文化俄罗斯辞书、语言出版社，2002年。